陆学艺全集

北京市陆学艺社会学发展基金会 编

第 3 卷

社会科学文献出版社
SOCIAL SCIENCES ACADEMIC PRESS (CHINA)

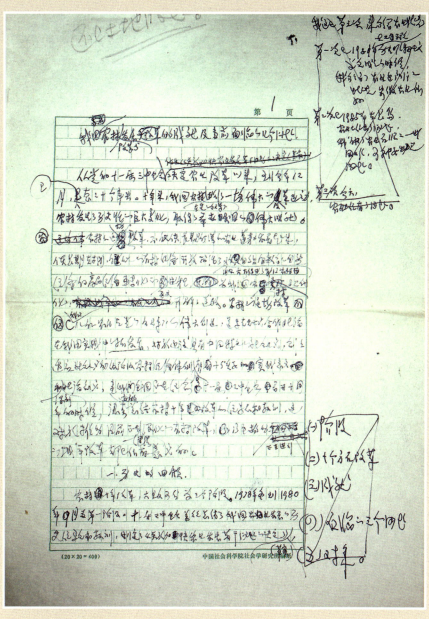

《我国农村改革与发展的成就及当前面临的几个问题》原稿第一页

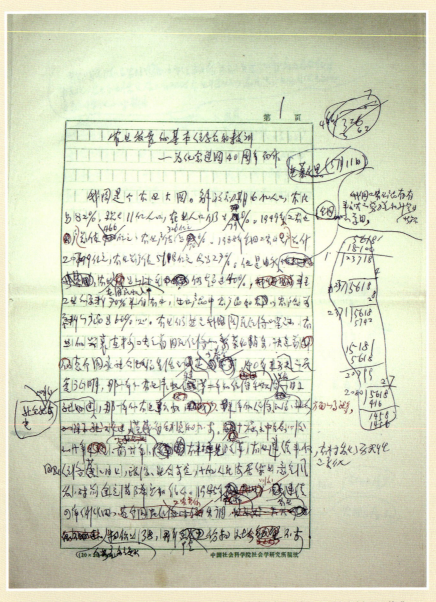

《农业发展的基本经验和教训——为纪念新中国成立四十周年而作》
原稿第一页

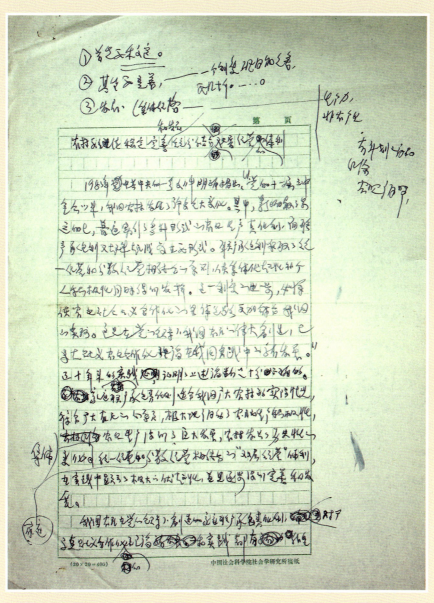

《农村要继续稳定、完善和发展统分结合、双层经营的体制》原稿第一页

第 3 卷　"三农"论

(1989 ~ 1993)

本卷收录了陆学艺在1989～1993年撰写和发表的关于"三农"问题研究的学术论文、调研报告、演讲、发言摘要和书序。这一时期，陆学艺开始把农村、农业和农民问题综合起来进行整体研究，最重要的标志是写于1988年底到1989年初的《我国农村改革与发展的成就及当前面临的几个问题》一文，该文成为其后来形成的"三农"理论和"三农"问题分析框架的开端。同时，陆学艺发现我国农业发展像扭秧歌一样的波动与我们的农村政策不当有关，而其深层原因则是城乡分割的体制，所以他提出了著名的"反弹琵琶"理论，代表作有《农业要警惕再走扭秧歌的老路》《农村改革、农业发展的新思路——反弹琵琶和加快城市化进程》。这五年中，陆学艺还开始研究和热情支持乡镇企业发展和小城镇建设，代表作有《当前农村改革与发展的新任务——主谈乡镇企业发展与小城镇建设》。这一时期，陆学艺关于当代中国农民分化和分层的深入研究和丰硕成果也为其转向和开拓社会学领域的研究奠定了学术基础，代表作有《重新认识农民问题——十年来中国农民的变化》《现阶段农民分化问题研究》《转型时期农民的阶层分化——对大寨、刘庄、华西等13个村庄的实证研究》。

本卷目录

农村改革

我国农村改革与发展的成就及当前面临的几个问题·················· 3
农业发展的基本经验和教训

    ——为纪念新中国成立四十周年而作 ·················· 35
社会主义道路与我国农业的发展 ·················· 55
农村要继续稳定、完善和发展统分结合、双层经营的体制·········· 63
建立农村市场经济体制的几个问题 ·················· 68
农村社会主义市场经济体制怎么建立 ·················· 70
关于农村土地管理制度的若干问题 ·················· 72
关于土地政策的几个问题 ·················· 78
关于延长土地承包期和保护农地的问题 ·················· 82

农业农村发展形势

如何突破农业徘徊，跨上两个新台阶？ ·················· 85
中国的基本国情和粮食问题 ·················· 88
不单是农业的警报

    ——一组令人警醒的数据 ·················· 96
按价值规律办事扭转农业徘徊的局面 ·················· 99
关于解决农业徘徊问题的几点意见·················· 103

农村社会经济发展中的新问题及其对策 …………………………… 109

走出经济困境的一着活棋 …………………………………………… 114

九十年代中国农村经济社会协调发展展望 ………………………… 123

当前中国农村的形势和前景 ………………………………………… 133

我国农业发展的困境与出路 ………………………………………… 139

农村形势 ……………………………………………………………… 143

粮食产量还是如实公布为好 ………………………………………… 153

农村发展的新阶段和当前农村工作的重点 ………………………… 156

农业要警惕再走扭秧歌的老路 ……………………………………… 168

关于当前农村形势和农村发展前景 ………………………………… 181

当代中国农民

关于我国国情的报告 ………………………………………………… 189

重新认识农民问题

　　——十年来中国农民的变化 …………………………………… 194

农业丰收后要注意保护农民利益

　　——关于东北农村形势的调查 ………………………………… 216

当前农村社会分层研究的几个问题 ………………………………… 221

中国农村劳动力资源的利用和农民生活质量 ……………………… 235

现阶段农民分化问题研究 …………………………………………… 244

从社会学角度研究变革中的农村和农民 …………………………… 260

转型时期农民的阶层分化

　　——对大寨、刘庄、华西等 13 个村庄的实证研究 ………… 262

城乡关系

城市发展中的农业和农民问题 ……………………………………… 281

农村改革、农业发展的新思路

　　——反弹琵琶和加快城市化进程 ……………………………… 289

农村发展与改革城乡社会二元结构的思考 ………………………… 308

县域经济与乡村治理

搞活县经济是我国经济工作的一项重大任务 …………………………… 319

建设有中国特色的社会主义在农村怎样实现？ …………………………… 324

发展型式的转换：从非均衡到均衡

    ——县经济社会协调发展研究 …………………………… 330

乡镇企业与小城镇建设

乡镇企业是中国农民的一个伟大创举 …………………………… 395

当前农村改革与发展的新任务

    ——主谈乡镇企业发展与小城镇建设 …………………………… 397

进一步认识乡镇企业在中国现代化过程中的地位与作用 …………………… 406

农村调查

毛泽东与农村调查

    ——纪念中国共产党诞生70周年 …………………………… 411

实证方法：十年团队型综合参与调查 …………………………… 439

继续努力，在国情调查和研究方面作出更大的贡献 …………………… 451

传统农业县的农民行动和社会变化 …………………………… 455

农村改革

我国农村改革与发展的成就及当前面临的几个问题[*]

　　农村改革 10 年的历程可以说是分三个阶段进行的，通过实行联产承包责任制，以及经营管理体制、产业政策、流通领域等十个方面的改革，农村生产关系和产业结构得到了调整，乡镇企业异军突起，农民成为商品生产者，激发了农民的生产积极性，从而使农业劳动生产率提高，农业生产发展，农民收入增加，农民生活获得较大程度的改善。

　　但是在农村第一步改革取得巨大成功以后，由于各方面的原因，农村第二步改革并不顺利。目前，农村面临三个方面的大问题：一是农业问题。由于人口增加，工业发展，对于粮食和农产品提出越来越多的需求，但农业从 1985 年减产后停滞徘徊，农业基础削弱，后劲不足，供需矛盾越来越突出，农业再次成为国民经济发展的薄弱环节。二是农民问题。经过改革，农民发生了很大变化，农民已成为相对独立的商品生产者，要求获得等价

---

　*　本文源自作者手稿，原稿写于 1988 年 9 月，全文完成于 1989 年 2 月。该文于 1988 年 12 月获中共中央宣传部、中共中央党校、中国社会科学院颁发的"纪念党的十一届三中全会十周年理论讨论会优秀论文奖"。该文首次公开发表于文集《理论纵横·经济篇（下）》（沈一之主编，石家庄：河北人民出版社，1988 年 12 月）。该文 1988 年提交时尚未完成，缺少本文稿第三部分第三小节以后的内容。作者于次年 2 月修改压缩了该文第三部分的第一、二小节，补足了所缺的第三小节"农林问题"，并增写了"对策与建议"一节，以《我国农村当前面临的几个问题》为题发表于《改革》1989 年第 2 期（1989 年 2 月 15 日）。该文分别以两篇文章的形式收录于《当代中国农村与当代中国农民》（陆学艺著，北京：知识出版社，1991 年 7 月）和《陆学艺文集》（陆学艺著，上海：上海辞书出版社，2005 年 5 月），两部文集在文章开头还增加了全文提要（两个自然段）。《"三农论"——当代中国农业、农村、农民研究》（陆学艺著，北京：社会科学文献出版社，2002 年 11 月）收录了《我国农村当前面临的几个问题》一文。本文主要依据作者完整手稿刊印，并参照《理论纵横·经济篇（下）》和《当代中国农村与当代中国农民》收录文增补、校订少量文字和数字。——编者注

交换的权利，但目前的政治、经济管理体制，没有做相应改革，矛盾重重，突出地表现为农村基层干部和群众的关系紧张，实质是国家同农民的关系需要调整，目前的城乡分割的格局需要改革。三是农村问题。经过改革，农村已不再是单一的农业经济，而是第一、二、三产业都在发展的一个经济体系，是 8.5 亿农业人口居住的大社区，但由于原来的管理体制未变，矛盾也突出了，特别是由于我们在进行经济体制改革的同时，没有同步进行社会改革，经济和社会没有协调发展，现在一些地区虽然经济发展了，但社会问题突出了，需要我们重视这方面的问题，制定新的农村的发展战略，使农村的经济、社会协调发展。①

从党的十一届三中全会决定农业改革以来，到今年② 12 月已整整 10 个年头。10 年来，我国农村在党的领导下进行了一场伟大的改革运动，农村发生了历史性的巨大变化，取得了举世瞩目的伟大成就。农村的这场改革，不仅使长期停滞的农业蓬勃发展起来，使长期封闭、僵化的农村经济开放搞活了，而且大大促进了我国农村由自给半自给的自然经济向商品经济转化的历史进程，为我国农村现代化开辟了道路。农村的这场改革是我国 8 亿农民在党的领导下的伟大创造，是马克思主义合作理论在我国实践中的发展，对建设有中国特色的社会主义、创立适应社会主义初级阶段的农村经济体制，有着十分重要的实践意义和深刻的理论意义。当我们全国人民纪念十一届三中全会召开十周年的时候，认真回顾总结农村 10 年改革的经验和教训，这对于推动当前正在继续深化的农村改革，乃至推动正在进行的城市改革都是很有意义的。

一　历史的回顾

农村 10 年改革，大致可分为三个阶段。1978 年冬到 1980 年 9 月为第一阶段。十一届三中全会系统总结了我国农业发展的历史经验和教训，制定了《中共中央关于加快农业发展若干问题的决定（草案）》，提出了 26 项政策和任务。文件指出：要坚决纠正平均主义，执行"各尽所能，按劳分配"的社会主义原则。③ 重新肯定了分组作业、评工记分、联产计酬等的生产责

---

① 以上两个自然段根据《当代中国农村与当代中国农民》收录文增补。——编者注
② 此处指 1988 年。——编者注
③ 《三中全会以来重要文献选编（上）》，北京：人民出版社，1982 年 8 月，第 185 页。

任制。文件指出要增加农业投资，进行农业基本建设。提倡农民搞家庭副业，发展多种经营。开放集市贸易，提高农副产品的收购价格，调动农民的生产积极性。十一届三中全会的农业决定为农村改革开辟了道路。波澜壮阔的农村改革大潮由此展开，各种形式的生产责任制很快地恢复和发展起来，开始是包产到组，随后就是包产到户，像雨后春笋般地涌现出来。但由于长期"左"的思想束缚，改革的阻力比较大。围绕着农村能不能实行包产到户？包产到户是不是生产责任制的一种形式？包产到户是资本主义还是社会主义？城乡各界展开了一场大争论。1980 年 9 月，中央召开了各省市自治区第一书记座谈会，专门讨论农业生产责任制问题，会上发生了阳关道与独木桥的争论。有的同志指出，集体经济是阳关大道，包产到户是走独木桥，危险得很。有的同志则认为，许多农村还像身居深山沟里的人，不走独木桥就无法下山，包产到户就是独木桥，也要走。会议制定了《关于进一步加强和完善农业生产责任制的几个问题》，确定实行生产责任制要采取"因地制宜，分类指导"的原则，"应当区别不同地区、不同社队采取不同方针"；肯定"集体经济是我国农业向现代化前进的不可动摇的基础"。同时，也指出"在那些边远山区和贫困落后的地区，长期'吃粮靠返销，生产靠贷款，生活靠救济'的生产队，群众对集体丧失信心，因而要求包产到户的，应当支持群众的要求，可以包产到户，也可以包干到户"。① 这是第一个明确申明可以包产到户的中央文件，受到全国农民热烈欢迎，加速了包产到户责任制在全国的发展。

　　第二阶段，从 1980 年 9 月到 1984 年底。这是以包产到户，包干到户为主要形式的联产承包责任制在全国农村普遍实行的阶段。包产到户、包干到户以强大的生命力为自己开辟道路，先在贫困落后地区实现，推动了中等地区的发展，随后是经济发达地区的干部和群众也热烈欢迎，发展的进程势不可当，仅仅 3 年多的功夫，包产到户、包干到户就在全国实现了。1982 年冬，中央召开农村工作会议，制定了《当前农村经济政策的若干问题》，即"1983 年一号文件"，指出："党的十一届三中全会以来，我国农村发生了许多重大变化。其中影响最深远的是，普遍实行了多种形式的农业生产责任制，而联产承包制又越来越成为主要形式。……这是在党的领导下我国农民的伟大创造，是马克思主义合作化理论在我国实践中的新发

---

① 中共中央文献研究室编《三中全会以来重要文献选编（上）》，北京：人民出版社，1982 年 8 月，第 547 页、第 542 页、第 547 页。

展"。文件还指出，"联产承包责任制和各项农村政策的推行，打破了我国农村生产长期停滞不前的局面，促进农村从自给半自给经济向着较大规模的商品生产转化，从传统农业向着现代化农业转化。这种趋势预示着我国农村经济的振兴将更快到来"。①

到 1984 年冬，全国 569 万个生产队，有 563.6 万个生产队实行了包干到户，占 99.1%；全国 18792.5 万农户，有 18145.5 万农户实行了包干到户，占 96.6%。至此，农村第一步改革在我国农村实行了。大包干联产承包制的实行，根本改革了农村经济的经营管理体制，调整了农村生产关系，使农民得到了自主权，得到了实惠，极大地调动了农民的生产积极性，这种生产积极性同多年积累起来的农业生产潜力结合，推动了农业生产的迅速发展。从 1979 年开始，农业生产连年大幅度地、全面地增产，特别是 1984 年又遇上世界性的好天气，风调雨顺，粮、棉、油、糖……都是大幅度增产，达到了农业生产的一个高峰。

连年的农业增产，积累了大量的农副产品，但是流通体制、外贸体制、消费结构、消费习惯没有跟着作相应的调整和变化。1984 年冬天，全国相当多的地区出现了卖粮难、卖棉难、卖油难、卖猪难，农民意见很大。商业粮食部门普遍反映涨库，保管不起。"购不起，放不下，调不出"。财政部门反映农业越增产，财政补贴越多，财政越困难，补贴不起。多年梦寐以求的农产品极大丰富的事实真的出现了，但又带来了一连串的问题，一场新的改革迫在眼前了。

第三阶段，1985 年初到现在。② 农村开始了第二步改革。1984 年底全国各省市自治区主管农业的领导和农村政策研究的干部云集北京，讨论 1985 年的农业政策。1984 年国家收购了 2400 亿斤粮食，1.2 亿担棉花。会上，各省代表指出，1985 年要求国家收购 2200 亿斤粮食，经过计算，只能收购 1500 亿斤粮食，8500 万担棉花。会议决定，改革农产品统购派购制度，至此，延续 32 年的统购派购政策改变了，国家不再对农村下达指令性计划，实行国家通过商业粮食部门同农民签订合同，按合同收购粮食、棉花、油料。合同收购以外，农产品可以到市场自由出售。农业税也由过去向农民征收实物改为折征现金。当年还修改了粮食超购加价 50% 的政策，

---

① 中共中央文献研究室编《十一届三中全会以来重要文献选读》下册，北京：人民出版社，1987 年 5 月第 1 版，第 616~617 页。

② 本文中指 1988 年，下同。——编者注

取消原来的统购基数，一律按 70% 加价 50%（即原统购价加 35%）计算。棉花收购价也相应调低了。

取消统购派购，农民当然是拥护的。问题是同时调低了粮食和棉花的收购价，这给农民一个不正确的信号——国家要不了这么多粮食棉花了。1985 年粮田棉田大幅度减少（粮田锐减 6058 万亩，占 1984 年粮食播种面积的 3.58%），投入也大大减少，加上其他原因，当年粮食减产 564 亿斤，棉花减产 4222 万担。本来 1984 年只是略有剩余，一下子减这么多，粮食又偏紧了，加上粮食订购价比市场价差别太大，农民对订购政策意见大，许多地区完不成按合同价收购任务。[①]

1986 年的一号文件又重申农业为基础的国策，要求增加农业投入，要求各地重新重视农业，重视粮食生产。文件提出，减少粮食定购数，实行"死一块活一块"的双轨制。考虑到交售粮食的农民的收入减少，决定对交售定购粮棉的农民，平价供应一部分化肥柴油和预付一部分定金。1986 年粮田增加了 3000 多万亩，当年粮食回升 248 亿斤。但棉油糖麻等经济作物普遍减产，秋后各地争购粮食，粮食的集市价格陡涨。

1978 到 1988 年，中央关于农业问题的主要文件一共发了 10 个。1978 年的三中全会《中共中央关于加快农业发展若干问题的决定（草案）》、1980 年的 75 号文件、1981 年的 13 号文件，改变"以粮为纲"的方针，提出"决不放松粮食生产，积极开展多种经营"[②] 的方针。1982 年、1983 年、1984 年、1985 年、1986 年连续发了 5 个一号文件，1985 年发了一个 4 号文件是关于发展乡镇企业问题的，1987 年发了一个 5 号文件。这十多个文件共有二十多个方面，一百多条政策规定。这些政策对于指导农村改革和发展，促进农村经济发展发挥了巨大作用。有些政策，作为指导原则，还将长期发挥作用。但由于各种原因，也有三十多条政策和规定，并未完全落实和实行。

在这些方针政策指导下，我国农村 10 年，主要进行了以下改革。

第一，改变了以阶级斗争为纲，把无产阶级专政落实到基层的"左倾"政治路线，把农村工作转到以经济建设为中心的轨道上来，平反了大量冤假错案，给数百万农村干部、党员、群众落实了政策，给几十万地主富农

---

① 国家统计局编《中国统计年鉴·1986》，北京：中国统计出版社，1986 年，第 174、180 页。

② 中共中央文献研究室编《三中全会以来重要文献选编（下）》，北京：人民出版社，1982 年 8 月，第 743 页。

分子摘了帽，改变了成分，使农村政策局面稳定下来，实现了安定团结，这就为农村进行各项改革奠定了良好的政治社会基础。

第二，经过摸索和试验，在全国农村普遍实行了以包干到户为主要形式的联产承包责任制，改变了原来"三级所有，队为基础"的管理体制，把土地和其他生产资料承包给农民经营，实行所有权和经营权分离的原则，调整了生产关系。这是一项大胆的重大改革，根本解决了集体经济长期存在的许多问题，理顺了集体同农民的关系，使农民逐步成为相对独立的商品生产者，有了生产、交换、消费、经营的自主权，极大地调动了亿万农民的生产积极性，这是农村改革的一个中心环节。

第三，改革了农村单一的经济成分、单一经营形式的经济体制，形成了多种经济成分、多种经营形式共存，相互竞争、相互促进的格局。原来全国都是单一的人民公社集体所有制，都是"三级所有，队为基础"，都是集体统一经营、统一分配的一种经营形式。经过改革以后，农村原来的集体经济成为双层经营的一个层次，仍保有土地等生产资料的所有权，但经营权已经通过承包办法交给农民了。农民取得了土地等生产资料的经营管理权，进行自主经营。这是目前全国占主导地位的所有制和经营形式。另外这几年新发展起来的新的合作经济组织，一般是农民共同投资、共同劳动、共同经营，按股金和劳动的一定比例进行分配，就是我们通称的"新经济联合体"。1986 年全国农村有 47.81 万个合作经济组织，有 422 万农民参加。[①] 这几年农村还涌现了一批自筹资金、独立经营的个体户，通称为各种专业户。还有是农村发展了一部分私营企业，全国现有私营企业 22.5 万个，雇工 360.7 万人，[②] 这些私营企业大部分是在农村。现在的农村，已初步形成了多种经济成分、多种经营形式并存的局面。

第四，按照商品经济的规律，调整改革了农产品价格政策和收购政策。1979 年和 1980 年，大幅度提高了农产品的收购价格，1979 年平均提高 20.1%，1980 年平均提高 8.1%，初步缩小了工农业产品之间的剪刀差，使务农农民有利可图，刺激了农民商品生产的积极性。这也是促使 1979 ~ 1984 年农业连续增产的一个重要原因。1985 年国家又进行了一次改革，放开了除粮、棉、油以外的绝大部分农副产品价格，扩大了市场调节的范围，

---

① 国家统计局编《中国统计年鉴·1987》，北京：中国统计出版社，1987 年 10 月，第 211 页。
② 参见《中国的私营经济——现状·问题·前景》，北京：中国社会科学出版社，1989 年 12 月，第 8 页。——编者注

使农民同市场直接发生联系，农民为市场而生产。这几年，水果、水产的生产持续大幅度发展，这同价格放开是有直接关系的。

第五，开放了集市贸易，进行流通领域的改革。在产品经济的指导下，农村仅有的集市贸易多次受到打击。到"文化大革命"后期，全国集市贸易衰落了。十一届三中全会以后，准许农民搞多种经营，开放了集市贸易，以后又明确农民可以经商和长途贩运，集市贸易繁荣了。1978年只有3万多个农村集市，到1986年全国已发展到6万多个。① 从1980年开始，对供销合作社的体制进行了改革，使供销社本身由官办逐步改为民办，恢复集体所有制性质，实行"三性"，并且改变了供销社在农村流通领域独家经营的地位，形成了国家、集体、个人一起上，多种渠道经营的局面。1981年农村个体工商户只有96万户，122万人；1986年全国农村个体工商户已有920万户，1438万人。② 从发展商品经济的要求来看，农村流通领域的改革还是很不够的，还有很多事情要做，流通改革是摆在我们面前的一个难题。

第六，改革农副产品的统派购制度。从1953年第一个五年计划开始，我国就实行了粮、棉、油、猪等一系列农副产品的统购派购制度。这一项制度在历史上起过一定的作用，但这是在产品经济思想的指导下搞的，于发展商品经济、发展农业生产很不利，实践证明，这并不是社会主义的本质特征，而是我们附加的东西。1980年以后，我们陆续取消了一部分农副产品的派购政策，但由于各种原因，有些产品本来可以放开的，却迟迟没有放开。1984年农业特大丰收，粮、棉、油等主要农产品大量增产，其市场价格降下来了，接近于国家派购价格，加上前几年的库存积累，给了我们一个极好的机会。1985年，中央果断决定，取消粮、棉、油等农产品的统派购政策，实行国家部门同农民签订合同，按合同定购的新政策。定购以外的农产品，农民可以自由出售。

这次重大改革，方向是完全正确的，时机也是对的。问题有三个：一是胆子还不够大，没有抓住这个有利时机同时取消统销政策，把农副产品的流通按照商品经济的规律彻底放开，为后来留下了尾巴；二是对改革这项30多年来形成的统购统销制度的难度估计不足，设想得太简单，没有相应后续政策跟进；三是在改革这项政策的同时，没有相应的给农民以好处，

————————

① 国家统计局编《中国统计年鉴·1983》《中国统计年鉴·1987》，北京：中国统计出版社，1983年10月，第386页；1987年10月，第580页。

② 国家统计局农村社会经济统计司编《中国农村统计年鉴·1987》，北京：中国统计出版社，1987年12月，第12页。

没有稳定或提高农产品收购价格，而是不适当地实行了比例加价收购法，实际上降低了农产品的收购价。改革也是要花钱的，但这么一项重大改革，财政上想收回一些钱。结果是统购取消了，改为合同定购，但农民因为交售定购粮吃亏太大，不愿交售，年年完不成定购指标。后来合同定购又被规定为任务，不完成不行。近几年，由于农业徘徊，粮、棉、油等农产品趋紧，国家有关部门下达一个又一个统购、独家收购的指令，要求农民以国家定价（低于市场价很多）向商业部门交售。于是出现了全国性的蚕茧大战、烟叶大战、棉花大战，而且越战越烈。这实际上是在城市经济放开搞活的同时，对农村这一块却要求一统再统，这当然是不符合发展有计划商品经济的要求的，也不符合价值规律。这种统一收购于国家、于企业是有利的，但对广大农民是不利的，农民吃亏太大。其必然结果是打击农民的生产积极性，统什么，什么产品就减产、萎缩，最终受损失的还是国家。

第七，调整了产业结构，促进了农村商品经济大发展。原来我们把农村看作向城市、向工业提供粮食和工业原料的基地，农民的任务就是向国家交售粮食和农副产品。三年困难以后，粮食紧张了，又提出"以粮为纲"的口号。执行的结果，"以粮为纲，全面砍光"，农村经济成为单一的农业经济，农业经济又成为单一的粮食经济。调整产业结构是符合商品经济发展规律的。

1981 年提出"决不放松粮食生产，积极开展多种经营"。放手让农民发展商品生产，粮食以外的经济作物发展了，农林牧副渔业发展了。以后又逐步放开，准许农民从事第二、第三产业。1985 年明确提出产业结构调整，在这一阶段，乡镇企业异军突起，发展很快，现已成为农村经济的一大支柱。现在的农村不仅农林牧副渔全面发展了，而且一、二、三产业也都全面发展了。

第八，克服平均主义，提出让一部分地区，一部分人先富起来的政策，鼓励先富，保护先富。以前我们对"共同富裕"有一种错误的理解，所谓"共同富裕"被误解为"一起富裕"，所以在实际生活中不允许冒尖，有些地区硬性规定人均分配的日工分值不能超过 1.5 元。这种政策束缚了发达地区群众的手脚，束缚了一部分能人的手脚，挫伤了他们的积极性。1980 年小平同志提出了"让一部分地区，一部分人先富起来"的政策，这是符合客观规律的。一部分地区、一部分人先富了，起了模范带头作用，带动其他地区、其他群众富裕起来，最后达到共同富裕的目标。最近匈牙利国家计划局经济计划研究所的戴伯纳提出，平均主义实际上是一种剥削，不努力工作的人剥削了努力工作的人，我看是有道理的。

第九，改革政企合一的人民公社体制。1984～1985年，在全国范围内摘下了已经挂了26年的人民公社牌子，建立了乡（镇）人民政府。原来的人民公社党委也改为乡（镇）党委会。原来的生产大队和生产小队改为村民委员会和村民小组。第六届全国人民代表大会第五次会议原则通过《中华人民共和国村民委员会组织法（草案）》，明确规定村民委员会是村民的自治组织。据我调查，这件事的实质性工作还在后头。现在仅仅是挂了牌子，许多后续工作并没有跟上。如政企分开了，经济这一块谁管？怎么管？有些地方有经济委员会，有些地方叫农工商总公司。但大队这一级呢？村民委员会是自治组织，行政谁管？经济谁管？

第十，随着商品经济发展，特别是乡镇企业的发展，小城镇的建设被提上议事日程。在1980年的时候，全国有建制的镇只有6000个，1986年已达10011个镇。没有建镇的乡政府所在地也建设得很快，人口正在向这些小城镇集中，街道建设起来了，工厂、商店、学校、医院都在大量建立，正在成为城市和农村的桥梁，成为当地农村的政治、经济、文化、教育的中心，交通的枢纽。国家也相应地改变了对小城镇管理的政策，鼓励农民到这些小城镇上落户，允许申报自理口粮的户口，允许从事工业、商业和各种服务业。1981年曾经提出过离土不离乡的方针，这在当时是适应农民发展商品经济的要求的。现在看来，这个方针还不够，应该容许农民可以离土也可以离乡。这就有利于劳动力和人才流动，有利于商品经济的发展。

二　巨大的成就

农村这场大变革，是我们按照马克思主义基本理论指导，从中国农村实际出发，对于传统的集体经济模式，也就是苏联集体农庄的模式，进行的一场伟大的改革。运动顺利迅速地进行，这本身就是一项伟大的成果。在改革的同时，取得了物质上、精神上的硕果。这是思想解放的产物，而且运动取得了巨大成果，又增强了人们改革的信心，促进了思想的进一步解放。具体地说，我们农村的10年改革，取得以下成就：

第一，家庭联产承包制的实行，调整了生产关系，极大地调动了农民的积极性，解放了生产力，促进了农业生产的大发展。特别是1978～1984年的这6年农业生产发展是最快的。1978年我国农业总产值只有1458.8亿元，其中种植业为 988.6 亿元。1984 年我国农业总产值达到 3390.7 亿元，其中种植业为 1966.7 亿元。扣除价格因素，1984 年比 1978 年增长 72.11% 和 48.16%，每年递增 9.5% 和 6.77%。[①] 1978 年粮食总产 30477 万吨，1984 年达到 40731 万吨，6 年增加 10254 万吨，增长 33.65%，平均每年增长 4.95%，平均每年增加 1709 万吨。连续 6 年这样大幅度增产，这在历史上是空前的。新中国成立后从 1949 年的 11318 万吨，到 1966 年突破 2 亿吨大关（达到 23996 万吨），增产 1 亿吨共花了 17 年时间；总产从 2 亿吨到 1978 年突破 3 亿吨（达到 30477 万吨），花了 12 年时间；这次从 3 亿吨到 1984 年突破 4 亿吨（达到 40731 万吨），仅花了 6 年时间。棉花 1978 年只有 216.7 万吨，1984 年达到 625.8 万吨，6 年增长 88.8%，平均每年增长 19.33%，6 年增加 409 万吨，平均每年增产 68.18 万吨，这在历史上也是空前的。1985 年粮食和棉花有较大幅度的减产，粮食降为 37911 万吨，棉花降为 414.7 万吨。但油料等经济作物却大幅度增产，1986、1987 年粮食又逐渐回升，1987 年粮食达到 40473 万吨，棉花 424.5 万吨。[②] 粮棉的大增产，各种农产品的大丰收，解决了我国 8 亿农民长期以来未解决好的温饱问题，结束了长期进口粮棉的历史。我们国家在国际上的形象也改观了。

第二，家庭联产承包制的实行，使农民获得经营自主权，使农民成为相对独立的商品生产者，这在某种意义上是又一次解放。2 亿农户成为商品生产者，农村商品发展就快了。1978 年全国向农民收购的农副产品总额为 557.9 亿元，1986 年达到 1990 亿元。扣除物价因素增加 164.2%，平均每年递增 12.9%。1987 年农副产品收购额达到 2369.2 亿元。[③] 1978 年全国农村的农副产品商品率只有 45.2%，1986 年提高到 58%，1978 年全国农村的工农产品的商品率为 53.7%，1986 年提高到 68.1%。1978 年全年农民人均年消费 112.9 元，其中，自给性消费为 68.06 元，占 60.3%；商品性消费为 44.84 元，占 39.7%。1987 年全国农民人均年消费为 378.14 元，其中自给性消费为 134.39 元，占 35.5%，商品性消费为 243.75 元，占 64.5%。[④] 这就是说，农民从事的农副业生产，已经主要是为社会生产了，我国农村正从自给半自给的自然经济向有计划的商品经济转变。

第三，农村产业结构的调整，使农民找到了新的就业门路、有了用武

---

①　国家统计局编《中国统计摘要·1986》，北京：中国统计出版社，1986 年 8 月，第 32 页。

②　国家统计局编《中国统计年鉴·1988》，北京：中国统计出版社，1988 年 8 月，第 248 页。

③　国家统计局编《中国统计年鉴·1988》，北京：中国统计出版社，1988 年 8 月，第 696 页。

④　国家统计局编《中国统计年鉴·1988》，北京：中国统计出版社，1988 年 8 月，第 824 页。

之地，改变了他们只在 1.5 亩地上做文章的状况，为社会创造了大量财富，同时也使一部分农民富裕起来。产业结构调整的成就主要在两方面，一是在大农业内部，在农作物种植业增长的条件下，林、牧、副、渔各业增长得更快。1978 年，在 1458.8 亿的农业总产值中，林牧副渔业占 32.2%，种植业占 67.8%。到 1986 年，农业产值增长到 4013 亿元，林牧副渔业上升到 37.8%，农业种植业下降为 62.2%；①二是乡镇企业异军突起成为农村经济的主要支柱。1987 年全国各类乡镇企业已达到 1500 多万个，从业人员 8600 万人，当年创造产值 4592 亿元，占农村社会总产值的 50.8%，第一次超过了农业总产值。

第四，经过这 10 年全国农民的努力，我国农业的劳动生产率有了很大的提高。1978 年全国粮食平均亩产 338 斤，1987 年达到 484 斤，增长 146 斤，平均每年增加 16.2 斤；棉花 1979 年平均亩产 60 斤，1987 年达到 116 斤，增长 56 斤，平均每年提高 6.2 斤；②1978 年平均每个农村人口生产的粮食为 727 斤，棉花 5.2 斤，油料 12.5 斤，1987 年平均每个农村人口生产粮食 1096 斤，棉花 9.5 斤，油料 44 斤，劳动生产率有了很大提高。据有关部门统计，1952 年到 1978 年的 26 年中，全国农业劳动生产率只增长 7.2%，而 1979 年、1980 年、1981 年三年的农业劳动生产率每年也增长 7.2%。

第五，农业的迅速发展，农业能给国家提供的粮食和原料越来越多，农民对国家的贡献越来越大，促进了工业和整个国民经济的发展。1978 年国家收购粮食 1014.5 亿斤，棉花 4192 万担，食用油 22.1 亿斤，猪 10936.5 万头，1987 年收购粮食 2418.4 亿斤，棉花 8142 万担，食用油 88.2 亿斤，生猪 18044.5 万头，都是成倍增加。1978 年全国收购农副产品 558 亿元，1987 年达到 2369.2 亿元，扣除物价因素，比 1978 年上升了近 2 倍。③

第六，农村改革使广大农民得到了实惠。随着农村生产的发展，农民收入大幅度增加，农民生活得到了很大改善。1978 年人均纯收入只有 134 元，1987 年达到 463 元。④ 诚然这是数字上的，实际没有增加这么多，但毕

① 国家统计局编《中国统计年鉴·1987》，北京：中国统计出版社，1987 年 8 月，第 157～158 页。

② 国家统计局编《中国统计年鉴·1988》，北京：中国统计出版社，1988 年 10 月，第 253 页。

③ 国家统计局编《中国统计年鉴·1988》，北京：中国统计出版社，1988 年 8 月，第 696～697 页。

④ 国家统计局编《中国统计年鉴·1988》，北京：中国统计出版社，1988 年 8 月，第 799 页。

竟是大大增加了。绝大部分农民解决了温饱问题，少部分已经富裕起来。

三　当前农村面临的几个问题

10 年来，我们的农村改革取得了巨大的成就，同时也还存在着不少问题。这些问题有些是原来就有的问题，农村第一步改革还没有解决；有些则是改革以后农村发展中新出现的问题，这些问题需要通过进一步改革来解决。比较突出的有以下三个方面。

（一）农业问题

经过农村第一步改革，调动了农民的生产积极性。我国农村连续 6 年增产，1984 年我国农业达到了高峰，粮、棉的绝对产量都为世界第一，人均占有量也达到世界的平均水平。从 1985 年粮棉大减产后，经过努力，粮棉等主要农产品虽略有回升，但今年①的粮棉仍难恢复到 1984 年的水平。可是这 4 年人口增加了 5000 多万，城乡的消费水平又提高了，1984 年已略有剩余的粮食、棉花现在又紧张了，1987 年我国又不得已恢复了粮食进口。当前农业面临的问题有两个，一是要坚决采取切实有效的措施，克服农业已经徘徊 4 年的局面，转到能够稳定增长和发展的轨道上来；二是要千方百计增强农业发展的后劲，为农业上新的台阶（2000 年达到 1 万亿斤粮食的目标）和今后全国实现小康而准备好农业发展的条件。

1985 年粮食大减产以后，在理论界和实际工作部门关于农业问题发生了新的争论。一种意见是要承认农业已经出现徘徊的事实，分析徘徊的原因，制定新的政策，克服徘徊，使农业稳定发展；另一种意见则讳言农业面临严峻的形势，用一些似是而非的数字来粉饰事实。《世界经济导报》1988 年 5 月有篇文章说，农业发展是正常的，其根据是 1986 年、1987 年农业产值仍增长 3.4%、4.2%。不错，这是统计局的数字。但这个农业总产值已包括农林牧副渔五业的产值。这几年，林业、牧业、副业、渔业确有不同程度的增长，特别是副业中包括村以下的工业，这些年增长幅度很大，而粮棉为主的种植业却是下降的。特别是粮食和棉花绝对是下降的。我们讲的农业指的是以粮棉为主的种植业部分。

农村经济现在有 4 个指标：

---

① 本文中指 1988 年，下同。——编者注

（1）农村社会总产值，包括农村工业、商业、建筑业、交通运输业、商业服务业。1978 年农村总产值 2037.54 亿元（当年价格），1984 年为 5033.79 亿元，1987 年达到 9431.61 亿元，比 1978 年增长 3.6 倍，平均年增长 18.56%。①

（2）农业总产值，包括农作物种植业、林业、牧业、渔业、副业（包括村办工业）。1978 年农业总产值 1397.00 亿元，1984 年农业总产值 3214.13 亿元，1987 年为 4675.70 亿元，比 1978 增长 2.35 倍，年均增长 14.4%。②

（3）农作物种植业产值，1978 年为 1071.64 亿元，1984 年为 2195.12 亿元，1985 年为 2279.80 亿元，1986 年为 2498.30 亿元，1987 年为 2837.93 亿元，比 1978 年增长 1.65 倍，年均增长 11.4%。③

（4）粮食总产量和总产值，1978 年为 6095.4 亿斤，1984 年为 8146.2 亿斤，1985 年为 7582.2 亿斤，1986 年为 7830.2 亿斤，1987 年为 8094.6 亿斤，比 1978 年增长 32.8%，年均增长 3.2%。④

从这些数字看，当前我国的农村经济还是很好的，大农业发展也还可以，而种植业则徘徊不前，粮食则紧张了。

新中国成立近 40 年的经验证明，农业是国民经济的基础，粮食是基础的基础。什么时候农业收成好，什么时候国民经济就好，日子就好过；什么时候农业出了毛病，什么时候国民经济就有问题，日子就不好过。这个经验并没有过时。1979～1984 年，农业连续 6 年大增产，提供了大量的粮食和工业原料，使工业和整个国民经济健康发展，为改革开放顺利进行奠定了良好的物质基础。1985 年农业下来了，出现了新的徘徊。但工业仍以较高的速度发展，生活消费还是继续大幅度提高，这就出现了对农产品需求过大和供给不足的矛盾，引起农产品的市场价格上涨，乃至牵动物价上涨，日子又不大好过。1987 年物价上涨 7.3%，⑤ 其中 65% 是由于农产品涨价而引起的。农业的徘徊，已经影响到整个国民经济，影响到物价，影响到整个社会安定团结。

———————

①　国家统计局农村社会经济统计司编《中国农村统计年鉴·1985》，北京：中国统计出版社，1986 年 2 月，第 11 页；国家统计局编《中国统计年鉴·1988》，北京：中国统计出版社，1988 年 8 月，第 214 页。

②　国家统计局编《中国统计年鉴·1988》，北京：中国统计出版社，1988 年 8 月，第 216 页。

③　国家统计局编《中国统计年鉴·1988》，北京：中国统计出版社，1988 年 8 月，第 216 页。

④　国家统计局编《中国统计年鉴·1988》，北京：中国统计出版社，1988 年 8 月，第 248 页。

⑤　国家统计局编《中国统计年鉴·1988》，北京：中国统计出版社，1988 年 8 月，第 777 页。

1986 年 6 月邓小平同志指出，"农业上如果有一个曲折，三五年转不过来"。[①] 农业出现新的徘徊不前的局面已经 3 年多了，要想办法打破这个僵局。

农业面临的形势是严峻的。一方面人口增加，人民消费水平的提高，国民经济的发展向农业提出了数量越来越多、质量上越来越高的需要；另一方面农业自身的供给能力由于各种因素的限制徘徊不前，供需矛盾越来越突出了。1984 年全国粮食总产 8146 亿斤，人均占有 791 斤，当年消费 7900 亿斤，还略有剩余。1985～1987 年连续 3 年粮食生产没有完成国家计划，1987 年 8095 亿斤，人均只有 754 斤。[②] 这几年粮食消费每年增加 150 亿斤～200 亿斤，总产已不能满足需求了，只能靠挖库存和进口来弥补。1984 年我国生产棉花 12516 万担，当年全国有纱锭 2200 万锭，由于开工不足和掺用化纤，全年只消费棉花 7000 万担～8000 万担；近几年全国纺纱业发展极快，1987 年已超过 2800 万锭，加上出口和絮棉，年需用棉超过 1 亿担以上，1987 年只生产 8490 万担，[③] 近两年全靠挖库存弥补，至今年棉花库存基本挖得差不多了。

农业形势严峻表现在农业生产条件日益恶化。一是耕地逐年减少，1981～1985 年每年平均减少 700 多万亩，1986 年减少 900 多万亩，1987 年有关方面统计只减少 299 万亩，实际减少 800 多万亩。1987 年人均耕地只有 1.5 亩了，全国有 9 个省人均耕地不到 1 亩。尽管多方呼吁，耕地还是在日渐减少；二是土壤肥力减退，有机质含量减少。黑龙江省是我国著名的黑土带，有机质含量是 7%～8%，由于森林过伐等原因，现在已降到 5%～6%，关内大部分地区的有机质含量只有 1%～2%。1976 年全国绿肥面积有 1.5 亿亩，1987 年只有 6218 万亩，减少了 60%，平均每年减少绿肥 722 万亩，这也是有机质含量减少的一个原因；三是水利设施年久失修，有效灌溉面积一年年在减少。1980 年以后就没有再建大的水库，已有的大型水利设施日益老化，不能发挥应有的作用。"六五"计划以前我国每年新增 800～1000 亩灌溉面积，1980 年以后不仅没有新增，反而是年年减少。统计

---

① 邓小平：《在听取经济情况汇报时的谈话》（1986 年 6 月 10 日），《建设有中国特色的社会主义（增订本）》北京：人民出版社，1987 年 3 月第 2 版，第 132 页。

② 国家统计局编《中国统计年鉴·1985》《中国统计年鉴·1988》，北京：中国统计出版社，1985 年 8 月，第 273 页；1988 年 10 月，第 275 页。

③ 国家统计局编《中国统计年鉴·1988》，北京：中国统计出版社，1988 年 8 月，第 248 页。

资料说 1986 年比 1980 年减少近 1000 万亩有效灌溉面积，① 实际还远远不止此数。全国现在约有 3 亿亩农田因缺水而长年受旱。河北省因严重缺水，全省 1 亿亩耕地，每年有 1/4 受旱，1/10 盐碱化，1/6 沙化；四是农业生产工具落后，原有的农机具普遍老化、不配套，全国机耕面积 1986 年比 1980 年减少 6843 万亩，减少 11.1%。② 大中型拖拉机在相当多的地区已不能耕地，由牛和小型拖拉机代替，这使耕作普遍变浅，导致病虫害增多和农作物不能很好生长；五是农业的生态环境变坏，由于滥砍滥伐，采育失调，全国森林面积减少 10 亿多亩，黑龙江 40 个林业局，已有 8 个局无林可伐，还有 22 个局只能再伐 10 年。以大小兴安岭为主体的东北林区正在缩小，长江上游森林覆盖率已由 20 世纪 60 年代的 50% 下降到目前的 18%。我国两个热带林区正在消失，西双版纳林区已由占总面积的 60% 降到 30%，海南岛森林已由占地 35%，下降到 7%。我国草原每年退化 2000 万亩，近 30 年来，累积退化约 10 亿亩，占可利用草场的 1/3，而且这种退化速度还在加快。全国水土流失面积正在扩大，黄河流域每年流失的泥沙是 16 亿吨。近几年由于长江上游森林急剧减少，水土流失严重，每年流入黄海的泥沙约为 5 亿吨，约为尼罗河、亚马孙河和密西西比河三条大河输沙量的总和。还有一个严重问题是土地沙漠化，内蒙古新增加沙漠 1.1 亿亩，南方一些省份如江西也出现了大片沙漠化的土地，目前全国沙漠已占国土面积的 15.5%，沙漠化的土地每年以 1500 平方公里的面积在扩大。

农业形势严峻还表现在农用工业萎缩与倒退，农业要现代化，必须要有现代化的农业生产资料的投入。新中国成立以后，我国的农用工业（农机工业、化肥、农药等工业）从无到有，从小到大，发展是很快的。到 1980 年，我国 20 匹马力以上的大中型拖拉机产量达 9.77 万台，小型拖拉机 21.79 万台，化肥 1232 万吨，化学农药 53.7 吨。但 1980 年以后，国家大量减少农用工业投资，加上这些工业本身没有适应农村改革后的生产形势和进口农药的冲击，不少农机厂改产转行，农药厂倒闭。1987 年全国化学农药的产量只有 16.1 万吨，比 1965 年生产 19.3 万吨的水平还低，致使农药奇缺，许多能治的病虫害无药可治。③ 1978 年供应农村柴油 837 万吨，1987 年只有 846 万吨。农用柴油 1979 年每马力占有 100 公斤，1987 年只有

① 国家统计局编《中国统计年鉴·1988》，北京：中国统计出版社，1988 年 8 月，第 233 页。
② 国家统计局编《中国统计年鉴·1988》，北京：中国统计出版社，1988 年 8 月，第 233 页。
③ 国家统计局编《中国统计年鉴·1988》，北京：中国统计出版社，1988 年 8 月，第 346 页。

40 公斤，造成了近几年的化肥、农药、薄膜、柴油的供不应求。

农业形势严峻还表现在农业生产的外部条件不佳。近几年国家一再强调要支援农业，为农民服务。但在商品经济规律的驱使下，一些行业和部门却想从农民身上赚钱，而不是为农民服务。中央"一号文件"和"二号文件"常常矛盾。国家三令五申要兑现"三挂钩"的化肥和柴油，但多数地方还兑现不了。国家把平价化肥、柴油拨下去了，经过若干环节，平价变成议价、变成高价的了。今年的化肥、农药、薄膜上涨不是 50% ~ 60%，而是 100% 以上。目前正是用肥、用药的季节，农民急需化肥、农药，这些物资本来不足，市场上买不到，但库存量却很大，这就是有部门有人在捣鬼，奇货可居，待高价而沽，这既损害农民利益，但更恶劣的是打击了农业生产，误了农时，减产是必然的。

农业形势严峻的最主要方面是农业生产的主体——农民的农业生产特别是粮食生产的积极性近几年受到挫伤，农业生产没有活力。农民不爱种田，特别是不爱种粮食。我们的耕地本来就不够，但目前在一部分地区有抛荒撂荒的；本来可以种两熟的，现在只种一熟，近几年的复种指数是下降的；本来可以套种间种增产的，农民为了省出时间去挣钱，也不间种套种了。利用人畜粪尿积攒有机肥，广种绿肥，用地养地，精耕细作历来是中国农民的优良传统，现在城镇的粪尿农民不要了，绿肥也少种不种了。农民现在有 1400 亿元的存款，手头还有几百亿现金，每年用在住房建设上也是 400 亿 ~ 500 亿元，但就是不往农田基本建设上投。现在相当多的农民种的是应付田、呼隆田，不求增产卖粮，但求有自己的口粮。"种田为口粮，花钱靠买卖"。陕西关中农民概括他们的生活是"三个月种田，一个月过年，八个月挣钱"。相当多的农民的指望已不在农业上，农业怎么还能搞得上去？有人说："包产到户的潜力已经挖尽了，农民生产积极性下降了，这一套不行了。"有的同志还有点后悔"当初没有顶住"。这种想法是错误的。实行包产到户、家庭联产承包责任制，对原来公社体制下的中国农民是一个解放，使他们成为独立的商品生产者，他们从中得到了生产、经营、交换、分配的自主权，得到了实惠，极大地激发了 8 亿农民的生产积极性。这些年来农业生产上了新的台阶，乡镇企业异军突起，农村集市繁荣扩张，都是农民努力奋发，迫切要求致富、要求改革、要求改变面貌的表现。广大农民这种发展商品生产的积极性方兴未艾，怎么说包产到户的潜力已经挖尽了呢？问题是 1985 年以来，粮食棉花等主要农产品的收购价格调低了，农用工业和其他工业品的价格猛涨，工农产品的剪刀差扩大了，农民种田的成本高，产出少，农民种田特别是种粮食的比较利益太低，种田不划算，种粮得不到应有的利益。山东农民今夏算了一笔账，今年亩产 500 斤小麦，刚够本。农民怎么会有种粮食的积极性？但现在农民务工经商的积极性却是很高的。我们笼统地讲农民生产积极性下降了是不对的，但农民的农业积极性，特别是生产粮食的积极性下降则是事实。

农业面临着严峻的形势，农业已经徘徊 4 年了，这是农业目前最大的问题。

（二）农民问题

粮食是农民种的，农业的发展要靠农民，要克服农业目前的徘徊被动局面，必须把农民的农业生产积极性调动起来。当然，现阶段的中国农民不仅是搞农业的，农民是整个社会主义建设的一支伟大力量。毛泽东同志说过："中国的主要人口是农民，革命靠了农民的援助才取得了胜利，国家工业化又要靠农民的援助才能成功。"[1]

世界上的经济发达国家，开始一般都是从农业积累资金，发展工业，农村劳动力同时也进入城市，工业产值增加，农业产值在国民经济中的比重减少，农业人口也减少。当工业比重达到 70% 时，农业人口一般都只有 20% 左右。我国不同，我们是在特定的历史条件下实现国家工业化的。从第 1 个五年计划开始的三十多年时间内，我们通过剪刀差和农业税等方式，从农村抽取了大约 6000 亿~7000 亿元资金，用以发展工业化和城市，但却把农村劳动力仍留在农村。到 1974 年农业产值在工农业总产值中占 30.3%，工业产值占 69.7% 时，当年 90859 万人中，农村人口为 75264 万人，占 82.8%。当年全国总劳动力 37369 万，农村劳动力 29682 万人，占 79.43%。1987 年农业产值在工农业总产值中占 25.3%，工业为 74.7%。当年全国总人口 108073 万人，农村人口 85713 万人，占 79.3%。全国总劳动力 52783 万人，农村劳动力 39000 万人，占 73.89%。[2] 众多的劳动力聚集在已经非常狭小的耕地上，这是农民贫困的根源，也是我们国家贫困的根源。

从 1953 年开始，全国实行统购统销制度，把全国人口分为非农业户口（供应商品粮油）和农业户口。1960 年以后，强化了这种农业非农业户口的

---

① 毛泽东：《做一个完全的革命派》，《毛泽东选集》第 5 卷，北京：人民出版社，1977 年 4 月，第 26 页。

② 国家统计局编《中国统计年鉴·1988》，北京：中国统计出版社，1988 年 8 月，第 47、97、153 页（其中 1987 年农村人口数参见《中国统计摘要·1988》，第 21 页——编者注）。

管理，严格限制"农转非"，政策规定，每年各地农转非的指标不得超过1.5‰。这样就使城乡界限分明，把农民限制在农村。在十一届三中全会之前，农民只能务农，不准务工经商，农民成为单纯的农业生产者，务工经商被视为是搞资本主义的越轨行为。

这么多的劳动力集中在 15 亿亩土地上单纯搞农业，理应把农业搞好了，事实不然。在人民公社吃大锅饭的体制下，农民普遍没有生产的积极性。10亿人口，8 亿人种田，田还种不好，粮食还不够吃，棉花也不够，1960 年以后年年吃外国粮、用外国棉，直到 1977 年国家还提出过要实行"人心向农，劳力归田"的口号。

党的十一届三中全会实行农村改革之后，农村发生了一系列变化，有两点是大家都明显感觉到了的：一是大量农产品从同一块土地上大量涌现出来了；二是原来感到劳动力不足的农村现在都有大量的剩余劳动力了，15亿亩土地上已经容纳不下他们了。大量的农民涌进城市的大街小巷，涌向西北西南的边陲地区，涌进工业、运输业、建筑业、商业、服务业这些过去不许农民涉足的行业，有的还远涉重洋到国外去兴业经商，8 亿中国农民这个世界上最大的社会群体的伟大力量、伟大作用正在被人们一步步地认识。

10 年来，8 亿农民已经发生了深刻的变化，而且还正在发生着更大的变化。对此，我们有重新认识的必要。要正确引导，正确使用 8 亿农民这支伟大的力量，在我们"四化"建设中发挥主力军的伟大作用。当前一个重要任务，就是要重新认识农民。要制定适合于已经起了深刻变化的 8 亿农民的政策。

10 年来，中国农民发生了哪些变化呢？

第一，实行了家庭联产承包制，农民已经不再是人民公社的社员，而是重新成了土地的主人，成了独立的商品生产者。现在的农民已经有了自主经营的权利，可以支配土地、劳动力、资金和自有的生产资料，去从事农业和农业以外的各种行业，可以自主生产、自主交换、自主分配和消费。全国 20168 万个农户，实际成了 2 亿多个小小企业。要说变化，这是最本质的变化，农村的一切变化都是由此演化出来。农民成了独立的商品生产者，他们就会与市场发生越来越密切的联系，就会加速农村的自给半自给自然经济的解体，向有计划的商品经济转化。农民作为商品生产者，就会自觉不自觉地适应价值规律的要求，调整自己的产业，调整自己的经营内容。什么作物比较利益大，他们就会种什么，什么产业比较利益大，他们就会经营什么产业。而不会再像以前人民公社那样，上级规定什么就种什么，上级指示经营什么产业就经营什么产业。对于农民这个本质变化，我们有些同志认识不足、估计不足，常常还用老的行政办法去领导，结果常常引起决策的失误。这几年出现了粮食大战、棉花大战、生猪大战，一会儿多了，一会儿少了，我们许多同志把握不住自己管了多年的行业和商品，因而感到迷惘，不知所措，这都是因为我们没有认识、没有适应这个变化了的农民引起的。要做好工作，就要适应这个变化。中央领导同志指出，要按照价值规律领导农业，要按价值规律同农民打交道。这是我们今后农村一切工作的指导方针，当然，这需要我们各地和各行业的同志下一番功夫，有一个艰苦的转变过程。

第二，我国农民这个群体的职业结构已经变化了。解放初期我国农村人口中，贫雇农占 70%，中农占 25%，地主富农占 5% 左右，经过土改，农民分得了土地，成为商品生产者，那几年农村商品经济有所发展。但是没有几年，1955 年合作化高潮，到 1956 年绝大部分农民都成了高级合作社的社员，不久又都成了人民公社的社员。虽然在名义上社员仍保留原来的阶级成分，在公社都严格执行着阶级政策，但实际上，吃了 20 多年的人民公社"大锅饭"，社员之间的差别已逐渐拉平了。只有地区之间、队与队之间的差别，在同一地区、同一生产队里社员之间的生产生活状况基本上是相同的。到 1978 年，中国 7.9 亿农民用"社员"这个名称就可以概括了，他们都是在人民公社集体经济的统一管理之下，个人生产上没有自主权，分配和交换个人也是没有自主权的，在同一核算单位内，个人收入也是基本相同，相差无几的。

农村实行开放改革以后，随着农村产业结构的变化，随着农村经济的发展，这 10 年来农民在职业上已经分开了。1987 年按统计表讲，我国有农业人口 85713 万人，[1] 实际上这只是农业户口与非农业户口的区分。这只是说，全国有 85713 万人不吃国家商品粮而已，并不是还有 85713 万农民，这 8.5 亿农民中，有 8776 万乡镇企业的干部和工人，[2] 他们已经从事工业或其他非农产业的生产劳动并从中取得大部分或全部收入，还有 1465 万个个体户从事商业，饮食业、服务业。全国还有 400 多万民办教员，从事农村的中小学教育，全国约有 300 万农村妇女在城市当保姆，有 100 多万农村医护和

---

① 国家统计局编《中国统计摘要·1988》，北京：中国统计出版社，1988 年 5 月，第 21 页。

② 国家统计局编《中国统计年鉴·1988》，北京：中国统计出版社，1988 年 8 月，第 293 页。

卫生人员，有 100 多万人在县乡两级政府和各种机关当合同工或担任干部工作。有的农民身份的人还承包国营企业，当了国营企业的厂长。这近 10800 万农村劳动力已经从事或已经多年从事非农产业，并从该产业中取得大部乃至全部收入。他们有的已经离开农村，在城市中生活，大部分是在乡镇和集镇的乡镇企业里工作和劳动。当然，这些人员国家认定的身份还是农民，是农业户口，而且绝大多数还保有着农村的责任田和农村住宅。

这 10800 万农村劳动力大约为 7000 万户，占我国总农户的 35%（在商品经济发达的地区约占 70%，有的占 50%，大部分地区占 20%～30%，经济落后地区约为 10%）。他们全家或家庭的主要劳动力是从事非农产业的劳动和工作，从非农产业取得收入，成为全家生活的主要来源，最近我们调查了山东陵县边临镇边三村的农户情况。这个村 161 户，全家从事农业，从农业取得收入的共 40 户，占 25%；从事农业，兼事工商业，但收入仍以农业为主的共 81 户，占 50%；从事工商业，兼事农业，收入已是以工商业为主的 32 户，占 20%；从事工商业已经不从事农业的 8 户，占 5%。这是鲁西北地区的农村，经济还不很发达地区的情况，在经济发达地区从事工商业的就更多了。存在决定意识，他们的家庭成分和个人成分实际上已经起变化了（我国土地改革法规定，三年改变成分）。对于这 35% 还居住在农村的"农户"，我们就应采取相应的政策，同继续从事农业劳动的农民区别开来，这样就会产生好的经济和社会效益，目前这种笼统地简单地就区分为农业户口和非农业户口的方法是很不利的。

第三，8 亿农民的生活普遍改善了，部分人已经先富起来，农民之间的收入差距拉开了。10 年来，随着农村生产的发展、商品经济的发展，农民的收入有了较大幅度的增加，农民生活普遍改善了。1978 年全国农民人均纯收入只有 133.57 元，农民人均消费粮食 496 斤，其中细粮 246 斤（均为原粮），平均每人生活费支出是 116.06 元。1987 年，农民人均纯收入达到 462.55 元，平均每年增加 36.55 元，平均每年增加 14.8%，扣除物价因素，平均每年递增 10%。1987 年农民人均消费粮食 518 斤，其中细粮 422 斤。平均每人年生活消费支出为 398.29 元，比 1978 年增加 282.23 元，平均每年增加 31.36 元，每年增加 14.7%，扣除物价因素平均每年增加 11%。[①] 就全国范围而言，绝大部分农民的温饱问题基本解决了（见表 1）。

----

① 国家统计局编《中国统计年鉴·1988》，北京：中国统计出版社，1988 年 8 月，第 823 页、第 825 页。

表1　1978、1984 和 1987 年农民年人均收入

单位：%

金额 ＼ 年份	1978 年	1984 年	1987 年
500 元以上	⎫	18.2	35.7
400～500 元	⎬ 2.4	14.1	17.2
300～400 元	⎭	24.5	21.3
200～300 元	15.0	29.2	17.5
150～200 元	17.6	9.4	5.0
100～150 元	31.7	3.8	2.4
100 元以下	33.3	0.8	0.9

数据来源：《中国统计年鉴·1988》，第 822 页。

　　尽管表中反映的是一个平均数，有许多情况还表现不出来，但已经能看出很多问题。在 1978 年，年收入在 100 元以下的占 33.3%，这部分人就是在当时的物价条件下，温饱问题也还解决不了。1984 年年收入在 150 元以下的只占 4.6%。1987 年 150 元以下的农户还有 3.39%，200 元以下的农户占 8.3%。在目前的物价条件下，年收入 200 元是很难维持温饱的。一面看到全国绝大部分农民是解决温饱问题了，但还有 8.3% 约 7100 万农民仍在过着相当艰难的日子。

　　另外，农村改革以来，在让一部分地区、一部分农民先富起来的政策引导下，农村涌现了一批"万元户"，近几年又有"几十万元户""百万元户""几百万元户"出现。这些先富起来的农民，人数不多，但影响很大，他们是率先发家致富的典型，远近闻名，往往是城乡社会议论的中心。他们对农民特别是中青年农民有很大的吸引力，他们成了赶超的目标。对此，我们一定要有一个正确的估计和认识，有一个正确的政策。（1）这些先富起来的"农民"为数还不很多，新华社 1986 年估计大约在 10 万户左右，这几年又有了发展，现在约有 1‰ 左右；（2）他们中的大多数，特别是几十万元以上的户，都不是务农，而是从事工业商业等非农产业致富的，而且他们中相当一部分都有雇工等非劳动收入；（3）他们中有一部分人是靠当地政府的一些优惠政策、优惠待遇，如提供贷款，提供原材料或销售渠道等条件扶植起来的典型；（4）这些先富起来的"农户"生活消费都很大，住的用的都相当"现代化"，往往成为当地上面来的、外面来的人参观访问的对象。他们当中有相当多的人是已从农业中分化出来但仍居住在农村的

工商业者。千万不能以为他们就是当前农村的农民代表，从他们的收入、生活、消费来判断农村形势，特别是判断农业形势，那是一定会导致失误的。

第四，20 世纪 80 年代农民的政治素质和文化素质同 50 年代相比，已经有很大不同了。据我们调查，现在农民家庭的发展趋向也是日渐核心家庭化和小型化。农村青年一结婚，多数就同父母分家，单立门户。以前的三世同堂、四世同堂已经很少了，还有一部分直系家庭，但联合家庭极少。现在农村里，70% 以上的户主（家长）是 40 岁以下的青年农民。这些农民都是在解放后出生、解放后长大的。土地改革、统购统销、合作化时，他们还未出生或还很不懂事。他们都是在 20 世纪 60 年代以后成长起来的，他们同 20 世纪 50 年代的农民在政治素质，文化素质上有很大不同，主要表现为：

（1）当代农民文化水平提高了。20 世纪 50 年代时，我国农民 70% ~ 80% 是文盲半文盲，在农村里识文断字的很少。20 世纪 50 年代，一个高小毕业生，回乡就被称为回乡知识青年。合作化时，生产队找个会计都很难。1982 年全国人口普查，县以下农村人口中 55 岁以上的文盲半文盲占 78.9%，30 ~ 54 岁的文盲半文盲只占 43.3%，30 岁以下的文盲半文盲只占 16.9%。在东部沿海地区农民的文化水平更高一些。

（2）农民的商品经济观念大大增强了。在 20 世纪 50 年代，我国农民长期生活在自给自足的自然经济天地里，统购统销、合作化、公社化以后，又长期生活在集体生产，统一分配的产品经济圈子里，农民的商品意识很差。但自开始改革以来，农民投身到发展商品经济的洪流中，他们的商品经济观念逐渐树立起来。特别是东部沿海地区、城市集镇的周围地区，农民的商品经济观念已普遍树立起来了。就是在中部、西部，中国的腹部地区，农民的商品经济意识也发展得很快，现在很多少数民族的农民、牧民也纷纷上街设摊卖货，"玩起秤砣来了"。据我们在山东陵县的调查，有 90% 的户表示，只要有资金、有机会，他们就想去做工、做买卖。

（3）农民的传统观念正在迅速变化。如前所说，农民的重农轻商观念变了，"玩龙玩虎不如玩土"的想法已经变了，只要有机会，绝大部分农民都想"农转非"。现在种田那是不得已。我们对 165 户农民调查，问及对子女有什么期望，83% 的农民希望子女上学念书，跳出农门。农民爱惜土地的传统观念变了。传统的中国农民是爱惜耕地，视地如命根的。但经过这 30 多年的发展，土地所有权和经营权不断更迭，农民对土地的感情淡薄了。

包产到户以后，农民对土地有了经营自主权，并且明文规定 15 年不变，但农民感觉不是自己的，不愿在耕地上下功夫，普遍不愿进行力所能及的农田基本建设，不施有机肥就是明显的例子。相反农民拼命占宅基地、占坟地，一旦到了手，爱护备至，认为这才是自家的。农民重土轻迁的观念也改变了，中国传统的农民是恋乡恋家，不轻易迁移的。但现在只要能离农，只要能进城，只要能赚钱，哪里都去。现在涌入城市的农民成千上万，涌到边远地区淘金、挖矿的人也是成千上万。

（4）在政治上，30 多年来，农民这个大的社会群体已经发生了深刻的变化。20 世纪 50 ~ 60 年代的农民，可以用"听毛主席的话，跟共产党走"来概括，这反映了农民同我党的关系，无论统购统销、合作化、公社化、农业学大寨，这一系列大的政治运动，农民都是跟着党走的。由于在长期革命斗争中，在反帝反封建的斗争中，在土地改革运动中农民得到了利益，农民同我们党有着密切的关系，毛主席和共产党在农民中有着崇高的威信。即使在上述这些运动中，农民在政治上，经济上的利益受到损害，农民也还是跟党走的。

20 世纪 70 年代末，农民强烈要求实行农村改革，我们党顺应民心，率先领导农民实行农村的第一步改革，实行联产承包责任制。在大包干中，农民提出了"先交国家的，留足集体的，剩下都是我自己的"。这本来是农民针对人民公社吃大锅饭的经济体制提出的分配原则，但在这里也明显地反映了农民的政治态度，农民的国家观念，集体观念是很强的，表明农民是拥护党和国家的领导，支持社会主义的经济建设，支持社会主义的集体经济的。农民是十分通情达理，顾全社会主义建设这个大局的。最近，《经济日报》报道了 1978 年 12 月安徽凤阳县小岗村最早搞包产到户的一个秘密协定，协定说："我们分田到户，每户户主签字盖章，如以后能干，每户保证完成每户的全年上交的公粮。不再向国家伸手要钱要粮。如不成，我们干部坐牢杀头也甘心，大家社员们保证把我们的小孩养活到 18 岁"。在这里也充分表露了农民的国家观念和集体观念，读了十分感人！

随着全国改革开放的深入，商品经济的发展，农民商品生产者的地位逐步地确立起来。农民同商品市场建立了各种各样的联系，农民生产的农副产品除自给之外，要通过市场卖出去；农民生产需要的农用工业品和其他生产资料以及自家消费需要的生活用品要通过市场买回来。1978 年全国农副产品的商品率只有 39%，1980 年为 49.6%，1987 年达到 58.2%。加上农村工业的产品销售，1987 年全国农村工农业产品的商品率已达到 69%。

1978 年全国每个农民平均生活消费支出 112.9 元，其中商品性消费支出 44.84 元，占 39.7%；1987 年，全国每个农民平均生活消费支出 378.14 元，其中商品性消费支出 243.75 元，占 64.5%。[1] 这表明，当今的农民，无论是生产还是生活，已经与市场息息相关、密不可分了。市场的波动，物价的升降，都会对每个农户产生深刻的影响。近几年农副产品的国家收购价格未变，而工业品价格却上涨了很多，特别是农用工业品价格猛涨，国家价格与市场议价相差一倍乃至几倍，这直接损害了农民的利益，农民对此反映强烈。近几年，各地农民通过各种形式表示了他们的意见，有些农民是通过贴门联的形式来表示的，其中有些是这样写的，上联"高价化肥我不买"，下联"平价粮食我不卖"，横批"请政府原谅"。这既反映了农民对乱涨价的不满情绪，也反映了农民要求等价交换的强烈愿望。公平交易、等价交换，这是发展商品经济的起码条件。今年党中央已经提出，要按价值规律来领导农业，要按价值法则同农民打交道。农民的等价交换要求，与党中央的精神完全吻合。问题就在我们如何去实现了。

要求等价交换，要求公平交易，要求平等，这是 20 世纪 80 年代农民的特征，这同 50 年代时"听毛主席话，跟共产党走"是大不一样了，我们的农村经济、社会政策也应作相应的改变。

（三）农村问题

按照传统的说法，农民是"长期参加农业生产的劳动者"，农村是"以从事农业生产为主的劳动人民聚居的地方"，是"农民聚居的社区"。经过十一届三中全会以来 10 年的改革和发展，中国现在的农村已不再只是从事农业生产为主的劳动人民聚居的地方了，农村已经发生了历史性的大变化。首先，如上文所说，农民已经不再只是长时期参加农业生产的劳动者了，而是有很大一部分人成了乡镇企业职工、个体商贩、乡村教员、农村医生和私营企业主……，不过仍以农业户口的身份居住在农村这个社区而已；其次，中国现在的农村已经不只是单一的农业经济了，农村的产业结构已经发生了大的变化。在中国的特定条件下，农村的工业，农村的商业服务业，农村的建筑业，农村的运输业，已经发展起来了。1987 年农村社会总产值 9431.61 亿元，其中农村工业总产值 3284.86 亿元，占 34.82%；农村建筑业 723.31 亿元，占 7.7%；农村运输业 334.47 亿元，占 3.5%；农村

---

[1]　国家统计局编《中国统计年鉴·1988》，北京：中国统计出版社，1988 年 8 月，第 824 页。

商业、饮食服务业 413.27 亿元，占 4.4%。1987 年的农村社会总产值中，农业总产值只占 49.6%，二、三产业则占 50.4%。① 而这还只是全国的平均数，在东南沿海和大中城市郊区的农村社会总产值中，农业只占 20% ~ 30%，农业已不再是农村的主要产业了。如 1987 年，北京市农业产值仅占农村社会总产值的 27.73%，上海仅占 17.94%，江苏只占 30.54%。②

现在农村居住的已不只是农民了，也不只是生产农产品了。在中国这样一个特殊条件下，农村的产业结构调整之后，实际上成为第二个国民经济体系。概括地说，农村的经济基础已经发生了重大的变化，但农村的上层建筑还没有相应的变化，人们对于农村的观念没有相应的变化，领导管理农村的组织机构没有相应变化，领导管理农村的方式、手段和工作作风也没有相应的变化，由此产生了种种矛盾。目前农村发展中的主要问题有如下几个：

第一，农村经济发展与社会发展不同步、不协调。10 年来我国农村经济有了大的发展，但是，农村社会发展、社会进步却没有获得相应的进展。在有些地区，经济发展了，但社会问题突出了。这一方面固然是因为社会发展、社会进步较之经济增长、经济发展属于更高层次的问题，社会发展、社会进步包含的内容更加深刻、更加复杂，发展进步任务更为艰巨。社会发展、社会进步是我们追求的综合目标，经济发展只是其主要的核心内容，因而绝不仅仅是这个内容；另一方面，也与我们的指导思想有关。我们有相当一部分地方工作的领导同志，把党中央提出的发展生产力这个根本任务，理解为唯一的任务。因而在实际工作中考虑的都是如何发展经济，如何提高产量、产值，至于社会发展、社会进步的问题往往列不上议事日程。即使像东南沿海和大中城市郊区等经济比较发达的农村，从经济产值来说，已经超过人均 800 美元，但社会问题仍然很多。例如，文化教育没有相应发展，中小学流失生很多，产生了新的文盲；精神文明建设滞后，一些封建传统的东西重新泛滥。婚丧嫁娶，大操大办；风水神巫、修坟造墓、买卖婚姻、赌博成风、打架斗殴、盗贼偷窃等问题皆有。有些东西曾经销声匿迹，这些年又冒出来了。1983 年，严厉打击流氓犯罪以后，农村犯罪率有所下降，但这几年犯罪率又趋上升，大案和恶性案件上升更多。社会治安问题不少，有些地区一些先富起来的万元户、几十万元户，高墙厚门，请

① 国家统计局编《中国统计年鉴·1988》，北京：中国统计出版社，1988 年 8 月，第 214 页。
② 国家统计局编《中国统计年鉴·1988》，北京：中国统计出版社，1988 年 8 月，第 215 页。

私人保镖自卫。社会秩序不稳定，反过来又影响经济的发展。这些社会问题的出现和发展，引起许多人的忧虑，这显然不是我们的初衷。我们应该在致力农村经济发展的同时，也要重视社会发展和社会进步，要使物质文明建设和精神文明建设同步发展。国际国内的经验都证明："富裕并不等于幸福"，"经济水平高并不等于社会进步"。人的需求是多方面的，我们可以在收入还不太高的条件下，把社会组织得好一些。在还不大富裕的条件下，为群众创造一个民主、进步、幸福的生活环境。不要等到经济发展了，社会问题成堆了，再来治理，代价就大了。

第二，农村基层组织瘫痪、半瘫痪。一些农村的社会问题多，社会秩序不好，同这些地区农村基层组织没有起到应有作用也有一定的关系。农村在人民公社体制时，政社合一，农民实际上是在半军事化组织管理之下，自县到公社、到大队、到生产队，上下对应，组织严密，管理严格。实行了家庭联产承包责任制，每个农户实际上是一个小企业，农民成为独立的商品生产者。农村社会的基础结构已经变了，农村社会怎么组织？8亿农民这么大一个群体如何管理？这是一个很大的问题。但是，10年来，县级党政机构除了增设了很多部局，增加了约一倍的干部外，基本格局并没有变化。1985年人民公社改为乡镇，原来的公社党委和公社管委会改为乡党委、乡政府和乡经济委员会。相当多的地区只有乡党委、乡政府。名称变了，基本职能和工作内容变化不大，只是换了名称。原来的生产大队改为村民委员会，大队党支部改为村党支部。多数省区没有设村的经济组织，村民委员会是土地的发包管理单位。原来是基本核算单位的生产队，改为居民小组，多数是没有政治和经济职能，不起什么作用。乡党委和乡政府的干部都是国家脱产干部，日常工作基本上还能维持。村一级组织除了沿海和大中城市附近经济发达地区外，已不是经济实体，多数没经济来源，有的村要开个会的灯油钱也没有，干部补贴靠向农民摊派解决，许多工作、许多活动开展不起来，这就带来一系列的问题。在生产上，国家一再强调要建立生产服务体系，搞好农业的产前、产中、产后的服务。可是，村上一分钱也没有，拿什么服务？有的村连修个保护机井的水泥井台的钱都没有。文件上讲的要搞几个统一经营，也搞不起来。在政治上，许多事无人管，有些干部想管也管不了，连个群众会也开不起来。有不少村实行大包干之后，就没有开成过群众大会。这种基层组织瘫痪、半瘫痪状况，在相当多的省区约占1/3左右，有的地区情况更严重一些。农村基层原来的组织形式已经不适应了，新的组织形式还未建立好。这是农村产生众多问题的重要原因，这是一个亟须解决的大问题。

四　解决农村问题应采取的政策

经过 10 年改革和发展，我国农村经济和社会进入了一个新的发展阶段。就全国而言，我们已经基本解决了长期困扰的温饱问题，促进了农村经济和社会体制的转换，逐步形成了一定的自我发展的能力，涌现了一批农业和工业、经济和社会全面发展的县、乡（镇）村，整个农村，由东到西，正在向专业化、社会化、商品化、城镇化、现代化的方向前进。实践证明，农村改革是成功的，方向是正确的，成就巨大，影响深远。1985 年以后，农业面临严峻形势，农村第二步改革停滞，出现了上述一系列问题，这是由于长期形成的城乡倾斜的二元结构格局未改，整个国家处于由产品经济向有计划的商品经济转化，由自给半自给的自然经济向商品经济转化过程中难免会出现的问题。加上我们领导商品经济发展还缺乏经验，1984 年大丰收后，对农村和农业形势估计过于乐观，采取了一些失当的措施，1985 年粮食大减产后又没有及时觉悟，没有采取断然决策，使问题积累了下来。当前农村要解决的问题是两个方面：一是要狠下决心，扭转农业生产已经徘徊 4 年的局面，夺取农业丰收，这是农村发展的基础，也是国民经济全面发展，社会稳定的基础；二是要继续全面深化农村改革，执行放宽搞活的既定方针，使农村继续向专业化、社会化、商品化、城镇化、现代化全面发展的方向迈进。不能由于要抓农业生产，要向农村采购粮食和农副产品而采取一些影响农村全面改革、全面发展的政策，就把已经搞活了的局面又统死，不要走回头路。当然，各地也不能因为要深化农村改革全面发展而放松农业生产，农业是国民经济的基础，农业首先是农村各行各业发展的基础，农业生产在农村是第一位的。为了实现这两方面的目标，提出以下政策设想。

第一，要大兴农村调查研究之风，重新认识农村，重新认识农民，重新认识农业。我们国家的农村是城市领导的，农民是工人阶级领导的，农业是为工业和城市服务的，农村政策是由住在城里的干部制定的。经过 10 年改革，农业变了，农民变了，农村变了，我们的农村政策也要作相应的改变，包括领导农村的机构和同农民打交道的形式也要作适当的改变。而要作这些改变，首先要对已经变化了的农村、农民、农业有正确的认识。不足的是，若干年来，我们的领导干部、理论工作者、作家等由于多种原因，很少下乡了。有的去了，也是蜻蜓点水、走马看花。就是县里的干部，下乡调查也很少有在村里住下的。都说农村变了，为什么变的？变得怎样了？正在向着哪个方向变？还有什么问题？对不起，不甚了了。前几年说农村形势好，千口一调，好得不得了，好像农业真的过关了。粮食吃不了，棉花用不了，农民都富得流油了。这两年说农业形势严峻，一时间，好像又什么都紧张了。有的人已在担忧，会不会出现 20 世纪 60 年代初的情况，有人由此怀疑是不是包产到户搞错了。这种种片面认识之风之所以刮得起来，就因为对农村缺乏深入细致的调查研究。对农村的情况一知半解、若明若暗，在这样的基础上去制定政策，是不可能不失误的。毋庸讳言，目前对于农村、农业形势的估计，中央的部门之间、上下之间、城乡之间的认识是不一样的，对于下一步改革和采取的措施想法也不一样。所以，无论就统一认识，还是制定政策，当务之急是应该大兴农村调查研究之风，要组织城里干部特别是与农村有关部门的领导干部深入到农村去，对农村的土地状况、水利设施、乡镇企业、科技教育、农民负担、贫富差别、思想观念作一番全面的调查研究，重新认识已经变化了的农村，重新认识已经变化了的农民，重新认识已经变化了的农业，这是制定各项农村政策的基础，也是制定国家整个政策的基础。我们是一个 10 亿人口、8 亿农民的国家，不了解农民，就不了解中国的基本国情。

第二，要制定农村发展的长期战略，逐步扭转目前存在的城乡倾斜政策，逐步改变城乡社会分隔的二元结构。中国要实现现代化，有一个问题是我们讨论得很不充分的，那就是现有的 8 亿农民怎么办？我们是搞 2 亿多人的现代化呢，还是要实现 10 亿人的现代化？我们是要搞 400 多个城市的现代化呢，还是要实现包括 6.8 万个乡镇、83 万个村在内的全国的现代化？问题是明显摆着的：其一，1978 年全国 80320 万农民，1987 年为 85713 万农民，9 年增加 5393 万，每年增 600 万。现在城市计划生育好，年自然增长率为 8‰；农村计划生育差，年自然增长率为 12‰。按这样发展下去，农村的人口无论绝对数还是相对数增长都要快于城市，我们总不能越现代化，农民越来越多吧！其二，城乡差别在扩大。据统计局抽样调查，1979 年农民人均消费 152 元，城市居民 406 元，相差 2.7 倍；到 1983 年缩小为 2.3 倍。1987 年农民人均消费 388 元，城市居民 979 元，相差 2.5 倍。[①] 从数字看缩小了 0.2 倍，实际不是这样，因为有许多不可计算的因素。如 1979 年

① 国家统计局编《中国统计年鉴·1988》，北京：中国统计出版社，1988 年 8 月，第 800 页。

城市居民人均居住面积为 4.4m²，这 10 年国家投资盖了许多住宅，1987 年人均住房面积 8.5m²。住房平均增加近一倍，但房租支出并没有增加。1979 年居民人均房租支出为 6.06 元，占全年消费支出的 1.44%；1987 年人均房租支出为 7.74 元，只占全年消费支出的 0.87%。① 另外，这些年城市的交通、道路、煤气、电力、公园绿地、学校医院、公共设施都有国家投资，大大改善了居民的物质文化生活，这些都是不计算在居民人均消费里的。城乡差别在扩大（特别是 1984 年以后），这是事实，我们总不能越现代化，城乡差别越大吧！

要制定一个完整的农村发展的长期战略。农村怎么现代化？现有的 8 亿农民的大部分怎样逐步转化为工人和第三产业服务人员，这是摆在我们面前的一个巨大的历史任务。我们的城乡格局，是 20 世纪 50 年代学苏联的办法建起来的。这套办法，"把农民挖得很苦"，把农民生产的东西拿走太多，给予的代价又极低。对此，斯大林称之为农民的社会主义"纳贡"，用以"积累资金"。对这种格局，我们在 20 世纪 50 年代就有了认识，认为这样做"使农民的生产积极性受到极大损害"。但认识是一回事，把这个体制改过来是另一回事。目前我们的格局还是城乡倾斜、工农倾斜的格局。要改变这种格局的确不是一朝一夕的事。但是，首先我们要正视这种格局是不合理的，城乡之间的差别再不能扩大了；其次，我们要逐步缩小这种差别，逐步改变目前城乡社会分割的二元结构。这是我们今后做计划、办事情应该常考虑的问题。

第三，保护农业，保护农民，从中央到地方应建立领导农村发展的机构。农业因作业空间大，生产周期长，受自然条件影响大，在现代生产中与其他产业相比，处于不利地位，所以世界经济发达国家都有根据各自特点的不同的保护政策。我国农业正处于由传统农业向现代农业转化的过程中，更需要得到国家政策的保护。农民在我国是一个最大的社会阶层，但由于其居住分散，文化水平低，组织程度差，同其他阶层相比，处于不利的地位。加上我国农民都是在集体所有制条件下生产活动（工人和知识分子多数是在全民所有制条件下劳动和工作）；农民都是农业户口（工人和知识分子都是非农户口）；工人有工会、知识分子也有工会，还有各种学会等，而中国农民至今连个农会也没有。这就使农民在社会中处于更不利的

---

① 国家统计局编《中国统计年鉴·1988》，北京：中国统计出版社，1988 年 8 月，第 836 页、第 807 页。

地位。所以，中国农民的生产生活、社会权益更应得到国家和政府的保护。保护农业，保护农民，有诸多方面，要从长计议。就目前情势看，首要的是要建立一个权威的农村发展的领导机构，制定并实施农村发展的长期规划，领导、组织、保护农民，组织领导农业生产。1983 年机构改革中自上而下撤销了农委。5 年的实践证明，其后果是对农业生产不利，对农民不利，对农村发展不利。1986 年以后又重申国民经济要以农业为基础的国策，这几年也反复宣传了，强调了农业的极端重要性，喊得够响了，但谁来实施？农民批评说，这几年的农业，是侯宝林、马季的办法，说说唱唱而已！农业为基础，要有政治保证，要有组织路线的保证。20 世纪 50 年代为了保证农业生产，党中央明确规定过："各级党委的第一书记必须在五、六两个月内，以抓农业生产为中心。县委第一书记必须以全力抓农业生产，地委第一书记必须以 2/3 的时间抓农业生产，省委第一书记必须以 1/2 以上的时间抓农业生产。"现在多数省区农委没有了，一般是由一个副省长，副专员，副县长，副乡长管农业，他们不参加党委常委决策层会议，权力有限，有些还不是专职的。所以，搞农业基本建设要不到投资，到春耕时筹不到农贷，抗旱时管不了电和柴油，施肥时抓不到化肥。这几年农用生产资料如此紧缺，价格如此飞涨，与没有领导管是有关系的。最近中央决定紧缩银根，按规定是要压缩过长的基建，要削减楼堂馆所，要压缩集团采购力。但是，这些大部分都压不住、压不下。首先压着的确是收购农副产品的资金，结果农民交售了粮食、棉花，得到的却是一张"白条"！这是一个已经挑明了的实例。其他如投资、贷款、物资、分配等方面都有类似的问题。农业的地位太软弱了。

农业需要保护，农民需要保护，应该从中央到地方建立主管农村发展的强有力的领导机构。

第四，按价值规律办农业，按价值法则同农民打交道，逐步建立农村商品经济的新秩序。我国农村正处在由自给半自给的自然经济向商品经济的转化过程中。十一届三中全会以后一系列改革，加速了这种转化。粮食和农产品是商品，农业生产是商品生产，领导农业应该按价值规律办事。农民是商品生产者，要按价值法则来同他们打交道。这是我们党总结新中国成立以来领导农民和农业生产经验和教训得出的一个基本结论。40 年来，凡是我们的农村政策符合价值规律，农民就拥护，农民的生产积极性就高涨，农业生产就发展；凡是我们的农村政策背离价值规律，农民的生产积极性就受到挫伤，农业生产就停滞、徘徊，甚至倒退。1949～1956 年，

1979～1984年，几次农业生产发展比较顺利的阶段，都是因为我们的政策比较符合价值规律的要求；1959～1961年、"文化大革命"期间和1985～1988年，农业出现大的波折，则主要是我们的政策背离了价值规律的结果。从1979年到1988年，种植业特别是粮棉生产自1985年以后出现了徘徊。但是，在这10年中，农村的乡镇企业、水产业、水果业是逐年以较高的发展速度递增的。这种现象和十一届三中全会前是不同的，这是因为那时的农村政策是高度统一的，而在这10年中，乡镇企业、水产业、水果业的政策是放开的，在这几个行业中，执行了比较符合价值规律的政策。

当然，要按价值规律办农业，要按价值法则同农民打交道，特别是要在农村建立商品经济新秩序，这将是一个较长的历史过程，要经过一系列改革和发展。就目前来说，最关键的有两个方面：其一，要调整工业、农业的关系。当前粮食、棉花和一些农产品短缺，而工业建设过热，农业再次成为国民经济的短线。国家应该按照价值规律的要求，调整工农投资的比例，增加农业投资，增强农业的物质基础，这不仅是克服当前农业徘徊的措施，而且也是20世纪90年代农业要上两个台阶的基础条件。要增加农业投入，这已是上下一致的看法。中央已经提出发展农业一靠政策，二靠科学，三靠投入的方针。根据历史经验和目前的水平，国家在每年基建投资中，农业投资应达到10%，地方（省、地、县）财政应有20%用于农业，集体和农民的收入中应有30%用于农业建设；其二，要调整工农业产品的价格。十一届三中全会前，农产品的价格低于价值20%～30%，工业产品价格高于价值15%～20%。根据三中全会决定，1979年和1980年提高粮食和农产品的价格，使之接近价值水平，从而调动了农民农业生产的积极性，促进了农业生产。这几年工农产品剪刀差又扩大了，又恢复到十一届三中全会前的状况，严重挫伤了农民务农特别是生产粮食的积极性，亟须调整。

第五，重视研究和治理农村社会问题，促进农村经济、社会协调发展。过去若干年，我们的目标是一个，是要解决人民的温饱问题。这既是经济目标，也是社会目标，现在这个目标已经基本实现了。下一个目标，就是到本世纪①末，使国民生产总值再增长二倍，人民生活达到小康水平。小康水平的经济目标，是使人均国民生产总值达到800～1000美元；小康水平的社会目标应该是社会安定团结、政治清明、民主进步、党风民风正、精神

---

①　此处指20世纪。——编者注

面貌好。整个社会应该是奋发向上的，朝气蓬勃地去实现第三个目标。从世界各发达国家发展的历史经验看，由人均 400 美元增长到 1000 美元的时期，却又是社会矛盾多，社会变动快，各种社会问题大量出现，社会动荡不安，可能出现社会发展失控、离轨的现象，以致影响经济发展和社会正常发展。目前我国农村却正处于这个发展阶段。经过改革，经济发展比较快，农民生活都有了很多改善，但新的社会矛盾出现了。城乡之间，经济发达地区和不发达地区之间，先富起来的农民和还不富裕的农民之间，干部群众之间，务农的农民和务工商的农民之间，都产生了一些新的矛盾。社会问题也大量涌现，诸如封建迷信、赌博偷窃、买卖婚姻，流氓犯罪等。当前农村中，农民群众意见最多的是以下几个问题：农用生产资料紧缺，价格暴涨；粮食和农产品定购价格和市场价格相差太大，农民失利太多；党风不正，官风不正。有些干部只敛财，不办事，以权谋私，贪污受贿，等等。这些矛盾和问题如果不能得到克服、缓解和解决，就可能激化为社会冲突。这些孕育着的不安定因素，我们不能等闲视之。所以，我们在实行农村第二步改革的时候，既要进行经济方面的改革，同时也要进行社会方面的改革，在致力经济发展的同时，也要注意社会发展。引导农村经济、社会健康地协调发展。我们应在农村还不太富裕的条件下，把农村社会组织得更好些，使人民群众的生活安定、和睦、民主、进步、幸福，充分发挥人民群众在社会主义建设中的作用，以加速整个农村发展的历史进程，顺利实现我国农村专业化、社会化、商品化、城镇化、现代化的伟大目标。

农业发展的基本经验和教训[*]

——为纪念新中国成立四十周年而作

　　我国是个农业大国。解放初期6亿人口，农民占82%。现在11亿人口，农业人口仍占79%。1949年全国工农业总产值466亿元，农业产值326亿元，占70%。1988年全国工农业总产值20799亿元，农业总产值5118亿元，只占27%。但是由于我国农业产品有较大的剪刀差和统计等方面的原因，农业在国民收入中占的比重仍超过40%，轻工业原料的70%来自农业，出口产品中农产品和以农产品为原料的产品占60%以上。农业仍然是我国国民经济的基础，农业的兴衰直接决定着国民经济的繁荣和萧条，决定着整个国家社会政治生活的泰否。40年来的历史反复证明，哪一年的农业丰收，第二年的经济和政治生活的日子就好过，社会就比较安定；哪一年的农业歉收，来年的经济、政治、社会就蕴藏着动荡和不安。十一届三中全会以后的10年，前6年农村率先改革，农业连续丰收，农村发生了历史性的变化，国民经济蒸蒸日上，政治、社会安定，十亿人民安居乐业，意气风发，对前途充满希望和信心。1985年以后，农业连续四年徘徊，工农关系失调，供应短缺，物价上涨，群情纷扬，社会不安。

　　我国农村目前正处在由自给半自给为主的自然经济向商品经济转化，

---

[*] 本文源自作者手稿，原稿写于1989年8月23日。该文部分内容曾以《神州四十年：黄土地·红土地·黑土地》为题载于《学习》1989年第12期（1989年12月5日）；以《农业发展的基本经验和教训》为题发表于《农村经济研究》1990年第2期（1990年4月15日）；以《四十年农业发展的基本经验和教训》为题发表于《中国经济体制改革》1991年第2期（1991年2月23日）。该文还以《40年来农业发展的基本经验和教训》为题收录于《"三农论"——当代中国农业、农村、农民研究》（陆学艺著，北京：社会科学文献出版社，2002年11月）、《陆学艺文集》（陆学艺著，上海：上海辞书出版社，2005年5月）等著作。该文发表和收录文集时均有较大篇幅的删节，本文现根据作者完整手稿刊印。——编者注

农业正由传统农业向现代农业转化，农民也正在向非农民和现代农民转化的时期。这是我们目前的基本国情。在国庆 40 周年之际，回顾总结新中国成立以来农业发展正反两方面的经验和教训，从中得出一些规律性的认识，用以指导今后农业的发展，突破农业徘徊的局面，这是有着很重要的现实意义和历史意义的。

一　三起三落，周期性波动

新中国成立 40 年以来，按照传统的划法，农业发展分为土地改革，农业合作化，人民公社化，调整整顿，"文革"动乱，农村改革等 6 个时期；按照国民经济发展情况，又可划分为新中国成立初期（1949～1952 年），"一五""二五"计划（1953～1957 年、1958～1962 年），调整时期（1963～1965年），"三五""四五""五五""六五""七五"等 9 个时期。前一种划法，是从整个农村的生产关系、生产力的变动和发展的角度来划分的，后一种则是从国民经济的发展变化的角度来划分的。为了总结我国农村经济和农业发展的规律，从农村经济和农业本身内在的起落来看，我国农村经济和农业发展大致可划分以下六个阶段：

第一阶段（1949～1958 年），农业蓬勃发展的阶段。1950～1952 年，全国进行土地改革，消灭了土地封建制度，把约 7 亿亩土地无偿分给了无地和少地的农民，免除了每年约 700 亿斤粮食的地租，农民成了土地的主人，成为小商品生产者，得到了实惠，农民的生产积极性高涨。土改后不久，我们党就在农村领导农业互助合作运动，办互助组，组织初级农业合作社，坚持自愿互利原则，帮助农民克服缺乏生产工具、资金等困难，对农业生产起了推动和促进作用。1955 年夏季以后，由于我们对合作化运动要求过急，步骤过快，工作草率，本来计划用 12 年完成的农业合作化，只用了一年半时间，在 1956 年就在全国实现了农业合作化，全国农民都参加了高级合作社，实现了生产资料的集体所有制。这在一定程度上违背了相当多数农民的意愿，损害了他们的利益。但由于我们党在农民中有崇高的威望，在农村做了大量的工作，解决了许多由于生产资料所有制变化、生产生活方式变革所带来的大量问题，把 5 亿多农民组织到全国 70 多万个农业合作社里，通过让他们实行集体经营，集体劳动，统一按工分分配，初步建立起正常的生产生活秩序。

在这一阶段，国家拨出大量经费，领导农民兴修水利，进行大规模农田基本建设，耕地增加了 2.09 亿亩，净增 14%；灌溉面积扩大 1.9 亿亩，增加 64%。国家在第一个五年计划中创建了农机工业、农药工业、化肥工业。在稳定全国物价的基础上，1952 年提高了粮棉收购价，创建农业银行，增加农业贷款，组织全国供销合作社，发展集市贸易。解放初的头几年，农村商品经济发展的势头很好。可是由于我们当时对商品经济在社会主义建设中的作用缺乏正确的认识，1953 年在农村实行了粮、棉、油等统购统销，1956 年对私营资本主义工商业进行改造的时候，把农村、集镇的一些小商贩、小业主也统统实行了公私合营，抑制了农村商品经济的发展。

不过，总的说来，这一阶段，我们的农村政策是符合农民利益，符合商品经济发展的要求的，农民的生产积极性是高的，所以农业发展很快，连续 9 年的丰收，农业总产值由 326 亿元增加到 566 亿元，[①] 增长 74%，平均每年递增 6.3%；粮食由 2264 亿斤增长到 4000 亿斤，增长 77%；棉花由 888 万担增长到 3938 万担，增长了 343%。[②] 农民收入也有很大增长，农民生活有了很大改善。

第二阶段（1959～1961 年），农业衰败倒退的阶段。新中国成立初期，经过 3 年经济恢复，经过第一个五年计划的建设，我们的政治、经济建设取得了伟大的成就，人民得到了实惠，人民满怀信心和希望，迫切要求改变一穷二白的局面。但由于我们犯了急于求成的"左倾"错误，轻率地发动了"大跃进"运动，在农村大办人民公社，使刚刚成立不久的农业合作社合并、升格为所谓"一大二公"的人民公社，把初步建立的集体经济的生产生活秩序打乱了，把刚刚建立的规章制度破坏了，生产责任制不要了，按劳分配遭批判，劳动工分也不记了，大办公共食堂，5 亿多农民真的吃起"大锅饭"。提倡"组织军事化，生活集体化，劳动战斗化"。在相当多的地区，劳动力集中居住，按营连排编队，男女分居不同的集体工棚，儿童进幼儿园，老人住敬老院，家庭分裂了。提倡"大兵团作战"，全省、全县范围里调动劳动力。1958 年有 7000 万农业劳动力兴修水利，有 2000 多万人大炼钢铁。农村里只剩下一些老人和妇女。在错误的思想指导下，我们否定商品经济，否定价值规律，没收农民家庭仅有的自留地，不允许搞家庭副业，关闭集市贸易。1958 年秋季，实际没有按当年的劳动分配，而是实

---

① 国家统计局编《中国统计年鉴·1985》，北京：中国统计出版社，1985 年，第 24 页。

② 国家统计局编《中国统计年鉴·1989》，北京：中国统计出版社，1989 年，第 198～199 页。

行所谓的供给制，吃大锅饭，"一平二调"。[①] 这些都严重损害了广大农民的利益，可是农民当时已丧失了生产、交换、分配和消费的自主权，农民只能用消极怠工来表示自己的不满。1958 年风调雨顺，是个好年景，但农民群众无心收获，以致 1958 年农业丰产了而没有丰收。1958 年冬和 1959 年上半年，国家感到了农民不满的情绪，开始纠正"左"的倾向，提出"三级所有，队为基础"，重新肯定生产资料集体所有制，肯定按劳分配，肯定生产责任制。但是，1959 年 7 月召开的庐山会议发动了反右倾运动，使已经开始的纠正"左"倾，转为继续反右倾，使上述错误变本加厉，农民的利益受到进一步的侵犯，农民更加消极抵抗，致使大片土地荒芜，加上一部分地区遭到水旱灾害，1959 年农业生产大幅度减产，农业生产总值下降 13.7%，粮食由 4000 亿斤降到了 3400 亿斤，减产 15%。全国有相当一部分地区出现了饥荒。直到 1960 年 8 月，领导才察觉农村情况的严重，提出要全党大办农业，但已错过了农时，为时已晚。1960 年全国农业更大幅度地减产，农业总产值减少 12.7%，粮食减产 530 亿斤，下降 15.6%。全国范围内普遍出现了饥馑，有一部分地区出现饿死人的现象。1960 年冬天，中央发布了十二条政策，开始纠正"五风"和"左"的错误。因为许多农村生产力已经受到严重破坏，人无粮，马无草，出现全国性的浮肿病，农民无力种田。所以，1961 年全国农业继续减产。1961 年与 1958 年相比，粮食减产 26.2%，棉花减产 59%（3938 万担降到 1600 万担），油料减产 62%（从 477 万吨下降为 181 万吨），农业总产值下降 1.2%。[②] 有些省区倒退到解放前的水平。全国陷入了三年困难时期。

　　第三阶段（1962～1966 年），农业恢复阶段。国家在 1960 年冬天就开始调整农业政策，但问题不仅在农业本身，而是整个国民经济比例失调。1959、1960 年农业已经大幅减产，而工业仍以超高速度增长。1957～1960 年 3 年间工业产值增长了 1.343 倍，平均每年递增 33%。[③] 要解决农业问题，仅仅调整农业政策已经不行了。国家在 1962 年正式提出了"调整、巩

---

① "一平二调"是指新中国在农村基层组织人民公社内部所实行的平均主义的供给制、食堂制（"一平"），对生产队的劳动力、财物无偿调拨（"二调"）。由于基层农民的反对，毛泽东主席在 1960 年 11 月 28 日批示"永远不许一平二调"。参见《建国以来毛泽东文稿》第 9 册，北京：中央文献出版社，1998 年 1 月，第 365 页。——编者注

② 国家统计局编《中国统计年鉴·1989》，北京，中国统计出版社，1989 年 9 月，第 198～199 页。

③ 国家统计局编《中国统计年鉴·1987》，北京：中国统计出版社，1987 年 10 月，第 258 页。

固、充实、提高"的方针，大量压缩工业和城市的基本建设，关停并转了一大批厂矿企业，清退 2000 多万职工和非农业人口回农村，大量增加农田水利建设投资，向农民退赔，增加农业贷款，提高粮食、棉花等农产品的收购价格。国家还制定颁布了《农村人民公社工作条例》（简称《农业六十条》），重申人民公社是集体所有制经济，划小基本核算单位，实行"三级所有，队为基础"，重申按劳分配原则，实行生产责任制，评工记分，解散公共食堂，重建农民家庭经济，发还自留地，① 鼓励经营家庭副业，开放集市贸易。这一系列政策，使生产队有了自主权，使农民得到了实惠，重新调动了农民的生产积极性。1962 年，农业开始恢复发展，到 1966 年，多数地区农业已恢复到 1957 年的水平。1961～1966 年 5 年间，农业总产值由559 亿元增加到 910 亿元，增加 62.8%，平均每年递增 10.2%；粮食由2950 亿斤增加到 4280 亿斤，增长 45.1%，平均每年递增 7.7%；棉花由1600 万担，增加到 4674 万担，增长 192%，平均每年递增 23.9%。② 大部分地区的农业恢复和超过了 1957 年的水平。

第四阶段（1967～1977 年），"文革"动乱阶段。1966 年下半年，"文革"动乱逐渐波及农村，当年农业生产还是好的，1967 年开始出现夺权，县级政权乱了，以后是公社夺权，基层也乱了。不过当时农村还有几条有利因素：一是农村基本核算单位未动；二是农村的基本经济政策未动。城市乱了，工业基本建设扩张不大，农民负担增加不多。

"文化大革命"当中"左"的政治、经济路线直接侵害农村，提出"农业学大寨"，搞大寨工分制，干活大呼隆，分配上搞平均主义，搞"穷过渡"（基本核算单位由小队向大队过渡），批"三自一包"，③ 割资本主义尾巴，对农村生产生活有很大影响。特别是在"以阶级斗争为纲"的错误思想指导下，"割资本主义尾巴"，没收自留地，限制家庭副业，关闭集市贸

---

① 自留地是指中国农业集体经济组织按照政策规定，分配给成员长期使用的土地，成员可以在这块土地上生产各种农副产品，国家不征（农业）税、不派购，以增加收入、满足家庭生活和市场需要。它是集体经济的补充，被农民形象地称为"保命田""救命田"。这一政策经历了允许、禁止、再允许等一系列反复，时间跨度长达数十年，记录的是共和国关于社会主义建设发展的艰辛探索。——编者注

② 国家统计局编《中国统计年鉴·1989》，北京：中国统计出版社，1989 年，第 51 页、第198～199 页。

③ "三自一包"是指自负盈亏、自由市场、自留地和包产到户。"三自"是刘少奇在"大跃进"失败后恢复了此前的这项农村经济政策。"一包"是各地部分农村的自发行为，在1962 年 7 月毛泽东明确反对"包产到户"前，各级党委并没有怎么干预。——编者注

易，大搞以粮为纲，这些做法把经济作物、林牧副渔各业的生产都损害了，农村经济变成了单一的粮食经济，使 20 世纪 60 年代初期经过调整后农村商品经济略有发展的势头又向自给自足的自然经济倒退。所有这些都严重损害了农民的利益，打击了亿万农民的生产积极性，使农业生产长期徘徊停滞。1977 年粮食总产 5655 亿斤，比 1966 年的 4280 亿斤增长 32.1%，平均每年只递增 2.5%；1977 年棉花总产 4098 万担，比 1966 年的 4674 万担，反而下降了 12.3%。① 1977 年每个农民年均纯收入为 117.09 元，比 1965 年的 107.20 元只增加 9.8 元，平均每年只增加 0.82 元。②

第五阶段（1978~1984 年），农业发展的黄金时期。1978 年，党中央召开了十一届三中全会，确定了党的工作重心转到以经济建设为中心的轨道上来，恢复了实事求是的优良传统。全会通过了《中共中央关于加快农业发展若干问题的决定（草案）》的文件，提出了农业改革和发展的 25 条政策，会后陆续付诸实践。特别是党中央尊重广大农民群众的创造和意愿，推广实行了以包产到户、包干到户为主要形式的家庭联产承包责任制，调整农村的生产关系，使生产资料的所有权和经营权分开，从根本上改革了集体经济的经营管理形式，使农民获得了生产经营自主权，使农民成了土地的主人，成了独立的商品生产者。农民有了自主权，农民的收入直接同他的劳动和经营相结合，这就极大地调动了 8 亿农民的生产积极性。

1979 年和 1980 年，国家又以约 30% 的幅度提高了粮食和农副产品的收购价格，缩小了工农产品的"剪刀差"，使农业生产有利可图，农民的生产积极性更高了。再加上 30 多年来积累的农业现代化生产资料大大增加和陆续投入生产。这几方面因素的结合，使农业生产出人预料地大幅度增长，出现了新中国成立以后农业发展的黄金时期。从 1978 年到 1984 年，农业连续 6 年大幅度增产，1984 年粮食达到 8146 亿斤，比 1978 年的 6095 亿斤增长 33.65%，平均每年递增 4.95%；1984 年棉花达到 12516 万担，比 1978 年的 4334 万担增长 189%，平均每年递增 19.3%；1984 年农业总产值达到 3214 亿元，而 1978 年只有 1397 亿元，③ 扣除物价因素，6 年增长 56.2%，

---

① 国家统计局编《中国统计年鉴·1989》，北京：中国统计出版社，1989 年，第 51 页、第 198~199 页。

② 参见国家统计局国家经济综合统计司编《新中国六十年统计资料汇编》，北京：中国统计出版社，2010 年，第 25 页。——编者注

③ 国家统计局编《中国统计年鉴·1989》，北京：中国统计出版社，1989 年，第 198~199 页、第 51 页。

平均增长 7.7%。这在新中国农业发展史上是空前的，堪称是农业发展的一个黄金时代。

第六阶段（1985～1989 年），农业再度出现徘徊的阶段。当农村改革初见成效，农业连续增产后，有些同志以为，农业靠政策就行了，什么投资，什么农用工业，什么水利建设，都可以靠农民自己。因而在 1981 年就大幅度削减农业基本建设投资（1980 年为 59 亿元，1981 年减为 29 亿元），削减农用工业的投资。由于水利建设投资锐减，大量水利工程失修，灌溉面积减少。从 1952 年到 1979 年，我国灌溉面积平均每年增加 1391 万亩，而从 1979 年到 1985 年，灌溉面积不仅没有增加，反而净减 1450 万亩，平均每年减少 242 万亩。从统计报表上看，拖拉机是增加的，但机耕面积却逐年下降。1979 年全国机耕面积 63328 万亩，而 1985 年机耕面积只有 51668 万亩，下降 18.4%，平均每年减少 1943 万亩。由于农用工业投资减少，农用工业品供应量下降，农业生产资料日趋紧张。"五五"期间，化肥生产平均每年增加 141.6 万吨。而"六五"期间，到 1985 年，仍只有 1322.2 万吨，5 年只增加 90.1 万吨，平均每年增加 18 万吨。1979 年全国生产的化肥农药 53.7 万吨，1985 年只生产 21.1 万吨，减产 60.7%。[①] 1979～1984 年农业连续增产，其中一个重要原因是靠了以前的积累，吃了老本；而这 6 年，老本不仅没有增加，反而削弱了，这是 1985 年农业再次徘徊的一个重要原因。

1984 年粮棉特大丰收后，在全国的部分地区出现了卖粮难、卖棉难的问题，粮棉有了一定的剩余。这是多年盼望实现而没能实现的好事。在大好形势面前，我们一些同志盲目乐观，真以为粮食吃不完了，错误地做了两个决定：一是限购粮食和棉花（1984 年收购粮食 2345 亿斤，棉花 1.04 亿担。1985 年决定只收购 1500 亿斤粮食，8500 万担棉花）；二是调低粮食和棉花的收购价格。这就给广大农民一个错误的信号，以为国家不需要那么多粮棉。同时，由于粮棉收购价格下降，农民的比较利益损失，就纷纷把劳动力、资金和土地转移到其他产业上去了。结果，1985 年粮食减产 7%，棉花减产 33.7%。1985 年农业大减产以后，曾经又重提农业是国民经济基础的理论，强调要加强农业的地位。但是这只是停留在口头上，农业的地位实际上没有多少改善。例如，农业投资就是增加不上去，至今都没恢复到 1980 年的水平。因为"六五"期间吃了老本，一些问题突出了，如化肥、农药严重紧缺，农业生产资料价格暴涨，水利失修，抗灾能力减弱，

---

① 中国统计局编《中国统计年鉴·1989》，北京：中国统计出版社，1989 年，第 183、300 页。

水旱灾害增加。1986、1987 年农业有所恢复，1988 年的农业又以较大幅度减产，农产品供给不足的问题更加突出了。1988 年粮食总产 7881.6 亿斤，比 1984 年减少 264.6 亿斤，下降 3.2%；棉花 8298 万担，比 1984 年减少 4218 万担，下降 33.7%。① 目前②，农业仍处于徘徊停滞的状态。

二　伟大的成就，沉重的代价

新中国成立 40 年来，农业发展虽然几经波折，但在党和政府的领导下，经过亿万农民和广大干部艰苦奋斗，我国农业战线还是取得了伟大的成就。

我国农村实现了社会主义改造，农业生产条件有了很大改善，物质技术装备有了很大提高，农业科学技术力量大大增强，农业生产有了很大的发展，农民的物质文化生活普遍改善，广大农村发生了历史性的变化。但是，我们花的代价毕竟是太大了。回顾总结起来，如果我们在指导方针上少一些大的失误，那么，我们农业发展的成就会更好一些。

第一，我国在农村实现了生产资料所有制的社会主义改造，创造了在公有制条件下，实现农业专业化、商品化、现代化的好形式。

北京郊区有位离休的农村干部回顾说："我在农村工作 40 年，干了 3 件事。开始是从地主手里把土地分给农民，后来又从农民手里收回土地办了高级农业合作社，最后又把集体的土地承包给了农民。"这位干部的总结大体反映了我国 40 年来农村土地制度的变迁。第一次是 1950～1952 年完成的土地改革，消灭了封建地主的土地所有制，农民成了土地的主人；第二次是 1955～1958 年完成的合作化和公社化运动，使农民的土地个体所有制转变为集体所有制；第三次是 1979～1982 年，在全国实行了家庭联产承包责任制，使土地的所有权和经营权分离。土地仍属于集体，承包给农民经营和使用。土地改革属于阶级革命范畴，许多国家都实行过；合作化、公社化基本上是按照苏联集体农庄的办法搞的；唯有家庭联产承包责任制，这是中国农民在共产党领导下的伟大创造。近十年来的实践证明，家庭联产承包责任制有强大的生命力，它既是我们党领导农民在社会主义道路上实现共同富裕的好形式，同时也是发展农村商品经济，使我国农业逐步实现专业化、商品化、现代化的好形式。家庭联产承包责任制（原来叫"包产

① 中国统计局编《中国统计年鉴·1989》，北京：中国统计出版社，1989 年，第 198～199 页。
② 本文中指截至 1989 年，下同。——编者注

到户"）1956 年就创造出来了，但由于"左"的思想和路线的干扰，包产到户被批了二十多年，直到十一届三中全会后才在农村推广，耽误了时间。

第二，农业生产的基本条件有了很大改善，增强了抗御自然灾害的能力。

土改以后，我们党就领导广大农民在全国范围内开展了以兴修水利为中心的农田基本建设的群众运动。提出了"水利是农业的命脉"，以"愚公移山，改造中国"的气概，每年冬春组织上千万到几千万农民兴修水利工程，平整土地，后来发展到山、水、田、林、路综合治理。到 1983 年，全国建成了 8.7 万座水库，总蓄水量达 4208 亿立方米，修建成万亩以上的大灌区 5288 处，新建各种塘坝 619 万个，打成机井 267 万眼，建成小型水电站 62328 个，装机 346 万千瓦。① 这些防洪、排涝、灌溉、发电工程的建成，大大增强了抗御自然灾害的能力，保证了农业生产较稳定的增长。1952 年全国灌溉总面积是 29938.5 万亩，占耕地总面积的 18.1%。到 1980 年全国灌溉总面积比 1952 年增加 1.249 倍。② 也就是说，30 多年的水利建设的成绩超过以往数千年水利建设的总和。

这些工程的建设，一要归功于党和政府的领导。40 年来各级党组织和各级政府一直把水利建设作为农村建设的重点。各级政府的干部（特别是水力部门的职工），筹划组织了这项伟大的水利建设工程；二要归功于亿万农民艰苦卓绝地辛勤劳动，他们是在物质生活相当困难的 20 世纪 60 年代、70 年代，勒紧裤带来从事这项建设的，他们是在手挖肩挑的手工工具条件下完成了有数以亿计土石方的大水利工程的。这一代农民在我国水利建设史上的贡献将是不可磨灭的；三要归功于土地公有化的集体经济制度，没有这个制度作组织保证，这样大规模的全国范围内的水利建设是不可想象的。当然，这样一项伟大的工程，花的代价也是很大的。从 1952 年到 1985 年，全国农业基本建设投资总计 948 亿元，其中 2/3 是用于水利建设的。在我蹲点的山东省陵县，从 1949 年到 1983 年，34 年间共投资 18143 万元，其中国家投资 5700 万元，完成 1.4 亿土石方，灌溉面积从 1949 年 2.18 万亩，扩大到 1983 年的 72.6 万，占总耕地面积的 64.8%。

需要指出的是，实行家庭联产承包责任制以后，由于国家减少了农业投资，也就是大大减少了水利投资，更重要的是由于领导思想上一度放松

---

① 国家统计局编《中国统计年鉴·1984》，北京：中国统计出版社，1984 年，第 177～179 页。
② 国家统计局篇《中国统计年鉴·1989》，北京：中国统计出版社，1989 年，第 183 页。

了水利和农田的基本建设，没有找到在新体制下如何管理、维修和新建水利工程和设施的形式，这几年不仅没有增加多少新的水利工程，原有的水利工程也老化、失修，有的甚至被毁坏了。灌溉面积不仅没有增加，反而减少了。这是这几年农业徘徊的一个重要原因。

第三，对农业实行技术改造，物质技术装备有了很大提高，促进了传统农业向现代农业转化。

新中国成立初期，我国的农业还完全是传统的手工劳动，靠人力、畜力，靠木犁、锄头和镰刀。从第一个五年计划开始，国家着手兴建中国的农用工业。1959年第一拖拉机厂建成，生产了第一批国产的拖拉机。20世纪50~60年代兴建了大批小化肥厂，"四五"以后又兴建了13个大化肥厂。到20世纪70年代末，中国的农用工业已经初具规模。1979年生产大中型拖拉机12.5万台，小拖拉机31.7万台；化肥1065万吨；化学农药53.7万吨。到1980年，全国已拥有大中型拖拉机74.5万台，小型拖拉机187万台，大中型机引农具137万件，排灌动力机械563万台，农用汽车13.8万辆，联合收割机2.7万台，农用机械总动力达到1474.6亿瓦特。1980年，全国施用化肥1269万吨，用电320.8亿度，机耕61485万亩，占总耕地的42%。① 应该说，机械化、现代化已经有了一定的基础，特别是在大城市郊区和东南沿海和东北几个经济发达地区，农业现代化已经达到了相当的水平。

但是，从第一个五年计划开始搞农业机械化，至今已30多年了，国家、集体和农民投入了很多的资金、物资和劳动。就全国而言，我们的农机化和现代化水平还是很低的，大多数地区的农业生产主要还是靠畜力和手工劳动。突出的问题有两个：一是农用工业未形成科学和完整的体系。国家虽然花了很大的力量，但由于指导方针和工业体制上的毛病，几经波折，农用工业至今还远远不能满足农业现代化发展的需要。农业机械、化肥、农药、薄膜等农用物资供应不足，而且质次价高，更不要说农用工业理应超前发展，起到武装农业、改造农业的作用。1981年以后，国家对农用工业的投资大量减少，加上农用工业本身又没有适应农村改革而作相应的调整，农用工业萎缩倒退了，许多农机厂和农药厂关停并转。1987年全国大中型拖拉机只生产3.71万台，只有1979年产量的30%；化学农药只生产16.1

① 中国统计局编《中国统计年鉴·1989》，北京：中国统计出版社，1989年，第175、183、300~301页。

万吨，也只有 1979 年总产的 30%。[①] 二是农村实行家庭联产承包制以后，农业的产前、产中、产后服务体系未作相应的变革，许多地区集体的大中型拖拉机变卖或失修了，拖拉机站散了，农机修理网转产了，很多农民不得不又用牛耕或手工操作。1979 年全国机耕面积为 6.33 亿亩，而 1987 年只有 5.76 亿亩，减少 5700 万亩。[②] 机灌、机播、机收也减少了。总之，这十年农业生产是发展了，但农业现代化水平却没有提高。

第四，农业科学技术力量大大增强，农业靠科学的方针深入人心，农业科技体系已经建立，在农业生产中发挥了重要的作用。

新中国成立以后，农业科学技术事业发展很快，全国现有地市级以上的农、林、水、气科研单位 1482 个，有科研人员 5 万人。全国有农林高等院校和中专等学校 470 多所，其中农村高等院校培养的专门人才累计超过 90 万人，约为解放前累计数的 30 倍。现在，全国已建立了县级农业技术推广中心 1000 多个，区乡农业技术推广站 4.5 万多个，在县以下农业第一线工作的农业科技人员 40 多万人，已初步形成了农业科研、教育、应用推广的网络。我国农业科研成绩很大，可以说是硕果累累。就以育种来说，新中国成立以后，我们培育成了一大批水稻、玉米、小麦、棉花等的优良品种，大面积推广后，对农业起了极大的推进作用。其中像杂交水稻等方面的成就，在世界处于领先地位。

我们的农业科研、教育、推广工作，40 年来几经波折。特别是"文化大革命"中，农业科研、教育和推广工作受到严重的摧残，许多科研机构解散了，人员下放了，农业院校迁走了，许多不能中断的科研中断了，损失很大，伤了元气。十一届三中全会以后，农业科研、教育和推广事业迅速得到了恢复和发展，进到了一个新的阶段。但是，在农村经济体制改革以后，农村的科研、推广服务体系一度散了很多。又因为农业事业费和科研经费减少，近几年有的县农业局连工资也发不起，所以有相当不少的农业科技人员跳出农门转行了。解放后农林系统的大中专毕业生超过 90 万人，约有半数转行干别的专业了。现在全国约有 50% 的县没有建立农业科学技术推广中心，有 40% 的乡镇没有农机推广站，有 60% 的村没有科技服务组织和科技示范户。可见，现在全国相当一部分农村还是基本上采用传统的经验和技术，有很多科研成果停留在纸面上，推广不到生产第一线去，起

① 国家统计局编《中国统计年鉴·1989》，北京：中国统计出版社，1989 年，第 300~301 页。
② 同上，第 183 页。

不到应有的作用。

第五，农业生产有了很大发展，粮、棉、油、糖等农产品大幅度增长。

旧中国是个农业国家，但在封建主义、帝国主义的压迫下，农业生产长期停滞不前，粮棉等主要农产品严重不足，常常需要进口一部分棉花和粮食，以供国内不敷之需。解放后，在党的领导下，经过全国人民的努力，农业生产有了很大的发展，以只占世界 7% 的耕地，基本解决了占世界 22% 的人口的吃饭穿衣问题。40 年来，人口增加了一倍，而农产品总量增加两倍以上。

粮食：1949 年总产 11318 万吨，1988 年总产 39408 万吨，增长 2.48 倍，平均每年增长 3.3%，平均每年增加 720 万吨。

棉花：1949 年总产 44.4 万吨，1988 年总产 414.9 万吨，增长 8.34 倍，平均每年增长 5.9%，平均每年增加 9.5 万吨。

油料：1949 年总产为 256.4 万吨，1988 年为 1320.3 万吨，增长 4.15 倍，平均每年增长 4.3%，平均每年增加 27.3 万吨。

糖料：1949 年总产为 283.3 万吨，1988 年为 6187.4 万吨，增长 20.8 倍，平均每年增长 8.2%，平均每年增加 151.4 万吨。

猪牛羊肉：1952 年总产为 338.5 万吨，1988 年为 2193.6 万吨，增长 5.48 倍，平均每年增长 5.3%，平均每年增加 51.5 万吨。

水产品：1949 年总产为 45 万吨，1988 年为 1061 万吨，增长 22.58 倍，平均每年增长 8.44%，平均每年增加 26.1 万吨。[1]

其他农产品，如烟叶、茶叶、水果、药材、蚕茧、麻类等都增长几倍，甚至几十倍。农产品大幅度增长，为支援国家社会主义建设，改善人民生活，增加出口贸易提供了雄厚的物质基础。

第六，农民收入增加，农民生活普遍得到改善。

解放前我国农民在帝国主义、封建主义的残酷剥削下，收入非常低，过着"糠菜半年粮"的艰难生活。新中国成立以后，随着生产的发展，农民生活逐步得到了改善。近 40 年来，农民生活水平提高最快的时期是两个：一是解放初期和第一个五年计划时期，那 8 年全国农民生活一年比一年好；二是农村改革这 10 年。从 1958 年以后，由于实行"左"的错误政策，加上自然灾害，全国出现了三年困难，农业生产降到谷底，农民生活困苦，

---

① 中国统计局编《中国统计年鉴·1989》，北京：中国统计出版社，1989 年，第 198～200 页，第 213、219 页。

伤了元气，有的倒退到解放初的水平。1962年后，经过调整，生产恢复，农民生活略有改善，但又搞"文化大革命"，农业生产长期徘徊，农民收入水平停滞不前。直到1978年，农民人均纯收入只有134元，其中有33.3%的农民收入在100元以下，连基本温饱都解决不了。

农村改革十年，农民真正得到了实惠。1988年，人均纯收入达到545元，比1978年增长3.06倍，平均每年增长15.06%，扣除物价因素，实际每年增长7%，超过了"一五"时期的增长速度。农民生活普遍得到了改善，1988年除了3%的农民年纯收入在150元以下，生活仍有困难外，绝大部分的农民解决了吃饭穿衣问题。改革以来，全国农村新建房屋65亿平方米，大部分是砖木结构和钢筋混凝土结构，有60%以上农民住进新房子。大部分地区的农民结束了千百年来居住茅屋土房的历史。耐用消费品大量进入农家，自行车、缝纫机、收音机、钟表等"老四件"已经普及，电视机、录音机、洗衣机、电扇等"新四件"也日渐增多。1988年全国每百户农民拥有电视机31.44台，拥有电扇22台，而且还以较快的速度在发展。所以，这些都充分表明农民的物质生活质量在提高，农民的生活上了一个新的台阶。

三　基本经验和教训

我们是一个拥有众多农业人口的大国。40年来农业有过很顺利的发展时期，也有徘徊停滞乃至倒退的困难时期，有很多好的经验值得总结，也有不少教训需要吸取。"温故而知新"，用马克思主义的立场和观点来总结我国农业发展40年的伟大实践，得出应有的结论，用以指导今后的农业发展是十分必要的。

第一，坚持农村发展的社会主义道路，是我国农业稳步发展的基本保证。历史的经验反复证明，"只有社会主义才能救中国，只有社会主义才能发展中国"。不走社会主义道路，农村发展就没有前途。农村的社会主义改造和建设是全国社会主义改造和建设的一个重要组成部分。40年来的实践表明，凡是我们按照马克思主义的普遍真理，同农村的具体实践相结合，坚持走中国特色的社会主义道路，农村的事业就兴旺，农业的发展就顺利；凡是我们教条主义地照抄现成公式，照搬别国的做法，或者背离了社会主义的原则，那农村的事业就凋敝，农业的发展就受到挫折。如果我们不搞农业合作化，不坚持农村的社会主义道路，那么，我们就不可能取得上述农业建设的巨大成就，特别是不可能取得水利、农田基本建设的巨大成就，不可能取得农业发展的巨大成就。1949 年，我国粮食总产量占世界粮食总产量的 16.6%，而 1984 年，已占到世界粮食总产量的 22.6%。从 1950 年到 1984 年，世界粮食增长 1.67 倍，平均每年增长 2.93%；而同期我国粮食增长 2.08 倍，平均每年增长 3.37%。如果我们不坚持走社会主义道路，那么，像我国这样一个人口众多、资源有限、地区差别很大、发展又很不平衡的国家，要做到农民普遍安居乐业，普遍解决温饱问题而不两极分化是不可想象的。

现在有一种说法，认为十一届三中全会以来，农村改革，实行联产承包责任制，实际是否定了农业合作化，是分田单干，走的不是社会主义道路，所以才取得了巨大成就。这种观点，在改革中已经批判过了。家庭联产承包责任制是中国农民的伟大创造，它只是扬弃了集体经济平均主义吃大锅饭的经营方式，而不是否定农业合作化本身。它仍然实行土地等主要生产资料的公有制，只是使所有权和经营权分开，实行集体经营和家庭经营相结合的双层经营，既发挥了原来集体经济的优越性，又充分调动了家庭经营的积极性，走的仍然是社会主义道路，只是更加符合中国国情，更加符合农民的意愿。与上述观点相对应，有些同志认为这几年农业徘徊不前，是因为家庭联产承包责任制还不彻底，土地还不是农民所有，所以农民就不肯投资，不搞农田基本建设，所以农业徘徊不前。他们提出要实行土地私有制，而且设计了种种方案。主张土地私有的观点有两种：一种明确主张要彻底否定农业合作化；另一种认为实行了土地私有，还是要走社会主义道路。这两种观点都是错误的。首先，这几年农业徘徊并不是联产承包责任制的问题；其次，如果实行土地私有，那就是彻底否定农业合作化的积极成果，否定农村社会主义道路，也就否定了我国农村数十年来社会主义改造和建设的成果，许多农村组织和农业设施就可能解体；最后，如实行分田单干，农民就分散成众多的农业小生产者，农业现代化的事业就会失去基础，很快就会出现诸如两极分化等严重的社会问题。这条路我们当然是不能走的。

第二，要正确处理好农业和工业的关系，把农业放在一个恰当的位置上。社会主义经济发展的一个基本原则是有计划按比例发展。对于我们这样一个发展中的大国，最重要的是要摆好工业和农业的比例关系。20 世纪50 年代后期，我们就总结出了国民经济发展要"以农业为基础、工业为主导"的方针，后来又提出了国民经济要以农、轻、重为序来安排，这无疑都是正确的。但由于我们的经济体制开始是从别国搬来的，工业是全民所有制，农业则是集体所有制，城市处于领导地位，在思想上还有优先发展重工业的方针。所以，在实际执行上，常常是以重、轻、农为序，把工业放在第一位，工业的发展超过农业这个基础所能承受的能力，以致损害了农业的正常发展。上述农业的三次衰落和徘徊，究其基本原因，都因为工业发展过快，挤了农业的资金、劳动力、资源，影响了农业的发展。拿这次1985年出现的农业徘徊来说，也主要是因为1984年以后工业发展过热，基建规模过大，盲目追求高速度，挤了农业的资金，挤了农用工业的建设，挤了农业基本建设而引起的。回顾历史，总结教训，"七五"计划把农业投资削减到5%以下，把农用工业投资削减到1%，这是决策上的大失误。历史的经验是，按我们现在的经济结构，农业基建投资不能低于10%，农用工业投资不能低于3%。工业、农业的比例关系是我国国民经济最基本的比例关系，这个关系一定要摆好，以保持农业和工业平衡、协调地发展。40年的实践经验表明，现阶段我国的经济状况下，农业和工业的发展速度保持在1∶（1.5~2）左右为宜。如果工业发展得过快，就会出问题。1979~1984年，农业与工业发展的比例是1∶1.5，农业和工业的比例比较正常；1985~1987年是1∶4，1988年是1∶6.7，比例失常，所以农业发展进入徘徊期。其他各项事业的发展，也要考虑农业的负担能力，如果挤了农业，把农业挖得过苦，减少农业投资，其结果首先是农业的萎缩和衰退，接着就是工业的紧张，整个国民经济发展和其他各项建设事业都会受到阻碍，这个教训我们已重复3次，不能再重复了。

第三，要正确处理好国家和农民的关系。制定农村的一切政策，都要考虑到这种政策能否调动农民的积极性。粮食是农民种的，农村的各项事业都要靠农民去建设。农民是整个社会主义建设的一支伟大力量。毛泽东同志说过："中国的主要人口是农民，革命靠了农民的援助才取得了胜利，国家工业化又要靠农民的援助才能成功"。[①] 怎样才能调动农民的积极性？"我们一定要在思想上加强对农民的社会主义教育的同时，在经济上充分关心他们的物质利益，在政治上切实保障他们的民主权利。离开一定的物质利益和政治权利，任何阶级的任何积极性是不可能自然产生的。"[②] 这条宝

① 毛泽东：《毛泽东选集》第5卷，北京：人民出版社，1977年4月，第26页。
② 中共中央文献研究室编《中共中央关于加快农业发展若干问题的决定》，《三中全会以来重要文献选编》（上），北京：人民出版社，1982年8月，第183~184页。

贵的经验是我党十一届三中全会总结出来的。十一届三中全会以后，照此办理，在农村实行了一系列改革，实行联产承包责任制，使农民得到了自主权，得到了实惠，真正把8亿农民的积极性调动起来了，农村各项社会主义事业出现了空前的繁荣局面，农业生产连年大幅度增产，农民生活普遍得到改善，农民对国家的贡献越来越大，农村发生了历史性的变化。但是，在1985年以后，我们的一些政策背离了这个经验，不该拿农民的拿了，该给农民的没有给，该帮农民的没有帮（如农产品售后服务），不该管的管了，损害了农民的利益，也就挫伤了农民的积极性。农民有了意见，表现在行动上就是消极地对待农业生产，纷纷向二、三产业转移，这是这几年农业出现新的徘徊的基本原因。其实，这也是前面两次徘徊的基本原因。所以，我们一定要处理好国家同农民的关系，要兼顾国家和农民的利益。总的说来，我国农业的生产力水平还比较低，农民的家底还很薄，这是我们的基本国情。我们办工业，办一切事业，都要考虑到这个基本国情，考虑到农民所能承受的能力，切莫向农民拿得过多，使农民负担过重，否则就会挫伤农民的积极性，许多事情反而办不好。

第四，要按价值规律办事，在农村建立有计划的商品经济体系。目前，我国农村正在由自然经济向有计划的商品经济转化，我国农业正在由传统农业向现代农业转化，我国农民正在由传统农民向现代农民和非农民转化。在这个转化的历史过程中，发展有计划的商品经济，将是农村发展的主线。国内外的实践证明，像我们这样一个小生产占优势的国家，资本主义这个阶段可以避免，但商品经济的发展却是不可逾越的。要发展商品经济，就要自觉地运用价值规律，按价值规律办事。拿发展农业来说，一个重要的方面，就是要制定合理的农产品的价格政策。使农民从农业经营中大体获得社会的平均利润，这样才能广泛调动农民从事农业的积极性。40年的基本经验和教训是，农产品价格合理，特别是粮食价格合理，粮食生产发展就快，农业发展就快；农产品价格不合理，特别是粮食价格不合理，粮食生产就下落，农业生产就停滞徘徊。1979～1984年农业生产发展很快，很重要的原因是农产品价格合理，有利于农民，有利于农业生产；1985～1989年农业生产徘徊，很重要的原因是农产品价格不合理，务农种粮吃亏，农民有意见。

我们原来的农业经营管理体制是高度集中管理的产品经济体制，十一届三中全会以后，改革、开放、搞活，农村商品经济有了很大的发展。现在，实际上是新老两种体制同时在起作用，摩擦很大。今后要自觉运用价值规律，逐步建立有计划的农村商品经济体系，进一步深化改革，使农业生产、交换、分配、消费的各个环节，都转到有计划的商品经济的轨道上来。不仅要理顺农产品的价格体系，理顺农产品的交换流通渠道，而且要按价值规律的要求改革农村的水利、农机、农业技术推广等的经营管理体制，使之更好地为农业生产服务，使农业逐步实现专业化、商品化、现代化。

第五，要实事求是，一切从实际出发，因地制宜，因时制宜，坚持分类指导、分而治之的原则。

我国地域辽阔，人口众多，历史悠久，文化独特。各地的自然条件、经济发展程度差别很大，发展不平衡，全国从东到西呈梯度发展结构，就是同一地区的发展差别也很大。而且，农业生产受自然环境影响很大，用一个文件、一个政策、一个方法、一种模式去指挥肯定是要失败的，一定要使各地、各单位有充分的自主权。

所以，制定政策时，要考虑各种不同的情况，政策下达之后，要允许各地因地制宜地执行，允许各地在大方向一致的条件下，有所变通。各地区、各单位在执行中央方针政策时，要结合本地实情，有创造性地贯彻，而不能照搬照抄。

四　发展前景和当务之急

农村实行改革以后，我国农业连续 6 年大幅度增产，取得了举世瞩目的伟大成就，出现了全国性的粮棉涨库现象，粮棉供大于求。在这样一个大好形势面前，我们有些同志不够冷静，以为"农业问题已经解决了"，"粮食已经过关了"，提出要"成为农业出口大国"，"要改变消费结构，加快粮食转化，多吃肉禽奶"等主张，并且采取了一些不恰当的措施。1985 年开始，农业连续 4 年徘徊，粮食棉花供需矛盾严峻。对于这一突然矛盾，国内国外都有不少议论。其中有一种看法认为，中国是个资源约束型的国家，耕地日益减少，"小农经济的潜力已经耗尽"，"粮食生产已经达到传统农业的最高水平"，供给有限。进而他们提出今后长期大量进口粮食的决策选择。

中国人口基数大，人均耕地资源少，这是客观事实。在现阶段，我国经济实力还不强，农业基本建设还不够，农用工业还落后，抗御自然灾害的能力还不足。因此，任何奢谈农业过关，盲目乐观，不抓紧农业生产和建设的观点都是错误的。历史的教训是，什么时候奢谈粮食吃不完，那么接踵而来的就是粮食紧张、粮食进口。1958 年如此，1985 年也是如此。但是，在农业问题上我们也不必悲观。我国农业增产的潜力还大得很。只要政策对头，广大农民有农业生产的积极性，那么，我国现有耕地和资源，就会生产出大量的粮食和农产品，以养活十多亿人口，满足他们的需求，满足社会主义现代化建设的需求，是没有问题的。这是因为：①我国现在实有耕地面积为20亿亩左右，而不是有些统计说的14.36亿亩。[①] 几个部局的专家测定，即使到2000年，仍将保有19亿亩以上的耕地。按复种指数150%计，实际播种面积为28.5亿亩。即使按70%种粮计，粮食播种面积仍有近20亿亩。在现有的耕地中，2/3为中低产田，增产潜力还很大，何况我国还有众多的荒山、荒坡、荒滩、荒水可资利用。②我国农业科技的潜力还很大。我国已有了一支训练有素、力量雄厚的农业科研队伍。在20世纪70年代后期，特别是农村改革以来，农业科研有了突破性的进展，在育种、栽培技术、配方施肥、防治病虫害等方面都有很多成就，只要条件成熟，现有的科学技术成果得到推广应用，那么农业增产三成、五成，粮食再上一个、两个、三个台阶是可以实现的。③我国的农用工业还大有文章可做。现有的农用工业不能满足农业生产的需求，每年因缺少化肥、农药、农膜而造成减产的数量相当可观。而且还缺少农机，缺少柴油、电力，如果农用工业经过改革、整顿、提高，能向农民供应足够数量和优质的农用生产资料，那么，农业和粮食生产就可达到一个新的高度。④我国有一支勤劳、智慧、有精耕细作传统的庞大的农业劳动力队伍，这是任何别国都无可比拟的。他们在党的领导下，已经创造了许多农业发展的奇迹，只要我们的政策得当，把他们的生产积极性进一步调动起来，还会创造出更多农业发展的奇迹。所以，我国农业发展的前景是光明的，那种悲观的、无所作为的论点是不足取的，也是没有根据的。

当务之急是要扭转农业徘徊了近5年的被动局面。关于造成农业徘徊的原因及其解决的办法，实际工作部门和理论研究的同志已经提出了很多宝贵的建议。我们的决策部门应该认真考虑这些意见，择其善者而付诸实施。40年来的历史经验表明，如果农业减产不是一年两年，而是出现了长期徘徊停滞的局面，那么造成这种长期徘徊的原因就不是单一的，而是多方面的。因此，解决的途径，必须是采取综合治理的方针。前面说过，造成这次农业长期徘徊的原因是多方面的，而且主要不是农业本身。因此，扭转这次农业长期徘徊，必须要采取综合治理的方针。要调整国民经济的格局，

---

① 国家统计局编《中国统计年鉴·1989》，北京：中国统计出版社，1989年，第174页。

调整工农业关系，要从继续深化改革、完善农村生产关系、调整农村产业结构和农产品价格等方面来扭转当前农业徘徊的局面。

第一，要调整国民经济的格局，调整工农关系，调整城乡关系。这几年工业发展过"热"，农业发展过"冷"。工业的发展，城市建设的发展，已超过了农业所能负担的能力，挤了农业基本建设，挤了农用工业建设。所以，要解决这次农业徘徊的问题，就农业内部解决农业问题已经不行了。在这个问题上，全党应该统一认识，克服农业徘徊不光是农业部门的问题，国家的计划、财政、金融、农用工业、商业流通等部门都要作出努力，要重申农业在国民经济中的基础地位，把农业放到基础产业的位置上。要像1962年和1979年那样来调整国民经济，制定出一些重大的政策，支持农业的发展，以振兴农业、振兴国民经济。

第二，调整政策，进一步调动农民的生产积极性。这几年工业挤了农业，也就挤了农民，损害了农民的利益，挫伤了农民的积极性，特别是挫伤了农民务农种粮的积极性。要扭转农业徘徊的局面，就要把农民务农种粮的积极性调动起来。要使务农种粮的农民有积极性，就要使务农种粮的农民得到实惠。所以，逐步调整粮食、棉花等主要农产品的收购价格以及其他惠农政策，应是扭转农业徘徊的一个重要方面。有的同志鉴于目前国家财政困难等原因，迟迟下不了调整粮棉收购价格等政策的决心。但是，现在农民积极性不高，农业上不来，国民经济发展不正常，财政困难是解决不好的。例如，我们就不得不大量进口粮食和棉花，花钱去解决别国的农业问题。应该下决心，花钱买中国农民的积极性，花钱买中国农民的粮食、棉花。实践证明，只要粮棉价格合理，符合价值规律，使务农种粮的农民得到实惠，国家对粮棉等农产品的需求就能得到满足，中国农民也有这个生产能力。肥水不流外人田，何乐而不为呢？

第三，继续深化改革，壮大集体经济的实力，进一步完善家庭联产承包责任制。农村改革的理论基础是农村生产关系的调整，使集体经济的所有权和经营权适当分离，完善集体经济的经营体制，实行统分结合、双层经营，既发挥社会主义集体经济的优越性，又充分发挥农民家庭经营的积极性。十年来，各地的实践表明，统分结合、双层经营的理论是正确的，两个积极性缺一不可。现在的问题是，由于各种原因，相当一部分地区村级集体（合作）经济已经名存实亡，一没有经济实力（有的村连修个井台的钱都没有）；二不能对家庭经营起到服务、帮助的作用。统不起来，体现不了集体经营的优越性，影响了农业生产。那些农民家庭想办而办不了、办不好的事，村里无人去办，也无力去办，只能"空口说白话"，既不能促进农业生产，也不能帮农民致富。据最近民政部调研统计，现在农村基层组织中瘫痪的已经占 20%，有的地区超过 40%、50%。当前农村工作的一个重点，就是要整顿农村基层组织，重建和壮大集体经济的实力，把统一经营这一方面搞起来，做好农业生产的产前、产后服务，实行统分结合、双层经营。切实这样做了，家庭承包制的潜力就能进一步发挥，农业生产又能大大跨前一步，农村各项工作就能提高一步。

第四，要加强党对农村工作的领导，从中央到地方，要建立领导农村发展的机构。

农业生产因作业空间大，生产周期长，受自然气候条件影响大，在现代化生产中与其他产业相比处于不利的地位。农民在我国是一个最大的社会群体，但由于农民居住分散、文化水平低、组织程度差，同其他社会群体相比处于不利地位。所以，当今世界经济发达国家，都有从本国特点出发保护农民、保护农业的政策。我国目前处于由传统农业向现代农业转变的过程中，更需要得到国家各方面的支持和保护。保护农民、保护农业有诸多方面，需要从长计议。就目前情况看，首要的是建立一个有权威的领导农村发展事业的机构，制定并组织实施农村发展的长期规划，组织领导广大农民进行社会主义建设，组织领导农业生产的发展。1953 年机构改革中自上而下撤销了农业委员会，其预期后果是对农业不利，对农民不利，对农村发展不利。近几年农业徘徊，农村出现了不少问题，同这几年农村工作的领导削弱是有关系的。多年来的实践经验证明，贯彻国民经济以农业为基础这个方针，需要有政治的、组织的保证。自上而下建立主管农村发展的强有力的领导机构，组织各行各业支援农业发展，这不仅对于克服目前农业徘徊的困境来说是需要的，而且对于我国广大农村的各项事业的发展来说也是需要的。从各方面加强党对农村工作的领导，把亿万农民在新形势下组织起来，充分发挥农民群众在社会主义建设中的作用，加速农村社会主义事业发展的进程，在我国农村实现专业化、社会化、商品化、现代化的伟大目标，是我们农村工作面临的重大的历史任务。

社会主义道路与我国农业的发展[*]

新中国成立 40 年来，我国农业的发展取得了惊人的成就。根本的经验是，中国共产党领导广大农民，沿着有中国特色的社会主义道路前进，为农村的繁荣和发展开辟了广阔的天地。

一 东方的奇迹
——八亿农民得温饱，自然经济向商品经济转化

40 年来，我国农村经济的发展经历了以下几个发展阶段。

第一阶段，1949~1958 年，我国农村经济蓬勃发展。农业生产连续 9 年增产，农民收入有很大增加，农民生活得到普遍改善。

第二阶段，1959~1966 年，农村经济发展走着曲折的路。1958 年下半年，由于发动"大跃进"运动、大办人民公社、否定商品生产、否定按劳分配原则，损害了广大农民的利益，挫伤了农民的生产积极性，加上自然灾害，农业连续三年大减产，全国出现了三年经济困难。1962 年，国家提出了"调整、巩固、充实、提高"的方针，到 1966 年全国大多数地区的农业生产恢复或超过了 1957 年的水平。

第三阶段，1967~1976 年，"文革"动乱波及农村，大批"三自一包"，搞穷过渡，割资本主义尾巴，没收自留地，限制家庭副业，关闭农贸市场，农村经济、农业生产长期徘徊不前。

第四阶段，1978 年到现在，农村实行改革，农业得到巨大发展。党的

---

* 本文原载《人民日报》1989 年 9 月 29 日第 6 版。该文还收录于《当代中国农村与当代中国农民》（陆学艺著，北京：知识出版社，1991 年 7 月）和《陆学艺文集》（陆学艺著，上海：上海辞书出版社，2005 年 5 月）。——编者注

十一届三中全会制定了《中共中央关于加快农业发展若干问题的决定（草案）》，提出了农村改革和发展的 25 条政策，调整工农关系，增加农业投资，提高农副产品的收购价格，在农村推行家庭联产承包责任制，改革了集体经济经营管理形式，加上其他一系列有利于加快农村经济发展的措施，极大地调动了 8 亿农民的生产积极性，推动了农业生产和农村经济的全面发展，我国农村发生了历史性的变化。1984 年，粮食增加到 4073 亿公斤，比 1977 年的 2827 亿公斤增长 44%，平均每年递增 5.4%；棉花总产由 4098 万担增加到 12516 万担，增长 2.05 倍，平均每年递增 17.3%；农业总产值由 1253 亿元增加到 3214 亿元，扣除物价因素，增长 69%，平均每年递增 7.8%。[①]

1985 年，中央明确提出调整农村产业结构，积极发展多种经营的方针。自此，农村的乡镇企业在各地发展得更快。1987 年，乡镇企业的总产值超过农业总产值，成为农村重要的经济支柱。乡镇企业的突起，为农村剩余劳动力找到了出路，促进了农村商品经济的发展。但是，由于城乡经济都向工业倾斜，某些措施失当，1985 年粮棉减产后，农业出现了新的徘徊。

40 年来，虽然我国农村发展经历了比较曲折的道路，但在党和人民政府领导下，依靠社会主义制度的优越性，依靠广大农村干部和亿万农民群众的艰苦奋斗，我国的农业还是取得了巨大的成就，成绩斐然，举世瞩目。

旧中国的农民处于受压迫受剥削又分散无组织的状况，通过土地改革，农民成了土地的主人，又通过合作社组织集体经济，农民走上了社会主义道路。1978 年以后，实行家庭联产承包责任制，在社会主义公有制条件下，创造了符合中国国情的农业的专业化、商品化和现代化的好形式。

旧中国的农业是使用落后工具手工操作的传统农业，新中国成立后，我们在进行农村社会改革的同时，对农业进行技术改造，大规模兴修水利，进行农田基本建设，建立了门类比较齐全的农用工业，发展农业科学技术，在全国范围内建立了农业科学技术的教学、研究推广体系，使传统农业在向现代农业的转变过程中迈进了一大步。1988 年，全国已拥有大中型拖拉机 87 万台，小型及手扶拖拉机 595 万台，农机总动力为 2.65 亿马力，机耕面积占耕地总面积 42.5%，有效灌溉面积占总耕地 46.1%，每亩施用化肥

---

① 国家统计局编《中国统计年鉴·1989》，北京：中国统计出版社，1989 年 9 月，第 198~199 页，第 51 页。

14.8 公斤，每亩耕地用电 49.3 度，农业现代化水平大大提高了。①

旧中国的农村产业结构单一，是自给半自给的自然经济，1952 年农产品的商品率只有 30.5%，直到 1978 年也只提高到 39%。十一届三中全会以后，党中央明确提出调整农村产业结构，开展多种经营。现在的农村，不仅农林牧副渔全面发展，而且工业、建筑业、运输业、商业服务业也蓬勃发展起来，出现了农村经济繁荣兴旺的局面。1988 年，农产品的商品率达到 51.1%，农村的工农业产品的商品率为 68.8%。整个农村经济正在由自然经济向有计划的商品经济转化。

农村生产关系的改革和技术改造的推动，促进了我国农业生产和农村经济的全面发展。1988 年，全国农业总产值 5865 亿元，② 按可比价格计算，比 1949 年增长 5.1 倍，平均每年递增 4.8%。其中：种植业增长 3.5 倍，林业增长 27 倍，畜牧业增长 7.8 倍，渔业增长 77 倍。从 1950 年到 1984 年，全世界粮食总产增长 167%，平均每年递增 2.93%，同期我国粮食总产增长 208%，平均每年递增 3.37%。1950 年，我国粮食总产占世界粮食总产 16.6%，而 1984 年已占 21.6%。我国的耕地只占世界总耕地的 7%，却解决了占世界 22% 的人口的吃饭问题，这是中国农业的一项突出的成就。

旧中国的大多数农民生活贫困，"糠菜半年粮"。随着农村经济的发展，农民生活得到了普遍改善。1988 年，全国农民人均收入 545 元，③ 绝大多数农民已经解决了温饱问题。约 40% 的农民摆脱了贫穷的困扰，温饱有余；约 10% 的农民已经先富起来，年均收入在 1000 元以上，过上了富裕的小康生活。

40 年来，农民为国家的社会主义建设作出了巨大贡献。从 1952 年到 1988 年的 36 年间，农民累计向国家交售粮食 21526 亿公斤，平均每年 598 亿公斤，交售棉花 161240 万担，每年 4358 万担，交售植物油 119640 万担，平均每年 3234 万担，还交售了许多其他农副产品，基本上保证了国民经济的发展和全国人民生活的需要。

中国农村的 40 年，是我们党按照马克思主义普遍真理，改革、完善农村生产关系，促进农村生产力发展的 40 年，是我们党领导亿万农民坚持走社会主义道路，并使之不断完善和发展的 40 年。

---

① 国家统计局编《中国统计年鉴·1989》，北京：中国统计出版社，1989 年 9 月，第 174～175 页、第 183 页。

② 国家统计局编《中国统计年鉴·1989》，北京：中国统计出版社，1989 年 9 月，第 51 页。

③ 国家统计局编《中国统计年鉴·1989》，北京：中国统计出版社，1989 年 9 月，第 719 页。

二　改革的曙光

——找到适合中国国情的农业的社会主义道路

40 年来，我国在农村生产关系的发展完善上，主要是进行了三项具有深远意义的重大改革。

第一项是土地改革。解放后我们根据土地改革法，在广大新解放区深入发动群众，没收地主的土地，无偿分配给无地少地的农民，废除了封建剥削的土地制度，实现了农民个体所有的土地制度。实践证明，这场伟大的土地改革运动是成功的，促进了农业生产，促进了社会的安定和发展，为农业的合作化作了思想上的准备。

第二项是农业合作化。我国的农业合作化是在马克思主义的合作理论指导下，根据我国的国情分步骤进行的，符合生产力发展的要求，方向是正确的。农村实行基本生产资料公有制，使亿万农民走上了社会主义道路。在公有制的基础上，进行了空前规模的农田水利基本建设，科学种田和农业现代化都有了很大进展，到 1978 年积累了约为 1000 多亿元的公共财产，农业生产力有了很大提高。特别重要的是 8 亿农民取得了参加合作经济实践的经验，培养了一大批有经营管理能力的干部和人才，为后来的进一步改革准备了物质和精神的条件。对于我国 20 世纪 50 年代的农业合作化，从全局来看应该充分肯定其历史作用，这的确是伟大的历史性胜利。但是，在农业合作化的过程中，1955 年夏季以后，一度要求过急、工作过粗、改变过快，形式上也过于简单划一，无论是高级合作社，还是后来的"三级所有，队为基础"，都是实行过分集中的经营管理体制，不能很好地适应中国农业的特点。这就在很大程度上抵消了国家对农业的巨大投入和亿万农民付出的艰苦劳动，没有得到应有的经济效益和社会效益，使农业生产长期得不到预期的发展。

第三项重大改革就是实行家庭联产承包责任制。十一届三中全会以后，党中央顺应民意，尊重群众的创造精神，在全国普遍推行了家庭联产承包责任制。联产承包责任制的实行，为我们从实际出发，既继承 20 多年来农业合作化的积极成果，又克服集体经济经营管理过于集中等弊病找到了一条道路。实行联产承包责任制的实质是，使生产资料的所有权和经营管理权适当分离。土地等主要生产资料的所有权不变，仍是社会主义集体所有制，但通过承包，实行统分结合，把经营管理权分解为集体统一经营和农民家庭分散经营两个层次，宜统则统，宜分则分。这样，既能发挥社会主义集体经济统一经营的优越性，又使广大农民有了分散经营的自主权，能够充分发挥家庭经营的积极性，更适合我国农业生产的特点，更符合目前我国农业生产力水平，更符合广大农民群众的愿望。这就克服了原来集体经济的诸多弊端，解决了一些长期没有解决好的问题，从而大大促进了农业生产的发展，促进了农村多项事业的发展。

实行联产承包制和一系列农村的改革政策，使社会主义制度的优越性更加得到发挥，社会主义道路更加适合我国的具体情况。农民的生产积极性一年比一年高，农业生产的形势一年比一年好。农村形势好转之快，发展之迅速，超过了许多人的预料，国内国外对之一片称颂。

三　发展的前景
——农村潜力很大，悲观论没有根据

在 1984 年农业获得了空前的全面丰收之后，1985 年粮食、棉花减产，从此，农业出现了新的徘徊问题。

怎样看待这几年出现的农业徘徊呢？有的同志认为，近几年的农业徘徊，主要是联产承包制不灵了，农业要有新突破，只有采取新的经营形式，这种看法是脱离实际的。这几年之所以发生农业徘徊，主要不是联产承包责任制的问题，而是农村改革初见成效之后，有些同志对农业形势估计过于乐观，误以为农业已经过关，放松了对农业的领导和支持，把力量向工业倾斜，大量削减农业和农用工业的投资，致使水利失修，农机老化，农业的物质技术基础削弱，化肥、农药短缺，价格暴涨，农业生产成本增大，而粮棉等主要农产品的收购价格没有相应调整，农业生产的比较利益下降，挫伤了农民从事农业生产特别是粮棉生产的积极性。这是发生农业徘徊的主要原因。所以，把农业徘徊归咎于联产承包制的说法是不符合事实的。恰恰相反，联产承包制还是这几年农业没有大滑坡和保持农村社会稳定的基本因素。联产承包制适合目前我国农村生产力水平，符合农民的意愿和利益。不根据具体条件，企图现在就改变联产承包制谋求农业新发展的想法是危险的。事实上，只要真正加强对农业的领导和支持，调整国民经济格局，改变工业过热、农业过冷的状况，按照价值规律，调整价格政策，减轻农民负担，进一步发挥联产承包制的作用，把广大农民的生产积极性重新调动起来，目前农业徘徊的局面是不难扭转的。

有的同志认为，"我国人口不断增加，耕地日趋减少"，而"小农经济的潜力已经耗尽"，供给有限，提出今后要长期进口粮食的看法。这也是不正确的。我国人口多，人均耕地资源少，这是事实。在现阶段，国家经济实力还不强，农田基本建设和农用工业还不够，抗御自然灾害的能力还不足。因此，盲目乐观，认为农业已过关，不抓紧农业生产和建设的想法和做法是错误的，但也不应该因此得出悲观的结论。我国农业增产的潜力还很大，农业发展的前景是有希望的。这是因为：首先，据中国科学院自然资源综合会多年的量算，我国现在实有耕地 20 亿亩，而不是 14.36 亿亩。[①]几个部局的专家们测算，即使到 2000 年，仍将保有 19 亿亩以上的耕地。1984 年，我国粮食总产量占世界第一位，但亩产只有 509 斤，占世界第 18 位。如按实际面积计算，亩产还要低，位次还要靠后。在现有耕地中，2/3 是中低产田，增产潜力还很大。何况我国还有很多的荒山荒坡荒滩可资利用；其二，我国农业科技的潜力更大。我们已有了一支训练有素、力量雄厚的农业科技队伍。农村改革以来，农业科研有了突破性的进展，在育种、栽培、配方施肥、防治病虫害等方面都有重大成就，有的已处于国际领先水平。只要条件成熟，现有科研成果得到推广应用，农业再增产几成，粮食产量再上几个台阶是可以实现的；其三，我国的农用工业还大有文章可做。现在每年因缺少化肥、农药、农膜、农机、柴油、电力而造成减产的数字非常可观，如果农用工业经过调整、提高，能够满足供应优质的农用工业品，农业就能达到一个新的高度；其四，我们有一支勤劳俭朴、有精耕细作传统的庞大的农业劳动力队伍，广大农民在党的领导下，发挥社会主义制度的优越性，已经创造了许多农业发展的奇迹。只要我们今后的政策得当，把亿万农民的积极性进一步调动起来，还能创造出更多农业发展的奇迹。总之，我国农业发展的前景是可观的。悲观的、眼睛向外的观点是不足取的。

四　前进的道路

——稳定和完善联产承包制，家庭
经营同社会化服务相结合

联产承包制作为农村生产关系的调整、集体经济经营管理体制的重大

---

① 　国家统计局编《中国统计年鉴·1989》，北京：中国统计出版社，1989 年，第 174 页。

改革，是我国首创的、特有的，但它本身需要稳定和进一步完善。一是要稳定和完善家庭承包这个层次，要搞好土地的发包和承包的合同，坚持土地承包期15年不变，增强农民对政策的稳定感，激励农民自觉增加农业投入，尊重农民生产经营的自主权，充分发挥家庭经营的积极性，这是农村的大政策；二是要充实加强村一级的领导和经济实力，搞好农业生产的产前、产中、产后的社会化服务；三是要对县乡两级的政治经济管理体制、流通体制、科技体制等作相应改革，使之配套协调。做好这三个层次的工作，就能促使新的农村经营管理的体制臻于完善，充分发挥其促进生产力发展的作用。

就目前来说，农村工作要重点抓好村级组织的整顿和建设，搞好农业生产的社会化服务。联产承包制的基本特点是统分结合、双层经营。现在的农业生产，已经不是自给自足的小农经济，单靠一家一户是不行了，需要机耕、灌溉和化肥、农药的供应等产前产后的服务。而这是一家一户办不了、办不好、办不经济的，需要集体经济统一经营，提供服务。但在相当多的农村，这几年农民家庭经营的积极性是发挥了，而集体经济的统一经营的优越性却没有得到应有的发挥。据民政部调查，全国约有20%左右的村级组织处于瘫痪和半瘫痪状态，有的省区则为30%～50%，不能发挥统一经营的作用。农民自家种田，得不到集体的帮助，农业生产当然要受到很大的影响。在统分结合这方面，搞得好的典型也很多，黑龙江省肇东市就是一个好的例子。这个市有60万农业人口，1985年产粮4.5亿公斤，向国家交售1.6亿公斤，1988年产粮8.8亿公斤，交售4.04亿公斤，今年可产粮9.0亿～9.5亿公斤，可交售5亿公斤。仅仅4年工夫，粮食产量翻了一番，向国家贡献增加两倍多。靠什么？基本经验是两条：一是领导思想端正，坚持把农业放在第一位，各行各业支援农业，坚持农田水利建设，坚持科学种田，改善生产条件；二是充分发挥集体和农民两个积极性。农民承包，家庭经营，这同全国是一样的。另外，全市326个村，每个村的集体经济都能提供很好的产前、产中、产后服务，统一机耕，统一灌溉，统一购买化肥、良种、农药，有的村还把化肥直接送到地头，充分发挥了社会主义集体经济统一经营的优越性。这个材料说明，不是联产承包责任制的潜力已经耗尽，而是还有很多的工作要做。我们要尽力去完善和发展这个中国农民群众创造的好形式，充分发挥它在农村发展中的作用。

近几年农业徘徊之后，联产承包制只是权宜之计的议论重又泛起，有的同志笼统提出要寻找新的经济形式的主张，这些观点是不妥当的。长期形成的传统看法认为，大生产比小生产优越，把大生产又单纯理解为规模的扩大，在一个劳动场所的人力物力大量集中。把社会化大生产和家庭经营对立起来，认为家庭经营同现代化农业生产是不相容的。国内外的实践表明，农业生产适宜于家庭经营。在经济发达国家，家庭经营仍然是现代化农业的重要的经营形式。

我国实行联产承包制近十年来的实践，已向我们展示了家庭经营同社会化大生产结合的图景。实行联产承包制，农民成为独立的商品生产者，商品生产积极性空前高涨。商品生产的发展促进了产业结构的调整，促进了社会分工，促进了专业化，有一部分农民会转到二、三产业去，还有一部分农民会去从事农机、植保等专业服务，只要其他社会条件成熟，他们就会放弃土地去从事其他产业。这样，直接从事农业生产的农户就会大量减少，而农业生产的经营规模就可以相应扩大，效益和收入就会大幅度提高。这样，经营农业的家庭实际上是整个社会生产链条上的一个环节，归入社会化大生产的协作体系中。近年来，一些地区实行的适度规模经营试点，效果是好的。而他们仍是采取家庭承包、双层经营的形式。当然，目前在全国大多数地区的农村还达不到那样的条件，还要有一个创造条件的过程。但是，从这些试验典型就可以看到，在坚持土地等基本生产资料公有制的条件下，通过联产承包制，通过各种形式的社会化服务，农民的家庭经营可以容纳现代化、社会化生产力。这将会走出一条具有中国特色的社会主义农业现代化的道路来。

40 年来，我国农村的各项事业，在中国共产党的领导下，已经取得了伟大成就。而在这些成就中，最重要的是我们经过探索、试验，找到了一条适合我国国情的、实现社会主义农业现代化的道路，领导和群众都积累了经验。我们相信，只要继续贯彻十一届三中全会制定的改革开放的路线、方针、政策，齐心协力、奋发图强，沿着已经开辟的道路坚定地走下去，我国的农村一定会更加繁荣昌盛。

农村要继续稳定、完善和发展
统分结合、双层经营的体制[*]

　　1983 年中共中央的一号文件明确指出："党的十一届三中全会以来，我国农村发生了许多重大变化。其中影响最深远的是普遍实行了多种形式的农业生产责任制，而联产承包制又越来越成为主要形式。联产承包制采取了统一经营和分散经营相结合的原则，使集体优越性和个人积极性同时得到发挥。"① 这一制度的进步，必将使农业社会主义合作化的整体道路更加符合我国的实际。这是在党的领导下，我国农民的伟大创造。是马克思主义农业合作化理论在我国实践中的新发展。近 10 年来的实践，证明了上述论断是十分正确的。家庭联产承包责任制适合我国广大农村的实际情况，符合广大农民的心愿，极大地调动了农民的生产积极性，农业生产得到了巨大发展。农村发生了历史性的变化。集体统一经营和家庭分散经营相结合的双层经营体制，在实践中显示了极大的优越性，并且逐步得到完善和发展。

　　我国农民在党的领导下创造的家庭联产承包责任制对于马克思主义合作化的理论和实践都有重大的意义。实行联产承包责任制，在理论上解决了在社会主义条件下，生产资料所有权和经营权适当分离的问题。承包到户的土地等主要生产资料的所有权没有变，实行的还是社会主义集体所有制，这是合作化的积极成果。但通过承包广大农民获得了对承包那部分生产资料的经营自主权，获得了商品生产者的地位，从而使农民既是集体经

　　* 本文源自作者手稿，原稿写于 1990 年 7 月 23 日。《求是》杂志 1990 年 16 期（1990 年 8 月 16 日）曾以《巩固与完善家庭联产承包责任制》为题发表本文稿部分内容，发表时有删改。本文主要依据作者手稿刊印，并根据《求是》所载《巩固与完善家庭联产承包责任制》的文本进行少量补充和调整。——编者注
　　① 中共中央文献研究室编《十一届三中全会以来重要文献选读（下）》，北京：人民出版社，1987 年 5 月第 1 版，第 616 页。

济的成员，同时又是家庭经营的决策者，这样就克服了原来集体经济许多长期没有解决好的问题。例如，由于实行联产承包制相应改变了原来统一分配的形式，使经营者同经营效果直接挂钩，联产、联利、联心，再不能吃大锅饭了，这就从根本上解决了调动亿万农民生产积极性的问题。联产承包责任制实行集体统一经营和家庭分散经营相结合的双层经营体制，在实践上，解决了在社会主义条件下广大农民在生产劳动中当家作主参加经营管理的问题。农民参加合作社，在法律上农民是合作社的主人，是集体财产的所有者。但是在原来的集中统一经营条件下，社员很少有参加经营管理的机会。实行双层经营体制，既保留了集体经济组织在较大范围内统筹人力，物力，财力进行农田水利等基本建设，开发土地资源，举办企业，安排社会服务，发挥统一经营的优越性，又能充分发挥农民家庭经营的积极性和主动性。对此，陕西农民有个形象的总结，他们说："原来，说土地是我的，实际不是我的；现在，说土地不是我的，实际是我的。"这个总结从一个侧面说出了 10 年来我国农村发生巨变的主要原因。

实践是检验真理的唯一标准。10 年来农村发展的伟大成就充分证明我国农村改革是成功的。以统分结合经营为基础的家庭联产承包责任制适合现阶段我国农民和农村的特点，适合农业生产力水平，具有强大生命力和较广泛的适应性，获得 3 亿农民由衷的拥护和欢迎。应该采取长期稳定，不断完善和在此基础上继续发展的方针。

家庭联产承包责任制应该长期保持稳定，这是目前绝大多数农民的心声。但是，自从实行家庭联产承包责任制以后农民怕变的心理始终没有消除。农民怕变这说明两点，一是家庭联产责任制确实是个好制度，符合农民的利益和心愿，他们盼望这个体制稳定，不希望变；二是我们的实际工作和舆论导向方面确实也存在问题，对于家庭联产承包制如何稳定、如何完善等问题，认识不统一，左右摇摆，时不时有风刮下去，引起农民恐慌。特别是在 1985 年粮棉等主要农产品出现徘徊以后，什么"包产到户潜力已经挖尽"，什么"土地私有"，什么"规模经营"，什么"新的集体经济"等，纷纷扬扬，基层干部无所适从，农民提心吊胆。因为存在着不稳定的因素，所以要特别强调稳定。说到底，这几年的纷争就来源于对家庭联产经营承包制本质属性的认识还不统一，一些同志对它总是另眼相看，心存疑团。所以，一有机会就出来争论一番。其实关于家庭联产承包责任制的属性早在 1982 年的中央一号文件就明确说清楚了。有人认为：包干到户就是土地还家、平分集体财产、分田单干。这完全是一种误解。文件指出：

"包干到户这种形式，在一些生产队实行以后，经营方式起了变化，基本上变为分户经营、自负盈亏；但是，它是建立在土地公有基础上的，农户和集体保持承包关系，由集体统一管理和使用土地、大型农机具和水利设施，接受国家的计划指导，有一定的公共提留，统一安排烈军属、五保户、困难户的生活，有的还在统一规划下进行农业基本建设。所以它不同于合作化以前的小私有者的个体经济，而是社会主义农业经济组成部分；随着生产力的发展，它将会逐步发展成更为完善的集体经济。"① 包干到户，这就是现在说的家庭联产承包责任制，1983 年底已占全国总农户的 94.5%，承包的耕地占总耕地的 93.2%，它是目前我国农业生产经营最基本的形式。这种经营形式正如上述文件所说，是社会主义农业经济的组成部分，而不是合作化以前的小私有的个体经济，而且这 10 年来的实践表明，这种家庭经营形式还是统分结合双层经营条件下的基础层次，是社会主义农村集体经济的一个组成部分。集体统一经营和家庭分散经营是两个相互不可分离的有机整体。那种只把集体统一经营部分看成是社会主义集体经济，而把家庭分散经营部分，看成是私有的个体的非社会主义经济是不对的。

现在，在不少地区把统分结合、双层经营搞得比较完善的集体经济已经很多了。就全国来说，这个趋势也已很明显。据有关部门统计，全国农村的集体经营经济实力是大大增强了。1983 年全国农村集体经济拥有生产性固定资产总值 1631.9 亿元，其中集体统一经营部分占 50.9%，家庭经营部分占 49.1%。1988 年全国农村集体经济拥有生产性固定资产 3042.8 亿元，增长 86.5%，其中集体统一经营部分 1643.1 亿元，占 54%，而家庭经营部分 1399.7 亿元，占 46%。集体统一经营部分增长速度快于家庭经营部分。

稳定家庭联产承包责任制，除了在理论上要统一认识之外，在工作中也要妥善解决好各种实际问题。例如，新增人口耕地比较零散与现行土地承包格局等矛盾。现在平均每户承包耕地只有几亩，如果按家庭人口增减年年调整承包地，耕地经营就会越来越分散，不利于生产的发展，也会增加农民的不稳定感。因此，应当积极发展非农产业，大搞开发农业，转移富余劳动力，同时鼓励农户之间有偿转让土地，尽量避免大调整，维护承包的稳定；又如，在分工不发达、农业生产水平比较低的情况下，平均承包的局面难以避免。只有当分工发达了，就业门路多了，农业不再成为农

---

① 中共中央文献研究室编《三中全会以来重要文献选编（下）》，北京：人民出版社，1982年8月，第1064页。

户收入的主要来源以后，农业才会向专业承包方向发展，扩大经营规模。目前，只有东南沿海部分地区和一些大中城市郊区等经济发达地区才具备这样的条件，多数地区农村还没有条件这样做，硬要"一刀切"地搞规模经营，只能引起混乱，破坏生产；再如，① 原来说承包期 15 年不变，到期了怎么办？这要有个明确的说法。有关部门建议，应制定全国农业承包合同条例，从法律上把家庭联产承包责任制作为农村的一项基本经营制度定下来，使之走上制度化、法律化的轨道，使各级干部和农民群众都有一个准绳，从根本上消除农民怕变的心理，使集体和农民的生产行为长期化。

　　农村家庭联产承包责任制应该继续不断完善。所有新生事物都有一个逐步完善的过程。家庭联产责任制这个新生事物是在农民群众自下而上强烈要求下，在比较短的时间内在全国实现的，更需要有个巩固完善的过程。从原来的过分集中的统一经营的人民公社三级体制变为统分结合的家庭联产承包责任制，本身是经营管理方面的一场变革，要做的后续工作很多，要完善的方面很多。但重要的是要处理好统一经营和家庭经营相结合的问题。集体统一经营和家庭分散经营是两个不同而相互紧密联系的层次，各有各的作用，都有很大的潜力。每个层次要充分发挥作用，都需要另一层次的配合和协调，而又为另一层次发挥更大的作用准备了条件。就全国而言，前些年，家庭经营这个层次的作用发挥得更加充分一些，从而使农业生产得到了飞跃的发展。但是，家庭经营这个层次也有它的局限性。首先，它对自然资源、劳动力资源和其他资源的利用是有限的；其次，它对生产投入是有积极性的，但对农业基本建设投入能力不足，并且往往有顾虑；第三，有些重大科技成果，靠一家一户难以推广；第四，对于产前、产中的物资供应，产后的加工运销等，单家独户往往顾此失彼。因此，今后② 要进一步发挥家庭经营的作用，需要集体统一经营这个层次更大的支持和配合。有些地方在改革初期由于缺乏经验，片面强调"分"，把集体财产分光了，集体经济成了"空壳"，没有实力为家庭提供服务，这些地方要逐步把集体的经济实力发展起来。应该看到，③ 这些年由于家庭经营这个层次发展了，已经为集体统一经营发挥作用在人力、物力、财力、智力（科技）等方面准备好了条件。现在的问题是要因势利导，侧重注意增强和发展集体统一经营的作用。诸如通过集体

----

① 　以上 299 字根据《求是》所载《巩固与完善家庭联产承包责任制》的文本增补。——编者注
② 　以上 147 字根据《求是》所载《巩固与完善家庭联产承包责任制》的文本增补。——编者注
③ 　以上 81 字根据《求是》所载《巩固与完善家庭联产承包责任制》的文本增补。——编者注

调整零散地块，实行土地有偿承包，建立农业发展基金，加强劳动积累，①组织农田水利等基本建设，组织开发性生产，更多更好地为农户提供产前、产中、产后的服务等。这些都是群众迫切要求解决的问题，也就是我们要做的完善措施。把这些工作做好了，无疑就是壮大了集体经济，发挥了集体统一经营这个层次的作用，同时又为进一步发挥家庭经营这个层次的作用准备了条件，而不是也不能削弱家庭经营这个层次。因为统分结合双层经营是相辅相成、互为条件、相得益彰的体制，完善某一层次，就是完善整个双层经营的体制，充分发挥整个双层经营的作用。

继续发挥家庭联产承包责任制。马克思认为："社会生产关系，是随着物质生产资料、生产力的变化和发展而变化和改变的。"② 社会生产力是永远不断发展着的，生产关系则相对比较稳定。当一种新的生产关系适应社会生产力的要求建立起来后，在一定的时期内要保持相对的稳定，并不断调整生产关系和生产力之间的某些环节上的矛盾，使生产关系不断完善，以便充分发挥它的作用，保护促进生产力的发展。家庭联产承包责任制作为我国的特有的一种经济形式，它是适应现阶段中国农村的生产力水平的，当然随着社会生产力的发展，家庭联产承包责任制也必将从内容和形式都发生改变。但是，在现阶段，家庭联产承包责任制这种经济形式主要的任务是要稳定和完善，以充分发挥它的作用，保护和促进农村生产力的发展。10 年来各地的实践证明，以家庭经营为基础的联产承包责任制有着强大的生产力和广泛适应性。它既适应于落后地区发展农业生产的要求，又适应较为发达地区实现农业现代化发展农村商品经济的要求；它既能符合传统农业生产力发展和经营的要求，又能适应农业专业化、商品化、现代化生产力发展的要求。当前，无论是家庭经营这个层次，还是集体统一经营这个层次都还有很大的潜力，我们应该继续贯彻党的十一届三中全会以来的实行农村改革的一系列政策，统一认识，一切从实际出发，认真总结经验，妥善解决好农村改革和发展中出现的矛盾和问题，使中国农民创造的家庭联产承包责任制得到稳定、完善和发展，既发挥集体统一经营的优越性又发挥农户家庭经营的积极性，使两个层次的潜力真正都发挥出来。这样我国农业的再度振兴、农村商品经济更加蓬勃发展是可以预期的。

---

① 以上 16 字根据《求是》所载《巩固与完善家庭联产承包责任制》的文本增补。——编者注
② 马克思：《雇佣劳动与资本》（1847 年 12 月），《马克思恩格斯选集》第 1 卷，北京：人民出版社，1972 年 5 月，第 363 页。

建立农村市场经济体制的几个问题[*]

　　总结 43 年的经验与教训，"小生产大市场"乃是中国农村农业的一个基本国情，2 亿多农户，分散小规模经营，面对的是全国、全世界的商品大市场。怎么组织好这几亿农民的生产、交换、流通、分配，是中国经济特别是农业能否持续稳定发展的大问题。

　　43 年来，我国试用了许多办法。先是统购统销，试图从流通上把农民的生产、交换管起来，遇到了很大的阻力。再就是搞合作化、公社化，从生产上也把农民管起来。从生产到交换、分配、消费全面管起来。

　　不是你想不想交统购，而是把农产品的分配数、交换数全部集中起来，先完成购销，再分配。后来出现不够吃，也要先交公粮。桥归桥，路归路。先完成购销，再安排生活，再返销。

　　全部农村工作的 70% 以上就是为粮食。"以粮为纲"不仅体现在生产上，而且体现在农村的一切工作上。从理论上、形式上讲，把农民管起来，粮食也拿到手了，这个计划是实现了。

　　但这是把农民的一只脚捆住了，农民是不满意的。但农民毫无反抗的能力，农民就只好消极怠工，所以虽然提出了"以粮为纲"，以农业为基础，地、县工作主要在农业上，中央领导也亲自抓，但粮食还是不够，棉花还是不够。到 1980 年，粮、棉、油、糖全面进口，实在没有办法了。

　　不如搞包产到户。现在把生产经营权还给了农民，但农产品的经营权、交换权还是不放。1985 年放了统购，改为定购，过几年又改了，定购也是任务、义务。所幸的是，生产经营权未收。这几年农业上来了。20 世纪 80 年代出现了各种大战，说到底，还是计划与市场的矛盾。大战的结果是农

　　* 本文源自作者手稿。该文稿系陆学艺 1992 年 10 月 5 日在《经济日报》举办的座谈会上的发言稿。——编者注

民战败，国家也失利。

凡事放手了就好办。什么放开了，什么就有了，上得快，质量高了，成本低了，逐渐形成市场。一条经验：这几亿农民要通过市场去引导，通过无形的手去引导。千规律，万规律，价值规律是第一规律。计划经济要建立在尊重价值规律的基础上。要通过市场间接领导几亿农民，直接管不行。不要以为我们高明，我们种田不如农民，交换不如农民，做买卖也不如农民。农民也顾大局，不会不向国家交粮食的。

要建立农村的市场经济体制。1988年已提出按价值规律的法则同农民打交道，按价值规律的要求深化农村改革，但1989年以后不再提了。现在明确提出，建立社会主义市场经济体制，这是符合9亿农民要求的，符合国情的。观念上要改，体制上要改，这将是很长一个过程。还是要继续放，要站在农民一边。目前有一条，可以把粮食放开。还是要相信农民，农民会种田的，农民爱种什么就种什么。农民会做买卖的。农民会照顾国家利益的，不用担心农民不种粮食。于农民有利，于国家就有利；让农民富起来，国家就强盛了。

农村社会主义市场经济体制怎么建立[*]

农村要建立市场经济体制，农村的经济要依靠市场的力量发展起来，农村的各种资源要通过市场得到合理的配置和利用，农村中的不少问题需要靠市场来解决，这些都已经成为社会各界的共识。

但是，实现农村经济的市场化，建立农村社会主义市场经济体制，这是党的十四大提出来的深化改革的目标，要实现它，需要有一个相应的历史过程。建立市场经济体系，本身需要一个长的历史过程。我们是搞了40年计划经济的国家，农村实行计划经济的体制，统购统销。从产品经济、计划经济到市场经济，需要有一个长的转变过程。切不能把这个过程的艰巨性低估了。观念的转换花了13年，体制成了制度性的束缚，要改过来更难，不容易。

农村本来是自给半自给的自然经济、小商品经济，1952年以后，实行了统购统销和一套派购制度为基础的农村计划经济体制。现在60岁以上的农民基本上就是在这种体制下生活了一辈子。

要将这套体制变为农村的市场经济体制，这个历史任务是个过程，不能太简单了。试想一下，我们从1952年提出统购统销，到调集干部，建立粮管所，形成这一套粮食的购销调存制度，花了多少时间，花了多少人力、物力……交了多少学费？现在要改，这是对的，完全正确的。现在报上的"把农民推向市场""千方百计让九亿农民走向市场"这类宣传也是对的。但是就我接触到的材料，我发现这个"推向市场"变成"我不管了"。一是我没有钱了，管不起，粮食不收购了（所以白条也不打了）；二是我也不知道怎么管。"推向市场"成了一个托词，那要坏事的。

---

* 本文源自作者手稿。该文稿系陆学艺1992年12月5日在《比较》杂志社举办的座谈会上的发言稿。——编者注

一是农民被关在笼子里 40 年，没有飞的能力。他只知道生产——流通是你包了的，管死的。他现在遇上了要自己考虑卖的问题。二是飞要有条件，而现在市场本身没有。就大部分地区来说，买家只有粮食局，还有几个个体粮商，这就是"市场"！这恐怕是不行的。

所以要有一个过渡期、转变期，要有一些过渡性的政策，使农民、农业生产顺利转过来。这个飞跃，这个"惊险一跳"，农民是需要帮助的。如果一说帮助农民就一推了之，那非要出事不可。打击了农民，也就打击了农业，最后城市也要吃亏，说不定粮票又要回来。

农业喜中有忧。粮食可高枕无忧了吗？库存靠不住。工业发展已经超过了农业能够承受的限度。历史的教训不能忘记。明年①的农业生产，我就很担忧。明年农业生产不乐观，非农占地、谷贱伤农、农业生产资料价格上涨、农民不想种田等问题严重。关键是伤害农民的积极性，农民收入减少，负担加重。一定要保护农民的利益，要收购农民的粮棉，增加农民的收入，为种田人着想。哪个国家都要保护农业。

---

① 本文中指 1993 年，下同。——编者注

关于农村土地管理制度的
若干问题[*]

承蒙省土地局、土地学会的邀请，来参加今天的研讨会。我是来学习的，听了大家的讲话，很受教育，学到了很多东西，我这些年搞农村经济、社会发展研究，接触到一些农村土地问题，感到土地问题是大问题，但没有专门研究，受到大家的启发，谈几点意见。

一 保护耕地是根本国策

土地是人类生存的物质条件和重要资料，同每个国家的经济发展、社会发展密切相关，特别是像我国这样一个人多地少的国家，土地问题尤其重要。应该管好、用好我们的土地资源。但是过去我们在这方面却长期没有给予足够的重视，像人口一样晚抓了多少年。党的十一届三中全会以后，改革开放，各方面发展很快。随着有计划的商品经济的发展，形势的发展对加强土地管理的要求越来越迫切。1986 年党中央、国务院颁发了《中华人民共和国土地管理法》，组建了国家土地管理局，全国建立了土地管理机构，成立了土地学会，实现了对土地的统一管理。四年来，做了大量的工作，建立了队伍，制定了一系列方针和政策，在土地的开发、利用、保护、整治、管理等方面进行了大量的调查研究和实际工作，取得了很大成绩。把乱占乱用耕地的严重状况控制起来了（这些年逐渐减少），功劳是很大

---

* 本文源自作者手稿。该文稿系陆学艺 1990 年 8 月 31 日在吉林省土地使用制度改革座谈会上的发言稿，题为《在吉林省土地使用制度改革座谈会上的发言》现标题和文中小标题为编者根据内容所修改和拟定。——编者注

的。这确实是一件开拓性、创造性的工作，是促进我们国家社会主义"四化"大业，能保证我们国家长治久安并惠及子孙的大事业，是一项有着十分重要的现实意义和深远历史意义的工作。

计划生育、控制人口与保护耕地，已经被确立为我们国家的两项基本国策。这确实是关系到我们国家兴衰和生死存亡的大问题。这些年计划生育、控制人口已经引起了社会各方面的关注和重视，无论是理论研究还是舆论宣传等方面已经有了一定的进展。相比而言，对于土地资源的短缺、耕地问题的严重，还缺少足够的研究和警觉意识。这里面有种种原因，需要我们继续努力做工作。世界人口组织对人口这件事很重视，对我国的人口研究有很多资助，全国大概有好几十个人口研究所。社科院人口所就从社会学所分出去了，很多大学也有人口所。但研究土地的研究所却相对很少。充分利用和开发好我们的国土，保护耕地，这是我们自己的事情，这件事当然要靠我们自己来做。我相信在大家的努力下，一定会越做越好的。有些规律是会逐渐找到的，逐渐总结出来的。完善好的政策、好的管理制度会逐渐建立起来的。关于土地，关于耕地保护，也会有一定的规律。如经济文化发展到一定程度，人口增长就基本停止了。那么土地呢？有人推论，我们国家从 1957 年到现在 30 多年了，耕地减少了 1/8。如此减少下去，再有 7 个 30 年，也即 200 多年，中国岂不是一亩耕地也没有了吗？那肯定是不会的，不可能出现的，但是在什么样的条件下，耕地递减的状况就能停止呢？有人推论，中国到 2025 年，人口达到 15 亿以后，耕地减少的状况就基本控制住了。那么要使 15 亿人口达到现代化生活的要求，需要多少耕地？到那时能不能保有这些耕地呢？这里有个规律性的问题，要具体地研究这个问题。

刚才吉林农大的杨志超教授提到，建议要加强研究、加强教育，我很赞成。一项新的事业，一个新的学科，开始的时候都有这样一个过程。例如，1979 年重建社会学，费先生提出要建立"五脏六腑"（社会学学会、社会学研究所、社会学系、社会学的刊物和出版社）。经过十年努力，戏台搭起来了。土地管理也有这个问题，我希望各地逐步建立起相应的"五脏六腑"来，还要加强队伍建设（业务素质和政治素质的建设），特别是年轻的队伍。

二　根本方针应该是稳定和完善现有的土地承包体制

土地管理是两大块，一是城市土地，二是农村土地。现在已经明确都归土地管理局统一管理。城市土地管理很重要，管得好，是国家的一个大财源，为城市的建设、经济建设积累资金，这已经有很多同志讲了。我想着重讲农村土地的管理问题。农业问题、农民问题，其实是个土地问题。

这应该是大头，可能占 90% 以上的土地在农村。大头在农村，重点也在农村。我们应该花大量的力量来管好这一块，建议要有相应的机构来管、来调查研究其中的问题，讨论这中间的问题。地县以下的土地管理局，应该用主要精力管好这一块。吉林是农业大省，耕地资源是丰富的，比全国平均水平高 80%，现在就重点抓好这一大块，用好、管好耕地，为全国作出榜样来，是很有意义的。

对总的形势要有个辩证的看法。耕地保护很重要，要意识到耕地日益减少的严重性，水土流失、土地污染、土地沙化等问题的严重性。要有危机感，要有忧患意识，这是对的。但是这几年有种人认为，好像中国的土地问题已经严重到不好治了，让人没有信心。要有个正确的宣传，一是中国还没有严重到生存不了的地步，地还不少，潜力还有，要有信心；二是要查清到底有多少地，能清楚这个数是个大功劳。要摸清家底，到底有多少地都说不清，国家就不好办。

《宪法》规定："农村和城市郊区的土地，除由法律规定属于国家所有的以外，属于集体所有；宅基地和自留地、自留山，也属于集体所有。"[①]这是合作化的积极成果，是目前农村实行家庭联产承包责任制形式的土地制度的法律表现。

这种集体所有，统一经营，农户家庭分户承包经营，所有权同经营权分离，实行集体统一经营和分户经营两层体制，这是中国农民在党的领导下的伟大创造，是马列主义合作化理论的新发展。实践证明，这种体制是符合中国国情、符合目前生产力水平、符合农民心愿的，在实践中已经发挥了巨大作用，有强大的生命力。目前的任务是要在理论上总结它，实践

---

① 参见全国人大法工委编《中华人民共和国宪法》，北京：法律出版社，2000 年 11 月第 2 版，第 50 页。——编者注

上完善它，而不能轻易地干扰它、动摇它。这应该说是我们农村的一项基本制度，是稳定8亿农民的基本制度。

有些问题是要解决的。谁是土地的主人？如土地集体所有，原来是三级所有、队为基础，生产小队是所有者。现在这个组织基本上没有了。土地的所有，社员还是清楚的，不是村民委员会的（名不副实），村委会只能代管。

1985年减产以后，有些人从右的方面进行了干扰，认为那几年农业徘徊，是因为投资主体改变了，农民应是投资主体，但农民不肯投资。为什么？怕政策变。所以，这些人主张实行土地农民私有。这是完全错误的。第一，土地私有了，并不能解决投入问题，更不能解决农业徘徊的问题；第二，会引起天下大乱，中国只要有10%的农民丧失土地，8000万人失去了生活依靠，拥进城镇，那就不能安宁。而且这也就彻底否定了土地的集体所有制，否定了农业合作化的积极成果。

1985年以后，有人主张搞规模经营，这是方向，有一定道理。但要有条件，只能在有条件的地方实行试点，要条件成熟，否则也会引起农民恐慌，又认为是"归大堆"，造成生产的破坏。

另一方面又有人主张实行土地国有。这同样不符合中国国情，会引起混乱，引起社会震荡，无益于问题的解决。

正确的方针应该是稳定现有的集体所有、农户经营的体制，稳定它，完善它。现在的土地承包，是在群众自下而上强烈要求下，在中央直接支持下，很快在全国实现的。

遗留下来一批问题，就农业用地来说，主要是：（1）平均分配，有的按人头分，有的按人劳分（在这点上同土改一样，我们是迁就了的）；（2）地块过于分散；（3）地权归属不清（许多农民以为就是分田了，就是自己的）；（4）20世纪80年代初一次分配后，增人减人怎么办？

总之，根本问题是：平均分配，无偿使用。

三　如何完善农村土地管理制度？

（一）农业用地

河北省的赞皇、元氏、辛集三县做了试点。实行两田制（责任田加口粮田）、三田制（责任田加口粮，再加机动田）、四田制（三田制上再加

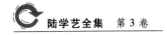

山场）。

口粮田，无偿使用，人均半亩（占总承包地的50%）。责任田，要收承包费。其中占总承包地的10%～20%，30～100元一亩竞争承包；占总承包地的30%～40%，按劳承包，5元至35元一亩。集体拿了承包费，就不再收提留、摊派。

这样做好处是：（1）明确了土地的所有权、经营权；（2）有利于土地的利用和保养；（3）集体有了积累，比提留要多。一部分村里合理开支、增加服务，一大部分可用于农田水利基本建设。在这个过程中，也同时解决了：（1）增人减人问题；（2）土地调整地块零散问题。

他们的经验是：全县经过调查研究、试点，制定好具体政策，一次调整，不要老变。

（二）宅基地

（1）要制定和执行村镇规划。这些年乱占乱盖问题太严重，1985～1988年，占地415万亩，占地1/3可能还不止。村干部乱批乱建。我调查，有的干部一人建6栋房，连6岁的孙子都给盖了房。除了干部乱建，还有非农户口的人（凭权力关系）下乡占地建房，影响极坏，引起民愤，带了坏头，不正之风坏了一部分干部。

（2）实行有偿使用。有偿使用是有理论根据的——马克思主义的地租理论。从实践上这是为了更好地保护耕地，充分利用土地，发挥更大的效益。

（3）还要定出政策来。

（三）乡镇企业用地

发展乡镇企业，这是个必然趋势。能否集中到集镇去，要有规划。

乡镇企业用地，一要管好，二是必要的土地还是要用。农民有8亿人，要转出去（从事二、三产业），一亩地可以转出若干亩的产值。我们的任务，一是要看到这种大趋势，要支持乡镇企业的发展，合理地使用土地；二是要管理好乡镇企业用地，不能乱占滥用。像吉林这样的省，我估计乡镇企业会有个发展，否则富不起来。

乡镇企业用地，实行有偿使用，用一亩建一亩。

（四）山场

中国的一大资源在这里。12.9％的覆盖面积。我们的耕地很少，只占10％多一点，但山地、丘陵地还是很多的，然而很多年来成了荒山、荒坡。这还是大有可为的。林有了，对现有耕地也是保护。这方面我们做的工作还很不够。还是所有制问题、政策问题。要鼓励人们去开发利用。

林业问题，年年讲禁止滥砍滥伐。年年讲，年年挡不住。年年栽树，年年不成林。保护森林，保护生态环境，营造一个好环境，这也应该是个国策。

怎么办？我看说到底还是个山场所有制和经营管理方针的问题。山场是国有、集体所有，还是个体私有？要制定好的政策，要通过调查研究，同林业部门共同研究，才能解决这个问题。

总之，土地问题是门大学问，有大量的实际问题，也有重要的经济理论问题。农民问题说到底是个土地问题。土地制度好，可以保护农民利益；政策定了，可以安定人心。

农村1/3到2/5的民事纠纷是土地纠纷，争宅基地、争地边、争水道，以及承包土地、果园的纠纷等。这里还有很多工作要做，要做到有法可依，有法可遵。第一轮土地承包期15年不变，现在快到了，怎么办？

农村土地方面的问题很多，需要我们做工作。在农转非问题未解决之前，首先要做好农村的基本社会保障。

土地制度不能随意变动。家庭联产承包制要继续贯彻，这是安定社会、长治久安的大方针。一靠政策，二靠群众，是可以把事情办好的。保护耕地的主体是农民，一定要有这个观念，一定要顺民意，而不能以管理者自居。

我希望通过类似这样的研讨会，经过多方面的工作，建立一套符合马克思主义原理、适合我国国情的、具有中国特色的土地管理制度。这对于我们国家的经济社会发展、对于"四化"建设、对于我们国家长治久安，会起好的作用的。

关于土地政策的几个问题^{* **}

20 世纪 80 年代我们实行家庭联产承包责任制，是尊重农民的意愿和创造的一个伟大政策，取得了超过意料的巨大成就，在农村改革方面迈出了第一步，这项政策是群众在下边强烈要求，党中央在上面积极支持下实现的，发展得非常迅速，全国这么大的范围，只用 3～4 年功夫就普遍实现了。

这样一场巨大的改革工程，有许多后续工作要做，要进一步完善，其中土地制度政策的建立和完善是最重要的，是进一步完善家庭联产承包责任制的关键。

一　当前土地制度存在的几个问题

一是土地承包制度还没有用法律形式确定下来，农民群众至今有怕变的心理。1984 年一号文件申明，土地承包 15 年不变，现在陆续都要到期了，以后怎么办？农民群众盼望有个明确的说法。

二是虽然申明土地承包 15 年不变，但各地有相当多村和集体还在以各种名义"调整"。有的"调整"是多数群众拥护的，于生产有利的，如耕地过于零散，一家 10 亩地分成十几块的，调整为几块整的。有的则是多数群众不满意的，如因人口增减或其他原因而调整的。因为土地不断"调整"，农民觉得所包土地自己不能做主，助长了短期行为，不肯花人力和物力对土地投入和加工出现的掠夺性的经营，使土地质量得不到改善，地力下降是普遍的，这于农业生产极为不利。

三是因为土地的权属关系，所有权使用权的界限不明确，引起的土地

　　* 　本文源自作者手稿，原稿写于 1993 年 9 月 1 日，原稿似未完成。——编者注

　 ** 　原题为"关于土地改革问题，向中央某次会议提出的建议"。——作者注

纠纷很多，有的村土地纠纷一年有十余次，乃至有几十起的。特别是因为农民拥有土地使用权的权限没有法律保障，农民同干部，农民同非农民的矛盾解决都处于非常不利的地位。

四是因为农民对拥有土地使用权的归属不明确，农民不能有根据地保护自己的权益，不能保护耕地。例如，1992 年一年由于建开发区等原因，2400 万亩耕地被占，意味着 1600 万农民（400 万户农户，失去耕地的使用权），但竟没有一户农民能保卫住自己赖以生存的耕地。现在已有相当多的农民因耕地被占而无生活依靠，成为一大社会问题。

从国家的长远的根本利益看，这种耕地，能轻易地被征用并非好事。增强农民保护耕地的权利，对保护农田是增加一个强有力的保卫者，于国于民都是有利的。

二 几点建议

一是要组织各方面的力量，研究土地的理论问题。这种研究应按照马克思主义的关于土地问题基本理论结合我国国情，研究中国土地的沿革，特别是要研究清楚从土地改革以后，土地关系的变迁，结合我国要实行社会主义市场经济体制，土地应该是最重要的生产要素，土地也是商品，要按照社会主义市场经济的机制，来加以调节，在现代化过程中充分发挥应有的作用。说清楚土地的占有权、经营权、使用权、收益权、处分权。只有理论上弄清楚了，我们制定政策，才能有依据，才不会摇摆。这件事由国家土地管理局来牵头，我看是很合适的，今天这样的会，是很有必要的，希望成为一个好的开头，把这件事做好了，是功德无量的大事。

二是土地是农民的命根子，这句话直到现在还是适合中国农村情况的。农业生产要依靠农民，保护好，使用好，管理好我国的土地，也要靠农民。现在农民对土地处于无权的状况（人民公社时期，则是完全无权），常常是被"土地是公家的"一句话可以任意占用农民赖以生存的土地。追根溯源，"土地最终是农民的"。1950 年土地改革法，明确宣布，土地改革以后土地是农民的。以后农民响应党和政府的号召，带着土地和其他生产资料加入了农业生产合作社，以后改变为人民公社，土地改变为人民公社三级所有，为集体经济所有。这还是劳动人民集体所有，并未改变农民所有的根本性质。

1979 年以后实行家庭联产承包制，把耕地分给农民家庭承包，这实际是把所有权留在集体经济组织，把使用权，经营权交给了农民。这个集体经济组织是本社区农民组成的组织，每个农户是其中的一分子。所以目前的土地关系，同解放前江南有些地主拥有土地所有权即田底权，佃农拥有经营使用权，即田面权的状况，本质是不同的。从国家的根本利益，要实现现代化的长远利益，从发展农业生产，保持农业的稳定增长看，增加农民对土地的权益是有利的。

三是建立土地制度是一项极其重要的基本国策。要考虑国家的长治久安，要考虑有利于实现现代化的目标，要符合绝大多数农民的利益，要适合于目前已普遍实行了家庭联产承包责任制的实际状况，利于过渡，利于为绝大多数农民和干部能接受，避免社会震荡和生产的不稳定，也要考虑到目前各地经济发展水平很不相同的状况，利于让一部分、相当一部分农民，以至大部分农民向二、三产业转移的历史趋势。

三 就目前的情势发展需要，要解决以下几个问题

一是这次文件要明确宣布，家庭联产承包制长期不变，实现土地承包长期不变，从现在起至少 30 年不变，以后即使承包期满，本块土地的承包者，有优先继续承包的权利，给农民一剂长效定心丸。

二是根据本社区本村的实际情况，根据本社区本村大多数农民的意愿，在县乡政府的领导下，有组织有步骤地根据人口、劳动力，已经分工分区的状况对承包土地作一次调整（大稳定，小调整……）。大部分社区和村集体，如前几年已作过调整的，也可不做调整。

三是明确宣布，这次调整应是最后一次，这次承包土地划分后，以后不再调整，即"生不增死不减"："新增人口再不分田""本户减少人口也不减土地"。这是坚持大多数人利益的原则，不能因少数户的问题，影响大多数人，使大家常处于不稳定不安全的状况，影响大局的稳定，影响土地制度的稳定。10 年的实践证明，这样的小调整对大稳定不利，对农业生产不利，对耕地的建设不利。

四是对目前的承包关系或经调整后的承包关系，由县以上政府，对每块承包土地发给承包农民，以土地使用证书，明确定数量，东西南北界限，承包年限等。

五是要明确宣布土地使用权可以继承、转让，乃至抵押、买卖。土地是商品，土地是生产要素，合理的流转，有利于生产要素的配置，但考虑

到各地经济社会发展不平衡的情况，考虑到农村社会保障制度还未能普遍有效建立的情况，应该根据不同情况建立不同的转让办法和规定。防止有一部分农民把土地转让后，丧失生活依靠，成为大的社会问题。9亿农民如果有10%的农民因各种原因转让了土地而又无其他社会保障，9000万农民流浪到社会上，都是极大的社会问题。而在发达地区，乡镇企业是比较稳定可靠，这些地区，则要建立比较完整的转让机制，以有利于使农业大户进行规模经营。此外，也要吸取日本等地少人多的国家经验教训，他们土地资源稀缺，农民有了土地所有权、使用权，期望从土地增值，长期垄断土地，有了其他职业收入，不肯转让，从而影响有效的规模经营，这对农业生产也不利。

六是要建立农地和非农地的制度，以保护日渐减少的耕地。

（原稿止于此，似未完成。——编者注）

关于延长土地承包期和保护农地的问题[*]

　　1993 年 9 月 2 日，国家土地管理局土地经济所召开农村土地管理与土地制度建设座谈会。会议由中国土地勘测规划院院长刘广金主持。现将会议中陆学艺参与讨论的情况综述如下。

关于农民土地承包期限问题

　　陆学艺认为，土地承包期长些，有利于调动农民的积极性，有利于保护地力，是绝大多数干部和农民的要求。可考虑承包期在已经 15 年的基础上，提出 30 年不变，给农民定心丸。可以由县、乡政府统一领导，有组织、有步骤根据情况的变化对承包地进行一次调整，然后不要再变动，否则对社会稳定、提高地力不利。以色列土地国有，使用权给农民 49 年不变，到期原用地者有继续使用的优先权。其办法可为我国借鉴。

关于农地转为非农地

　　陆学艺说，农地转非农地，要有法律程序。如我国台湾地区有严格的土地保护政策，除当局征地，农地一律不得改变用途。农民的身份证上留有一个口不封起来，可以登记变化情况，打上"农"字的，才可购买农地，其他人不得购买。

＊　本文源自《农村经济与社会》1994 年第 1 期《关于延长土地承包期和保护农地的问题》一文，发表时间：1994 年 1 月 25 日。该文为 1993 年 9 月 2 日国家土地管理局土地经济所召开的"农村土地管理与土地制度建设"座谈会的综述，本文仅收录其中陆学艺的发言摘要。陆学艺的发言摘要原无标题，现标题为本书编者根据发言内容所拟定。——编者注

农业农村发展形势

如何突破农业徘徊，跨上两个新台阶？[*]

　　从 1949 年到现在[①]，40 年的农业发展概括起来是"三上三下""六个阶段"：1949～1958 年上，1959～1961 年下，1962～1967 年上，1968～1977 年徘徊；1978～1984 年上，1985 年到现在徘徊。

　　40 年来，31 年增产，8 年减产。减产原因是什么？有人说，主要是自然原因。我说，主要是政策原因，不是自然原因。具体说，第一次在 1959 年减产 600 亿斤，第二次在 1960 年减产 530 亿斤。当时刘少奇同志就说，"三分天灾，七分人祸"。1968 年和 1977 年的减产，主要是"文化大革命"的原因。1980 年粮食下降情有可原，当时中央决定，宁愿多进口粮食，不进口棉花。粮食略减产，棉花大增产。1985 年减产，现在也有结论，认为不是计划调节不周的结果，而是政策折腾的结果。有人说，徘徊是正常、周期性的。我觉得这个话在中国套用不上，一是中国正从传统农业向现代农业转变，每年有大量现代化生产资料投入，应该增产。二是中国地大，东方不亮西方亮，黑了南方有北方。只要农民愿意种田，就不会减产。历来是南面涝了，北面正好；长江上游旱了，下游正好。只要政策对头，肯定是能增产的。年头好，多增一点，年头不好，少增一点。不能认为一增产就是我们领导得好，一减产就归罪于老天爷。1985 年全国性的减产，不过是辽河大水，冲了辽宁、吉林两个省，全国 90% 地区减产怎么解释？说是自然灾害第一，这说不过去。只要政策不对头，就准会减产。我到下面蹲点看了几个县，规律就是这样的：要减全国都减。1984 年全国都好，1985 年全国都减。这是什么道理？这就是我们的政策问题。我经过研究思

　　* 本文源自《当代中国农村与当代中国农民》（陆学艺著，北京：知识出版社，1991 年 7 月），第 314～317 页，原稿写于 1989 年 4 月。——编者注

　　① 此处指 1989 年。——编者注

考，得出的看法是：8 年减产，主要都是政策方面的原因。

从"三上三下"看，能否得到点历史规律性的认识呢？我看可以。工业总产值占 70%，农业总产值占 30%，但中国还是个农业国家。这个国情要认识，农业好了日子就好过，农业不好日子就难过。为什么这几年不好过，物价涨得这么高？老百姓的意见挺大，社会上也不安定，根本原因是 1985 年减产后没有扭转过来。有人说，去年涨价，65% 的原因是农副产品短缺，我看哪次都是这个原因，现在还是这个问题。最近我到南方去了一趟，看到的干部和农民关系紧张是建国以来少有的。去年我们完成定购任务 98%，怎么来的？他们总结了两句话。叫"五套班子一齐动，后面跟着公检法"，我们制定好政策，给农民让利，农民积极性就起来。农业就发展了，国民经济就好过。可是日子一好过，我们头脑就发热。工业过快，城市发展过快，向农民拿的东西过多，必然打击农民的积极性。农民不干，农业就不好，又被迫调整。就是这么一个过程，已经第三次了。1958 年是这样吧！1960 年"三年困难"是怎么造成的？1977 年是怎么造成的？现在还是这个问题，工业上的多了就过热，城市也过热，建设的大楼是空前的，进口汽车也是空前的。我们国民生产总值按人均收入排在世界一百几十位，不应该造这样好的大楼，坐这样好的办公室，咱们还不到那个程度。我们的农业刀耕火种的还有。拿农民的太多了。建这么多大楼，北京是第一，各省是第二。北京在建，各省在建，县城在建，乡镇也在建。乡镇也有豪华宾馆。农业为基础，是老祖宗说的，你不怕拖垮了吗？负担都加在农民头上，他就消极不干了。农民消极怠工我们是吃不消的，现在根本的问题是农民消极不干。若不把这个问题解决好，粮食问题是不能解决的。

现在已经徘徊 4 年了，这在历史上是少见的。邓小平同志说，"农业上如果有一个曲折，三五年转不过来"。[①] 1985 年是第 5 年了，我看今年恢复不了，这不是小改小革能解决问题的。最近我回无锡老家半个月，农民和干部反映了一些情况，他们说现在的粮食问题叫"四白"：一叫白种，一亩收 500 斤，只够本，白干了；二叫白吃，无锡现在粮票 0.4 元一斤，居民每月 30 斤粮票，有 20 斤足够，10 斤粮票可换值 4 元钱的东西。而无锡大米凭粮票的每斤 0.14 元，20 斤才 2.8 元，还剩 1.2 元这不是白吃是什么；三是白贴，无锡每年几个亿补贴农业。原来江苏提出"以工补农"，无锡提出

---

① 邓小平：《建设有中国特色的社会主义（增订本）》北京：人民出版社，1987 年 3 月第 2 版，第 132 页。

"以工建农"，拿这个钱去搞机械化，搞农田水利多好，现在不行了，为什么？市场上大米一块钱一斤，收购价二角多一斤，余下的8角钱谁管？乡镇企业拿出钱补贴，这是白贴；四叫白说，说农业重要，农业是基础，基础的基础，农业是命根，农业是战略地位，被提到不能再高的地步了，而外国哪个国家也未这样喊过。老百姓说你白说。像是北京侯宝林、马季说说唱唱而已。今年农业投资增加4亿，还未恢复到1980年的投资水平（1980年投资60个亿）所以叫白说。现在第一、二、三产业投入产出的比例，河北省调查数据是1：4：7，即投在农业上是"1"，投在工业上是"4"，投在第三产业上是"7"。无锡的同志提出，中央去年讲按价值规律办农业，按价值规律和农民打交道。农业生产已商品化了。如买化肥、农药、种子等，都是市场经济。可是到了销售，又是产品经济了。说就是这个价格，你得卖给我，不能卖给别人。农民没有积极性的根本原因，就是我们没有按价值规律办事。要扭转现在农业徘徊的状况，不是小打小闹能解决的，应重新考虑。要按1962年和1978年的办法，只要全党统一认识，农业的问题是可以解决的。

中国的基本国情和粮食问题[*]

一　国情问题

粮食经济学会的同志要我来谈谈国情问题。我们社科院 1988 年开始承担国家交办的国情调查的任务，目前正一个一个县的进行调查，资料正在汇集之中。我们的方法同科学院国情分析小组的做法不同。科学院国情分析小组的研究着重对人口、资源、环境、粮食问题做系统研究。我们则着重在对目前正在发展变化中的农村政治、经济、社会文化做全面的考察，对新中国成立 40 年来的农村政策和农民阶层的变化做总结和研究，并由此对目前农村的基本形势作出判断、估计，对未来的发展趋势作出预测和规划。我们着重考察动态发展中的情况，较多地注意现实和政策问题。研究的目的是一致的，都是要认清基本国情，制定正确的发展战略和有效的发展对策。基本结论也是一致的，我们当前国情的突出特点是：人口过多，底子很薄，教育、文化、科技水平低，资源相对紧缺，人均国民生产总值居于世界后列。我国农村发展遇到的困难是严重的、复杂的，但同时也存在着发展的有利条件与发展的机会和希望。我们既不是盲目的乐观论者，也不是消极的悲观论者，而是有条件的谨慎的乐观论者。科学院的同志对国情做了九点概括，我们也有类似的结论。这基本上是对客观实际做了形象的描述，我们还有如下一些结论。

第一，中国有 11 亿人口，8.8 亿是农民。目前基本上还是一个农民的国家，农业的国家。表面上看我们现在的工业产值已占工农业总产值的

---

[*]　本文源自作者手稿。该文稿系陆学艺 1989 年 4 月 19 日在顺义为粮食经济学会所作报告的发言稿。——编者注

70%，农业产值只占30%，但决定国民经济发展的是农业。40年来的实践表明，什么时候我们国家农村政策、农民政策正确，农民的生产积极性高涨，什么时候我们国家的农业就发展，农村经济就繁荣，整个国民经济就发展，整个国家的日子就好过。什么时候我国的农村政策、农民政策出了问题，不符合实际，损害了农民的利益，农民的生产积极性受到挫伤，农民就消极怠工，农业就停滞、徘徊以致倒退，整个国民经济的发展就受到阻碍，整个国家的日子就不好过。物资短缺，供应不足，通货膨胀，物价飞涨，社会不得安定，迫使我们作经济调整，向农民让步，作出新的农村经济政策。农业徘徊、粮食短缺—经济调整—农业上升、粮食增产—价格扭曲、工业偏斜发展—农业再次徘徊—再次经济调整。农民说："饿了肚子制定政策，吃饱了肚子就变政策"。三年经济困难导致1962年的调整；"文化大革命"时期农业长期徘徊，经济到了崩溃的边缘，1978年十一届三中全会进行调整；这一次是1985年以后的农业徘徊。这个基本国情带有规律性，全党应有个清醒的认识。

第二，社会主义初级阶段的主要矛盾是什么？主要矛盾是城乡关系、工农关系。40年来，我们常在这个问题上处理不好，屡次出现失误，调整，再失误，再调整。党内的一些重大政治斗争也是围绕着这个问题展开的。如1957年的反右，1959年的反右倾，1962年反右倾单干风，1964年"四清"运动中的"左倾"错误，提出整顿走资本主义道路的当权派，还有后来的"文化大革命"。这个矛盾影响着其他矛盾，在建设方针中也不断地反复：工业过热—农业徘徊—调整—农业发展—工业过热—农业徘徊。1958年同1985年同出一辙，追求工业的高速度。

第三，我国的农村经济正由自给半自给的自然经济向大规模的商品经济转化，我国的农业正由传统农业向现代农业转变，我国的农民正由传统农民向非农民和现代农民转化（前两句是1983年的一号文件提出的），这是对我国目前农村的一个动态性认识。当然，各省各地的情况不同，所处的转化阶段不同。发达地区转化得快一些，已接近实现转化；中部地区则正在转化之中，发展很快；西部经济欠发达地区还处在转化的初期。这个基本国情，也是我们制定农村政策的重要依据。

第四，改革了的农业经济同正在改革、改革还未上路的工业经济的矛盾。表面上看，是先进的、现代化的大工业和传统的、落后的、分散的小农业生产之间的二元结构，实际上却是改革成功的、有效率的农业同改革还未上路、吃大锅饭的、效益很差的工业的矛盾。十年改革，是从农业开始的，全国普遍实行了联产承包责任制。实践证明，这个改革是成功的。农民有了自主权，农民得到了实惠，农民生产的积极性被调动起来了，所以农业生产，农村经济发展了。但是工业的改革，放权、让利，党政分开、利改税、企业承包、股份制试点，等等，有一定的效果，但未根本解决问题，工人、技术人员的积极性未调动起来，工人还是不干活，工资、奖金年年增加，但劳动生产率不高，工业生产的效率不好，成本降不下来。所以工人中有个顺口溜："书记讲理想，厂长搞横向，工人白相相，干活靠阿香"。

40 年来，国家通过剪刀差等方式，从农村获得了约 6000 亿～7000 亿元资金，用以发展工业。但我们却建了一个效益不好的工业，至今不能自立，不仅不能像发达国家那样反哺农业、贴补农业，至今还要从农业拿积累，补贴工业，养活工人。靠廉价的原材料，靠廉价的农副产品，靠廉价的农民劳动力来维持工业。靠农业的积累，扩大基建规模，靠外资增长来发展工业。

1979～1980 年国家调整提高了农副产品的价格，1985 年再一次调整，放开猪肉、副食品等的价格。工业消化不了，就只好靠涨价，出现了轮番涨价。涨幅高得出奇，结果是剪刀差不仅没有缩小，反而扩大了。所以农民叫苦不迭。打击了农民的生产积极性。

至今农业还要通过剪刀差等不平等交换，每年提供 600 亿～700 亿元的资金，来支援工业，补贴城市（仅 1000 亿斤定购粮食，农民就要失利 300 亿～400 亿元）。工业至今还提供不了足够的价廉物优的农用生产资料（化肥、薄膜、农药、农机，等等）。所以有人说，我们的工业受到农业的制约，工业支援农业。实际上我们的国情是，工业的效益不高，限制农业的发展，农业至今还在支援着工业。目前的要求是工业企业要抓紧改革，找到让工人干活的办法，否则中国的经济是困难重重的。这是限制农村经济和农业发展的一个重要原因（不仅不能支援、补贴农业，反而要农业补贴工业）。

第五，我国的革命是农村包围城市，用战争的办法夺取政权，1949 年取得革命胜利。胜利以后，我们进了城，建立了城市领导农村的体制。国家代表工业利益，代表城市利益。国家要粮食，农民要致富。以后又逐渐形成城乡户口分割为两块（分成农业户口、非农业户口）的体制，农民这一大块人口占 80%，但领导层却是由非农业人口组成的。乡以上政权的领导，都是非农业户口（半个铁饭碗），才有权去吃大锅饭。

40 年的实践表明，我们的各级领导往往容易站在城市非农户口的立场上来考虑农业问题，来制定政策，出现了偏向城市、倾向工业的政策；处理不好城乡关系，处理不好工业、农业关系，处理不好农业户口、非农业户口关系。形成工业发展过快，超过了农业基础承受的能力。城市居民生活大大超过农民的生活，引起工农业比例失调，这是城乡差别扩大的后果。

（1）工业发展过快，超过农业承受能力，引起比例失调。历史经验是农业与工业发展进度应是1:2，但1958年以后工业过热，工业增长速度大大超过上述比例（1985~1987年为1:4，1988年为1:6.5），引起严重失调、全面紧张。

（2）城市居民生活改善大大超过农民的同期水平。城乡差别扩大，城市工人生活改善又不是靠工业的效益、劳动生产率的提高，而是靠剪刀差，靠廉价农产品。这就损害了农民的利益，引起了农民的不满。这几年城市的楼盘看涨，高标准的城市设施建设，超前消费，城乡差别扩大了。

而这种情况往往发生在农业情况比较好的时候。粮食多了，吃不了了，手头也确实富裕了，于是头脑发热，不冷静了，城市建设、工业建设扩大，打击农业，打击农民。超过了忍受能力，最后是只好调整。农业徘徊—调整—农业增长—国民经济繁荣—农业徘徊—再调整的循环反复出现。

为什么？归结起来，是我们对中国的11亿人口、8亿多农民，以及我们是个农业国家的基本国情缺乏足够认识，没有处理好城乡关系、工农关系。对于中国的现代化将是一个长期、艰巨的历史过程，我们也缺乏足够的认识。所以只要情况一好转，就急于求成，盲目追求高速度的情绪就占了上风，政策出现了反复，出现了折腾。发展是长期的，"四化"是长期的，改革也是长期的，要循序渐进。不要忘记8亿农民，不要忘记我们还是一个农业国家，不要忘记工农联盟这个基础，不要希望高速度，欲速则不达。这是我们的基本结论。

二　农民问题

我们的基本国情是80%的农民，那么我们的农民情况怎样了呢？

（一）十年改革，变化最大的是农民。要重新认识农民。实行了联产承包责任制，农民由社员重新成为相对独立的商品生产者，经济地位变了：（1）有了自主权，可以自主生产、交换、分配、消费。（2）自觉地适应商品生产市场的要求，什么比较利益大就生产什么。小生产，大市场；小调整，大振兴。

我们对此估计不足，仍用行政手段对待他们，出现了大问题。联产承包制是半截子的土地改革，土地不可以买卖，但人可以迁徙。1985 年的改革被通货膨胀冲了。

（二）经过这十年，农民无论在政治方面，还是文化方面，也都发生了深刻的变化。据我们调查，十年来农村家庭也发生了质的变化，农民家庭日趋小型化、核心化。70% 以上的户主是 40 岁以下的中青年农民，他们都是新中国成立后长大的。他们与 20 世纪五六十年代的农民在政治、文化方面有很大的不同：（1）文化水平提高，科学技术水平也高了。1982 年调查，农村人口中，55 岁以上的文盲率 78.9%，30～54 岁的文盲率为 43.3%，30 岁以下的 16.9%。东部沿海文化程度还要高一点。（2）商品经济观念大大增强了。（3）传统观念也正在变化。有增强的一面，如宗族观念、重男轻女、宗教迷信等；也有改变的一面，如重土轻迁的观念有改变。（4）政治态度变了。

（三）生活普遍改善，一部分人已经先富起来。农村年人均纯收入 1978 年为 134 元，1987 年为 463 元，1988 年为 545 元。1988 年比 1987 年提高 17.7%，扣除价格因素提高 6.3%，农民普遍得益了。一部分人先富起来了，1986 年新华社估计有 10 万户，现在又有了很大发展，估计近百万户，但 2 亿农户中还是少数。这些先富起来的人有如下特点：（1）人数少，影响很大；（2）有靠扶持的，有不择手段的，他们不是代表；（3）都不是务农的，更不是种粮的；（4）消费现代化了。

（四）农民这个阶层正在分化。这十年农民经济、政治、生活、文化变化了，农民这个阶层已经分化了，还在继续分化，我们有必要进行调查研究，对农村这个阶层作出符合实际的分析。新中国成立初期，农村居民 70% 是贫雇农，25% 是中农，5% 是地主。1978 年以前农民是一个阶层，都可以用"社员"概括。

改革以后，特别是 20 世纪 80 年代以后，8.8 亿农民就分化了，经济利益、政治要求不同了，再用一个政策去对待不行了。1982 年、1983 年、1984 年的一号文件很得人心，几乎是普遍拥护。那时的农民普遍要求解决土地问题。1984 年确定了，土地承包权 15 年不变，这个问题基本解决了，农民也由此分化了。现在最富的在农村，最穷的也在农村。农村实际上分成了若干个不同的利益阶层。社会学家把农村分成六个阶层：（1）农业劳动者阶层；（2）农村管理者阶层（乡干部，村干部，小组长，工青妇干部）；（3）经理、供销员阶层；（4）农村知识分子、科技阶层；（5）农民工；（6）农村私营企业主（1988年22.5万户）与专业承包户阶层。

利益不同，要求不同，对不同地区、不同阶层应该有不同的政策。有区别，才有政策。

三　粮食问题

在座的都是行家，老粮食①了。我只是讲几个基本观点。

（一）粮食问题，根本是个价格政策问题，是如何对待农民的问题。农业、农村的发展，一靠政策，二靠科学，三靠投入。新中国成立40年来，8次减产，主要的都是因为政策不当（不当的农业政策、农民政策），挫伤了农民的积极性。

农业减产有气候的影响，也有经济周期波动影响，但在全国来说，气候影响不大，增得多，减得少。为什么？因为：

（1）目前我们正处于传统农业向现代农业过渡阶段，兴修了大量的水利设施，有大量的物质投入：农机、优良品种、化肥、农药、薄膜等。

（2）中国幅员广大，南方涝了，北方正好增产；上游旱了，下游正好增产。每年增加150亿斤是做得到的。

（3）农民有积极性时，可以化大灾为小灾，化小灾为无灾。

凡是政策好的年代：1949～1958年，连续九年丰收；1962～1967年，连续六年丰收；1978～1984年，连续七年丰收。几次大减产都不是天灾（1959年、1960年、1985年）。所以说，只要我们的政策对头，我们的粮食连年增产是可能的，而且我们还有潜力。可以不用进口，可以养活中国11亿人口（见表1）。

表1　1949～1988年粮食8次减产和4次增产超过500亿斤的情况

年份	粮食比上年增产（亿斤）	棉花比上年增产（万担）	年份	粮食比上年增产500亿斤的情况（亿斤）
1959	− 600.0	− 520.0	1970	579.8
1960	− 530.0	− 1292.0	1979	547.0

① 农口行话，指粮食问题的行家。——编者注

续表

年份	粮食比上年增产（亿斤）	棉花比上年增产（万担）	年份	粮食比上年增产500 亿斤的情况（亿斤）
1968	– 175. 2	– 550. 0	1982	589. 6
1972	– 193. 2	1208. 0	1983	655. 6
1977	– 71. 6	0. 0		
1980	– 231. 2	1000. 0		
1985	– 564. 2	– 4222. 0		
1988	– 178. 0	– 192. 0		

资料来源：国家统计局编《中国统计年鉴·1989》，北京：中国统计出版社，1989，第 198 ~ 199 页。

从表 1 可见，40 年间，我国粮食只有 8 次减产，其余年份与上年相比均有增长，其中增产超过 500 亿斤有 4 年。

从 40 年的历史看，农业有个曲折，三五年恢复不过来。农业徘徊了，农民有了意见。小改、小调是不行了，必须是大的调整。1962 年退赔，调整生产关系，承认"三级所有，队为基础"，重提评工计分、按劳分配，开放集市贸易，退还自留地。准许家庭副业，提高粮食和农副产品价格，增加投资，增加农贷。1978 年也是如此，作出改革开放的决定，实行家庭联产计酬生产责任制，调整生产关系，提高粮价，增加投入，增加农贷，开放自由市场，准许长途贩运……

这次调整，生产关系上还可以。这次不是全面的减产，水产、水果业还可以，主要是农业投入、农用工业、农产品价格、农业信贷等方面的问题，不大调不行。要重开三中全会，重申重农政策。[1]

（二）关于当前的粮食形势

（1）农业已经徘徊 4 年，1985 年粮棉减了未引起注意，现在是紧张了。主要是商品粮紧张，市场粮价已经同定购价差一倍以上。

（2）但也不要把问题估计得过于严重，心理因素很大。现在这样搞好不了，但也坏不到哪里去。基本的一条：粮食农民会自己种出来的，农民家中有粮。今年问题是棉花和畜牧业。

---

[1]　党的十一届三中全会原则通过了《中共中央关于加快农业发展若干问题的决定》（该文件在党的十一届四中全会上正式通过）。这个文件重申了要重视农村工作，加快农业发展，要求各级人民公社认真执行各尽所能，按劳分配的原则。这个重要文件出台对推动农村改革起了决定性的作用。陆学艺此处所说"重开三中全会"的会议是：要重新召开一次类似十一届三中全会那样的会议，再次出台推动农村进一步改革的新的重农政策。——编者注

（3）粮食问题影响还在 3～5 年以后。这个徘徊，如不作大的政策调整，上不来，会徘徊下去。粮食每年 8000 斤上下。但人口是一年增加 1500 万。消费水平在提高（再像"文革"十年不调工资不行）。1995 年再生产 8000 斤就不行了，平均每人只有 600 多斤粮了。而要上两个台阶，就要现在就投入：农田水利、农用工业，有 5 年左右的周期。

（三）关于进口粮食问题

有人主张靠进口粮食，因为人均耕地少。科学院主张进口粮食从目前的 200 亿斤提高到 700 亿斤，这个立论不对。中国粮食要立足于国内，适当调剂可以。中国有潜力，花钱买中国农民的积极性，买中国农民的粮食和棉花。我们的潜力还有，有 20.89 亿亩耕地，还是大有余地的。粮食丰收，棉花也丰收。

（四）关于粮食流通体制

（1）根本问题是粮食生产问题。生产决定流通，决定消费。1985 年、1986 年争论，当年认为是流通问题。其实主要不是流通问题，而是生产问题。现在的问题在生产上，农民没有积极性，农用工业供不上。用无锡话说，搞农业是"四白"："白种，白吃，白贴，白说"。生产是商品性的，流通却是产品经济，这是因为要保 2 亿城市人口。流通改革，一定要有利于生产，现在的流通妨碍生产。

（2）粮食流通问题主要是个价格问题。要等价交换，目前的双轨制是暂时的、过渡的。要尽量缩短这个过渡时期。如何使两种价格变为一种价格？实际上也是 8 亿多人和 2 亿多人的关系问题。我们已经丧失了一个机会：1984 年。改革要创造条件，创造机会进行改革。改革的方向要完全放开，一个价格，等价交换。这里也有个城乡关系问题。城里人的承受能力问题：20 世纪 60～70 年代城里人的粮食消费要占工资的 18%～20%，现在只占工资的 5%～7%，为什么粮食不能提一点价？不能减一点定量？这是压制生产、鼓励消费、助长浪费的政策。总是怕居民有意见，迁就居民，就不怕农民不种田。所以回到国情上来说，要改变城乡倾斜政策、重城轻农的政策，这样我们的事情就好办了。

不单是农业的警报[*]

——一组令人警醒的数据

农业上如果有一个曲折，三五年转不过来。

——邓小平

中国是泱泱农业大国。中国的农业严重影响着整个国民经济。中国的农业已三年徘徊不前。这是一个十分严峻的僵局，要打破这个僵局，已不仅仅是农业工作者的呼吁了。我们这里谨发出一连串严峻的数据。

粮棉的呼吁

1984年全国粮食总产8146亿斤，人均占有792斤。当年消费7900亿斤，还略有剩余。1985～1987年连续3年粮食生产没有完成国家计划，1987年8038亿斤，人均只有748斤。这几年粮食消费每年增加150亿～200亿斤，总产已不能满足需求了，只能靠挖库存和进口来弥补。1984年我国生产棉花12516万担，当年全国有纱锭2200万锭，由于开工不足和掺用化纤，全年只消费棉花7000万～8000万担。近几年全国纺纱业发展极快，1987年已超过2800万锭，加上出口和絮棉，年需用棉超过1亿担以上，1987年只生产8160万担，[①] 近两年全靠挖库存弥补，至今年棉花库存基本挖得差不多了。

---

[*] 本文原载《学习》期刊1989年第5期，发表日期：1989年5月5日。——编者注

[①] 1984年和1987年的粮食、棉花总产量和人均占有量参见国家统计局编《中国统计摘要·1989》，北京：中国统计出版社，1989年5月，第26～27页、第275页。——编者注

土地的呻吟

中国的耕地正以惊人速度逐年减少。1981～1985 年每年平均减少 700 多万亩，1986 年减少 900 多万亩，1987 年有关方面统计只减少 299 万亩，实际减少 800 多万亩。1987 年人均耕地只有 1.5 亩了，全国有 9 个省人均耕地不到 1 亩。土壤肥力也在以惊人的速度减退，有机质含量减少。黑龙江省是我国著名的黑土带，有机质含量是 7%～8%，由于森林过伐等原因，现在已降到 5%～6%，关内大部分地区的有机质含量只有 1%～2%。1976 年全国绿肥面积有 1.5 亿亩，1987 年只有 6218 万亩，减少了 60%，平均每年减少绿肥 722 万亩。水利设施年久失修，有效灌溉面积一年年在减少。1980 年以后就没有再建大的水库，已有的大型水利设施日益老化不能发挥应有的作用。"六五"计划以前我国每年新增 800 万～1000 万亩灌溉面积，1980 年以后不仅没有新增，反而是年年减少。统计资料说 1986 年比 1980 年减少 1000 多万亩有效灌溉面积，实际还远远不止此数。全国现在约有 3 亿亩农田因缺水而长年受旱。河北省因严重缺水，全省 1 亿亩耕地每年有 1/4 受旱，1/10 盐碱化，1/6 沙化。农业的生态环境遭到严重破坏。全国森林面积减少 10 亿多亩，草原退化也逾 10 亿亩，目前全国沙漠已占国土面积 15.5%，而且沙漠化的土地每年正以 1500 平方公里的面积在扩大。

化肥、农药的叹息

1980 年以后，国家大量减少农用工业投资，加上这些工业本身没有适应农村改革后的生产形势和进口农药的冲击，不少农机厂改产转行，农药厂倒闭，1987 年全国化学农药的产量只有 16.1 万吨，比 1965 年生产 19.3 万吨的水平还低[①]，致使农药奇缺，许多能治的病虫害无药可治。此外，薄膜、农用柴油也是断粮断炊。近几年国家一再强调要支援农业，为农民服务。但在金钱的驱使下，一些行业和部门却想从农民身上赚钱，而不是为农民服务。一号文件和二号文件常常矛盾。国家三令五申要兑现三挂钩的化肥和柴油，但多数地方还兑现不了。国家把平价化肥、柴油拨下去了，经过若干环节平价变成议价、高价的了。去年的化肥、农药、薄膜上涨不

---

① 国家统计局编《中国统计年鉴·1988》，北京：中国统计出版社，1988 年 8 月，第 346 页。

是 50% ~ 60% ，而是 100% 以上。夏季正是用肥、用药的季节，农民急需化肥、农药，这些物资本来不足，市场上买不到，但库存量却很大，这就是有部门有人在捣鬼，奇货可居，待高价而沽，这既损害农民利益，但更严重的是打击了农业生产，误了农时，减产是必然的。

数字难以表示的警报
——主体的消极

农业形势严峻的最主要方面是农业生产的主体——农民的农业生产特别是粮食生产的积极性近几年受到挫伤，农业生产没有活力。农民不爱种田，特别是不爱种粮食。我们的耕地本来就不够，但目前在一部分地区有抛荒撂荒的。本来可以种两熟的，现在只种一熟，近几年的复种指数是下降的；本来可以套种间种增产的，农民为了省出时间去挣钱，也不间种套种了。利用人畜粪尿积攒有机肥，广种绿肥，用地养地，精耕细作历来是中国农民的优良传统，现在城镇的粪尿农民不用了，绿肥也少种不种了。农民现在有 1400 亿元的存款，手头还有几百亿现金，每年用在住房建设上也是 400 亿 ~ 500 亿，但就是不往农田基本建设上投。现在相当多的农民种的是应付田，不求增产卖粮，但求有自己的口粮。

农业的严峻形势，向我们的领导人和所有有识之士提出了一个严重的课题：要重视农业问题的研究，更要重视农业问题的解决，否则，我们还得吞下更苦更涩的毒果。

按价值规律办事扭转农业徘徊的局面[*]

早在 1986 年，邓小平同志就指出："农业上如果有一个曲折，三五年转不过来。"并且还强调，"要避免过几年又出现大量进口粮食的局面，如果那样，将会影响我们经济的发展速度"。^① 这是对 1985 年粮棉大减产所提出的警告。开始，我们有些同志还讳言农业已经进入新的徘徊时期，提出了 1985 年的减产是农业由"超常规增长"转入"常规增长"的理论。现在 4 年过去了，农业特别是粮食和棉花，事实上却一直没有出现所谓的"常规增长"，从 1985 年到 1988 年，粮食和棉花年年没有实现国家计划的产量，都没有再达到 1984 年的产量，1988 年粮食产量比 1984 年还低 3%，棉花产量低 35%。而这 4 年人口增长了 5600 多万，加上城乡人民消费水平的普遍提高，粮棉的供需矛盾再一次严重了。1987 年开始，不得已又恢复了大量进口粮食，如果 1989 年棉花达不到计划产量，我们又将由棉花出口国变为进口国，农业的徘徊已经影响并将继续影响我们的经济健康发展，乃至影响社会的安定局面。

造成农业徘徊的原因是多方面的，有客观方面的原因，如资源限制、气候不好等，也有主观方面的原因，1984 年丰收后，过分乐观，采取了一些不适当的政策，特别是出现徘徊以后，没有及时觉悟，没有适应农村已经变化了的情势，没有把工作重点集中到促进农业增长上来，贻误了时机。

怎样扭转农业已经徘徊了 4 年的局面？总的说，是要采取多方面综合治理的方针。但是基本的一条，是要靠依据和运用价值规律来扭转农业徘徊

---

* 本文源自山东农业委员会编辑部编《农村经济研究》1989 年第 1 期，该刊于 1989 年 6 月创刊（创刊号即本期）。该文还收录于《当代中国农村与当代中国农民》（陆学艺著，北京：知识出版社，1991 年 7 月）。——编者注

① 邓小平：《建设有中国特色的社会主义（增订本）》北京：人民出版社，1987 年 3 月第 2 版，第 132、133 页。

的局面。按价值规律指导农业生产，按价值法则同农民打交道，这是我们党总结新中国成立以来领导农民和农业生产正反两方面的经验的基本结论。40 年来的实践证明，凡是我们的农村经济政策符合价值规律，农民就拥护，农民的生产积极性就高涨，农业生产就上升，整个国民经济就顺利发展，全国的日子就比较好过；凡是我们的农村经济政策背离了价值规律，损害了农民的利益，农民的生产积极性就低落，农业生产就停滞、徘徊以至倒退，整个国民经济就出现困难，全国的日子就不好过。1949～1956 年、1962～1966 年、1978～1984 年，这几个阶段我国农业生产发展比较顺利，都是我们的农村经济政策比较符合价值规律的结果。而 1959～1961 年、"文化大革命"期间，农业生产出现大的徘徊、倒退，则是因为我们的农村经济政策背离了价值规律的结果。这几次大的农业生产波折是怎么扭转的？回顾一下历史，我们看到：都是做了大的政策调整，特别是按照价值规律要求，调整了工农业产品的比价，使农民真正得了实惠，从而把广大农民的生产积极性调动起来，才扭转了农业徘徊停滞的局面。

从 1985 年以后，我国农业两次出现了徘徊停滞的局面，根本的原因，也还是这几年我们的农村经济政策背离了价值规律的要求，损害农民，特别是损害了生产粮棉的农民的利益，农民的农业生产积极性受到了挫伤，以致出现了目前的被动局面。因此，要扭转这次农业徘徊的局面，根本的措施就是要按价值规律的要求，对目前的经济政策作较大幅度的调整，给农民以实惠，把广大农民的农业生产积极性调动起来，农业的再一次振兴就有了希望。鉴于目前国家正处在治理经济环境、整顿经济秩序、深化改革的大过程中，国家的财政经济比较困难，按价值规律办农业、理顺经济关系，将会有一个过程。对此，特作如下具体建议：

第一，按价值规律调整农产品收购价格，花钱买农民的务农积极性，花钱向中国农民买粮食、棉花。十一届三中全会前，农产品价格低于价值20%～30%，工业品价格高与价值 15%～20%。1979、1980 年，国家决定提高粮食和农产品的收购价格，使之接近价值水平，从而调动了农民的农业生产积极性，加上实行家庭联产承包责任制等政策，大大促进了农业生产，使粮食棉花上了一个大台阶，使我国由粮食棉花进口大国变为粮棉都出口的国家。这几年，粮食收购价格未变，棉花的收购价还调低了，而工业品价格特别是农用工业品价格猛涨，工农产品的剪刀差又扩大了，大致恢复到 1978 年的状况，使农民种粮种棉无利可图（山东农民算过一笔账，1988 年亩产 500 斤小麦，刚够本），严重挫伤了农民生产粮棉的积极性。农民不愿多投资，不愿多投工，不愿精耕细作，但求够吃，不求高产。国家要平价商品粮，农民要致富，想不到一起，这是个大矛盾。1988年，国家下了一个又一个文件，要农民按照国家定价，向国家交售农产品，结果出现了蚕茧大战、棉花大战、粮食大战。这实在不是好办法。根本的出路是提高粮食和农产品的收购价格，使其逐步接近价值。使价格符合价值规律是建立农村商品经济新秩序的核心。有的同志担心，国家财政困难，拿不出钱来。但为什么买外国粮食就有钱了呢？现在又有动议要进口棉花。假如进口400万担棉花（20万吨），约需5亿美元。而把这钱用在国内可以使目前收购的棉花价提高15%～20%，如果有这个价格，那么农民就有了种棉的积极性，就会大量种棉花，全国增产400万～500万担棉花是不成问题的，这几年棉花比1984年减产4000万担，主要就因为价格太低了！粮食问题也是如此，我们要改革体制，改变观念，用钱买农民农业生产的积极性，用钱向中国农民买粮食棉花。我国农民有这个潜力，这是历史反复证明了的。这个账一定要算得过来。

第二，按价值规律要求，调整工业农业关系，增加农业投入。这几年工业过热，农业过冷。1985年以后，农业停滞徘徊，而工业持续高速增长，1985～1988年，工业每年平均增长17%。工农业关系失调，工业的这种高速增长，并不是靠科技进步和劳动生产率的提高，而主要是靠外延的扩张，靠基本建设投资的巨额增加。这些投资，是靠挤占农业基本建设资金，靠工农产品剪刀差的扩大弄来的。从"一五"到"五五"，28年国家对农业基建共投资775.43亿元，占国家基建总投资的11%，平均每年27.7亿元，其中，"五五"期间，农业基建共投资246.08亿元，占国家基建总投资的10.5%，平均每年49.2亿元。可是"六五"期间只投资172.84亿元，占国家基建总投资的5.1%，平均每年只有34.5亿元。进入"七五"以后，虽然从中央到地方年年讲要增加投入，但农业基建投资的份额继续下降，1986～1988年，农业基建投资121.2亿元，只占国家基建投资的3.1%，平均每年40.4亿元。这几年工业高速增长，是吃了农业的老本，挖了农业的墙脚，农业这个基础是不稳的。要加强这一基础，就要下决心把向工业倾斜了的投资、政策顺过来！大幅度增加农业投资，至少要恢复到"五五"期间10.5%的水平。只有国家对农业投资了，才能带动地方对农业的投资，才能带动农民向农业投资。这件事不能纸上谈兵，停留在文件上。要有1961年国家大幅度增加农业投入向农民破产退赔的战略决心。须知欠农民的账总是要还的。对农业基建投资，进行农田水利建设，周期比较长，要

5～10 年后才能见效。我们这些年受益的，是"四五""五五"投下的老本。20 世纪 90 年代农业要上两个台阶，现在就要投入了。在农业投入这个问题上，如再犹豫不断，误了时机，后果是严重的。

第三，要按价值规律，振兴农用工业。经过改革，我国的农业正在由传统农业向现代农业转化。现在的农业生产已经离不开化肥、农药、农机、柴油、薄膜这类农用生产资料了。所以农业生产能否顺利发展以及能否有较大的后劲，在很大程度上取决于农用工业能否进一步发展。但是，曾有一个时期，有的同志以为农业靠政策靠包产到户就行了，所以在大量削减农业基本建设投资的同时，也大量削减了农用工业的投资。"五五"期间，化肥、农药、农机的投资共 107.38 亿元，占工业基建投资的 8.7%；"六五"期间，国家整个基建投资大量增加，农用工业的投资大幅度减少，5 年只有 44.88 亿元，只占工业基建投资的 2.9%。加上农用工业本身没有适应农村形势的变化，1980 年以来，不少农机厂、农药厂转产倒闭。1980 年全国农药年产 53.7 万吨，20 马力以上的大中型拖拉机年产 9.77 万台；1987 年只产农药 16.1 万吨，大中型拖拉机 3.71 万台，化肥和薄膜等工业也未得到应有的发展，所以造成了这几年农药、化肥、柴油、薄膜等农用工业品严重供不应求，影响了农业生产的顺利进行。

农业要发展，农业要有后劲，农业要现代化就必须要有强大的农用工业体系的支持。要尽快制定方案，把农用工业从目前的困境中解放出来。农用工业企业，也要按价值规律的要求加以改革和整顿，使农用工业企业有活力，有自我发展能力，为农村提供品种多样、质量优良、价格合理的产品，支持农业的发展。

调整农产品收购的价格，增加农业投入，振兴农用工业，这些都是要花钱的。现在，国家财政困难，治理经济环境，整顿经济秩序，要花钱的地方太多。但是，农业是国民经济的基础，农业是关键，花钱买 8 亿农民的积极性，农业就能再次振兴起来，能够生产出大量的粮食和农副产品，能够增加有效供给，整个国民经济这盘棋就活了，邓小平同志在 1986 年就指出："我们搞宏观经济，应该把农业放到一个恰当的位置上"。[1] 所谓"恰当位置"就是基础的位置、优先的位置。真能这样做了，优先调整农业的政策，按价值规律办事，农业徘徊的局面是能扭转的。

---

[1] 邓小平：《建设有中国特色的社会主义（增订本）》北京：人民出版社，1987 年 3 月第 2 版，第 132 页。

关于解决农业徘徊问题的几点意见[*]

江泽民同志约我们谈谈农业问题，这是个关系国计民生的大问题，也是治理整顿中最关键的问题。当务之急是要扭转农业已经徘徊 5 年的局面。就此谈以下四点意见。

一 农业徘徊问题是当前头号经济问题，而且也正在成为重大的政治问题

农业已经徘徊 5 年。新中国成立 40 年来，农业徘徊时间持续如此之长，这是第二次。第一次是三年经济困难时期，1959 年农业减产后，到 1966 年粮食才突破 1958 年的产量，用了 8 年时间，棉花到 1965 年才突破 1958 年的产量，用了 7 年时间。今年的粮食总产，预计比 1984 年的 8146 亿斤低 2%，棉花总产预计比 1984 年的 12516 万担低 35%。但这 5 年人口增加 7000 多万，工业增长一倍以上，城乡人民消费水平已提高一大步，粮棉油等主要农产品的供求矛盾日趋紧张，主要农副产品供应压力越来越大，1988 年农副产品价格上涨高于全国物价平均上涨 18.5% 的水平，牵动整个物价上涨。粮棉油等主要农产品短缺，严重影响工业特别是轻工业的发展，而且也影响外贸出口。20 世纪 80 年代中期，我国曾经成为粮棉油的纯出口国。但从 1987 年以后又不得不大量进口粮食，今年粮棉油都要较大量进口，影响外汇平衡。

---

* 本文源自《陆学艺文集》（陆学艺著，上海：上海辞书出版社，2005 年 5 月），第 183～189 页。该文系作者在江泽民同志 1989 年 10 月 24 日于中南海勤政殿主持的农业座谈会上的发言稿，原稿写于 1989 年 10 月 22 日。该文还收录于《当代中国农村与当代中国农民》（陆学艺著，北京：知识出版社，1991 年 7 月）。——编者注

粮棉减产之后，国家对农民的合同定购，实际上又变成统购。定购价格同市场价格的差价一年年扩大，北京市的粮票已涨到 0.40 元/斤，农民按定购价格交售粮棉失利太多，仅仅定购粮食 1000 亿斤一项农民向国家贡献约 400 亿元，农民对此意见很大，各地都有农民抗粮或集体抗粮的严重事件发生。1988 年国家采用强有力的行政手段收购粮食，"五大班子一起动，后面跟着公检法"。定购任务完成了，但国家和农民的矛盾尖锐了，新华社记者曾经指出"国库满了，但民心失了"。1988 年农村由于抗粮而发生的打死、打伤购粮干部事件很多起，农民的不满情绪正由此而滋长，农村的党群关系、干群关系到了相当紧张的状态。

二　农业徘徊的原因，主要是前几年宏观决策失误引起的

农业徘徊 5 年，一不要怨天，因为这 5 年气候正常，没有特大的普遍性的灾害性天气；二不要怨农民、怨农村干部；三不要怨家庭联产承包责任制，家庭联产承包责任制符合当前我国农业生产力水平，符合农民的意愿，靠着它，农业生产才没有大滑坡，保持了农村社会的基本稳定。十一届三中全会以后，农村实行改革是成功的，农民有了自主权，农民得到了实惠，极大地调动了亿万农民的生产积极性，农村连续 6 年大增产，1984 年达到了农业生产的高峰。但是农村第一步改革初见成效以后，在大好形势面前，我们的一些领导同志盲目乐观，以为农业已经过关了，农业靠政策就行了。政策明显向工业、向城市倾斜，引起了工农关系失调，城乡关系失调。各行各业都向农民伸手，农民负担加重。总的是，这几年我们又犯了向农村拿得过多，把农民挖得过苦的老毛病，我们又一次得罪了农民，挫伤了亿万农民特别是务农种粮农民的积极性，这是农业徘徊的症结所在。

1981 年，农村改革刚见成效，国家就把农业基本建设投资从 1980 年的 59 亿元，减到 30 亿元，砍了近一半。这些年，年年讲增加对农业的投入，结果都是空的，直到 1989 年也没有恢复到 59 亿元的绝对数，更不要说相对比例下降了。从那以后，水利建设少搞、不搞了，农田基本建设少搞、不搞了，农业基本设施少建、不建了，这些年农业靠吃老本过日子，这岂能持久？农业怎么能有后劲！

1981 年以后，大量削减农用工业的投资，加上农用工业自身的发展方针也没有跟上农村改革的步伐，这几年农用工业发展很不理想，化肥、农

药、薄膜、柴油严重短缺，价格暴涨。特别是化学农药，1987年只生产16.1万吨，比1980年减产70%，严重供不应求，许多能治的病虫害治不了，造成农业减产。

1983年以后，逐步取消了支援农业的各项财政补贴和优惠政策，如农机维修补贴、小型农田水利修建补贴、经济作物奖励、农业科技推广补贴等，这些国家和地方财政开支的项目，均移作他用，而有些是仍然需要开支的，结果负担都转嫁到农民身上。

农村实行家庭联产承包责任制，这是新中国成立后农村实行第三次重大的生产关系改革，这样大的改革和调整实现之后，应该有一系列的后续工作要做，经济基础变了，上层建筑也应作相应的调整，政治、经济、科技、教育等的管理体制也要作相应的更改，才能使家庭联产承包责任制这个中国农民的伟大创造，逐步臻于完善，充分发挥作用。这些年，有关部门在这方面的工作做得不够。特别是家庭联产承包责任制，是实现双层经营，既要发挥农民家庭经营的积极性，又要充分发挥集体经济统一经营的优越性，要发挥两个积极性。但是，这些年来，在相当多的地区，把田分下去之后，就放手不管了。据民政部统计，现在全国有20%的农村基层组织处于瘫痪、半瘫痪状态，有的地区高达50%~60%。在这些农村里，农民种田得不到集体的帮助，而现在的农业生产，已经不同于20世纪50年代了，许多事情靠一家一户是办不了、办不好、办不经济的。农民浇地，没有机器和能源，农民施肥，买不到化肥和没有运输工具。这些社会化服务搞得不好，也是农业徘徊的一个原因。这几年，我调查过黑龙江的肇东和山东的诸城等县市，他们那里集体经济的统一经营优越性发挥了，社会化服务搞得好，加上其他条件，他们这5年的农业是连续增产的，肇东市今年的粮食总产比1985年增加了一倍。

这次农业徘徊的直接原因是1984年冬天的决策失误。1984年，农业特大丰收，粮棉普遍涨库。在缺乏科学分析的基础上，作了几项失当的决策：一是限量收购粮棉，明令规定，1985年只收购1500亿斤粮，8500万担棉花，多了不要；二是调低了粮棉的收购价格；三是向市场抛售400亿斤平价粮，国库"泻肚子"，与农民争利。这给农民和干部一个错误的信息，国家不需要这么多粮食了，纷纷转产转业，1985年粮食减产7%，棉花减产34%。从此农业形势急转直下，一蹶不振，进入了新的徘徊。

三　克服农业徘徊的关键是中央要下决心，
采取综合治理的方针

1985 年冬天的农村工作会议上，许多同志就分析了农业减产的原因，指出了农业可能进入新的徘徊的危险，并提了相应的建议。但赵紫阳同志说："形势大好要肯定，意见不少要分析。"把这些批评和意见顶回去了。1986 年 6 月 10 日邓小平同志指出："农业上如果有一个曲折，三五年转不过来。"① 讲话后，农研中心、农业部、水利部等五个单位提出了解决农业问题的 8 条措施，北戴河会议也通过了，但后来没有实施，成为一纸空文。这几年，年年讲农业重要，年年讲要加强农业，但就是没有实际措施。农业上急需解决的农田水利建设、农用工业建设、农业科技研究和推广、农产品的购销体制、农产品价格等等问题，久拖不决，基本上都没有解决好。农民要求减轻负担，农民要求社会化服务，农民要求解决卖难买难，农民要求兑现三挂钩物资，农民要求满足供应农用工业品，这些问题也都是长期解决不了。有些是不仅解决不了，而且愈演愈烈。农民失望了，农村工作同志失望了。有人批评我们这几年搞的是口号农业，用的是侯宝林、马季的办法，说说唱唱而已。

应该说，有些同志要对这次农业徘徊负一定的责任，他们还贻误了扭转农业徘徊局面的时机。他们在前几年还提出了一些错误的理论，如这几年农业是从"超常规增长"转入"常规增长"，农业减产是周期波动，等等。总之是减产有理、徘徊有理，文过饰非、推诿责任。

农业 40 年发展的历史，经历了三起三落六个阶段，1949 年到 1958 年，农业发展得好；1959 年到 1961 年，农业大减产；1962 年到 1966 年，农业恢复；1967 年到 1977 年，农业停滞；1978 年到 1984 年，农业高速发展；1985 年到 1989 年，农业徘徊。历史的经验表明，凡是农业徘徊不是一年两年，而是长期停滞，那么，造成这种长期徘徊的原因就不是单一的，而是多方面的，因此解决的途径就必须采取综合治理的方针。前面已经提过，造成这次农业徘徊的主要原因是宏观决策失误，工农、城乡比例关系失调，有农业内部的原因，也有外部的原因，有生产力方面的问题，也有一部分

---

① 邓小平：《建设有中国特色的社会主义（增订本）》北京：人民出版社，1987 年 3 月第 2 版，第 132 页。

是生产关系的问题。因此，单在农业内部调整已经不够了，因为很多问题是农业外部原因造成的，单开农村工作会议来解决也不够，因为很多制约农业发展的问题靠农口的同志解决不了。所以，建议党中央要像 1962 年和 1979 年那样召开中央工作会议，研究讨论农业问题，要从宏观的决策上，调整国民经济格局，解决工业过热，农业过冷的问题，解决农业投入农田水利基本建设和农用工业建设的问题，解决农产品价格缩小剪刀差的问题，解决农业科学技术的研究、教育和推广应用的问题，解决农村工作的领导体制问题，解决农村基层组织的建设和整顿问题，解决联产承包责任制的完善和双层经营问题。所有这些问题，只要全党的认识统一了，制定了正确的政策，各级领导动手，上下一致，着力去贯彻执行，那么，农业徘徊的困难是不难解决的。

四　把 8 亿农民的生产积极性再一次调动起来，振兴农业，推动整个国民经济健康发展

农业的上帝是农民，农民积极了，农业就好了。西方人不敢得罪上帝，但我们却常常得罪农民。表面上农民是最好说话的，一不会贴大字报，二不会上街游行。但历史的经验是农民是得罪不得的，农民有个最厉害的法宝，就是他消极不干了。8 亿人磨洋工，农业、经济就谈不上发展。最后只得调整政策，向农民让步。这次还是得罪了农民，农民说："高价化肥我不买，平价粮食我不卖"，横批："够吃拉倒。"国家要粮食，农民要致富，这是一个矛盾。同农民顶牛已经 5 年了，理在农民一边，我们没有按价值法则办事。我们应主动拉架，搞等价交换，调整政策。

现在是调整政策的好时机，十三届四中全会以后，新的领导班子建立了，江泽民同志的国庆讲话[①]，国内国外反映很好。希望下一步有个首先振兴农业、调整国民经济的经济宣言。这是全国人民、特别是 8 亿农民翘首以待的大问题。毛泽东同志曾说过："中国的主要人口是农民，革命靠了农民的援助才取得了胜利，国家工业化又要靠农民的援助才能成功。"[②] 中国是有 11 亿人民、8 亿多农民的大国，工农联盟是基础。8 亿多农民稳定了，国家就稳定了，8 亿多农民有了生产积极性，经济就腾飞了。40 年的基本经验

---

① 指江泽民同志代表中共中央在庆祝中华人民共和国成立四十周年大会上的讲话。

② 毛泽东：《毛泽东选集》第 5 卷，北京：人民出版社，1977 年 4 月，第 26 页。

是，农业好了，整个国家的日子就好过了，农业出了问题，经济不好过，社会也不安定。

建议大家重读毛泽东的《论十大关系》，这是一篇重要的经济著作，也是一篇重要的哲学著作。第一章就说："你对发展重工业究竟是真想还是假想，想得厉害一点，还是差一点？你如果是假想，或者想得差一点，那就打击农业，轻工业，对他们少投点资，你如果是真想，或者想得厉害，那你就要注重农业轻工业，使粮食和轻工业原料更多些，积累更多些，投到重工业方面的资金将来也会更多些。"① 这些思想同后来的农业是国民经济的基础、安排国民经济要以农轻重为序等根本指导思想是一脉相承的。

要学毛泽东等老一辈革命家在 20 世纪 60 年代初下决心"破产向农民退赔"，调整国民经济，振兴农业的做法，要学邓小平、陈云在 20 世纪 70 年代末集中一切力量，排除各种阻力实行农村改革，先抓农业，从而振兴经济的做法。这些都是在经济陷于困境时，扭转乾坤的大决策。历史证明，他们都取得了伟大的成功。我国现在总的状况要比那两个时期好，但农业徘徊 5 年，经济已经相当困难，要下个狠心，调整工农、城乡关系，从各方面支援农业，把 8 亿农民的生产积极性再次调动起来，率先振兴农业，这是一着活棋。现在是大好时机，这着棋，该下了。邓小平同志指出，20 世纪 90 年代会发生什么问题的话，首先是农业问题。这是邓小平同志防患于未然的预告。再过两个月我们就进入 20 世纪 90 年代了，我们应该把小平同志不希望发生的问题现在就想出办法，妥善地解决好。

---

① 　毛泽东：《毛泽东选集》第 5 卷，北京：人民出版社，1977 年 4 月，第 269 页。

农村社会经济发展中的新问题及其对策[*]

一 农村社会经济发展中出现的新问题

1. 农民收入增加，收入差距拉大，出现了分配不公问题。改革 10 年来，全国农民人均年纯收入由 1978 年的 134 元增加到 1988 年的 545 元，年增长 7%。^① 但是，不同阶层，主要是个体工商户和私营企业主与其他农民阶层之间的收入差距拉大了。据国务院农村发展研究中心对 11 省 120 个固定观察点的 25 个村 97 家私营企业的调查，1987 年该类企业的平均纯收入为 3.55 万元，每个经营者年均纯收入为 1.1 万元。各地都有一些年纯收入达数万元、数十万元的大户，而其他农民阶层成员的年纯收入仅 1000 元左右。在上述人的高收入中，确有其劳动所得，但有的却来自对雇工剩余劳动的剥削，有的属偷税漏税等违法经营，有的靠非市场的钱权交换，有的则是享受"特殊政策""吃偏饭"。

2. 农民的政治态度、愿望和要求发生了变化，而农村工作的指导思想却没有相应地转变，致使不少地区基层干部与农民群众的关系紧张。在 20 世纪 50 ~ 60 年代，农民同党和政府的关系可以用农民普遍贴的对联——"听毛主席话，跟共产党走"来概括。20 世纪 70 年代实行联产承包责任制后，农民的态度可以用颇为流行的顺口溜来表达："交够国家的，留足集体

---

* 本文原载中国社会科学院《要报》1989 年第 90 期，发表日期：1989 年 11 月 9 日，作者：陆学艺、张厚义。该文曾公开发表于《经济日报》1989 年 12 月 12 日第 3 版（发表时略有删节），并为《湖北社会科学》1990 年第 2 期和《社会学研究》1990 年第 2 期转摘。——编者注

① 国家统计局编《中国统计年鉴·1989》，北京：中国统计出版社，1989 年 9 月版，第 719 页。

的，剩下都是自己的"。这反映农民自主意识的增强，显示了他们通情达理、顾全大局、爱国家、爱集体的鲜明态度。20 世纪 80 年代中期以后，农民卷进了商品经济的海洋。作为商品生产者与经营者的农民，最强烈的愿望是要求等价交换，公平交易。然而，我们的指导思想仍然是向城市和工业倾斜，要求农民继续为工业化过高地积累资金。加之少数干部存在着以权谋私的腐败现象，使一些农民对党和政府产生了不信任感，并导致一些恶性事件的发生。因此，如何转变农村工作的指导思想，适应农民分化后的形势，是理顺农村诸多关系的关键。

3. 农民不爱种田，农业生产缺少活力。这是近年来值得注意的变化。我国人均耕地面积较少，但目前一些地区出现抛荒田，有的由种两三季改为种一二季，套种间作也少了，现在农民不愿意积有机肥，绿肥比过去种得少了，田间管理也粗放。农民积累的资金多用于建房等生活消费，很少投入农业生产。冬闲季节也不搞农田基本建设。有些地区农业又退到简单再生产阶段，粮食等农产品产量呈下降趋势。究其原因是，种田的比较利益太低，远不及经商有利可图。这也是近年农业形势严峻，粮食产量徘徊的症结所在。如何调动并保护农民的积极性，是增强农业后劲的关键，是保证农村经济社会协调发展的根本。

4. 农村基层组织陷于瘫痪和半瘫痪。农村人民公社解体后，农民逐步分化成不同利益、不同愿望和要求的若干阶层，变成两亿多个生产、经营单位。对如此庞大的社会群体如何进行管理是一个重大课题。但是 1985 年人民公社改为乡、镇后，机构的职能和工作内容变化不大，只是换了名称，扩大了编制。生产大队和生产队分别改为村民委员会和村民小组，都是群众自治组织，没有政治和经济职能，所起的作用有限。在生产中，农民急需生产服务体系，可是村上没有钱，服务体系搞不起来。在政治上，有的连群众会议也开不起来，即或开会也是"上边会议开一天，下边传达一袋烟"，只讲中央文件的只言片语。公益事情则更无人管，乡规民约也无人抓。这种基层组织瘫痪、半瘫痪状况，在相当多的省、区约占 1/3 左右，有的地区情况更严重一些。据我们调查，基层组织瘫痪的地方，同时也是党的支部瘫痪、集体经济薄弱的地方，二者互为因果。特别是集体经济组织瘫痪之后，无力承担"双层经营"中"统"的部分，也无力为农业生产提供产前、产后服务，直接影响了农业生产的稳定和发展。无组织、分散的小商品生产者，面临有计划、统一和受价值规律支配的大市场，很难有所作为。旧的基层组织形式已经不适应新形势的需要，而新的组织形式又未建立起来，这是农村产生众多问题的重要原因。

5. 经济增长与社会进步不能协调发展。在有些地区经济增长速度很快，但抢劫、绑票、盗窃、卖淫、嫖娼等违法犯罪问题，以及弃教经商、弃学务工等社会问题却相当严重。这一方面是社会进步较之经济增长层次高、内容多、更为复杂；另一方面则与我们的指导思想有关。上述地区的一些领导同志把党中央提出的发展生产力的任务，理解为唯一任务，并具体化为以经济产值为中心的各项指标和数字，以此来考核干部的政绩，决定干部的奖惩和升降。因此，忽略了社会进步和精神文明建设任务。而且为了产值的提高，又将有限的资金更多地投向比较利益高的非农产业。由此取得的经济增长，很大程度反映了非农产值的增长和农产品产量的徘徊、下降。这也是近年乡镇企业发展过猛。粮食生产徘徊的一个原因。

二 当前应采取的对策

1. 在深入调查研究的基础上，重新认识农民，保护农民，教育农民，引导农民，并建立从中央到地方的农村领导机构。要大兴调查研究之风，组织城里的干部，特别是与农民有关的部门领导干部，深入到农民家中，开展艰苦细致的调查研究工作，了解农民想什么，需要什么，拥护什么，反对什么，据此制定保护农民、教育农民、引导农民积极投身社会主义农村改革和建设的方针政策。目前，亟须建立一个有权威的农村发展的领导机构。1983 年曾自上而下地撤销了各级农委，实践证明，其后果对农民和农村发展都不利，也不利于巩固国民经济的基础。1986 年我国重申以农业为基础的国策，要实现这一国策，应有政治组织保证。但现在各级政府多数都由副省长、副县长、副乡长分管农业，他们多数人不参与常委决策，权力有限，又不属专职，难以完成这一任务。因此，建立从中央到地方主管农村发展的强有力的领导机构，势在必行。

2. 按价值规律同农民打交道，逐步建立农村商品经济的新秩序。当然，这要经过一系列的改革和一个历史发展过程。目前，最根本的是要端正对待农民的指导思想，逐步扭转城乡倾斜政策。应清醒地看到，要实现中国的现代化和农村的现代化，必须要有农民的不断分化，使其不断从土地上走出来，并逐步改变城乡分隔的二元结构。这里最关键的有两条：其一，调整工农业的关系，增强农业的物质基础。这不仅是摆脱农业困境的措施，更是 20 世纪 90 年代农业上两个台阶的物质保证。根据历史经验和目前的国力，农业投入应占国家每年基本建设投资的 10%，地方财政的 20%，集体和农民个人收入的 30%；其二，要调整工农产品的比价。1978 年以前，农产品的价格低于价值 20%～30%，工业产品价格高于价值的 15%～20%。1979 年提高了农产品价格，但这几年工农产品价格剪刀差又扩大了，退回到 1978 年以前的水平，严重挫伤了农民的积极性，对此问题应注意研究解决。

3. 恢复和发展农村集体经济，建立和健全农村基层组织。根据各地情况，可抓以下环节：（1）根据产业政策和本地优势，通过群众集资或其他途径，建立村办集体企业，并以此为支点，恢复和壮大集体经济；（2）利用当前的有利时机，加强党的支部建设。党支部建设好了，群龙"有"首，各类基层组织就有了领导核心；（3）村民自治组织建设，要逐步规范化、制度化；（4）根据各阶层农民的愿望和要求，建立生产、生活等各类社会服务组织；（5）根据新时期的特点，建立民兵、青年、妇女等群众组织。把分化中的农民组织起来，将有力地推动农村改革的深化。

4. 调节个体户和私营企业主的过高收入，保护雇工的合法权益。调节个体户和私营企业主的过高收入，不可"一刀切"。首先，要看到他们在发展农村商品经济、促进农民分化过程中的积极作用，同时也无须讳言其弊端，要"兴利抑弊"，加强管理、监督和引导。但调节其过高收入不是杀鸡取卵，涸泽而渔，使其在中国再一次"绝种"，而是要通过税收这一经济杠杆进行"必要"的社会扣除，合理分配社会财富，抑制其过高消费，缓解社会分配不公的矛盾，促进社会经济秩序的好转和个体经济、私营企业稳定健康的发展；其次，应把税收政策和检查、监督措施制度化、规范化、具体化，并逐步落实。同时，个体户和私营企业点多面大、税源隐蔽，在征税过程中矛盾多、困难大、政策性强，而税务人员数量与质量都不能与其相适应，因而亟待加强。保护雇工的合法权益，不能仅着眼于提高雇工的工资水平，因为这要受到社会平均工资水平的制约。目前，应在如下几方面做些工作：（1）减轻工人的劳动强度，改善劳动和食宿条件；（2）提高工人素质，安排他们学技术、学文化；（3）实行法定养老保险；（4）鼓励企业主扩大经营规模，吸纳更多的农业剩余劳动力等。

5. 重视研究和治理农村社会问题，促进农村经济社会协调发展。目前，各阶层农民意见最多的是：（1）农用生产资料紧缺，价格暴涨；（2）粮食和其他定购农产品和市场价差距大，农民失利过多；（3）党风官风不正，有些干部以权谋私，贪污受贿；（4）社会分配不公等。在深化农村改革时，要重视研究和治理农村的社会问题，而不是使其更加激化，以促进农村经济社会的协调发展。我们应在农村还不太富裕的条件下，把农村社会组织得更好些，使农民安居乐业，充分发挥劳动积极性，进而加速整个农村发展的历史进程，顺利地实现我国农村现代化的伟大目标。

走出经济困境的一着活棋[*]

党的十一届三中全会以来，我们坚持以经济建设为中心，坚持四项基本原则，坚持改革开放，国民经济持续发展，经济实力显著加强，城乡人民的生活明显改善，各项事业都取得了巨大的成就，整个国家的面貌发生了历史性的变化。但是，从1984年下半年开始，由于我们对国情缺乏全面的认识，对国力缺乏清醒的估计，急功近利，急于求成，出现了全国性的经济过热、消费过热、基建战线过长、国民收入超额分配、通货膨胀明显加剧等问题，经济陷入了困难的境地。十三届三中全会决定对国民经济进行治理整顿，经过一年多的努力，经济过热问题有所缓解，物价上涨势头得到抑制，货币回笼情况较好。但是，由于这次经济困难是多年积累下来的，国民经济结构不合理，经济秩序混乱，许多深层次的问题还没有得到解决，难关还未度过。抓紧有利时机，继续执行治理整顿和深化改革的方针，走出经济困境，实现国民经济持续、稳定、协调发展，是摆在我们面前的重大任务。

一 这次经济困难，同前两次雷同，主要是因为工农业比例关系严重失调，农业徘徊，农产品供给不足，支撑不了过大的工业生产规模和过高的城市消费需求而引起的

我国11亿人口，农业人口仍占79%。在整个国民经济中，从统计上

---

　* 本文原载《当代思潮》1990年第1期，发表时间：1990年2月20日，原稿写于1989年12月23日。该文后被《光明日报》1990年3月17日第3版摘要转载，标题改为《振兴农业是走出经济困境的一着活棋》。该文还收录于《当代中国农村与当代中国农民》（陆学艺著，北京：知识出版社，1991年7月）。——编者注

看，农业总产值在工农业总产值中的比重，已由 20 世纪 50 年代的 70% 降到现在的 30%。但这里有价格问题和统计上的问题，因为工农业产品剪刀差比较大，相当多的农产品价值转到工业上实现了。现在我国的国民收入中，农业仍占 40% 以上，城乡人民的生活消费资料有 80% 是由农业提供的农副产品及其加工品，轻工业的原料有 70% 仍来自农业，在出口产品中，农产品和以农产品为原料的加工产品占 50% 以上。农业仍然是国民经济的基础，农业的丰歉，直接影响城乡人民的生活，直接影响工业特别是轻纺工业的发展，在整个国民经济中起着关键的决定性的作用。这是目前我国的基本国情，40 年来的历史反复证明，农业好了，整个国家的日子就好过，农业出了问题，经济就不好过，社会也难安定。

对于农业这种重要性的认识，我们国家作了特别的研究，从 20 世纪 50 年代后期以来，每年都有大量的论述，可说是做到了家喻户晓，并且在实际生活中，也制定了很多保护农业，加强农业的政策、法规和具体措施。可是，由于我们建立的经济体制是偏重发展工业的体制，再加上顽固的"急于求成"病，总想早点实现工业化、现代化，每当农业形势有几年好些，日子比较宽裕一些的时候，我们往往就忘乎国情，大大扩张工业，猛上基建，百废俱兴，争上项目，其直接的结果，一是向农村拿得过多，把农民挖得过苦，使农民的负担加重，打击农民的生产积极性；二是挤了农业发展的资金和物资，使农业的投入减少，削弱农业的生产能力，导致农业减产、徘徊。农业一减产，整个国民经济基础动摇，工农业比例关系失调，农业支撑不了工业的发展和城乡人民生活的需要，通货膨胀，社会震荡，各种经济社会问题就接踵而至。

任何一个社会，为了保证自己的存在和发展，都要求国民经济各个部门间的劳动分配和生产资料的分配有一定的比例。马克思说："要想得到和各种不同的需要量相适应的产品量，就要付出各种不同的和一定数量的社会总劳动量。这种按一定比例分配社会劳动的必要性，绝不可能被社会生产的一定形式所取消，而可能改变的只是它的表现形式"。① 国民经济有计划按比例发展是社会主义经济的基本特征之一。恩格斯指出，社会主义将"按照统一的总计划协调地安排自己的生产力"②。陈云同志早在编制第一个

① 马克思：《马克思致路·库格曼》（1868 年 7 月 11 日），《马克思恩格斯选集》第 4 卷，北京：人民出版社，1972 年 5 月，第 368 页。

② 恩格斯：《反杜林论》，《马克思恩格斯选集》第 3 卷，北京：人民出版社，1972 年 5 月，第 335 页。

五年计划的时候就说过："按比例发展的法则是必须遵守的"。① 这几年，我们在发展有计划的商品经济的时候，却很不注意遵守有计划按比例发展的法则；不注意工业和农业的比例关系；不注意基础工业和加工工业的比例关系；不注意积累和消费的比例关系。这几个国民经济的基本比例关系严重失调，是目前经济结构失衡、经济秩序混乱、经济陷入困境的病根。建国 40 年来的基本经验表明，我们这样一个发展中的大国，农业和工业的增长比例，保持在 1∶2 左右是比较合适的。1978～1984 年，我国农业和工业的增长比例为 1∶1.32，那几年农村兴旺，市场繁荣，物价平稳，社会安定。1984 年下半年以后，经济骤然升温，工业膨胀，1985～1988 年，农业增长 16.75%，平均每年递增 3.9%，工业增长 91.92%，平均每年递增 17.7%。② 农业和工业的增长比例为 1∶4.5。工业的发展超过了农业的承受能力。需要特别指出的是，这四年农业内部的比例关系也发生了变化。农业总产值中的林业、牧业、副业、渔业发展都较快，比重已由 1984 年的 31.7% 上升到 1988 年的 42.97%，而农作物种植业在农业总产值中的比重却已由 68.3% 下降到 57.03%。③ 1985～1988 年，农作物种植业的产值只增长 3.71%，平均每年只递增 0.9%。

1989 年的农业形势好于 1988 年，但粮食总产仍只达到 1984 年的水平，棉花总产只有 1984 年总产的 66%。1989 年是农业徘徊的第五个年头，这 5 年人口增加 7300 万，工业增加了 1 倍以上，城乡人民消费水平提高了一大步，粮棉油等主要农产品的供求矛盾日趋紧张，主要农副产品的供应缺口越来越大，严重影响工业，特别是轻纺工业的发展，而且也影响外贸出口。20 世纪 80 年代中期，我国曾经是粮棉的纯出口国，从 1987 年以后又不得不恢复大量进口粮食，今年粮棉油都要较大量进口，影响外贸的平衡。

实践已经表明，现有的农业已经支撑不了目前的工业生产规模，满足不了城乡人民改善生活的消费需求，前几年靠挖库存，吃老本，靠进口勉强硬撑过来了（引起了供应紧张，物价暴涨），眼下库存已挖得差不多了，进口因受外汇和运输的限制，不可能增加很多，所以，农业的徘徊，农产品的短缺，已成为目前经济发展的瓶颈，成为国民经济发展的头号大问题。

---

① 陈云：《关于第一个五年计划的几点说明》（1954 年 6 月 30 日），《陈云文稿选编（1949 - 1956）》，北京：人民出版社，1982 年 6 月，第 228 页。
② 国家统计局编《中国统计年鉴 1989》，北京：中国统计出版社，1989 年 9 月，第 53 页。
③ 国家统计局编《中国统计摘要 1989》，北京：中国统计出版社，1989 年 5 月，第 23 页。

二 这次农业徘徊的原因，主要是前几年 宏观决策失误引起的

农业徘徊 5 年，一不要怨天。这 5 年气候正常，没有特大的普遍性的灾害性天气；二不要怨农民、怨农村干部；三不要怨家庭联产承包责任制，家庭联产承包责任制符合当前我国农业生产力水平，符合农民的意愿，靠着它，农业生产才没有大滑坡，保持了农村社会的基本稳定。十一届三中全会以后，农村实行改革是成功的，农民有了自主权，农民得到了实惠，极大地调动了亿万农民的生产积极性，农村连续六年大增产，1984 年达到了农业生产的高峰。但是农村第一步改革初见成效以后，在大好形势面前，我们的一些领导同志盲目乐观，以为农业已经过关了，农业靠政策就行了。政策明显向工业、向城市倾斜，引起了工农关系失调，城乡关系失调。各行各业都向农民伸手，农民负担加重。总的是这几年，我们又犯了向农村拿得过多，把农民挖得过苦的老毛病，我们又一次得罪了农民，挫伤了亿万农民特别是务农种粮农民的积极性，这是农业徘徊的症结所在。

1981 年，农村改革刚见成效，国家就把农业基本建设投资从 1980 年的 53 亿元，减到 29 亿元，砍了近一半。这些年，年年讲增加对农业的投入，结果都是空的，直到 1988 年也只有 46 亿元，绝对数比 1980 年减少 13.2%。1980 年农业投资占国家基建总投资 9.3%，1988 年下降到只占 2.9%。[1] 从 1981 年以后，水利建设少搞不搞了，农田基本建设少搞不搞了，农业基本设施少建不建了，这些年农业靠吃老本过日子，岂能持久？农业怎么能有后劲！

1981 年以后，大量削弱农用工业的投资，加上农用工业自身的发展方针也没有跟上农村改革的步伐，这几年农用工业发展很不理想，化肥、农药、薄膜、柴油严重短缺，价格暴涨。特别是化学农药，1987 年只生产 16.1 万吨，比 1980 年减产 70%，[2] 严重的供不应求，许多能治的病虫害治不了，造成农业减产。

1983 年以后，逐步取消了支援农业的各项财政补贴和优惠政策，如农机维修补贴、小型农田水利修建补贴、经济作物奖励、农业科技推广补贴

---

① 国家统计局编《中国统计年鉴 1989》，北京：中国统计出版社，1989 年 9 月，第 487 页。

② 国家统计局编《中国统计年鉴 1989》，北京：中国统计出版社，1989 年 9 月，第 300 页。

等。这些国家和地方财政开支的项目，均移作他用，而有些是仍然需要开支的，结果负担都转嫁到农民身上。

农村实行家庭联产承包责任制，这是我们建国后农村实行第三次重大的生产关系改革，这样大的改革和调整实现之后，应该有一系列的后续工作要做，经济基础变了，上层建筑也应作相应的调整，政治、经济、科技、教育等的管理体制也要作相应的更改，才能使家庭联产承包责任制这个中国农民的伟大创造，逐步臻于完善，充分发挥作用。这些年，有关部门在这方面的工作做得不够。中央几个一号文件都强调实行家庭联产承包责任制，要实行双层经营，既要发挥农民家庭经营的积极性又要充分发挥集体经济统一经营的优越性，要发挥两个积极性。但是，这些年来，在相当多的地区，把田分下去之后，就放手不管了。据民政部统计，现在全国有 20% 的农村基层组织处于瘫痪半瘫痪状态，有的地区高达 50% ~ 60% 。在这些农村里，农民种田得不到集体的帮助，而现在的农业生产已经不同于 20 世纪 50 年代了，许多事情靠一家一户是办不了，办不好，办不经济的。农民浇地，没有机器和能源；农民施肥，买不到化肥和没有运输工具，这些社会化服务搞得不好，也是农业徘徊的一个原因。这几年，我调查过黑龙江的肇东和山东的诸城等县市，他们那里集体经济的统一经营优越性发挥了，社会化服务搞得好，加上其他条件，他们这五年的农业是连续增产的，肇东市 1989 年的粮食总产比 1985 年增加了一倍。

这次农业徘徊的直接原因是 1984 年冬天的决策失误。1984 年，农业特大丰收，粮棉普遍涨库。在缺乏科学分析的基础上，作了几项失当的决策，一是限量收购粮棉，明令规定，1985 年只收购 1500 亿斤粮，8500 万担棉花，多了不要；二是调低了粮棉的收购价格。三是向市场抛售 400 亿斤平价粮，国库"泻肚子"，与农民争利。这给农民和干部一个错误的信息，国家不需要这么多粮食了，纷纷转产转业，1985 年粮食减产 7% ，棉花减产 34% 。从此农业形势急转直下，一蹶不振，进入了新的徘徊。

三　克服农业徘徊的关键，是下决心像 1962 年和 1979 年那样调整国民经济，全党重视农业，采取综合治理的方针，把农业振兴起来

1985 年冬天的农村工作会议上，许多同志就分析了农业减产的原因，指出了农业可能进入新的徘徊的危险，并提了相应的建议。但赵紫阳同志

说："形势大好要肯定，意见不少要分析。"把这些批评和意见顶回去了。1986年6月10日邓小平同志指出："农业上如果有一个曲折，三五年转不过来。"① 在此讲话后，农研中心、农业部、水利部等五个单位提出了解决农业问题的8条措施，北戴河会议也通过了，但后来没有实施，成为一纸空文。这几年，年年讲农业重要，年年讲要加强农业，但就是没有实际措施。农业上急需解决的农田水利建设，农用工业建设，农业科技研究和推广，农产品的购销体制，农产品价格等等问题，久拖不决，基本上都没有解决好。农民要求减轻负担，农民要求社会化服务，农民要求解决卖难买难，农民要求兑现三挂钩物资，农民要求满足供应农用工业品，这些问题也都是长期解决不了。有些是不仅解决不了，而且越演越烈。农民失望了，农村工作同志失望了。有人批评我们这几年搞的是口号农业，用的是侯宝林、马季的办法，说说唱唱而已。

应该说，有些同志要对这次农业徘徊负一定的责任，他们还贻误了扭转农业徘徊局面的时机。他们在前几年还提出了一些错误的理论，如这几年农业是从超常规增长转入常规增长，农业减产是周期波动，等等。总之是减产有理，徘徊有理，文过饰非，推诿责任。

40年来，我国农业发展的历史，经历了三起三落六个阶段。

（一）从1949年到1958年，农村实行土地改革、农业合作化，农民生产积极性高涨，农业连续九年增长，农村经济蓬勃发展，农民收入有很大增加，农民生活普遍得到初步改善。

（二）从1959年到1961年，由于轻率地发动"大跃进运动"，大办人民公社，大炼钢铁，大办工业，否定商品生产，否定按劳分配，一平二调，刮共产风，损害了广大农民的利益，严重挫伤了农民的生产积极性，加上自然灾害，农业连续大减产，全国出现了三年经济困难。

（三）从1962年到1966年，国家提出了调整、巩固、充实、提高的方针，大量压缩工业和城市的基本建设，清退2000多万职工回农村，大量增加农田水利建设投资，增加农业贷款，提高农副产品收购价格，制定颁布《人民公社六十条》，重申实行生产资料集体所有，划小基本核算单位，实行三级所有队为基础的体制，重申按劳分配原则，实行生产责任制，评工

---

① 邓小平：《建设有中国特色的社会主义（增订本）》北京：人民出版社，1987年3月第2版，第132页。

记分，解散公共食堂，重建农民家庭经济，发还自留地，鼓励经营家庭副业，开放集市贸易。这一系列政策，使生产队和农民有了自主权，农民的生产积极性重新激发，农业生产恢复很快，到 1966 年全国大多数地区的农业生产恢复或超过了 1957 年的水平。

（四）从 1967 年到 1977 年，"文革"动乱波及农村，大批"三自一包"，搞穷过渡，割资本主义尾巴，没收自留地，限制家庭副业，关闭集市贸易，实行以粮为纲，搞单一经营，使 20 世纪 60 年代中期经过调整后略有发展的农村商品生产又向自然经济倒退，所有这些都损害了广大农民群众的利益，打击农民的生产积极性，使农业生产长期停滞徘徊。

（五）从 1978 年到 1984 年，党的十一届三中全会制定了《关于加快农业发展的决定（草案）》，提出了实行农村改革和发展的 25 条政策，调整工农关系，增加农业投资，提高农副产品收购价格，率先在农村实行改革，推行家庭联产承包责任制，调整农村生产关系，从根本上改革集体经济的经营管理体制，从而极大地调动了八亿农民的生产积极性，农业连年丰收，出现了新中国成立以后农业发展的最好时期。

（六）从 1985 年到现在，由于前述原因，农业进入了第三个停滞徘徊的时期。

40 年的历史经验表明，凡是农业徘徊不是一年两年，而是长期停滞，那么，造成这种长期徘徊的原因就不是单一的，而是多方面的，因此解决的途径就必须采取综合治理的方针。前面已经提过，造成这次农业徘徊的主要原因是宏观决策失误，工农、城乡比例关系失调，有农业内部的原因，也有外部的原因，有生产力方面的问题，也有一部分是生产关系的问题。因此，单在农业内部调整，已经不够了，很多问题是农业外部原因造成的。单开农村工作会议来解决已经不够了，很多制约农业发展的问题靠农口的同志解决不了。所以研究讨论农业问题，要从宏观的决策上，调整国民经济格局，解决工业过热、农业过冷的问题，解决农业投入、农田水利基本建设和农用工业建设的问题，解决农产品价格剪刀差的问题，解决农业科学技术的研究、教育和推广应用的问题，解决农村工作的领导体制问题，解决农村基层组织的建设和整顿问题，解决联产承包责任制的完善和双层经营问题。所有这些问题，只要全党的认识统一了，制定了正确的政策，各级领导动手，上下一致，着力去贯彻执行，那么，农业徘徊的困难是不难解决的。

四　把8亿农民的生产积极性再一次调动起来，克服农业徘徊的被动局面，只有农业这个基础稳了，才能推动整个国民经济持续、稳定、协调发展，首先振兴农业是走出目前经济困境的一着活棋

摆在我们面前的经济问题很多，纷繁复杂，千头万绪。治理整顿，从何治起。古人说："君子务本"。要从根本治起，本是什么？把农业搞上去就是问题的根本所在。

所谓社会总需求超过社会总供给，主要是社会对农副产品的需求超过了农业的供给；所谓现有国力和社会生产能力已支撑不了庞大的建设规模和严重膨胀的社会消费需求，主要是农业生产能力支撑不了过大的需求；所谓结构不合理，主要是目前工业和农业结构不合理；所谓经济比例失调，主要是工业农业比例关系失调。从各方面的条件来说，我国现有的农业综合生产能力，就是年产8000亿斤粮食、8000万担棉花的水平，天气好，略多一点，天气不好，略少一些，这就是目前我们农业方面的基本国力。但是，这个生产能力已不能满足现有的工业生产规模和城乡人民生活消费需求。更严重的是，由于前些年放松了农业基础建设，农业生产条件恶化，农业发展的后劲严重不足，农业不能满足今后国民经济发展的需求，农业问题不仅是目前诸多经济矛盾中的主要矛盾，而且也是今后相当一个时期内国民经济发展过程中的主要矛盾。对此，我们要有一个清醒的足够的认识。

如何克服农业徘徊，如何提高农业综合生产能力，几年来，已经有很多论述，有人主张先搞农田水利；有人主张先搞农用工业，特别是多提供化肥；有人主张先抓科技，也有人主张要抓林业，各有理由，都有根据。但田是靠农民种的，粮食、棉花是要靠农民生产出来的。说到底，农业生产问题主要是两个方面：一个是人，农民；一个是物，农业生产资料。问题的两个方面，决定的起主导作用的方面是农民。可以说，农业的"上帝"是农民，8亿农民有了生产积极性，农业上的诸多问题就迎刃而解，农业就好了。

西方人不敢得罪上帝，但我们常常得罪农民。表面上农民是最好说话的，一不会贴大字报，二不会上街游行。但历史的经验是农民是得罪不得的，农民有个最厉害的法宝，就是他消极不干了，8亿人磨洋工，你的农

业、你的经济就不行了。最后只得调整政策，向农民让步。这次还是得罪了农民，农民说：高价化肥我不买，平价粮食我不卖，够吃拉倒。国家要粮食，农民要致富，这是一个矛盾。同农民"顶牛"已经 5 年了，理在农民一边，我们没有按价值法则办事。我们应主动拉架，搞等价交换，调整相应的政策。

十一届三中全会制定的农业决定指出："确定农业政策和农村经济政策的首要出发点，是充分发挥社会主义制度的优越性，充分发挥我国八亿农民的积极性。我们一定要在思想上加强对农民的社会主义教育的同时，在经济上充分关心他们的物质利益，在政治上切实保障他们的民主权利。离开一定的物质利益和政治权利，任何阶级的任何积极性是不可能自然产生的。我们的一切政策是否符合发展生产力的需要，就是要看这种政策能否调动劳动者的生产积极性。"[①] 十一届三中全会以后，在农村实行了一系列改革政策和措施，确实把农民的生产积极性调动起来了，人还是那些人，地还是那些地，但却出现了农业前所未有的连年大丰收。现在的全部问题是要通过对农村治理整顿、深化改革，通过制定相应的政策，把农民的积极性再一次调动起来。

既然目前许多经济困难的主要矛盾是农业徘徊，矛盾的主要方面是要调动 8 亿农民的生产积极性，我们就该打破常规，排除干扰，集中主要力量来解决好这个主要矛盾。在这方面，我们要学习毛主席等老一辈革命家在 20 世纪 60 年代初期，下决心调整国民经济，调动农民生产积极性，振兴农业的做法；学习邓小平、陈云同志在 20 世纪 70 年代末集中一切力量率先实行农村改革，先抓农业，从而振兴整个国民经济的做法。这些都是在经济陷于困难的情况下，出奇制胜，扭转乾坤的大决策。历史证明，他们都取得了伟大的成功。我们现在总的状况比那两个时期要好，但农业已徘徊 5 年，经济已相当困难，要狠下决心，调整工农、城乡关系，从各方面支援农业，把农民的生产积极性再次调动起来，率先振兴农业。这是走出经济困境的一着活棋。现在是大好时机，这着棋，该下了。

---

① 《三中全会以来重要文献选编（上）》，北京：人民出版社，1982 年 8 月，第 183～184 页。

九十年代中国农村经济社会
协调发展展望[*]

历史已经跨进了 20 世纪 90 年代。回顾过去，正确认识 20 世纪 80 年代农村改革取得的巨大成就和经验；展望未来，坚定实现 20 世纪 90 年代中国农村经济社会协调发展的信心，这是摆在我们面前的一项重要任务。本文就此阐述一些看法，以期抛砖引玉。

一 十年改革成就举世瞩目
治理整顿农业出现转机

回顾中国农村改革开放的实践，中国人民满怀喜悦：在党中央、国务院的领导下，农村十年改革坚持了社会主义方向，促进了农村社会生产力的发展，增强了国家的经济实力，农民生活有了较大幅度的提高。

从 1979～1989 年，农业总产值由 1697 亿元增加到 6535 亿元，增长了 2.85 倍，平均每年递增 14.4%。粮食总产由 33212 万吨增加到 40755 万吨，增长了 22.71%，平均每年递增 2.06%；棉花由 220.7 万吨增加到 378.8 万吨，增长了 71.6%，平均每年递增 5.56%；油料由 643.5 万吨增加到 1295.2 万吨，增长了 1 倍多，平均每年递增 7.2%；猪、牛、羊肉由 1062.47 万吨

---

* 本文原载《百科知识》1990 年第 7 期，发表时间为 1990 年 7 月 1 日，原稿写于 1990 年 2 月，作者：陆学艺、徐逢贤。该文曾以《九十年代中国农业发展面临的任务与对策》为题发表于《光明日报》1990 年 5 月 26 日第 3 版，并分别以《90 年代中国农业发展面临的任务和对策》《90 年代中国农业面临的任务与展望》为题收录于《县级综合改革与经济社会的协调发展》（陆学艺主编，北京：中国社会科学出版社，1993 年 7 月）和《"三农论"——当代中国农业、农村、农民研究》（陆学艺著，北京：社会科学文献出版社，2002 年 11 月）等文集中，发表和收录时部分内容有删改。本文主要依据《百科知识》载文编撰，并依据《光明日报》和《三农论》收录文相关内容加以少量增补。——编者注

增加到 2326.2 万吨，增长了 1.19 倍，平均每年递增 8.15%；水产品由 431 万吨增加到 1152 万吨，增长了 1.67 倍，平均每年递增 10.33%。① 10 年来，我国的粮食、棉花、肉蛋等主要农产品总产量跃居世界首位。特别值得指出的是，我国乡镇企业的异军突起，其产值由 1979 年的 869.5 亿元增加到 1989 年的 7535 亿元，增长了近 8 倍，平均每年以 24.1% 的速度在增长，目前已占全国工业总产值的 25% 以上；在此期间，转移了农业剩余劳动力 9600 万人，成为实现具有中国特色的农村社会主义工业化道路的崭新模式。

纵观新中国成立 40 年来，20 世纪 80 年代这 10 年是我国农业发展最快最好的十年，是农村改革取得巨大成就的 10 年。但是，农业的发展也是不平衡的，自 1985 年以来，我国粮、棉、油等主要农产品的产量，由 1984 年前的连续 6 年大丰收转为下降，出现了连续 5 年徘徊的局面。1985 年粮食减产约 600 亿斤，1986、1987 年虽有恢复性增长，而 1988 年又减产 200 亿斤；1989 年农业有了某种转机，粮食总产达 8149 亿斤，略超过 1984 年的水平，这是贯彻治理整顿方针取得的初步成效。但棉花、油料、糖料等农产品的产量仍未达到 1984 年的水平。生猪、食糖等产品近几年也出现了波动和下降，以致又在全国恢复了票证供应。农业发展面临严峻挑战。②

二　农业出现徘徊教训深刻
粮棉发展面临严峻挑战

1989 年之前 5 年农业徘徊的原因是综合的，但主要原因是：1984 年农业获得了大丰收，粮食、棉花大幅度增产，其他农产品也获得了好收成，暂时出现了"卖粮难""卖棉难""卖猪难"的局面，使得一些同志对农业的形式估计过于乐观，对农民的富裕程度估计过高，对农村改革的成就估计过大，误认为农产品已经极大地丰富了，甚至过剩了，农业已经过关了。于是在处理工农关系、积累与消费关系，以及国家、集体、个人三者关系等的决策中出现了失误，在经济工作的指导思想上发生了偏差，忽视和放

---

① 国家统计局编《中国统计年鉴·1990》，北京：中国统计出版社，1990 年，第 335、363 ~ 365、374、380 页。

② 此处"1985 年粮食减产……农业发展面临严峻挑战"一段文字依据《光明日报》文《九十年代中国农业发展面临的任务与对策》相关内容增补。——编者注

松了农业生产，动摇和削弱了农业和粮食的基础地位。一是传统的城市倾斜政策又有所抬头，新中国成立后曾几次出现的工业过热、农业偏冷的局面重新出现，从中央到地方各级的财政、信贷、物资等对农业的投入大大减少，农业的物质技术基础受到严重削弱，工农业发展比例严重失调，影响了农业生产力水平的提高；二是国家控制的农用生产资料如化肥、农药、农膜、农用柴油等价格暴涨，"三挂钩"物资也落实不到农户，而粮棉等主要农产品价格则限制少涨或不涨，价格落入谷底。农民向土地投入增加时，其经济收入的比较利益反而下降，农民的生产积极性受到挫伤；三是现行的农业管理体制尚未理顺，产、供、销分割，城乡市场秩序紊乱，市场信号扭曲，价格暴涨暴落；四是农村生态环境开始恶化，农业资源破坏严重，森林滥砍滥伐，虫灾、水灾、火灾频频频繁发生，一些绝迹多年的虫害（如蝗虫等）又在某些地方滋生蔓延。草原沙化、碱化、退化日趋严重，江河湖海污染逐年加剧。乱占耕地、浪费和破坏土地、矿产等资源的问题也时有发生。此外，施用有机肥的减少又导致了土壤肥力的下降；五是农田水利设施常年失修，甚至遭到破坏等，使农业发展的后劲严重削弱，我国农业支撑能力已经受到威胁。特别是农村基层经济组织很不健全，基层的思想政治工作甚为薄弱，在集体经济力量严重削弱、农业服务体系不完善的情况下，农户家庭承包责任制这种小规模的经营形式，其抵御自然灾害的能力减弱，造成农业生产萎缩，影响了农村经济、社会的协调发展。我们面临的农业形势依然相当严峻。

从深层次分析，农业发展面临严峻的挑战还表现在以下几方面：一是耕地面积平均每年以 600 万亩的速度递减，大体上每年减少 5 个县的耕地面积；二是人口平均每年以 1500 万人的速度增加，每年相当于增加 10 个县的人口，这直接影响到人均占有粮食水平的提高；三是随着工业生产的发展和人民消费水平的提高，粮食需求还在以每年 100 亿公斤的速度扩张；四是部分地区的农户家庭经营实际上已错误地变成"个体小农经济"，严重影响了农业产量，特别是粮、棉产量的提高速度；五是单产基本上还维持在原水平上，这说明我国农业的综合生产能力还没有明显提高。而农业综合生产能力的提高是一个渐进过程，绝不能因为农业一两年丰收而放松对农业的重视。从目前的情况看，到 2000 年，全国按 12.8 亿人口、人均粮食 800 斤计算，粮食产量必须达到 10240 亿斤，不然，就很难达到小康水平。农业，特别是粮食生产的徘徊局面是非打破不可的，在这点上我们是没有任何选择余地的。①

农业问题说到底是工农业如何协调发展的问题，农业徘徊的深层原因在于执行工业倾斜政策后，工农关系出现了严重的失调。

三　改革实践推动了农村经济理论研究的发展

经济体制改革有效地推动了理论研究的发展，取得了众多的成果。与农村经济理论研究有关的最重要、最根本的是五条：

一是我们党在探索有中国特色的社会主义道路过程中，运用马克思主义的立场、观点和方法，从考虑和研究中国的国情入手，逐步形成和提出了"以经济建设为中心，坚持两个基本点"为主要内容的基本路线。

二是指明了社会主义经济是在公有制基础上的有计划的商品经济的理论，这是对马克思主义经济理论的创造性发展。我们要在社会主义现代化建设实践中，不断探索和完善，努力创造出一种适合中国国情的、把计划经济和市场调节有机结合起来的社会主义商品经济运行机制。这是社会主义经济理论的重大突破。

三是重新认识了"农业是国民经济发展基础"的理论。近十年来，随着农业的大丰收，农业是基础的观念在一些同志的心目中渐渐地淡漠了。党的十三届五中全会明确指出：实现农业的稳定发展，是经济稳定、政治稳定和社会稳定的基础，是关系到国家安危的问题，也是调整经济结构的关键。因此，要求全党、全国动员起来，形成一个重视农业、支援农业和发展农业的热潮。这一理论被重新深刻认识，必将加快中国农村经济社会协调发展的步伐。

四是中国农民在集体经济基础上，实行家庭联产承包责任制，这是中国农民的伟大创造，是马克思主义合作经济理论的新发展。建立以公有制为主体的统分结合的双层经营体制，适应了我国农村生产力水平低而又发展不平衡的实际，使集体经济的优越性和农民家庭的积极性同时发挥，这就为充分利用农村资源，实行多种经营，发展有计划的商品经济，实现社会主义农业现代化开辟了新的途径。

五是中国农民走出了一条在国家计划指导和政策扶持下，依靠自我积累、自我发展，自主经营、自负盈亏地发展乡镇企业的道路。

---

① 此处"四是部分地区的农户……在这点上我们是没有任何选择余地的"一段文字依据《光明日报》文《九十年代中国农业发展面临的任务与对策》相关内容增补。——编者注

四 农村经济社会协调发展面临的任务

现在我们已进入 20 世纪 90 年代，这是本世纪最后一个十年，如何使中国农村经济社会协调发展，将成为 90 年代农村发展的重要课题。20 世纪 90 年代中国农村所面临的任务主要有下列几项：

第一，根据国家总体规划，保持农业稳定增长的势头。农业是国民经济的基础，要使国民经济持续、稳定、协调发展，最重要的是要使工业和农业的发展保持适当的比例。40 年来经济建设的历史经验表明，在现阶段，我国农业和工业的发展速度保持在 1∶2 左右就比较协调，今后十年要求工业每年的增长速度保持在 6%～8%，农业应保持在 3%～4%，同时商业、服务业、交通运输业、其他公用事业等的发展速度，也应保持在相应的水平上。

第二，粮食、棉花、肉类等主要农产品要保持稳定增长的势头。据研究测算，如果到 20 世纪末人口严格控制在 12.8 亿以内，以每人平均占有粮食 800 斤、棉花 8 斤、肉类 50 斤的水平计算，那就需要粮食总产突破 5000 亿公斤、棉花 10240 万担、肉类 3200 万吨。这就要求在 1989 年的水平上粮食再增产 1000 亿公斤以上，平均每年增长 2.5%；棉花再增产 2660 万担，年递增 266 万担，年增长 3%；肉类再增长 872 万吨，年递增 87.2 万吨，年增长 3.2%。其他农产品的增长速度至少保持在相应的水平上。

第三，农业的科学化、专业化、现代化程度跨上一个新水平。20 世纪 80 年代，我们主要靠政策调整生产关系，调动农民的生产积极性，增加活劳动的投入，并充分发挥了过去 30 多年来积累的农业基础建设的作用，才促进了农业的发展，跨上了一个新台阶。20 世纪 90 年代，农业要在继续深化改革的前提下，再上一个新台阶，应主要依靠科学技术发展农业生产力水平。这就要求增加对农业的投入，增加劳动积累，进行农业基本建设，推广科学技术，调整农业生产结构和消费结构，逐步提高农业科学技术水平，提高农产品的商品率，提高农业的现代化程度。

第四，20 世纪 90 年代的农业发展要为 21 世纪头十年的农业继续发展奠定一个良好的社会经济基础，使农业承担起国民经济实现现代化的基础作用。这就必须建设和形成农业的综合生产能力，使农田水利、农村能源、道路、仓储等基础设施的建设，农用工业体系的建设，农业科技、教育、研究、推广设施的建设，农业基地县的建设等都有一个大的发展。20 世纪 90 年代不仅要弥补 80 年代"吃老本"留下的欠账，而且要为下一个十年的农业发展留足后劲。

第五，农村社会面貌要有一个新的改观。农村基层组织建设要有大的改善，集体经济的力量有大的增强，农民的文化科学知识、农民素质有进一步提高，使旧社会遗留下来的丑恶现象、陈规陋习得到消除，物质文明和精神文明建设得到加强。

五　突破农业徘徊潜力很大
完成上述任务前景光明

上述任务是艰巨的，但这是我国要在20世纪末实现国民生产总值翻两番的战略目标所必需的最基本的要求。

中国是一个拥有11亿人口的农业大国，任何时候都不能把解决粮棉需求的立足点放在国际市场上。发展互利的农产品国际贸易是十分必要的，但大量进口粮食是不切合实际的。我们必须也完全可能依靠自己的力量，充分利用自然资源，采取正确的方针向生产的深度和广度进军，走精耕细作、稳产高产的路子，大力发展生产来解决我国粮食及其他主要农产品的供给问题。其实，突破农业徘徊，跨上新的台阶的潜力是很大的。

第一，自然资源的潜力。[1] 我国现有耕地 14.35 亿亩，[2] 其中 2/3 是中低产田，平均亩产比相同条件下的高产田低 300～500 斤，只要增加投入和采用先进科学技术，仅提高单产一项，潜力还相当可观。此外，我国还有宜农荒地 5 亿亩，宜林宜草的荒山荒坡约 18.4 亿亩，冬闲耕地 2 亿亩等，从中开发利用一部分是完全可能的。

第二，农业基础设施的建设和利用潜力。新中国成立后，我们十分重视以水、土、肥为重点的农业物质基础设施的建设。到 1989 年，建成大中小型水库 8.3 万座，蓄水 4600 多亿立方米，建成万亩以上的灌区 5300 多处，机井 286 万眼，农田有效灌溉面积 6.7 亿亩。建成农村小水电站 5.1 万座，装机容量 416.8 万千瓦，农村用电量达 790.5 亿度。农机总动力 2806.7 亿瓦特，大中型拖拉机 84.8 万台，小型及手扶拖拉机 654.3 万台，载重农

---

① 此处"自然资源的潜力"7 个字依据《光明日报》文《九十年代中国农业发展面临的任务与对策》相关内容增补。——编者注

② 国家统计局编《中国统计年鉴·1990》，北京：中国统计出版社，1990 年，第 332 页。

用汽车 62.5 万辆，排灌机械总动力 685.3 亿瓦特，施用化肥 2357.1 万吨。①所有这些对保障和促进农业发展起了重要的作用。今后 10 年，一方面要加强管理，充分发挥已有基础设施的作用；另一方面要从各方面增加对农业的投入，继续进行农业基础设施的建设，那对农业的增产作用是巨大的。

第三，农用工业的潜力。40 年来，我国已建立起大中小型企业相结合，门类比较齐全的农机、化肥、农药、农用薄膜的农用工业体系。1989 年年产化肥 1802.5 万吨，农药 20.8 万吨，大中型拖拉机 3.98 万台，小型拖拉机 111.81 万台，②但是还远不能满足农业生产的需要。目前，每年因缺少化肥、农药、农膜、柴油而造成减产的数量还相当可观。如 20 世纪末生产化肥 1.5 亿吨，仅此一项就能增产粮食上千亿斤。农用工业的潜力还很大。

第四，农业科技力量的潜力。现在全国有地（市）级以上的农业科研单位 1122 个，科研人员近 13 万，有 1003 个县建立了农业科技推广中心，区乡农技推广站 4.5 万个，有近百万科技人员工作在农业第一线（包括农民科技人员）。20 世纪 80 年代，科技在农业增产中的份额只有 30% 左右，90 年代若能提高到 50% 左右，农业生产就能跨进一大步。

第五，我国有一支勤劳智慧、有精耕细作传统的农业劳动者队伍，这是其他国家都无可比拟的。据 1989 年统计，农村现有劳动力约 4.1 亿人，其中从事农、林、牧、渔业的约 3.2 亿人，从事乡镇企业的约 9000 多万人。③在进一步完善家庭联产承包责任制的情况下，特别是在充分发挥集体经济组织的统的职能的前提下，农业劳动力对农村经济发展的潜力将会进一步发挥出来。

第六，全党、全国重视农业、支援农业和发展农业的思想将转化为巨大的物质力量，中国农业再上几个台阶是大有希望的。

我们目前正处在由传统农业向现代农业转变的过程中，许多国家的实践表明，完成这个转变，都将使农业产量增加一倍到几倍。当然，这需要有大量的现代生产资料、科学技术等方面的投入。

六　20 世纪 90 年代我国农业发展的三种可能性

综上所述，中国农业的发展是有希望的，没有悲观的理由。但是，希

---

① 国家统计局编《中国统计年鉴·1990》，北京：中国统计出版社，1990 年，第 342～344、346、348～351 页。

② 同上书，第 457～458 页。

③ 同上书，第 330、400 页。

望毕竟不是现实，要把巨大的潜力变为现实的生产力，需要各方面的努力。20 世纪 90 年代我国农业能否持续稳定地发展，关键在于国家的宏观调控和农业政策是否得当。可能有三种政策，也就可能有三种不同的结果：

第一种可能是，以我国目前的国情出发和 40 年来的经验出发，按经济规律办事，把农业放在首位，按农、轻、重为序安排国民经济的发展；按价值规律办事，逐步调整工农业产品价格，调整农业内部比价，使务农种粮棉的农民能获得社会的平均利润。这就要求能像 1962 年和 1979 年那样下大决心，对国民经济作一次大调整，从而把 9 亿农民的生产积极性再次调动起来，这是走出目前经济困境的一着活棋，农业保持 3% ~ 4% 乃至 5% 的稳定增加，粮棉再上两个台阶的目标就能够实现。

第二种可能是，被动执行发展国民经济要以农、轻、重为序的方针，犹疑不定，口头上承认农业重要，但又下不了把目前向工业、城市倾斜的政策改变过来的决心。目前体制下的农业常常处于软弱、被挤、被压的地位。那么，农业发展的前景将是不稳定的，在稍有增长之后，又会陷入新的徘徊和停滞。

第三种可能是，继续执行向工业、城市倾斜的政策，按照老的模式，要求农民继续向国家工业"纳贡"。设想从农民、从农业多搞积累，先把工业搞起来，把城市建设起来，以后再支持农业发展。如果继续执行这种向工业倾斜的政策，就必然打击 9 亿农民的生产积极性。那么，不仅目前农业徘徊多年的局面不能突破，而且农业和粮食生产还可能倒退。事实上，这 5 年有相当一部分省区的农业综合生产能力和农业生产比 1984 年后退了很多。如果全国普遍出现这种状况，那后果将会很严重。

在进入 20 世纪 90 年代之际，中共十三届五中全会着重强调了集中力量发展农业的要求，并且规定了加强农业的具体政策和措施，这个《决定》得到了全国各级领导的响应，得到了广大农民的拥护。去冬今春①，各地掀起了兴修农田水利和备耕的热潮，发展势头是好的。继续坚持抓下去，农业稳定发展是有希望的。我们要力争采取第一种选择，实现第一种前景，避免第二、第三种可能。②

---

① 此处指 1989 年冬至 1990 年春。——编者注
② 第五节最后一个自然段和整个第六节的文字均根据《三农论》收录的《90 年代中国农业面临的任务与展望》一文相关内容增补。——编者注

七 正确决策、认真落实 实现农村经济社会协调发展

为了将潜力转化为现实的生产力，实现农业振兴，促进农村经济社会协调发展，有必要采取以下对策措施。

1. 采取综合措施保障农业发展，多方增加农业投入，加强农业基础设施建设（包括中央、地方、集体和农民都应该增加对农业的投入）。农业是物质能量转换的产业，据科学测算，每增加 500 亿公斤粮食的生产能力，需要增加投入化肥 1500 万吨，农机总动力 5000 万马力，柴油 130 万吨，农用电 100 亿度。据此，中央对农业的投资应占国家投资总额的 10%～12%，地方投资的比例应是中央的 2 倍，集体和农民的投入应占农村积累资金的绝大部分才能满足需要。

2. 调整主要农产品定购价格，调动农民发展粮棉等主要农产品的积极性。粮棉等价格的调整一定要与控制生产资料价格同步考虑，以利于理顺农产品价格体系、理顺工农产品的价格体系。

3. 依靠科学进步振兴农业。我国耕地资源有限，发展生产必须走主要依靠科技进步提高单产发展的道路，牢固树立科技兴农的战略思想，在全国范围内制定"丰收计划""星火计划"，以加速科技成果的推广应用。为此，需建立各级科技推广服务组织，充实基层农技推广队伍，继续深化科技体制改革，健全和完善农业对新技术引入的新机制。

4. 组织大规模的农业区域综合开发，形成农业新的生产能力，争取在 20 世纪 90 年代改造中低产田 3 亿亩，新增耕地 1 亿亩，把全国耕地稳定在 15 亿亩的水平上。

5. 继续鼓励和引导乡镇企业健康发展。乡镇企业的主体是社会主义集体经济，在农村经济发展中起了很大作用。对其在发展过程中存在的问题，在治理整顿中要正确引导，慎重处理，避免产生大的波动。在发展乡镇企业过程中，要在充分保证农业发展需要的基础上，有计划地转移农业剩余劳动力，并合理控制速度，认真调整产业结构，改善经营管理和经营作风。

6. 加强对农业的领导，稳定农村经济政策，保证治理整顿和各项农村工作顺利进行，把农业是国民经济基础的思想落到实处，以理顺工农关系、城乡关系，巩固和发展工农联盟。

7. 中央和各地都应制定农村经济与社会协调发展的中长期规划，并坚持实施。

8. 地方各级党委和政府一定要把农村工作、农业工作放在十分重要的位置上，党政一把手要亲自抓农业，并把农业，包括人口、人均耕地和粮棉、绿化、人均收入的增减情况等列入考核各级领导政绩的重要指标。

9. 继续稳定和完善农村家庭联产承包责任制。目前的重点一是要稳定，这个大政策不能变；二是要不断加强农村基层经济组织"统"的职能和农村集体经济的力量，真正做到"统分结合"，以完善社会化服务体系，促进农业持续稳定发展。"分"就是指家庭联产承包责任制不变，即土地承包不变、农民经营管理自主权不变、分配上多收归己不变。"统"是指统一规划农田基本建设，统一经营和管理农机、水利等技术装备，合理规划生产布局，建立产前、产中、产后的生产、科技、供销等社会化服务体系。在有条件的地方，要根据农民自愿的原则，积极而稳妥地推进适度规模经营。

10. 下大力气抓好农村基层组织建设，加强农村思想政治工作，用社会主义思想占领农村阵地。

当前中国农村的形势和前景[*]

　　20 世纪 80 年代，中国农村实行了改革，调整了生产关系，克服了集体经济吃大锅饭的弊端，激励了广大农民的生产积极性，农村经济发展很快，农村发生了历史性的大变化。从 1979～1989 年，十年间农业生产总值由 1697 亿元增加到 6535 亿元，增长了 2.85 倍，平均每年递增 14.4%；粮食由 33212 万吨，增加到 40755 万吨，十年增长 22.71%，平均每年递增 2.06%；棉花由 220.7 万吨，增加到 378.8 万吨，十年增长 71.6%，平均每年递增 5.56%；猪、牛、羊肉由 1062.47 万吨，增加到 2326.2 万吨，十年增长 1.19 倍，平均每年递增 8.15%；水产品由 431 万吨增加到 1152 万吨，十年增长 1.67 倍，平均每年递增 10.33%。农民人均纯收入由 160 元，增加到 602 元，扣除物价因素，平均每年递增 10%。[①]

　　中国农村之所以发生这样大的变化，主要是因为农村实行了一系列经济社会方面的改革，其中包括在农村普遍实行家庭联产承包责任制，改变了原来集体经营吃大锅饭的体制；调整产业结构，实行在不放松粮食生产的条件下，积极发展多种经营的方针，改变了以粮为纲单一经营的方针；放手在农村发展乡镇企业和农村商业、服务业，改变了以往只许农民从事农业的方针；以共同富裕为最终目标，允许和鼓励一部分地区、一部分人先富起来的政策，改变了原来要求同步富裕的平均主义的做法；实行以生产资料公有制为主体的前提下，发展多种经济成分的政策；改变了原来只搞单一的生产资料公有制的政策；对农产品实行计划经济和市场调节相结

---

* 本文源自《当代中国农村与当代中国农民》（陆学艺著，北京：知识出版社，1991 年 7 月），第 398～404 页。原稿写于 1990 年 5 月。该文还收录于《社会主义若干问题十五讲》，北京：新华出版社，1990 年 10 月，第 316～325 页，收录时有删改。——编者注

① 国家统计局编《中国统计年鉴·1990》，北京：中国统计出版社，1990 年，第 335、363～365、374、380 页；《中国统计年鉴·1981》，北京：中国统计出版社，1982 年，第 431 页。

合的购销政策，改变了原来对大多数农产品实行的统购、派购、统销的政策。上述这些改革，符合经济发展的规律，符合中国的国情，符合农民的愿望从而把 8 亿多农民的生产积极性调动起来了，使得中国农村发生了日新月异的变化。需要说明的是，在农村实行的一系列改革中，最主要的是两条：一是在全国普遍实行联产承包责任制；二是发展乡镇企业。更确切地说，中国农村这十年的巨大变化，前五年（1979～1984 年）农村的发展主要靠家庭联产承包责任制，后五年（1985～1989 年）农村发展主要靠乡镇企业。

回顾起来，中国农村这十年的发展是不平衡的，出现过曲折、徘徊等复杂情况。从 1979 年到 1984 年，农业生产发展很快，农业生产总值每年以 9% 的速度递增，粮食平均每年增产 1253 万吨，棉花平均每年增产 67.5 万吨，其他农产品也以很高的速度发展，到 1984 年达到农业生产的高峰。全国的粮库满了，棉库也满了，到处出现涨库现象，原来需要每年进口 1000 多万吨粮食，60 多万吨棉花，至此，不仅不要进口，而且有粮食、棉花出口了。在这样一种突然而来的好形势面前，经济决策部门过分乐观地估计了这种好形势，以为农业已经过关了，农业问题已经解决了，所以放松了对于农业生产的领导和支持，削减了对农业的投资，取消了许多对农业的优惠政策，降低了粮食棉花的收购价格，重又实行向工业、向城市倾斜的经济政策，致使农业生产、特别是粮棉生产的比较利益下降，农民的农业生产积极性受到打击。1985 年全国粮食比 1984 年减产 7%（从 40731 万吨降为 37911 万吨），棉花减产 34%（从 625.8 万吨降为 414.7 万吨），自此农业生产进入了新的徘徊阶段。

而恰是在 1984 年、1985 年以后，中国乡镇企业却异军突起，在农村迅速发展起来，1983 年全国乡镇企业共 134.6 万个，从业职工 3234 万人，年产值 1016 亿元。1984 年共有乡镇企业 606.5 万个，从业职工 5208 万人，年产值 1709 亿元（这里包含统计口径变化的因素，如 1984 年后把户办、联户办的企业也统计进去了）；1989 年全国共有乡镇企业 1868.4 万个，从业职工 9366.8 万人，年产值 7450 亿元。1983 年到 1989 年，中国的乡镇企业平均每年增加 289 万个，从业职工每年增加 1022 万人产值每年增加 1072 亿元。乡镇企业之所以有如此迅速的发展，这是由中国现行的经济社会体制决定的。因为自从农村实行家庭联产承包责任制之后，中国的 4 亿多农村劳动力的生产积极性充分发挥出来，现有的 1.34 亿公顷耕地和农业生产已经显得太局限了，各地都有大量的剩余劳动力需要有出路，鉴于这种状况，政府及时引导和鼓励农民发展乡镇企业，即发展农村的工业、建筑业、商业、服务业、运输业，于是乡镇企业就在中国广大农村如雨后春笋般地涌现了出来。现在中国的乡镇企业已经成为中国农村的主要经济支柱（1989年的乡镇企业产值已占农村社会总产值的60%），成为农村剩余劳动力的主要出路，成为农民增加收入的主要来源，而且也成为中国整个国民经济的重要组成部分（1989年乡镇企业总产值已占全国社会总产值的22%）。所以，当今的乡镇企业已成为观察、判断中国农村经济的一个重要方面。

1985年中国的粮食、棉花大减产之后，舆论界对农村形势有种种评论。有人认为，1984年以前中国农业是超常规增长，1985年以后转入常规增长；有人认为，1985年以后中国农业面临严峻的形势，转入了新的徘徊时期；也有人认为，小农经济的潜力已经耗尽等。如何来全面认识当前中国的农村形势呢？我认为可以概括为以下3个方面：农村经济社会形势很好；农业生产形势严峻；粮食、棉花等主要农产品供应紧张。

一　农村经济社会形势很好

直到20世纪70年代末，中国的农村经济是单一的农业经济，那时的农村经济形势好，就是农业形势好。经过改革，调整产业结构，现在中国的农村经济，不仅有农业，而且有农村工业、农村建筑业、农村商业、农村运输业、农村服务业。从1987年以后，在农村社会总产值中，农村的非农产业已占主要部分。所以认识现在的农村经济形势，必须要对农村的农业、工业、商业、运输业、服务业、建筑业等各个产业作全面分析，才能得出正确的结论。1985年农业虽然进入徘徊时期，但农村的乡镇企业却以每年20%～30%的速度增长，商品经济全面发展，农村的集市贸易兴旺，农民的经济收入也是逐年增加的，生活水平逐年有所提高。1989年农民人均收入达到602元，比1984年增加了70%。更可喜的是由于农村非农产业的发展，农业上剩余的劳动力大部分找到了出路，1989年有9000多万人在乡镇企业里从事非农业的生产，社会结构发生了合理的变化。1978年全国80320万农村人口中有30638万劳动力，其中90%是从事农业劳动的。1988年全国86625万农村人口中有40067万劳动力，只有60%从事农业劳动。在大中城市郊区、苏南等长江三角洲、珠江三角洲和胶东、辽南等乡镇企业发达的地区，则只有20%～30%的农村劳动力从事农业劳动，大部分已转到第二、第三产业去了。这种进步的趋势还在发展之中。

二　农业生产形势严峻

在 20 世纪 80 年代初期，中国农村经过改革以后，农民的生产积极性高涨，农业生产发展很快。但是在这个时候，农业决策部门放松了对于农田水利和农业基础设施的建设，放松了农用工业的建设，致使农用耕地减少，水利设施老化，灌溉面积减少，农机老化，机耕机播面积减少，化肥、农药、薄膜、柴油等农用生产资料严重短缺，限制了农业生产的发展。目前，全国的农业生产能力，基本上还停留在 20 世纪 80 年代初期的水平上，农业生产的物质条件不但没有得到应有的改善和提高，反而在相当程度上削弱和降低了。再加上现在价格因素和经济关系等方面还没有理顺，农业生产的比较利益较低，农民的农业生产特别是粮棉生产积极性受到压抑，所以，当前农业生产形势比较严峻，要突破徘徊的局面还要作出很大的努力。

三　粮食、棉花等主要农产品供应紧张

1984 年中国粮食总产 40731 万吨，人均占有 395 公斤，达到世界平均水平。1985 年大减产，1986 年、1987 年略有恢复，1988 年又减产，1989 年总产 40745 万吨，比 1984 年略多。但这五年全国人口增加 7315 万，工业生产增加了一倍多，城乡人民生活水平普遍提高。所以 1984 年全国粮食曾有剩余，而 1989 年则供应不足了，事实上，从 1987 年起我国已经恢复进口粮食。1984 年全国棉花总产 625 万吨，当年全国纺织厂只有 2200 万纱锭，全年只用棉 350 多万吨，所以，有大量的剩余棉花可供出口。1989 年棉花总产 379 万吨，比 1984 年减少 39%。而 1989 年全国纺织厂已拥有 3000 多万纱锭，需用棉 500 多万吨，供应严重不足。

农业生产徘徊，粮棉供应紧张，对整个国民经济产生了严重不利影响，制约了国民经济健康协调的发展，特别是 1988 年粮棉生产再一次以较大幅度减产之后，已经引起了领导决策部门和基层领导的关注。1988 年冬天，政府就作出了决定，要加强对农业的领导和支持，增加对农业的投入，提高粮食等农产品的收购价格，1989 年全国农业有了恢复性的增长，取得了较好的收成。当年农业生产总值增长 3.3%，粮食增长 3.4%。1989 年 11 月，中国共产党十三届五中全会作出了《关于进一步治理整顿和深化改革的决定》，再次强调农业的极端重要性，要求全党全国动员起来，集中力量

办好农业，并且作出了一定要把农业搞上去的具体规定，增加对农业的投入，增加对农业生产的贷款，发展和扩大农用工业的生产，提高棉花等农产品的收购价格。1989年冬和1990年春天，各地政府领导组织农民大搞农田水利建设，新增、恢复和改善灌溉面积390万公顷，改造中低产田77万公顷，这是近十年来搞得最多最好的一年。今年①开春以后，又动员大批干部到农村基层去，了解民情，听取意见，帮助农民搞好生产。现在小麦等夏收作物已接近成熟，丰收在望。初步估算，今年夏粮（主要是小麦）生产可望超过历史最高水平。今年的春耕春种也好于往年，各地的支农工作做得比较好，投入增加，农业贷款增多，农用生产资料供应也好于往年，加上今年春天北部地区雨水多、墒情好，如今年夏秋无特大的洪涝灾害，中国今年的农业将有一个较好的收成，特别是粮食、油料、烟叶、糖料等主要农产品将会突破最高年产量取得丰收。但因棉花的收购价格提高后，仍比较低，不如种粮食等合算，棉农的生产积极性不高，所以，今年的棉花生产还不会有较大幅度的增长。

1989年，由于乡镇企业受全国经济调整紧缩的影响，资金、能源、原材料紧缺，经营和发展遇到了极大的困难，特别是下半年乡镇企业面对的社会舆论压力很大，乡镇企业出现了10多年来从未有过的企业和从业人员减少的情况，与1988年相比，全国的乡镇企业从1888.1万个减少到1868.4万个，净减19.7万个；从业人员从9545.5万人减为9366.8万人，净减178.7万人。虽然总产值还增长15.9%，但比前几年增长幅度也明显降低了。中共十三届五中全会的决定，明确肯定农村家庭联产承包责任制等基本政策的作用，再次肯定了乡镇企业在农村发展和国民经济发展中的作用，扭转了农村干部和农民群众怕政策多变的思想，各级政府也都想方设法帮助乡镇企业排忧解难，积极支持其发展。今年二、三月以后，乡镇企业逐渐走出困境，又开始上升发展，今年第一季度乡镇企业的工业产值比去年同期增长6.3%，在广东、福建、山东等沿海农村乡镇企业再度出现蓬勃发展的趋势。

从全局看，从中华人民共和国成立40年的历史看，中国是个11亿人口、农村人口仍占80%的大国。农村政治经济稳定健康的发展，乃是全国政治经济稳定健康发展的基础。从1979年中国农村率先实行改革，这些年

---

① 本文中指1990年，下同。——编者注

逐渐形成的家庭联产承包责任制，乡镇企业、计划经济与市场调节相结合等一整套体制是符合目前中国农村的生产力水平，符合有计划的商品经济发展规律，符合广大农民群众的愿望，符合中国国情的。经过最近一年多来的调整、整顿，从认识到实践都逐步取得一致，各项体制和政策得到进一步充实和完善。所以，当前的中国农村，在政治上是安定的，社会结构正在逐步趋向合理，各方面进步都很快，有计划的商品经济正在蓬勃发展。当然，如前所述，中国的农业生产还要作很大的努力，要按价值规律对农产品的价格政策作相应的调整，把广大农民务农的积极性调动起来，在资金、物资和科技等方面要有更多的投入，改善农业生产的物质条件，提高农业的综合生产能力，突破近几年来主要农产品生产徘徊的局面，使整个农业生产持续稳定地增长。另外，还要积极支持和引导乡镇企业的发展，这方面，最近政府已作出了一系列决定，再次肯定乡镇企业在发展国民经济和社会发展中的重要作用，重申了要继续鼓励和支持乡镇企业发展的方针，并且制定了帮助乡镇企业发展的优惠政策，所有这些，都会使本来就具有强大生命力的乡镇企业更加健康地发展。需要特别指出的是，作为乡镇企业中主体部分的乡镇工业，正在逐渐成为我国生产的重要力量。1978年全国乡镇工业总产值 385 亿元，占全国工业总产值的 6.8%，1989 年乡镇工业总产值为 5180 亿元，占全国工业总产值的 23.7%，平均每年递增26.6%。今后 11 年，如按目前的格局，城市工业产值按 7% 的速度增长，而乡镇工业以 20% 的速度发展，那么，到 2000 年，乡镇工业的总产值将赶上城市工业的总产值，占全国工业总产值的 50%，成为整个国民经济的极其重要的组成部分。这样，我国的整个农村经济社会的发展将达到一个更高的水平，农村经济繁荣，农民更加富裕，农村社会结构也将发生巨大的变化，前景是很美好的。[①]

---

① 依据作者手稿增补"前景是很美好的"一句。——编者注

我国农业发展的困境与出路[*]

一 扭转我国农业徘徊局面国家必须加大投入

党的十一届三中全会以来，我国广大农村普遍实行了家庭承包责任制，极大调动了亿万农民的生产积极性和创造性，促使我国农村经济连续几年高速度、超常规增长。然而1985年以后，我国农村经济却一直徘徊在前几年的平均水平上，未能跨上新台阶。这种状况已持续了不只一年、二年，在范围上也不是一省、两省，因而远非某个地方的工作问题、领导问题所能解释的。有一种观点认为，农业徘徊的原因在于家庭承包的潜力挖尽了，耕地分得太散了，从而把责任推到家庭联产承包责任制头上，这种主张是很难站得住脚的，如果没有承包制，就不会有十一届三中全会以来农村经济的大发展，连"徘徊"的水平也达不到。其实，农业发展徘徊的根本原因在于国家减少了对农业的投入。

现代农业不同于传统的自然经济时的农业，自然经济讲的是自给自足，尚且可以广种薄收、靠天吃饭，而现代农业讲求提高土地生产率和商品率，因此必须进行投入，包括资金、技术、生产资料、土壤改良等的投入，事实上，我国自人民公社化至1980年，一直没有间断对农业的投入，其中包括大搞农业基本建设，兴修水利，改良土壤，也包括发展农用工业，兴办拖拉机站，推广农用机械、科学种田等。可见，十一届三中全会以后出现的农业经济的蓬勃发展，不能仅仅归结为"政策好、人努力、天帮忙"，国家30多年对农业的巨额投入起了重要的物资保障作用，功不可没。过去这

* 本文原载《新长征》1990年第10期，发表时间：1990年10月。该文为《新长征》记者专访陆学艺的访谈录整理稿。——编者注

笔农业投入之所以没能很好地发挥作用，是因为大锅饭的体制不好，而不是投入不重要。实行家庭联产承包责任制后，有些同志把政策作用估计过高，似乎只要推行家庭联产承包责任制，农村的一切问题就迎刃而解了，国家只管收购粮食就行了。由于对投入的重要作用估计不足，1981年以后，国家财政对农业的投入减少了一半，地方政府则减少的更多，有的地方减少了80%～90%，基本上把应该给农业的钱挤没了，完全靠吃30多年的老本维持生产，这种对待农业的短期行为给农业的发展埋下了极大隐患。从这个意义上说，我国1985年的农业减产以及后几年徘徊局面的出现，是同国家减少对农业的投入直接相联系的。改革10余年来，农村生产发展了，但农村生产力并没得到相应的发展，问题就在于对生产力中物的要素的投入没能及时跟上。只有劳动力同生产资料结合才能创造财富，这是马克思主义的基本原理。要想扭转农业发展的被动局面，国家必须下决心加大对农业的投入，每年不应少于财政收入的10%。

二　调动农民积极性必须按价值规律办事

我国现阶段实行有计划的商品经济，价值规律必然在经济生活中发挥重要作用，在农业上则集中表现为农产品价格问题，我国农产品价格偏低是个长期存在的老问题。农村改革开始后，我们曾一度提高了粮、棉、油的比价，使农民得到了实惠，但很快就被接踵而来的工业品涨价所抵消了。改革10余年来，总的来看，农民的生活水平是提高了，但城市居民生活水平提高的幅度更大，从统计数字上看工农差别、城乡差别是缩小了，1978年前，城乡居民收入比为1∶2.4左右，1989年为1∶2.1左右，[1]但实际情况是差别扩大了。因为对农民的收入统计，各种收入都算进去了，而对城市居民收入的统计却很难统统纳入，许多名义工资之外的收入都是以隐蔽的方式发放的，特别是城市职工在住房、医疗等方面所享有的福利待遇，更是农民望尘莫及的，在这个方面的城乡差别更为明显。

剪刀差的存在，特别是粮、棉等农产品的比价偏低，极大挫伤了农民种田的积极性。前面提到的农业徘徊，并不是所有的农产品都徘徊，而主要是粮食徘徊。改革以来，凡属价格放开的农产品，从来没徘徊过，如各种水果、水产品、蛋禽等农副产品，一直呈逐年增长趋势；凡属价格半活

---

①　国家统计局编《中国统计年鉴·1990》，北京：中国统计出版社，1990，第289页。

半死、实行双轨制的，大都徘徊，粮食生产尤为明显；凡是国家在价格上管的死的农产品，如棉花的产量，不是徘徊的问题，而是逐年下降，所有这些，是价值规律作用的结果。价格问题，实际上是基本政策问题，价格不合理，农民就不买账，种田就没有积极性。

我国是一个具有 11 亿人口的大国，每年新增人口就达 1500 万人[1]，每年需增产 150 亿斤粮食才能应付局面，年增产 250 亿斤粮，日子才好过些，我们应当充分运用价值规律和价格政策，调动农民的生产积极性。

三 稳定、发展农业的出路是完善家庭联产承包责任制

家庭联产承包责任制是广大农民群众在实践中创造出来的经营方式，这种经营方式在坚持土地等基本生产资料归集体所有的前提下，把经营权与所有权适当分开，形成有统有分的双层经营结构，从而既能发挥集体经济的优越性，又能激发家庭承包的积极性。这是适合中国国情的农业经营方式，是稳定、发展农业的重要保证，不能简单舍弃和否定。在这个问题上，应当破除两种错误主张：一种是以农民只种地不养地、不投入为由，主张实行土地私有化；另一种是以家庭承包不利于发展规模经营和商品经济为由，主张重新"归大堆"，搞集体经营。前者背离了社会主义道路，后者则背离了我国农村生产力发展的客观要求，都是行不通的。

当然，现行的家庭联产承包责任制并不是尽善尽美，在实行中也出了不少偏差，急需完善。这几年有些地方基本上处于分田单干的状态，不是双层经营，而是单层经营，集体经济遭到极大削弱，根本发挥不了统的作用。据调查，我国农村的村民委员会中，真正发挥作用的不到一半，基本瘫痪的达 20% ~ 30%，有些地方连会都开不成。因此，完善家庭联产承包责任制的当务之急是恢复村民委员会的一些职能，壮大集体经济，建立服务体系。实践证明，家庭承包经营离开集体经济不行，现代农业离开社会化服务体系不行。集体经济壮大了，服务搞好了，农业再上一个台阶才有保证。

四 发展乡镇企业是发展我国农业的战略措施

我国的农业资源，特别是耕地面积，虽然绝对数很大，但人均占有量

---

① 国家统计局编《中国统计年鉴·1990》，北京：中国统计出版社，1990，第 89 页。

却大大低于世界人均水平。我国目前有 8 亿农村人口，其中农村劳动力为 3.8 亿人左右，不要说仅 15 亿亩耕地，就是有 20 亿亩也不够种。只要稍加农业机械化的武装，每个农村劳动力种 50 亩地不成问题。目前我国农村闲置劳动力达上亿人，如果人人都守着那几亩承包地，勉强维持温饱，中国的农业就没有希望，"四化"大业也很难实现。既然土地不会增多，而人口劳动力不能立即减少，那么出路便只有一个，即发展乡镇企业。乡镇企业发展了，一方面可以转移农业劳动力，为务农人员的规模经营创造条件，一方面有利于壮大集体经济，实行以工补农，加快农村致富步伐。当然，发展乡镇企业要量力而行、因地制宜，不仅需充分考虑资金、技术、资源、产业结构和产品结构等问题，还应兼顾经济效益和社会效益，防止环境污染和资源浪费，这样才能使乡镇企业走上健康发展的轨道。总之，国家要加大对农业的投入。解决农业发展后劲问题，只有通过价格改革调动农民的积极性，通过发展乡镇企业转移农业劳动力，通过完善家庭联产承包责任制提供体制上的保证，我国农业的发展才大有希望。

农村形势[*]

1978 年 12 月党的十一届三中全会以后，中国农村实行了改革，调整了生产关系，克服了集体经济吃大锅饭的弊端，激励了广大农民的生产积极性，农业经济发展很快，农村发生了历史性的大变化。

从 1979 年到 1989 年 10 年间，农业总产值由 1697 亿元增加到 6535 亿元，以可比价格增长 75.25%，平均每年递增 5.77%；粮食由 33212 万吨增加到 40755 万吨，10 年增长 22.68%，平均每年递增 2.07%；棉花由 220.7 万吨增加到 379 万吨，10 年增长 71.73%，平均每年递增 5.56%；油料由 643.5 万吨增加到 1295 万吨，10 年增长 200.6%，平均每年递增 7.21%；糖料由 2461.4 万吨增加到 5804 万吨，10 年增长 235.4%，平均每年递增 8.94%；猪牛羊肉由 1062.4 万吨增加到 2326.2 万吨，10 年增长 219.1%，平均每年递增 8.16%；水产品由 431 万吨增加到 1152 万吨，10 年增长 266.36%，平均每年递增 10.29%；农民人均纯收入由 160 元增加到 602 元，扣除物价因素，10 年平均每年递增 10%。[①]

中国农村之所以发生这样大的变化，主要是因为农村实行了一系列经济社会方面的改革，其中包括在农村普遍实行家庭联产承包责任制，改变了原来集体经营吃大锅饭的体制，调整产业结构，实行"在不放松粮食生产的条件下，积极发展多种经营"的方针，改变了以粮食为纲单一经营的方针；放手在农村发展乡镇工业和农村商业服务业，改变了以往只许农民从事农业的方针；以共同富裕为最终目标，允许和鼓励一部分地区、一部

---

[*] 本文源自作者手稿，原稿写于 1991 年。原稿无题，编者根据作者在稿纸背面的提示以及文章内容拟定了本文题目和第四、第五个小标题。原稿有缺页。——编者注

[①] 国家统计局编《中国统计年鉴·1990》，北京：中国统计出版社，1990 年 8 月，第 335 页、第 363~365 页、第 374 页、第 380 页、第 312 页；《中国统计年鉴·1981》，北京：中国统计出版社，1982 年 8 月，第 431 页。

分人先富起来的政策，改变了原来要求同步富裕的平均主义做法；实行以生产资料公有制为主体的前提下、发展多种经济成分的政策，改变了原来只按单一的生产资料公有制的政策；对农产品实行计划经济与市场调节相结合的购销政策，改变了原来对大多数农产品实行统购统销的政策。上述这些改革符合经济发展的规律，符合中国的国情，符合农民群众的愿望，从而把8亿多农民的生产积极性调动起来了，使得中国农村发生了日新月异的变化。

但中国农村这10年的发展是不平衡的，就全国来说，1979～1984年，农业形势一直很好，发展很快，农业生产总值每年以9%的速度递增，粮食平均每年增产1253万吨，棉花平均每年增长67.5万吨，其他农产品也以很高的速度发展，到1984年达到农业生产的高峰。全国的粮库满了，棉库也满了，到处出现涨库现象。原来需要每年进口1000多万吨粮食，60多万吨棉花，至此，不仅不要进口，而且有粮食，有棉花出口了。在这样一种来得突然的好形势面前，经济决策部门过分乐观地估计了这种好形势，以为农业已经过关了，农业问题已经解决了，所以放松了对农业生产的领导和支持，削减了对农业的投资，取消了许多支持农业的优惠政策，降低了粮食棉花的收购价格，重又实行向工业、向城市倾斜的经济政策，致使农业生产，特别是粮棉生产的比较利益下降；农民的农业生产积极性受到压抑。1985年，全国粮食比1984年减产7%（从40731万吨降为37911万吨），棉花减产34%（从625.8万吨降为414.7万吨），[①] 自此农业生产进入了新的徘徊阶段。

1985年中国的粮食棉花大减产之后，舆论界对农村形势有种种评论，有人认为1984年前中国农业是超常规增长，1985年以后转入常规增长；有人认为1985年以后中国农业面临严峻的形势，转入了新的徘徊时期；也有人认为，小农经济的潜力已经耗尽，等等。如何全面认识当前中国的农村形势呢？可以概括为以下三个方面：一是农村经济社会形势很好；二是农业生产形势严峻；三是粮食、棉花等主要农产品的供应紧张。

一 农村经济社会形势很好

直到20世纪70年代末，中国农村经济是单一的农业经济，那时的农村

---

① 国家统计局编《中国统计年鉴·1990》，北京：中国统计出版社，1990年8月，第363～364页。

经济形势好，就是农业形势好。经过改革，产业结构调整，现在中国的农业经济，不仅有农业，而且有农村工业、农村商业、农村运输业、农村服务业。从 1987 年以后，在农村社会总产值中，农村的非农产业已占主要部分，所以，要认识现在的农村经济形势，必须对农村的农业、工业、商业运输业、服务业、建筑业等各个产业做全面分析，才能得出正确的结论。

1985 年农业虽然进入徘徊期，但农村的乡镇企业却以每年 20%～30% 的速度增长，到 1989 年全国乡镇企业共有 1868 万个，从业职工 9366 万人，年产值为 7520 亿元，占农村社会总产值 58%，出口创汇 100 亿美元，上缴税金 365 亿元。[①] 农村商品经济全面发展，农村的集市贸易兴旺，农民的经济收入也是逐年增加的，生活水平逐年有所提高。1989 年农民人均纯收入达到 602 元，比 1984 年增加了近 1 倍。更可喜的是，由于农村非农产业的发展，一部分剩余的劳动力，找到了出路，社会结构发生了合理的变化。1978 年全国 80320 万农村人口中，有 30638 万劳动力，90% 是从事农业劳动的。1988 年全国 86625 万农村人口中，有 40067 万劳动力，只有 60% 从事农业劳动，[②] 在大中城市郊区，在苏南等长江三角洲、珠江三角洲和胶东、辽南等乡镇企业发达地区，则只有 20%～30% 的农村劳动力从事农业劳动，大部分已转到第二、第三产业去了，这种进步的趋势还在继续发展之中。

二 农业生产形势严峻

在 20 世纪 80 年代初期，中国农村经过改革以后，农民的生产积极性高涨，农业生产发展很快，但却是在这个时候，农业决策部门放松了对于农田水利和农业基础设施的建设，放松了对农用工业的建设，致使农用耕地减少、水利设施老化、灌溉面积减少、农机老化、机耕机播面积减少，化肥、农药、薄膜、柴油等农用生产资料严重短缺，限制了农业生产的发展。目前，全国的农业生产能力基本上还停留在 20 世纪 80 年代初期的水平上，农业生产的物质条件不但没有得到应有的改善和提高，反而在相当程度上削弱和降低了。再加上现在价格因素和经济关系等方面还没有理顺，农业生产的比较利益较低，农民的农业生产特别是粮棉生产积极性受到压抑，

---

① 参见农业部乡镇企业局组编《中国乡镇企业统计资料》（1978～2002），北京：中国农业出版社，2003 年 8 月，第 3～13 页。——编者注

② 国家统计局《中国统计摘要·1989》，北京：中国统计出版社，1983 年 6 月，第 21 页。国家统计局编《中国统计摘要·1989》，北京：中国统计出版社，1989 年 5 月，第 21 页。

所以当前农业生产形势比较严峻，要突破徘徊的局面，还要作出很大的努力。

三　粮食棉花等主要农产品供应紧张

1984 年中国粮食总产量 40731 万吨，人均占有 394 公斤，达到世界平均水平。1985 年大减产，1986 年、1987 年略有恢复，1988 年又减产，1989年总产量 40755 万吨，比 1984 年略多。但这 5 年里，全国人口增加 7315万，工业生产增加了一倍多，城乡人民生活水平普遍提高。1984 年全国粮食曾有剩余，而 1989 年则供应不足了，1989 年全国人均粮食只有 369 公斤，事实上，从 1987 年起已经恢复进口粮食，1984 年全国棉花总产量 626万吨，当年全国纺织厂只有 2200 万纱锭，全年只用棉 350 多万吨，所以有大量的剩余棉花可供出口。1989 年棉花总产量 379 万吨，比 1984 年减少39%，而 1989 年全国纺织厂已拥有 3000 多万纱锭，需用棉 500 多万吨，供应严重不足，从 1988 年开始，我国又不得不恢复了棉花进口。[①]

农业生产徘徊，粮棉供应紧张，对整个国民经济产生了严重不利影响，制约了国民经济健康协调的发展。特别是 1988 年，粮棉生产再一次以较大幅度减产之后，已经引起领导决策部门和基层领导的关注。1988 年冬天，政府作出了决定，要加强对农业的领导和支持，增加对农业的投入，提高粮食等农产品的收购价格。1989 年全国农业有了恢复性的增长，取得了较好的收成，当年农业生产总值增长 3.3%，粮食增长 3.4%。1989 年 11 月，党的十三届五中全会作出《关于进一步治理整顿和深化改革的决定》，再次强调农业的极端重要性，要求全党全国动员起来，集中力量办好农业，并且作出了一定要把农业搞上去的具体规定，增加对农业的投入，增加对农业生产的贷款，发展和扩大农用工业的生产，提高棉花等农产品的收购价格。1989 年冬和 1990 年春，各地政府领导组织农民大搞农田水利建设，新增、恢复灌溉面积 3900 万公顷，改造中低产田 77 万公顷，这是近十年来搞得最好最多的一年。今年[②]开春以后又动员大批干部到农村基层去，了解民情，听取意见，帮助农民搞好生产。今年小麦等夏收作物已获丰收，今年

---

① 国家统计局编《中国统计摘要·1990》，北京：中国统计出版社，1990 年 5 月，第 14 页、第 56～57 页、第 62 页。

② 本文中指 1990 年，下同。——编者注

的春耕春种也好于往年，各地的支农工作做得比较好，投入增加，农业贷款增多，农业生产资料供应也好于往年，加上今年北方雨水多，南方没有特大的洪涝灾害，今年的农业是一个好年景，粮食、油料、烟叶、糖料等主要农产品将会突破最高年产量，取得较大的丰收。今年的棉花也可望比去年①增产，但增产幅度比粮油要低，完成年初 8800 万担的计划还有一定的差距。

今年的农业丰收，说明了这两年的治理整顿，加强农业的工作已经取得了丰硕成果。但是也应看到，今年的农业丰收，有一个很重要的因素是今年的气候对农业很有利，今年的农业好年景是世界性的。然而，我们农业上的一些深层次的问题并没有完全解决，诸如农田水利基本建设，农用生产资料供应，农业生产的社会化服务体系，农产品的流通和价格政策等问题还要继续抓紧解决，切不可因今年农业丰收了就松口气，掉以轻心，那是要误事的。

四　20 世纪 90 年代中国农村所面临的任务

现在我们已进入 20 世纪 90 年代，这是本世纪末最后一个 10 年，如何使中国的农业再上一个新台阶，使我国的工业农业协调发展，使我们的城市、乡村协调发展，使中国农村经济社会协调发展，将成为 20 世纪 90 年代农村发展的重要课题。20 世纪 90 年代中国农村所面临的任务主要有以下几项。

第一，要求农业保持稳定增长的势头。邓小平同志提出，到 20 世纪末，我国要达到小康水平的目标，从 1980 年算起，国民生产总值要翻两番，达到 1 万亿美元，每人平均 800～1000 美元。1980 年我国国民生产总值为4470 亿元，1989 年已达到 15789 亿元，② 按可比价格计，增长 124.8%，平均每年递增 8.43%。按到 2000 年翻两番计，今后 10 年，平均每年要递增5.93%。农业是国民经济的基础，要使国民经济持续、稳定、协调的发展，最重要的是，要使工业和农业的发展保持适当的比例。新中国成立 40 年来的历史经验表明，现阶段我国的农业和工业的速度保持在 1：2 左右就比较协调。所以，今后 10 年，要求工业保持每年递增 7%～8%，要求农业应平

---

① 此处指 1989 年。——编者注
② 国家统计局编《中国统计年鉴·1990》，北京：中国统计出版社，1990 年 8 月，第 33 页。

均每年增长 3% ~ 4%，再加上商业、服务业、公用事业等也保持相应的发展速度，翻两番的目标就能实现。

第二，要求粮食、棉花等主要农产品稳定增长。按国家统计局报告，1989 年我国总人口为 111191 万人[①]，专家预测，到 20 世纪末，我国总人口将达到 12.8 亿左右。要使城乡人民提高到小康生活水平，人平均占有 800 斤粮食、8 斤棉花是最起码的要求。那就需要 10240 亿斤粮食，10240 万担棉花。1989 年粮食总产量 8149 亿斤，要求再增产 2091 亿斤，平均每年增产 190 亿斤，即粮食总产量平均每年递增 2.1%；1989 年棉花为 7580 万担，要求再增产 2660 万担，平均每年增产 242 万担，即要求棉花总产量平均每年递增 2.8%。

第三，要求农业的科学化、专业化、商品化、现代化水平上一个新的台阶。20 世纪 80 年代我们主要靠改革调整生产关系，调动农民的积极性，增加活劳动的投入，发挥了 20 世纪六七十年代积累的农业基本建设的作用，促进了农业的发展，也使农业现代化向前推进了一步。20 世纪 90 年代，农业要继续深化改革，稳定和完善农村基本经济政策，但主要要依靠发展农业生产力，要增加投入，增加劳动积累，进行农业基本建设，推广科学技术，调整农业生产和消费结构，提高农产品的商品率。在 1980 年的农业总产值中，种植业占 71.68%，牧业占 18.42%，渔业占 1.71%；1988 年的农业总产值中，种植业占 57.03%，牧业占 26.04%，渔业占 5.46%，后两项合计占 31.5%，比 1980 年增加 11.37 个百分点。[②] 农业内部结构发生了可喜的变化。到 20 世纪末，在农业总产值之中，牧渔业应提高到 40%。1980 年农副产品商品率为 43.8%，1988 年达到 51.1%，增加了 7.3 个百分点。到 20 世纪末，农副产品的商品率应提高到 60% 以上。

第四，要为 21 世纪的第一个 10 年农业继续发展奠定一个良好的基础。要使农业承担起国民经济现代化发展的基础作用，使农业稳定增长，就必须建设和形成农业的综合生产能力。20 世纪 80 年代，农业生产虽然有了较大增长，但由于从 1981 年后大量减少了农业投入，农业综合生产能力没有相应提高，农业后劲不足。农田水利、农村能源、道路仓储等基础设施的建设，农用工业体系的建设、农业科技研究、教育、推广体系的建设，都需要一个较长的建设周期，20 世纪 90 年代不仅要弥补 80 年代"吃老本"

①　国家统计局编《中国统计年鉴·1990》，北京：中国统计出版社，1990 年 8 月，第 89 页。
②　国家统计局编《中国统计摘要·1989》，北京：中国统计出版社，1989 年 5 月，第 23 页。

留下的欠账，而且还要为下一个 10 年的农业发展准备后劲。

以上四个方面的任务是很艰巨的，但这是我国要实现在 20 世纪末国民生产总值翻两番的战略目标所必需的最基本的要求。

五　突破农业徘徊，跨上新台阶的潜力

中国是一个拥有 11 亿人口的农业大国，任何时候都不能把解决粮棉需求的立足点放在国际市场上。发展互利的农产品国际贸易是十分必要的，但大量进口粮食是不切合实际的。我们必须完全可能依靠自己的力量，充分利用自然资源，采取正确的方针向生产的深度和广度进军，走精耕细作、稳产高产的路子，大力发展生产来解决我国粮食及其他主要农产品的供给问题。其实，突破农业徘徊，跨上新的台阶的潜力是大的。

1. 我国现有耕地 14.3 亿亩，① 其中 2/3 是中低产田，平均亩产比相同条件下的高产田低三五百斤，只要增加投入和采用先进的科学技术，仅提高单产一项，潜力就相当可观。此外，我国还有宜农荒地 5 亿亩、宜林宜草的荒山荒坡 18.4 亿亩、冬闲耕地 2 亿亩等，从中开发利用一部分是完全可能的。

2. 农业基础设施的建设和利用潜力。新中国成立以后，我们十分重视以水、肥、土为重点的农业生产物质基础设施的建设，到 1988 年建成大中小型水库 8.29 万座，蓄水 4503 多亿立方米，建成万亩以上的灌区 5300 多处，机井 291 万多眼，有效灌溉面积为 6.6 亿亩。建成农村小水电站 5.2 万座，装机容量 461 万千瓦，农村用电达 712 亿度。农机总动力 2658 亿瓦，其中大中型拖拉机 87 万台，小型及手扶拖拉机 596 万台，农用汽车 59 万辆。② 所有这些对保障和促进农业的发展起了重要的作用。今后十年，一方面要加强管理，充分发挥已有基础设施的作用；另一方面要从各方面增加对农业的投入，继续进行农业基础设施建设，如再增加 1 亿亩灌溉面积，那对农业增产的作用是很可观的。

（此处缺 1 页。——编者注）

种种原因，大量已成熟的适用技术没有得到充分推广和应用，如杂交

---

① 国家统计局编《中国统计年鉴·1990》，北京：中国统计出版社，1990 年 8 月，第 6 页。

② 国家统计局编《中国统计年鉴·1989》，北京：中国统计出版社，1989 年 9 月，第 185 页、第 183 页、第 175～176 页。

水稻仅为可推广面的 45%，杂交玉米也仅为 75%，而配方施肥技术推广只有百分之几，农业科技的潜力还远没有得到发挥。20 世纪 80 年代科技进步在农业增长中的份额只有 30%～40%，20 世纪 90 年代如能提高到 50%～60%，农业生产就能跨进一大步。

5. 我国有一支勤劳智慧、有精耕细作传统的农业劳动者队伍，这是任何别国都无可比拟的。1988 年统计表明，农村劳动力有 40067 万人，其中从事农林牧渔业的为 31456 万人。[①] 现在农村实行家庭联产承包责任制，实行集体统一经营和农民家庭分散经营相结合的体制，符合目前农村生产力，符合广大农民的心愿，农民有生产积极性。现在的问题是，多种原因所致，大约有 30% 的村级集体经济处于瘫痪半瘫痪状态，不能发挥统一经营的作用，也不能对家庭经营起到服务和帮助的作用，影响了农业生产。这些农村基层组织，经过整顿，真正实行统分结合，双层经营，把统一经营搞起来，做好农业生产的产前、产中、产后服务，那么家庭联产承包制就能进一步完善，农业生产的潜力就能得到充分发挥。

6. 我国目前正处在由传统农业向现代农业转变过程中，许多国家的实践表明，实现这个转变，都将使农业产量增加一倍到几倍。当然，这需要大量的现代生产资料、科学技术等的投入，需要做大量的工作。我们在这方面已经尽了很大的努力，并正在继续努力，以实现这个转变。可喜的是，经过 1985 年以来农业徘徊引起严重后果的教训，从中央到地方，从领导到群众，再一次取得了"必须把农业放在重要地位，各项经济工作都要贯彻以农业为基础的方针"的共识，提出："要迅速在全党全国造成一个重视农业支援农业和发展农业的热潮，齐心合力把农业搞上去"。真正这样做了，中国农业再上一两个台阶是大有希望的。

所以，中国的农业前景是光明的、有希望的，没有悲观的理由。

六　协调发展，有必要采取以下对策措施

为了将潜力转化为现实的生产力，实现农业振兴，促进农村经济社会协调发展，有必要采取以下对策措施。

1. 采取综合措施保障农业发展多方增加农业投入，加强农业基础设施

---

① 国家统计局编《中国统计摘要·1989》，北京：中国统计出版社，1989 年 5 月，第 15～16 页。

建设（包括中央、地方、集体和农民，都应该增加对农业的投入）。农业是物质能量转换的产业，据科学测算，每增加 500 亿公斤粮食的生产能力，需增加投入化肥 1500 万吨、农用电 100 亿度。据此，中央对农业的投资应占国家投资总额的 10%～12%，地方投资的比例应是中央的 2 倍，集体和农民的投入应占农村积累资金的绝大部分，才能满足需要。

2. 调整主要农产品定购价格，调动农民的发展粮棉等主要农产品的积极性，粮棉等价格的调整一定要与控制生产资料价格同步考虑，以利于理顺农产品价格体系，理顺工农业产品间的价格体系。

3. 依靠科学进步振兴农业。我国耕地资源有限，发展生产必须走主要依靠科技进步提高单产发展的道路，牢固树立科技兴农的战略思想，在全国范围内制订"丰收计划""星火计划"，以加速科技成果的推广应用。为此，需建立各级科技推广服务组织，充实基层农机推广队伍；继续深化科技体制改革，健全和完善农业对新技术引入的新机制。

4. 组织大规模的农业区域综合开发，形成农业新的生产能力，争取在 20 世纪 90 年代改造中低产田 3 亿亩，新增耕地 1 亿亩，把全国耕地稳定在 15 亿亩的水平上。

5. 继续鼓励和引导乡镇企业健康发展。乡镇企业的主体是社会主义集体经济，在农村经济发展中起了很大作用，对其在发展过程中存在的问题，在治理整顿中要正确引导，慎重处理，避免产生大的波动。在发展乡镇企业过程中，要在充分保证农业发展需要的基础上，有计划地转移农业剩余劳动力，并合理控制速度，认真调整产业结构，改善经营管理和经营作风。

6. 加强对农业的领导，稳定农村经济政策，保证治理整顿和各项农村工作顺利进行。把"农业是国民经济基础"这一思想落到实处，以理顺工农关系、城乡关系，巩固和发展工农联盟。

7. 中央和各地都应制订农村经济与社会协调发展的中长期计划，并坚持实施。

8. 地方各级党委和政府一定要把农村工作、农业工作放在十分重要的位置上，党政一把手要亲自抓农业，并把农业，包括人口、人均耕地和粮棉、绿化、人均收入的增减情况等列入考核各级领导政绩的重要指标。

9. 继续稳定和完善农村家庭联产承包责任制，目前的重点一是要稳定，这个大政策不能变；不断加强农村基层经济组织"统"的职能和农村集体经济的力量，真正做到"统分结合"，以完善社会化服务体系，促进农业持续稳定发展。"分"就是家庭联产承包责任制不变，即土地承包不变、农民经营管理自主权不变，分配上多收归己不变；"统"是指统一规划农田基本建设，统一经营和管理农机、水利等技术装备，合理规划生产布局，建立产前、产中、产后的生产科技及供销等社会化服务体系。在有条件的地方，要根据农民自愿的原则，积极而稳妥地推进适度规模经营。

10. 下大力气抓好农村基层组织建设，加强农村思想政治工作，用社会主义思想占领农村阵地。

粮食产量还是如实公布为好[*]

  1990 年，由于党中央、国务院高度重视农业，各级党委切实加强了领导，农村基本政策稳定有效，充分调动了广大农民的生产积极性，再加上牛马年风调雨顺，农业获得了全面的大丰收。特别是粮食，在 1989 年已超过了历史最高产量的基础上，又向前迈了一大步。据统计部门统计，粮食产量达到 8925 亿斤^①，比 1989 年增产 764 亿斤，增长 9.37%。新中国成立 40 年来，农业年增产粮食超过 500 亿斤的情况一共只有 6 次，5 次都发生在十一届三中全会以后，但超过 700 亿斤的，只有去年^②这一次。1990 年是增产粮食最多的一年。

  粮食生产自 1985 年减产以后，连续徘徊 4 年，1989 年略有增产，1990 年猛增了 764 亿斤。对于 1990 年出人意料的特大增产，有些同志将信将疑，又喜又爱。他们怀疑这么大的增产数据中有水分，而且 1991 年粮食生产不大可能再保住 1990 年的产量，从政治上考虑，1991 年减产数大了，名声不好听，所以他们主张，1990 年的粮食产量要少公布一些。我觉得这样做并不妥当，弊多利少，而且后患无穷。

  第一，1990 年农业生产的形势实在好，粮食大增产是百年不遇的。1985 年大减产之后，国家重新强调农业是基础的理论，逐步给农业升温。特别是 1988 年粮食再次以较大幅度减产后，引起供给紧张，更加引起大家

---

  * 本文源自作者手稿，该稿写于 1991 年 2 月 21 日。——编者注

  ① 1991 年 2 月 22 日发布的《中华人民共和国国家统计局关于 1990 年国民经济和社会发展的统计公报》和同年 5 月出版的《中国统计摘要·1991》（中国统计出版社，1991 年 5 月，第 56 页）公布的数字是：1990 年粮食总产为 43500 万吨（即 8700 亿斤）。同年 8 月出版的《中国统计年鉴·1991》（中国统计出版社，1991 年 8 月，第 346 页）则修正为 44624 万吨（即 8925 亿斤）。以后各年《中国统计摘要》《中国统计年鉴》均采用该数字。——编者注

  ② 此处指 1990 年。——编者注

重视农业。从中央到地方，从干部到群众，确实在农业上下了功夫，投入了力量。再加上 1990 年遇上了多年难遇的全国性好气候，农业确实增产了。1990 年夏粮增产 100 亿斤，早稻又增产 50 亿斤，秋粮在全国 30 多个省市中有 27 个省市都增产了，共增产 600 多亿斤。其中辽宁、吉林、黑龙江三省就增加了 350 多亿斤（1989 年这三个省比 1988 年减产 150 亿斤，所以 1990 年增产这么多，一部分原因是带有补偿性的）。现在全国从东到西，由北及南到处是卖粮难，市场粮价大幅度跌价，降到 1988 年秋季以前的水平。这从另一个侧面也说明，1990 年的粮食确实是增产了。1990 年秋后，我实地调查了吉林、黑龙江、河南、河北四省的农村，从平原到山区，从经济发达地区到贫困地区，到处都看到农业大丰收的好景象。吉林的同志总结说，"1990 年的农业是四个一样：玉米、水稻、高粱、大豆所有的粮食作物一样增产；粮食作物、经济作物一样增产；山地、坡地、平地、洼地一样增产；经济发达地区、经济落后地区一样增产"。这样的好年景，几十年都难得一遇啊。

第二，1990 年粮食总产 8925 亿斤，是国家统计局通过对全国 857 个县、3 万多农户耕种的地块，严格按照《粮食产量实割实测抽样调查方案》统计汇总的，1991 年又经过反复核实得出的结论，因此是可信的、靠得住的。历年的粮食产量都是这样确定的，这种统计方法经过逐步改进，实践证明是科学的、可信的。而且农业部根据各省、市、自治区农业厅、局的报告汇总，得到的 1990 年粮食产量数是与上述统计数据基本相同的。有的同志怀疑，一部分地方的领导为了要强调本届党委和政府的政绩，所以把产量报多了。另外 1990 年秋，中央决定建立专项储备粮制度，这些专项储备粮指标，中央是有补贴的。地方为了争这部分指标，所以也可能多报产量。这种担心，不是没有根据，这样的情况，可能在少数地方发生，但是相反的情况同样存在。1990 年是粮食三年包干期的最后一年，一些地区的同志为了使新一轮的包干基数定得于本地有利，会少报产量。1990 年是全国县、市政府换届的年份，新政府上任的第一年，也会把产量报得低。从总体来说，上述诸种情况都可能出现。但就全国而言，大多数地区的领导会实事求是地按照《统计法》的要求，如实申报数字的。《统计法》已经公布多年了，我们应该相信绝大多数领导干部是遵守《统计法》的。

第三，有些同志承认 1990 年粮食大增产是事实，但考虑到 1991 年气候不会老帮忙，加上卖粮难等原因，农民种粮的积极性下降，1991 年粮食可能会减产。所以主张少公布 1990 年的粮食产量，认为这样做，可使 1991 年粮食减产幅度小，在政治上有利。可是这样做的不利后果很多，主要有三点：一、统计是一门科学，要尊重科学。1990年粮食产量是成千上万个统计工作者几个月的辛勤劳动成果，要尊重统计工作者的劳动，不能借口政治考虑（或其他原因）随意更改统计数字，特别是中央决策部门不能这样做。如果最高决策部门开了这个先例，以后就不好办了。既然国家可以根据某种考虑随意更改数字，那么以后各省、各地、各县的党委和政府，都可出于本地的某种考虑，以此为借口，随意向党和国家上报数字，那以后的统计就失去客观标准，可信度就低了，谁还相信公布的统计数字？如果国家统计失去了可靠性、权威性，这在国内、国际都是很不利的。二、对农业生产不利，对指导工作不利。1990年实产8925亿斤，如果只公布8500亿斤，那么即便1991年实产8600亿斤，实际上是减产了，但统计数还是增产的，结论完全不同，采取的决策也就会很不相同，后果不好，这是可以想见的。三、对科学研究不利。科学研究必须根据事实，才能得出规律性的认识。统计数字是最重要的事实，统计数字失真，就会得出不正确的结论。我们过去吃过不按科学规律办事的苦，这个教训不能再重复了。

有的同志担心，1991年减产幅度大了，于政治上说不过去。我们应该相信群众，把1990年粮食大增产原因如实讲清，1991年如果真的减产了，把原因如实讲清楚，坦率诚恳，群众也会接受的。所以，我建议，1990年的粮食产量还是如实公布为好。

农村发展的新阶段和当前农村工作的重点[*]

一 当前农业形势较好，进入了一个新的发展阶段

从 1978 年到 1984 年，农业每年以较高的速度发展。1985 年粮食、棉花减产，转入了徘徊停滞阶段。1986 年、1987 年略有恢复。1988 年粮棉再次减产，到了谷底。1989 年粮食恢复到 1984 年的产量。1990 年粮食增产 774 亿斤、棉花增产 1440 万担，大大出乎人们的意料，有一部分领导同志不相信好形势竟来得如此之快，一年能增产这么多粮棉，所以发表 1990 年统计公报时，只公布 1990 年年产 8700 亿斤粮食，少报了 225 亿斤。[①] 有人把 1990 年的增产主要归功于风调雨顺，老天爷帮忙，"牛马年，好种田嘛!" 1991 年是羊年，流年不利，果然南方大水，淹了好几个省几亿亩庄稼。但就是洪水遍地时，全国市场粮价稳中有降，就是在苏皖灾区，粮价也没上涨，这说明农民手中确实有粮，1990 年的粮食棉花大增产，确实是真的。(1991 年) 秋后，各地丰收的捷报频传，粮食总产将超过 8500 亿斤，棉花等经济作物也继续增产。如果说，1990 年的特大丰收，还可讲是老天帮忙，那么，1991 年的再次丰收，就足以说明，农业已经摆脱了 1985 ~ 1988 年的徘徊期，进入了一个新的发展阶段。

这是为什么呢? 1979 年到 1984 年，农业产量大幅度增加了，但由于各种原因，农业生产力没有提高，某些方面还降低了。而 1985 年到 1988 年，

---

[*] 本文源自《"三农论"——当代中国农业、农村、农民研究》(陆学艺著，北京：社会科学文献出版社，2002 年 11 月)，第 28 ~ 43 页。原稿大约写于 1992 年 2 月。——编者注

[①] 《中华人民共和国国家统计局关于 1990 年国民经济和社会发展的统计公报》，国家统计局网站，http://www.stets.gov.cn/tjsj/tjgb/ndtjgb/qgndtjgb/200203/ + 20020331_3003.html；国家统计局编《中国统计年鉴 1991》，北京：中国统计出版社，1991，第 346 页。

粮食、棉花这两项主要农产品的产量徘徊停滞，而这几年，农业生产力却提高了。所以，就出现 1989 年的恢复和 1990 年、1991 年的增产。这是五年来从中央到地方、从干部到群众共同奋斗的结果。具体原因如下：

第一，社会舆论变了，各级党委和政府再次重视农业，改变了"实行了联产承包责任制、农业靠政策就行了"的错误认识。1986 年中央一号文件重申农业是国民经济的基础的理论。1988 年，中央明确提出，发展农业要一靠政策、二靠科学、三靠投入。1989 年党中央十三届五中全会强调，农业不仅是国民经济的基础，而且也是社会安定的基础。

第二，各级党委和政府加强了对农业的领导，把农业摆到了重要议事日程。十三届五中全会以后，各级党委明确了有一名副书记主管农业，政府配备了主管农业的副省长、副市长、副县长。十三届五中全会还强调地、县的主要工作是抓好农业发展，要把农业发展的好坏作为政绩来考核干部。所有这些都使农业的发展有了组织和行政保障。

第三，"七五"后期农业投资有了增加。"六五"后期、"七五"初期大幅度减少农业投资是一大失误。1985 年粮棉减产的现实教训了人，经过多方呼吁，"七五"后期农业投资逐年有了增加。1990 年农业基建投资 70.4 亿元，1986～1990 年期间农业固定资产投资完成 308.5 亿元，绝对数比"六五"增长 45.7%，其中农业基建投资增长 43.6%。农业基建投资主要用于大江大河治理，商品粮基地建设，"三北"防护林和长江上中游防护林体系的建设。另外，国家还通过 20 多种渠道筹集农业基建资金，其中利用比较优惠的外资进行农业建设，"七五"期间达到 33.5 亿美元。1986～1989 年，农村集体和农民个人完成的农业固定资产投资 546 亿元，平均每年 136.5 亿元，比"六五"期间增长 35.3%。1988 年，在全国农村恢复和重新建立了农民劳动积累的制度。所有这些人力、财力、物力都用于农业建设，取得了明显的效果。"七五"期间共建成商品粮基地县 214 个，商品棉基地县 97 个，商品牛、羊、禽蛋和瘦肉型猪基地 487 个。

第四，"七五"后期进行了全国性的大规模的农田水利建设。这些年完成和基本完成了多条大河的堤防工程的修建、加固，保证了防洪安全，在 1991 年的大水面前发挥了较好的作用。另外，全国各地整修了水库、塘坝、机井和渠道，"七五"期间改善和扩大了灌溉面积 7282 万亩，扭转了灌溉面积减少的局面。1986 年国家成立了国家土地管理局，以后又颁布了《土地法》，把保护耕地作为基本国策，制止了各地乱占滥用耕地使耕地大量减少的情况。现在有些省市已经做到了每年垦殖新增的耕地超过了占用的耕地。

　　第五，农用工业有了发展，现代农业生产资料投入增加。1990 年全国拥有农机总动力 2.87 亿千瓦，比 1985 年增加 37.3%；1990 年，农村拥有小型和手扶拖拉机 698 万台，比 1985 年增加 82.6%，农用载重汽车 62.4 万辆，比 1985 年增加 45.4%；1990 年全国施用化肥 2590 万吨，比 1985 年增加 45.9%；1990 年农村用电 844.5 亿度，比 1985 年增加 65.9%；1990 年农业生产用柴油和煤的消耗量折合标准煤 3028 万吨，比 1985 年增加 22.6%。① 现代农业的基本特征是运用科学技术，投入较多的物质能量，以提高农产品的产量，以较大的投入创造较多的产出。据有关部门对 1952～1978 年和 1979～1989 年农业劳动力投入、物质投入与农业总产值进行道格拉斯函数回归分析，1979～1989 年我国农业劳动力投入每增加 10%，农业总产值增长 2%，而物质投入每增长 10%，农业总产值增长 8.5%。可见，我国的农业已进入劳动力投入对农业生产的影响力明显下降，而物质投入的作用显著上升的阶段。所以，这些年农业现代生产资料的大量投入，是农业生产增长的重要原因。

　　第六，"七五"期间农业科学技术得到了较大范围的推广，"科技兴农"深入人心，为农村注入了新的活力。

　　"七五"期间，建设乡镇级农业科技推广服务机构 19.2 万个，农技推广人员 80 万人，其中 37 万人是聘用的农民技术人员。推广农业技术 1.9 万项，比"六五"增加 6000 项；培训各类农技人员 9000 万人次，比"六五"增加 5000 万人次；1990 年全国有村级农民技术人员 340 万人，推广良种 105 亿公斤，比"六五"增加 59%。到 1990 年，全国已有 1200 个县配备了科技副县长，2.5 万个乡（镇）有了科技副乡（镇）长。1990 年有 35 万科技人员和有关人员承包农业科技集团农作物，面积达 4 亿亩，一些科研单位和高等院校的教研人员上山下乡，参与农业区域开发，把研究成果和适用技术在实验区实施推广。国家在全国实施"星火计划""丰收计划""菜篮子工程"等，也大大促进了农业科学技术的推广，提高了农民科学种田的水平，使农业资源得到有效的利用，促进了农业的增产增收。

　　第七，各地农业社会化服务逐步发展，有的已经逐步形成体系，为农民提供产前、产中和产后的服务，帮助农户解决自己办不了、办不好或不经济的事情，使家庭承包经营的活力进一步发挥，也有利于增强集体经济的实力，加强集体经济统一经营这一层次，使双层经营体制更加完善。现

____

　　①　国家统计局编《中国统计年鉴 1991》，北京：中国统计出版社，1991 年，第 323、331 页。

在全国已有县办、乡镇办、村办、供销合作社办以及户办和联户办的各类社会化服务组织数百万个，各种服务人员上千万人。据我们最新调查，仅山东省就有 56.5 万个。这众多的农村社会化服务组织对促进农业生产和发展农村有计划的商品经济发挥了巨大的作用。

上述诸方面的实践证明，"七五"后期我国农业生产力已经达到了一个新的水平，目前农业发展已进入了一个新的发展阶段。

二　当前农村工作面临的矛盾

从今年①农业生产的情况看，整个发展势头是好的，并且继续在向好的方向发展。农村经济的另一个台柱——乡镇企业的发展也是好的，今年乡镇企业的总产值将突破 1 万亿元，将会以 20% 以上的比例高速增长。所以说，今年农村总的形势是好的，但也潜伏着很多矛盾，需要妥善解决。千万不能掉以轻心，千万不能因农业形势好了就忘乎所以，千万不能放松对于农业的支持和领导、重蹈以前几次失误的覆辙。

当前农村工作的主要矛盾如下。

第一，生产与流通的矛盾。这是农村改革以后长期存在的老大难问题。农业生产发展了，农村产业结构、产品结构也调整了。流通体制虽然也有所改革，但严重滞后于农村生产的发展，形成"多了砍、少了赶""多了放，少了统"，各种"大战"连年不断的局面。结果是农民经济利益受到损害，直接打击农业生产的发展。从长远讲，从实际需求讲，我国是人均农业资源少、农产品紧缺的国家；但目前来说，农产品市场除了棉花还紧缺之外，粮食、猪肉、水果等主要农产品都遇到卖难的问题。好几百亿斤粮食压在农民手中，"卖粮难"成了比较普遍的社会问题，直接影响农民的经济收入，打击了农民种粮务农的积极性。全国普遍出现"卖粮难"问题已经两年多了，要下决心研究解决，再不能久拖不决了。

第二，生产和效益的矛盾。1989 年以后，农业连续丰收，可说是五谷丰登、六畜兴旺；但是，农民的实际收入却没有相应增加，增产没有增收，有的甚至还增产减收。造成这种状况的原因是多方面的。前面谈过，这几年投入的现代农用生产资料较多，这当然要增加农业生产成本，但更主要的是这几年农用生产资料价格上涨太快，使生产费用大幅度增加，1985 ~

---

① 此处指 1992 年。——编者注

1990 年农业生产资料价格提高了 57.7%，平均每年的上涨幅度达 9.5%，而同期农产品的价格却没有增加多少，所以农业生产的效益下降了。1990 年粮食增产 6.7%，棉花增产 18.1%，油料增产 24.7%，但因为农民出售农副产品的价格（主要是市场价格）下跌反而减收 100 多亿元。1990 年全国农业生产总值增长 7.6%，但农民人均纯收入实际只增长 1%。许多农民说："丰收了，日子还是不好过。"农民务农得不到实惠，必然要挫伤农民的生产积极性。

第三，农业现代化与劳动力大量过剩的矛盾。我国目前正处于由传统农业向现代农业转化的阶段。从发达国家的实践看，处在这样的阶段：一方面是大量的农业现代化生产资料下乡，投入农业生产；一方面是大量的农业劳动力进城，转入第二、第三产业。我国的特殊情况是：一方面是大量的现代化农业生产资料下乡；另一方面农村劳动力反而还逐年增加，"七五"期间农村每年要新增劳动力约 1000 万人，其中大部分要在农业部门就业，转入农村的第二、第三产业是小部分。"六五"期间，农村劳动力向第二、第三产业（乡镇企业）转移每年为 731 万人；"七五"期间，每年只转移 392 万人。因此，挤在农业上的劳动力越来越多，每个劳动力平均所占有的耕地和其他生产资料越来越少，影响了农业收入的增加，也影响了农业现代化的进程。

第四，工业和农业的矛盾。这也是老问题。若干年来，反复出现投资、信贷向工业倾斜的问题，工业过热、增长速度过快，超过了农业基础承受的限度。1987 年和 1988 年的经济过热，经过三年的调整整顿，逐步矫正过来了；但是工农业产品价格"剪刀差"的问题还远未解决。"六五"期间，"剪刀差"是逐步缩小了，农产品价格低于价值的幅度由 1980 年的 46.4%，下降到 1985 年的 28%，年平均缩小 3.7 个百分点。"七五"期间却又逐渐扩大，到 1989 年，农产品价格低于价值的幅度上升到 29.4%，扣除物价总水平上升因素的影响，"七五"前四年"剪刀差"的绝对额比"六五"期间增加 24.1%。"剪刀差"的扩大，一方面减少了农民的收入，影响农业生产的经济效益；另一方面，因为非农产业的比较利益高，拉动农民把有限的资金、劳动力和物力向农村的第二、第三产业多投，对农业生产发展也是很不利的。

第五，城市与农村的矛盾。随着有计划商品经济的发展，城乡之间的经济联系越来越密切，要求城乡一体、城乡统筹安排，以促进商品经济更好的发展。但是，我们现行的体制是城乡分治的，城乡之间有很多不好逾越的界限，导致优势不能互补，制约着农村商品经济的健康发展。更加成问题的是，这几年由于实行不正确的向城市倾斜的政策，城乡之间的差距在拉大，城乡之间鸿沟加深了。1981 年城市居民的平均年收入为 456.8 元，农民平均纯收入 223.4 元，城乡居民收入的差别为 2.05∶1，到 1985 年差距缩小为 1.86∶1，但 1990 年城市居民平均收入为 1387 元，农民人均纯收入为 630 元，城乡居民收入的差别为 2.2∶1。① 考虑到城市居民这几年由于享受的居住环境、文化、卫生等福利条件改善所带来的实惠，而农民的纯收入实际还要扣除各种社会负担等因素，城乡居民的实际收入的差别还要大些，有关专家计算，1989 年城乡居民收入的实际差别是 3.9∶1。

三　目前农村工作的重点

农村工作千头万绪，上述诸种矛盾，还只是举其大略。实践证明，农村矛盾的解决，有赖于继续深化改革，继续发展有计划的商品经济，促进农村经济结构和社会结构的调整，从根本上改变农村自给半自给的自然经济的面貌，逐步实现农村的专业化、商品化、现代化。就目前来说，农业和工业的改革和发展、农村和城市改革、生产和流通的改革、经济和社会的协调发展、经济体制和政治体制的改革，都汇集到一起来了，矛盾交叉，纷繁复杂，深化各项改革需要全面安排，改革和发展需要有较好的衔接。经济社会协调发展需要有一个总揽全局的依托，从各地的实践经验看，解决农村上述诸多矛盾、做好当前农村各项工作的关键，是要完善和加强县级领导。

第一，农业要稳定发展，要上两个新台阶，需要县级加强领导。农业现在进入了一个新的发展阶段，发展势头是好的，但潜伏着隐患。从总体看，目前的农村家庭承包经营体制是好的，有活力，有潜力，但它的稳定发展遇到了不利的外部环境，需要改善。可以说，现在农业能否稳定发展，主要不在农业本身，而在农业外部环境；主要不在农村基层，而在县乡以上的组织。中央提出，要稳定党的农村基本政策，完善家庭联产承包责任制和统分结合的经营体制，发展社会化服务体系，壮大集体经济实力，改革流通体制，增加农业投入，这些都需要县级加强领导。根据中央的方针政策，同本县的实际结合，制定出切实具体的政策和措施，才能使农业稳

① 国家统计局编《中国统计年鉴 1991》，北京：中国统计出版社，1991 年，第 269 页。

定发展。

第二，适时调整产业结构，发展乡镇企业，使农业工业结合起来，发展有计划的商品经济，使农民富裕起来，要靠县级领导组织。农村实行家庭联产责任制，农民生产积极性空前高涨，农业生产大幅度增加了，农村劳动力大量地剩余了。有些就适时调整产业结构，千方百计发展乡镇企业，工业和农业，相得益彰。现在就某一个省区看，富县和穷县、富的乡村和穷的乡村的差别，主要不在农业生产水平上，而在乡镇企业发展的水平上。山东省的鲁西北地区和胶东地区，1980年鲁西北农民人均纯收入400多元，胶东地区500多元，只差100多元，到1990年鲁西北的农业生产上来了，但因为乡镇企业不发达，农民人均纯收入只有500多元，而胶东地区，农民人均纯收入多数已超过千元。差距扩大的原因，主要是胶东各县适时进行了产业结构调整，把劳动力逐步转移到第二、第三产业，乡镇企业发达、商品经济发达。这同各县的组织领导有直接关系。

第三，解决生产和流通的矛盾，实行流通体制的改革，建立计划经济和市场调节相结合的新机制。这当然要靠国家的改革和调整，但县级组织就是在现行的条件下，也还能大有作为，可以协调生产、流通、经营诸环节的关系，创造比较好的效益。目前，在农村主要是小生产和大市场的矛盾，一面是千家万户分散经营，一面是统一的社会主义大市场，缺乏中间组织，缺乏沟通的桥梁。而县级组织正处在微观和宏观的结合部，县级组织真正去抓了、管了，可以大有作为。山东的诸城、寿光、招远等县市，这几年抓了流通改革，加强市场建设，理顺供销关系，在小生产和大市场之间架起了桥梁，大见成效，促进了商品经济的大发展，创造了较好的经验，在这些县里听不到"卖难""买难"的叫声。

第四，解决城市矛盾，使城乡逐步融合，优势互补，建立新型的城乡关系，需要县级组织做好工作。我国的改革，首先是在农村发起并已取得了重大进展，而城市改革起步较晚，发展滞后，比较复杂，难度也大。在城乡关系方面，城市保留的旧体制比较多，目前的城乡矛盾，主要是新旧体制的矛盾。城乡关系的根本改革，需要诸方面条件的逐步成熟，由国家宏观决策，要从长计议。县本身是"乡头城尾"，算是"城乡接合部"。一般说，县域内城镇人口不多，只占全县总人口的10%～20%，有许多城市改革的试点可以先在县镇进行。有的县（市）已经做了，或正在进行，效果都是好的。

第五，抓经济社会协调发展，抓基层政权建设，要靠县级领导。现在有相当一部分县（市）农业是上去了，经济也上去了，但社会事业发展滞后，文化教育科技等相对落后，社会秩序也不好，精神文明建设抓得不好，同样存在着"一手硬、一手软"的问题，这显然不能适应有计划商品经济发展的需要，而且必然要影响和阻滞经济健康协调发展的。尤其要引起注意的是，现在仍有 20% ~ 30% 的基层组织处于瘫痪状态，这是相当严重的问题。为什么长期解决不了？据我们调查，问题主要在县里，这些县的干部和有关部门长期不下乡、不调查、不研究、不解决。在一些政治、经济发展比较好的县，这种瘫痪、半瘫痪的基层组织是很少或不存在的。

第六，从保证国民经济持续、稳定协调发展，增加国家财政收入，增强我国的综合国力的角度看，也需要加强县级的工作。我国有 2300 多个县（市），近 10 亿人口住在县城以下，农业都在县以下，工业也有 40% 以上在县和乡村里，潜力是很大的。据国家统计局统计，"七五"期间，全国按照农业总产值、粮、棉、油、肉五项产值和产量的前 100 名排列，因为有的县占二项或三项，甚至四项，所以这百强县一共有 314 个，占全国县市总数的 12.5%，但形成的综合生产能力和对国家的贡献，却大大高于全国的平均水平。1990 年，314 个百强县农业总产值达 1288 亿元，占全国农业总产值的 35.1%。粮食总产占 36%，棉花总产占 60%，油的总产占 45%，肉类总产占 34%。1990 年这 314 个县向国家交售的商品粮食占全国 33%、棉花占 58%，肉类占 32%。如果我们全国有 1/3 的县（市）达到他们的水平，那我们的农业就能大大跨前一步。

经过这几年的发展，各地的经济实力和财政收入的差距也拉大了。现在全国工农业总产值最高的县是江苏省无锡县①，1990 年达 114 亿元，最低的县只有几千万元。现在全国财政收入最高的县是上海市嘉定县②，1990 年达 4.5 亿元，第二名无锡县为 4.35 亿元。

最低的县只有几百万元。1990 年财政收入超过亿元的县有 100 多个，而全国却有 55% 多的县要靠国家财政补贴。差距就是潜力，如果我们逐步把县一级的工作做好，把 2300 多个县（市）的潜力发挥出来，那么我们国家的经济建设、社会发展就能大大前进一步，社会主义优越性就能更加充分地显示在人们面前。所以，我们应该一手在城市抓大中型企业的同时，

---

① 1995 年，无锡县撤销设立为锡山市；2000 年，锡山市撤销设立为锡山区和惠山区。——编者注

② 1992 年，嘉定撤县设区。——编者注

另一手要抓完善和加强县一级的工作。

怎样才能充分发挥县一级在农村工作的关键作用?

第一,要改革人事制度,建设好县一级的领导班子,使之真正成为党领导农民进行改革和发展的前线指挥部,成为实现农村现代化的桥头堡。

目前县级领导班子的情况怎样?据我们了解,大致是三种情况:有一部分县的情况比较好,领导干部稳定,班子团结,有干劲、有开拓精神,也有权威。上下一致,干部群众齐心,能把中央和上级的精神同本地实际结合,会唱地方戏,发展有目标,改革有韬略,年年有新进步,社会安定、经济繁荣、工农业发展速度很快,人民生活改善很快,城乡面貌日新月异。到这些县市参观,确实能看到社会主义的威力和活力,使人精神振奋。大多数县的情况是,领导干部想干事,但由于各种体制、关系不顺,无权力、无财力、无能力、无时间干正事,整天整年忙碌,应付各方、送往迎来、应酬照顾,经济建设、中心工作却无权无力去办。如有的县(市)财政困难到连干部职工的工资都不能按月发,四川有个县要开支 100 元钱公款,需要由县委常委决定。现在各方面条条框框太多,也限制了县级的工作,如有的县建 300 平方米的房子,需要上级领导部门批准。少部分县的领导班子长期不稳定,主要领导干部不安心,内部不团结,互相掣肘,有的甚至不干正事,以权谋私,工作当然开展不好。

造成这种状况当然有干部自身的问题,但主要是现行人事制度不能适应新时期新任务的要求。例如,现在县级干部基本上是上级领导和组织人事部门任命的,可否考虑改由选举和上级任命相结合的方法,选拔干部主要考虑政绩,把那些德才兼备、具有开拓进取精神、在群众中有威信的干部选拔出来。另外,目前县级干部任期三年的制度也不妥。一个县数十万、上百万人口,几千平方公里,熟悉情况很不容易。现在三年一换届,往往造成"一年看,二年干,第三年等待换"的情况,有的县级主要领导常常还干不满三年就换了。这于县的建设很不利,可否考虑任期改为五年,中间不要轻易调动。领导班子稳定,基层干部稳定,有连贯性,这是做好工作的条件。

县历来是我国行政建制中一个重要层次,既管政治又管经济,承上启下,联结左右,在人事、行政、司法等方面都负有重大责任。县级领导干部是非常重要的,历朝历代对培训、选拔、任用县干部都是很重视的,有一套严格的规章制度。1949 年新中国成立以后,我们在这方面也积累了很多经验。现在是建设有中国特色的社会主义新时期,任务重、工作多,不断有新矛盾、新问题需要解决。全国有一万多县职干部，每年有上千名中青年干部要选拔到县级领导岗位上来。培训、教育好这支县级干部队伍，提高他们的政治业务素质，是一项十分重要的政治任务，中央和中等以上的省（市），应该有专门培训县级干部的学院，要逐渐建立一套选拔、培训、任用、督察县级干部的制度。

县级干部在省内、地区内互相适当地交流，这于工作有利，于培养干部也有利。今后还可逐步实行中央各部与地方县级干部的交流，这对做好地方工作和中央各部的工作都是有利的。

第二，改革政治、经济管理体制，扩大县级的自主权力。县是我们党和政府领导农村工作的前线指挥部。既管政治，又管经济；既是行政领导，又做群众工作；既管城市，也管农村；既抓农业，也抓工业；党、政、财、文都要管，责任重大。但是，现行的政治经济体制主要是通过各部门即条条管理的，县一级的自主权很小，很难发挥县级应有的领导、组织、协调和指挥的作用。许多县级干部反映，他们现在是"事最多，人最忙，权最小，最难干"，迫切要求自主权，少一些不必要的干预。现阶段，特别需要在经济管理上向县级放权，扩大县级组织、发展工农业生产和管理、调控经济运行的权力，推动本县有计划商品经济的更快更好发展。

我国的改革是从农村改革开始的，第一步改革是实行家庭联产承包责任制。农户家庭经营的积极性调动起来了，农民成为相对独立的商品生产者，两亿多农户就是两亿多个小商品生产者，很有活力，有巨大的市场潜力。怎样把这亿万个商品生产者组织起来，进入社会主义统一的大市场，纳入有计划的商品经济洪流中去，需要有众多的商品生产的组织者。乡镇是组织小商品生产者的一个层次，但它的功能和手段不全，很难完全担此重任。县是一个最关键的层次，它拥有商业、供销、交通、邮电、银行、财政、法制、教育、科技、信息等部门，功能齐全，可以把成千上万个商品生产者组织好、协调好，在小生产和大市场之间架起桥梁，发挥商品生产者、组织者的作用。现在的问题是，亿万商品生产者的积极性是调动起来了，而商品生产的组织者却因旧体制的束缚，还不能充分发挥它应有的作用，这就是目前农村商品经济发展还不顺畅的症结所在。经络学说有云"痛则不通，通则不痛"。卖难、买难的呼声连年不断，正说明了现在的商品生产还没有组织好，商品交换还不畅通。所以，下一步改革的重要内容就是要扩大县一级经济管理的自主权，充分发挥商品生产组织者的作用。

山东省委和省政府顺应潮流，在1987年就提出要充分发挥县级在深化改革、发展经济中的领导、统筹、协调和指挥的作用，从机构设置、条块管理、招工用工、引进人才、财政包干、信贷规模、商品价格、出口创汇八个方面向县级放权，强化县级管理，收到了很好的效果。山东这几年工业、农业和经济、社会等方面都取得了很大成就，这与他们早就重视加强县级领导、向县级放权等正确决策是分不开的。山东省有 100 多个县和县级市、区，其中有 30 多个县（市）在改革开放以来，经济社会持续、稳定、协调地发展，工业、农业均以较高的速度增长，有的已提前实现了国民生产总值翻两番的目标，创造了县级综合体制改革成功的经验。

　　第三，县级本身的政治、经济、管理体制和机构也应改革，以适应农村工作和发展有计划商品经济的需要。马克思主义认为，经济基础决定上层建筑，上层建筑反作用于经济基础、为经济基础服务。十一届三中全会以后，党的中心工作转到经济建设上来。农村率先改革，实行家庭联产承包责任制，农业生产力有了大的发展，农村的产业结构、社会结构发生了深刻的变化。农村人民公社的体制，已改为乡（镇）政府和经济合作组织，大队也改为村民委员会。这说明，农村的经济基础已发生了一些变化。所以，作为上层建筑一部分的县级政治经济管理体制和机构，也应作相应的变化。但是，这些年来，县级政治经济管理体制、基本上没有实质性的改变，更成问题的是各类机构反而增多，更加庞大，干部和职工队伍更加臃肿了。20 世纪 80 年代初期，一个中等县，有 50 多个部委局办、400～500 名干部，现在则有 70 多个部委局办、上千名干部。

　　我们的县级党政机关，是新中国成立后建立起来的，以后又经过历次政治运动，可以说基本上是服务于阶级斗争的需要而建设起来的，并不是处于中心位置的经济职能机构，也是按照有计划的自给自足的自然经济的要求设置的。而十一届三中全会以后，我们的中心工作是要搞经济建设、发展有计划的商品经济，这整套政治经济管理体制和机构很不适应，所以产生了种种矛盾。有的同志指出，我们目前的这套管理机构和制度是干中心工作的，没有权，而有权的又不干中心工作。拿在县里最有权威的县委常委会来说，其组成成员，一般都是书记、副书记、常委、组织部部长、宣传部部长、政法委书记、经检委书记、武装部部长等。而主管计划、工业、财贸、农业等经济部门的副县长，却往往不是常委，至于计委主任、经委主任、财政局局长、工业局局长、农业局局长、银行行长等从事经济工作的同志，一般连县委委员也不是。这种县级管理体制和格局，显然不能适应有计划商品经济的发展。所以，县级机构需要改革，需要转变职能。

第四，扩大县级权力，改善县级领导、改革县级机构，需要中央统一决策。

早在1980年，四川省就开始了广汉、新都、邛崃三个县的县级综合体制改革试点，以后山东、辽宁、湖北、江苏、福建、江西、河北、山西、内蒙古等省（区）都陆续开展县级体制改革的试点。原农村政策研究室还直接主持过几个县级体制改革试验，分地区开过若干次县级体制改革试点的经验交流会议，发过不少改革试点经验的文件。四川、山东、湖北三省还专门成立了县级经济研究会，但是除了山东、四川、江苏等省取得了县级体制某个方面改革的成绩外，大部分省的县级体制改革试点都渐渐停止了，有些省在试点县取得的某些方面改革成功的经验也推广不开。

因为县级综合体制改革涉及国家整个人事制度，政治经济体制，中央地方条块关系，财政金融部门利益，干部职级，人际关系等，矛盾错综复杂，牵一发而动全身。单独一个县改不行，就是单独一个省（市）改，也不行，这是这些年县级体制改革未取得重要进展的主要原因。从各地试点的十年经验和教训看，县级综合体制改革，必须由中央决策，统筹安排，统一领导，有计划、有步骤地逐步进行，才能解决这个难题。

现在，随着农村改革的深化，农村有计划商品经济的发展，农村各项工作的开展，重点已逐渐集中到县级这个关键部位。完善和加强县级领导，已成为当前巩固和发展农村大好形势、保证农业发展上两个台阶、做好农村各项工作的中心环节。我们一定要抓住这个主要矛盾，用全力去研究它、解决它，以推动农村各项工作。建议中央把完善和加强县级领导，作为农村各项工作的关键来抓，把县级综合体制改革，作为深化农村改革的一个重点来抓，列到重要议事日程上来。

农业要警惕再走扭秧歌的老路[*]

自从 1953 年我国实行主要农产品统购统销以来，至今农业已有四次大的起落。就粮食来说，一会儿多了，一会儿少了，很不稳定。有人把这种现象称作为扭秧歌，"多了多了，少了少"（i6 i6 ｜ 56 5 ｜）。"少了少了，多了多"（56 56 ｜ i6 i ｜），[①] 这个比喻很恰当，形象地反映了 30 多年来中国农业发展的曲折路程。

十一届三中全会以后，农村率先改革，从 1979 年到 1984 年农业连年增产，粮棉经历了一个从少到多的过程。正当 1984 年秋冬出现全国性的粮食多了、棉花多了的时候，1985 年粮棉空前大减产，从此陷入连续四年的农业徘徊，1988 年再度减产，引出全国性粮棉供给紧张，农业为基础的道路再次得到认同，各级干部和基层群众再次重视农业，增加了投入，倾注了力量，1989 年粮食增产 3.4%，恢复到 1984 年的产量。1990 年、1991 年又连续丰收，从各地的报道看，今年[②]的收成也好。粮食、棉花又多起来了，国库饱满，由西到东、从北到南都在喊"卖粮难！卖棉难！"市场粮价暴跌，跌到了国家定购价以下，跌到了国家保护价以下，跌到了 1987 年前的市场价格以下！

---

* 本文源自《"三农论"——当代中国农业、农村、农民研究》（陆学艺著，北京：社会科学文献出版社，2002 年 11 月），第 44～60 页。该文原稿写于 1992 年 12 月，作者：陆学艺、张厚义。该文首次发表于中国社会科学院《要报》1993 年 1 月 5 日，增刊第 1 期（总 1244 期），发表时有删节。后以《1992～1993 年农业及农村形势的分析与预测——农业要警惕再走"扭秧歌"的老路》为题收录于《1992～1993 年中国：社会形势分析与预测》（江流、陆学艺、单天伦主编，北京：中国社会科学出版社，1993 年 3 月）。该文还收录于《陆学艺文集》（陆学艺著，上海：上海辞书出版社，2005 年 5 月）。《农民日报》1993 年 2 月 9 日第 1 和 4 版、《经济日报》1993 年 2 月 19 日第 1 版、《中国经济体制改革》1993 年第 2 期等报刊均就该主题发表了对陆学艺的专访文章。——编者注

① 括号中为简谱，是前面引号中文字的注音，类似于秧歌调。——编者注
② 本文中指 1992 年，下同。——编者注

历史的经验是，当出现全国性的、从高层干部到基层群众都认为粮食多了的时候，也就是从上到下都对抓农业松口气的时候，接着出现的是粮食突然又少了、棉花又突然少了。我们是个土地等农业生产资源紧缺、人口众多、对粮棉等主要农产品需求呈刚性增长的大国，抓农业是一年也不能放松的。邓小平同志说过："农业如果有一个曲折，三五年转不过来！"[①]

值得我们高度警惕的是，眼下有种种迹象表明，粮食、棉花这两种主要农产品有可能再度减产，农业有可能再走扭秧歌的老路，"多了了多了，少了少"（i6 i6 | 56 5 |）！殷鉴不远，不可不早做预防！

一　粮食仍是大局问题，不可掉以轻心

有的同志比较乐观地认为，农业减点产有好处，可以减少点库存，也可缓解卖粮难的压力！有部分农村工作的同志和农民群众也认为，粮食是该减点产了，减产粮食就值钱了，就重视农业了。但是，从当前11.7亿人口这个国家的大局出发，这个想法是很危险的！

第一，我国的农业家底并不厚，虽经40年的努力，农业基础已经有了很大的进步，但还相当脆弱，经不起大的天灾和人为挫折。拿粮食来说，虽然已有2400亿斤的库存（其中国家储备700亿斤），人均约为205斤，可供全社会消费约六个月，超过了粮食安全线。这是长期积攒的家底，来之不易，粮价稳定靠它，人民生活稳定靠它，社会稳定也靠它。如果经济有力量，这个家底还应攒厚些。东邻日本，食品主要靠进口，整个20世纪80年代，粮食库存人均都在400斤以上。

第二，问题是这2400亿斤国家库存，靠得住靠不住？2400亿斤是个庞大的天文数字，堆在一起，是一座特大的粮山。这些粮食，实际是分散在全国近10万个各种不同的粮库里。按照传统的粮食管理体制，粮权集中在中央，按理是不会有问题的。但因为现行财政体制是分灶吃饭，省、地、县三级政府和有关部门也都有一定的机动权限。出于不同地区和部门的利益，常常会有实际已经动用但账面未动的现象，出现账库不符的问题。1986年，全国棉花账面库存6000多万担，后来清库核实，只有4000多万担，就是一个历史例证。

---

①　邓小平：《建设有中国特色的社会主义（增订本）》，北京：人民出版社，1987年3月第2版，第132页。

粮食问题上，我国曾多次出现过连锁哄抬的现象，值得警惕。当粮食多的时候，有几个省报粮食多；粮食涨库的时候，各地都跟着报粮多、报涨库。就是那些该调进粮食的省市，也借口仓容等原因，推迟调进粮食，等着粮食降价。而当粮食少的时候，调出省等着涨价，有粮也不肯调出；调入省则怕出现供应问题，即使库存粮食在安全线以上，也派人四处采购，全力抢调。我国粮食购销体制正在由传统计划体制向市场经济体制转化的过程中，这种现象尤其要注意。

当前的问题是，全国都在说粮多涨库。而一些需调入粮食的省市和需用粮食的大企业，却在尽量推迟购粮调粮的时日，等着粮价继续下跌，这样还可以节约资金占用、节省利息、减少保管费用、减少存储粮食的风险。有的企业到了用多少调多少的地步。可这样就加重了产粮区的负担，也放大了"卖粮难""存粮难"的问题。

第三，这 2400 亿斤库存粮食，真正到调用的时候，究竟有多少是可以调出的、有多少是市场能够卖得出去的？据我们了解，浙江省粮库里就存了 80 亿斤已储存超过三年的早籼米。这种陈米是"人吃没有营养、猪吃不长膘"的粮食。这种早籼稻产量高、质量低，前些年是农民专门为了完成定购任务而交的自己也不吃的粮食。浙江是需调入粮食的省，尚且积压了这么多；在江西、湖南、湖北和安徽的库存中，这种超期储存的早籼米约有 200 亿斤，有的已库存三年以上，发黄变质了。

第四，我国现阶段的一个基本农情是小生产大市场。全国 22566 万农户，实行家庭联产承包责任制后，实际上是 22566 万个小的农村企业，都有生产、流通的经营自主权。小家小户、小规模农业生产面对的却是全国性的大市场。如何引导组织协调好这两亿多农户，同全国性的大市场联系起来，这是一门学问。迄今为止，我国的农民家庭，大部分还是以农业生产为主，在某一自然和历史形成的区域内，各家农户，有相同的小块耕地、相同的耕作传统技术、类同的消费水平和生活习惯，因而有很大的同质性。历史的教训是，改革开放以来，农民在由传统农业向现代农业转化的过程中，常常出现互相仿效、同步振荡的现象。如某一地区，有少数农民养了兔，得了利，接着就是大范围的众多的农民跟着养兔，出现了"兔子热"，市场马上饱和，兔毛价暴跌，接着就是杀兔；不久兔子少了，兔毛价暴涨，出现"兔毛大战"……如此循环反复，已有几次。类似的养貂热、种麻热、种蒜热、种瓜热等，也已经出现过多次。

粮食问题也是如此。眼下是全国性的"卖粮难"，都在喊"卖粮难"！

市场粮价已跌到了五年来的最低点。越是粮价低，卖粮的农户就越多，他们怕粮价再跌，连那些存粮并不多的农户也跟着卖粮。一片"卖粮难"的呼声！因为各种条件限制，这么多的农户我们也确实摸不清农户家里到底有多少存粮。但历史的经验和教训是，一旦有个风吹草动，某一个信号出现（假如1993年夏粮减收……），某一个或几个地区买粮的单位和人多了，粮价略一上扬，农民就可能转而买粮。如果调控不当，接着就可能出现大范围乃至全国性的买粮高峰。因为现在的农民既是生产者，也是经营者，相当一部分农民手中，也有了现金的积蓄。农民预期要涨价，不卖粮了，而且有一部分农民也参与买粮、存粮，市场上粮食很快就会买空，重新出现"买粮难"！前些年曾经出现过的"粮食说没有就没有了"的怪现象，其中一个重要根源，盖出于此！我国的农民家庭，生产经营规模小，经济实力也不强，就某一个农民家庭来说，进出粮食不过是几百斤上千斤，但因为农户众多，两亿多户，即使某一地区，也是几十万户、几百万户，一起卖粮，或者一起买粮，同向振荡，就是几十亿斤、几百亿斤！任何粮食市场也经不起这样的冲击。这个特点，我们应该有个认识。

二　今年农业是个平年，而明年①呢？

马克思主义认为，生产决定流通，生产决定消费。粮食市场即使出现上述波动，如果农业生产是持续稳定增长的，粮食供给是充裕的，那也无碍大局，波动一阵，就稳定了。

今年夏粮丰收，总产2064亿斤，增加96亿斤，达到历史最高水平。但入夏以来，各地抓农业有点放松，早稻和夏播作物少种1500多万亩，田间管理也不好，加上多数地区偏旱（全国受旱2.4亿亩）和部分地区受洪涝灾害（7600万亩），全国秋粮减产，棉花因山东、河北、河南等生产区受旱灾等灾害减产更大。就全国来说，今年农业是个平年。

有个问题值得注意，一直到1992年10月底，全国商业部门，收购的定购粮，只有52.7亿斤。比去年②同期少15.1%，只完成收购计划52.7%，比去年同期慢9.8个百分点。棉花收购3084担，比去年同期减少34.5%，只完成收购计划的35.1%，比去年同期慢18.5个百分点。截至11月10日，

---

① 本文中指1993年，下同。——编者注
② 本文中指1991年，下同。——编者注

粮食收购只完成计划的 54%，棉花是 46%，食油是 38%。过了收购旺季，粮棉油只实现收购计划的 50% 左右。这同往年是很不相同的。对这种异常现象，有关部门解释：一是资金不到位（部分收购农产品资金被挪作他用）；二是仓库不足，普遍涨库。还有个原因是，目前各地的粮食、棉花收购部门正在转变经营体制，一些新的政策措施还未到位，从本部门的经济利益出发，多数没有收购和存储粮棉的积极性。所以，至今还有大量的粮食、棉花等农产品积存在农民家里，积压在集市上。还有一种看法，认为今年秋季收成并不好，特别是棉花减产幅度较大，但因为目前银根紧而各种用途很多，所以向国家预报的棉花、粮食产量比实际的多，以便向国家多要收购资金。

总的说来，今年的农业形势还是好的，加上有前些年的积蓄，估计到明年夏收，供给还不会有大的问题。

问题是在明年、在以后。种种迹象表明，明年的农业生产就很可能出现问题，这是值得我们警惕，需要未雨绸缪的。

第一，耕地急剧减少。乱占滥用耕地已形成了全国性的风潮，已到了不采取断然措施、不紧急刹车，就控制不住的地步了。1985 年，曾出现过非农产业发展，乱占滥用耕地的高潮，当年占用耕地 2400 万亩，净减少耕地 1500 万亩。以后党和各级政府花了很大力气，做了很多工作，使耕地锐减的严重形势得到控制。但从 1991 年以后，各类建设占用耕地猛增，1991 年占用耕地 870 万亩，较 1990 年增加 30% 以上，耕地净减少 350 万亩。1992 年入春以后，经济建设步伐加快，非农产业用地、占地大幅度增加。这已经大大超过原定的用地、占地的计划指标，大大超过 1991 年用地、占地的规模。更加严重的是，相当多的地方政府和部门，从发展本地区、本部门经济的利益和愿望出发，把土地作为招商、聚财、生财的主要手段，竞相仿效、攀比，大上各类名目繁多的开发区、大型商场和集贸市场、房产公司。现在的开发区，省市办、地市办、县办、乡镇办，有的村也在办，有关部门统计，到 1991 年底全国共有各类开发区 1200 个，现在各级各类开发区已超过 8000 个。仅浙江省就有 401 个开发区，其中经国家和省批准的只有 12 个。这些开发区，多数都在大中城市周围，铁路、公路沿线，占用的土地绝大部分都是高产粮田和菜田。近几年兴起的房地产业，因为利润极高，有的高达 1∶40，这种巨额、超额利润强烈吸引了国内国外的各种单位和个人，建立房地产公司，而实质主要是争占、抢占目前还廉价的土地。广东省今年上半年就有各种房地产开发公司 929 家（占用土地 18390 亩），辽宁省 1991 年只有房地产公司 260 家，到 1992 年上半年已达 400 多家。港台和海外巨商，也都垂涎中国的地产，福建省今年 7 月到香港招商，共签订成片土地开发和土地批租项目 32 项，拟用地 23565 亩，总投资 8.81 亿美元。更为严重的是，现在一些沿海发达地区的村镇，也纷纷以集体土地自发进入地产市场，用土地作为招商条件，同外商和城市企业兴办各类合资、合营企业，更加加速了耕地急剧减少的过程。

1985 年，单是城镇建设、工矿企业建设、乡镇企业建设、农民建房等项目，就净减少了耕地 1500 万亩，今年一方面经济建设、城镇建设的规模将超过 1985 年；另一方面，大办开发区、成片开发，相当多的地方政府把土地作为生财之道，问题就更严重了。估计今年占用耕地的数量将会超过 1985 年的规模。今年 11 月，国务院发出了严格制止乱占滥用耕地的紧急通知。从各地来的消息看，乱占滥用耕地的势头，仍未完全刹住，有必要采取进一步的措施。

第二，谷贱伤农，严重挫伤农民务农种粮的积极性。"卖粮难""卖棉难"的问题已持续 3 年了。粮食和主要农产品的市场价格连续几年下跌，跌到了国家定购价以下。据湖北、江西、安徽、江苏等主要产粮区的材料，100 斤稻谷的售价，1990 年为 40 多元，1991 年降到 30 多元，今年国家合同定量收购价为 24 元。但很多粮站因缺少资金等原因，迟迟不收，有的收了粮，不付款，又打白条。有的粮站干脆不收购，有的农民要求，打"白条"也可（有个心理安慰，认为粮交了，政府早晚会付钱的），但这些粮站连"白条"也不打。大多数农民要用钱，只好卖向市场，粮价暴跌，有的只卖 17～18 元/100 斤。即使这样低价，很多农民也卖不出粮。相当一部分粮食压在农民家里，农民对此意见很大，怨声四起。湖北有农民批评我们说："共产党，雄赳赳，只管种，不管收。"

这几年粮价下跌，而农用生产资料却持续上涨。据湖北省荆门市调查，尿素今年涨到 980 元/吨，比去年上涨 8.9%，磷肥 268 元/吨，上涨 9.1%，水费上涨 30%，由于这些价格因素，今年荆门农民每人要减收 40 元。农业成本增加了，每亩水稻的纯收益今年只有 30.92 元，比去年减少 35.58 元，下降 53.5%。

农民种粮收入如此之低，卖粮又如此之难，这就必然打击农民种粮的积极性。今年夏秋都出现过农民弃粮（小麦、早稻）不收割的现象，温州有的农民不收小麦，点把火烧了，这在过去是没有过的。今年秋播作物面积，粮食少种了 400 多万亩，今年各地都有不同程度的抛荒撂荒现象，明年将会更多！

第三，近 3 年全国农民实际收入增长停滞、缓慢，引发了很多严重的经济社会问题。据国家统计局资料，1989～1991 年农民人均年纯收入由 1988 年的 544.94 元增加到 708.55 元，名义增长 163.61 元。但同期物价总指数上涨 27.1%。所以 3 年实际上只增长 2.2%，平均每年只增长 0.7%。这是就全国平均而言的，因为这 3 年东南沿海，大中城市郊区的乡镇企业及非农产业发展还是很快的，农民由此获得的纯收入增长也很多，所以在中西部和主要以农业收入为主的省区，农民实际收入是下降的。据统计，安徽、河北、内蒙古、吉林、湖北、贵州、宁夏等十个省（区）近 3 亿农民，1991 年的年纯收入比 1988 年实际是减少了，实际收入也是下降的。所以，全国约有半数的农民家庭在这 3 年实际收入是下降的。

1979～1984 年，连续 6 年农业高速发展，农民人均纯收入由 1978 年的 133 元增长到 1984 年的 355 元，扣除物价因素，人均实际收入年均增长 15.1%。1985～1988 年，农业生产徘徊，但农村经济继续发展，主要是乡镇企业迅速发展，1988 年农民人均纯收入达 545 元，扣除物价因素，这四年人均实际收入年均增长 5%。1989～1991 年这三年农业生产增长较快，按不变价格，农业生产总值年均增长 4.8%，农业劳动生产率提高，各主要农产品都有较大幅度增长，农业形势是很好的，但农民实际收入增长停滞，下降为年均增长 0.7%，也就是农业增产而不增收，这是很不正常的，这是改革开放以来出现的新问题。今年农业是个平年，但乡镇企业发展很快、很好，所以就全国平均而言，农民年均实际收入会有所增加，但不少农业省区大部分依靠农业为主要收入的农民，实际收入仍处于停滞甚至减少的境地。

农民实际收入增长停滞的后果是严重的，引发很多农村经济和农村社会问题，最直接的后果是挫伤农民的生产积极性，减少对农业的投入，影响农业生产。据统计，按不变价格计算，全国农民 1989 年用于扩大生产购置固定资产的投资比上年减少 22.2%，1990 年减少 35.4%，1991 年减少 18.2%。农民实际投入当年的生产费用也是逐年减少的。农民对农业投入减少，必然要影响和限制农业生产的稳定增长。

第四，农民不合理的负担愈来愈重，屡限不止，成为当今农村最大的社会问题。农村实行家庭联产承包责任制以后，经营单位变了，基本核算单位变了，原来集体的公共开支要靠向农民收"提留"来解决。"大包干"开始时，提出了"交够国家的，留足集体的，剩下就是俺们自己的"。这是当时干部、农民一致认同的分配原则。集体经营与家庭经营有个根本区别，集体为主经营时，农产品和经济收入在集体，先交国家的，留足集体公共开支部分，余下按工分分给社员。家庭为主经营后，农产品和经济收入先到农民家里。"交够国家的"，这是皇粮国税，有法定数目，农民交是没有问题的。"留足集体的"，集体有公共性开支，农民要向集体交"提留"，大多数农民通情达理，一般也没有问题。问题出在"提留"多少？留足的含义是什么？有没有个界限？实行承包制头几年，没有问题。1983 年，有些地区农民就提出负担过重的问题，矛盾就出现了。以后国务院发了文件，规定了集体提留限制在占农民上年纯收入 5% 的额度内。

1985 年以后，中央、国务院年年讲"要减轻农民负担"，发文件、开会、部署、领导讲话，不遗余力。但实际执行的结果，却是年年在加重农民负担。现在向农民要钱的借口多得很，可谓名目繁多、五花八门，有的地区，已多达 182 项，向农民收"提留"的款项，大大超过上年农民纯收入的 5%，多数在 10% 以上，有的甚至超过 20%。向农民要钱的手段，也是多种多样，大多数是从农民出售农产品的收入中直接扣留，有的还从邮局汇款中截留，有的则直接上门收款，有的还动用小分队，出动警车，带着警棍、手铐。收不到钱，有直接拉农民的粮食，搬农民的电视机、自行车，甚至有拆屋扒房的！

农村基层干部要收"提留"（干部也有干部的苦衷），农民交不起，拒交"提留"，由此产生矛盾，引起冲突，以致逼出人命，酿成惨祸。1992 年 11 月 19 日，《人民日报》披露了湖南农妇潘群英跳河自尽的事件，是一个突出的例子。其实，湖北、河南等地也都有这类事件发生。据有关部门了解，今年就已有 8 起。

这几年农民实际收入减少、停滞，而农民负担却年年加重，形成了一个新的"剪刀差"。另外，据农业部《农民收入问题》课题组测算，1989～1991 年，工农业产品价格"剪刀差"连续三年以较大幅度扩大（1989 年为 3.2%，1990 年为 8.4%，1991 年为 5.1%），这三年全国农民因工农产品价格变动净失利益约 639.6 亿元，人均 75.6 元。这两个"剪刀差"是这几年农民实际收入增长停滞以致减少的重要原因。这样的负担，已超出了农民承受能力，农民已不堪重负，很有意见。对当前这个基本民情，我们要有个充分认识。

第五，干部队伍人心躁动，无心管农业。我们国家几十年来逐渐形成了一整套"抓"农业管农业的机构和体制。落实"农业为基础"，促进农业持续稳定发展，全国从中央到各级党政机关，到农村基层，有一个庞大的干部队伍在为农业服务，这是我国农业发展的组织保证。改革开放以后，农民有了生产经营的自主权，有了积极性，管理农业的机构和干部的职能发生了深刻的变化，一个积极性变成了两个积极性。农民的生产和经营正在逐渐和市场联系、结合起来，形成新的农村社会主义市场经济体制。但是，也应看到建立新的农业经营运行体制是一个较长的历史过程，就目前的发展状况水平而言，农业、农村经济的发展，还有很多问题需要解决，还需要党和政府加强领导，需要有专门机构管，需要有大批的干部为农业的发展做工作。

今年春季以后，我国改革开放步伐加快，经济进入新的快速发展阶段，形势是很好的。但也出现了一些值得注意的问题。诸如各地相继出现了开发区热、工业小区热、房地产热、股票热、第二职业热等，在这股大潮中，干部经商热比 1985 年势头更凶，有的地方出现了市长上街卖衣服，局长练摊，干部纷纷"下海""跳海"。特别是撤并机构、精简干部的消息传开以后，连那些不动心的干部也坐不住了，火上加油，热上加热，遍及城镇边陲。这"热"那"热"之中，很少有农业热的，有不少还是直接损害农业和侵犯农民利益的，如大批农田被占，占用农业资金，向农民集资摊派等。更主要的是，这支保证农业发展的干部队伍在转向。据我们了解，现在有些地区的主要领导干部无心抓农业，而把主要精力都放到办工业、搞开发区等热点上，而且有些连农村工作部、农经委和农业局等农业系统的干部，也无心管农业。都去经商抓钱了，谁抓农业？谁管吃饭、穿衣？

第六，实行了近 40 年的主要农产品统购统销的体制，经过这些年市场取向的改革，已经到了可以最后终结的阶段。国家已经作出了分区决策、逐步放开的决定。广东、海南、江西、浙江等省已明确宣布，粮食购销完全放开。在农村建立社会主义市场经济体制，把农民引向市场，农产品购销完全放开，这个方向是完全正确的。问题在于，已经实行了近 40 年的以统购统销为主要内容的农村计划经济体制，目前的干部和农民都在这种体制下生产生活过来的，有些已经形成了"传统"、形成了"习惯"。从旧体制向市场经济新体制如何过渡好，为统购统销这套制度最后结尾，画个句号，还是要做很多工作的。数十年历史形成的东西，要通过历史的方法来解决，不能采取急躁、简单、一放了之的办法，使好事办得不完满。

目前的问题是，有些地区、有些部门把粮油购销完全放开，看作是放包袱的机会，有的还想乘机捞一把，把"三挂钩"物资和支持粮棉生产的资金、物资扣下来，有的则借口"把农民推向市场"，而放弃自己的职责，农民在春天按计划定购合同要求种的粮棉，现在也不收购，用"农民去找市场，不要找县长"一类的话来推脱。

从我们了解的情况看，现在多数干部和绝大多数农民，对放开之后，明年怎么播种、怎么收购，心中无数，不知所措。有的地方的领导，甚至喊出"甩掉粮棉包袱，什么赚钱种什么"。据江苏省赣榆县对购销体制放开后农民心态的调查，有70%的农民怕信息不灵，不知种什么好；有45%的农民怕种了粮会卖不出去；有75%的农民怕工业产品继续涨价。有些地区的干部和群众议论，"多了放，少了'统'"已经反复几次了。现在卖粮难，就放了，会不会以后再"统"起来？怕政策变。

相当多数的干部不知道怎么领导明年的农业生产，相当多数的农民不知道明年种什么好。这就是问题。如果明年粮食、棉花播种面积实际减得很多（现在粮价低，种粮棉收入相对少），那么，明年的粮食、棉花生产就会成为问题。

三 保护农民利益、保护农民的生产积极性是农业发展的根本出路

我国从 20 世纪 80 年代中期以后，就逐步增加了农业的投入，这些年农田水利、农用工业、农业科学技术都有了发展，农业的综合生产力有了提高，赢来了 1990 年农业生产的全面增长，达到了新的高峰。1991 年虽遇大的洪涝灾害，仍取得了较好的收成。连续三年的丰收，保证了经济建设的发展和人民生活水平的提高，稳定了经济，稳定了社会，并且还增加了一定的储备。现在农业的问题是，相当多数务农种粮棉的农民连续三年实际收入增长停滞甚至减少，负担加重，种粮种棉的积极性受到挫伤。就全国而言，今年没有大的自然灾害，但棉花大幅度减产，秋粮也略减，这是个新的信号。种种迹象表明，明年的农业生产很不乐观，这要引起我们高度警惕，要及时采取措施。防止出现新的农业徘徊。为此，我们提出以下建议，供决策部门参考。

第一，摸清情况，统一认识。今年秋天，农村问题、农民问题、农业问题逐渐显露出来了。应该说，问题是相当严重的，如不及时解决，或处置不当，有可能导致明年农业出现问题。但农村中的这些严峻情况，还没有取得共识，特别是没有得到农业部门以外各部门同志的共识，有的人还

停留在"农业形势已经好转，粮棉多得用不了"的阶段上。所以，很有必要组织一次对农村问题再认识的深入调查，特别要组织中央和省市两级各部门的领导和骨干下到农村基层去，直接向农民和基层干部做一番调查，弄清楚现阶段农民的生活状况，富裕程度，农民的喜、怒、哀、乐，农民在做什么、想什么、有什么困难；摸清楚这几年到底占用了多少耕地，有多少已经用了，有多少还闲着；摸清楚农民手中还有多少"白条"，为什么中央三令五申严禁"打白条"，而"白条"却年年有，今年又更多？为什么国家银行拨了农产品收购资金，到下面就很少了？这些资金到哪里去了？摸清楚农民到底有多少负担，哪些是合理的，哪些是不合理的？为什么年年讲要减轻农民负担，而负担却一年年在加重？摸清楚近几年农业丰收，而农民的实际收入却停滞不前的原因；为什么这几年工农业产品的"剪刀差"又扩大了，扩大了多少？摸清楚农民家中有多少存粮，国家仓库里有多少存粮、多少存棉，账面库存有多少，实际库存有多少，为什么账库不符？这些都是当前的基本农情，也是我国的基本国情。摸准摸清国情，是我们制定政策的依据，也是统一大家认识的基础。

第二，及时调整政策，稳定发展农业。我国历史上曾经有过及时发现问题、及时调整政策，使农业转危为安、稳定发展的经验；也有过出现了问题，争论不休，犹豫不决，当断不断，错过了解决问题的时机，致使农业长期徘徊，乃至出了大问题的教训。1954 年，我国部分地区因水灾减产，却多购 70 亿斤粮食。闹得许多地方"人人谈粮食，户户谈统销"，农民有意见，党内外也有许多意见，党中央及时发现了问题，1955 年就少购了 70 亿斤粮食，解决了问题，保证了 1955 年农业继续增产。1972 年，粮食、棉花同时减产，农业出了问题。周恩来总理亲自主持会议，批评和制止了农村扩社并队、没收自留地、砍家庭副业等问题，从财力、物力上大力加强农业，使农业转危为安，1973 年农业就有了回升。但是在 1958 年，搞"大跃进"，搞人民公社，"大呼隆"，"吃大锅饭"，结果丰产不丰收。冬天毛泽东同志就发现了问题，他指出了头脑发热和"左"的问题，也准备着手解决这些问题。但庐山会议以后，又转而批右倾，使农村已经成了堆的问题更加严重，加上自然灾害，雪上加霜，导致了 1959 年和 1960 年的连续特大减产，引出了三年严重经济困难。1984 年，农业大丰收，出现了全国性的卖粮难、卖棉难，农业要出问题的迹象已有表露，但我们有些同志还盲目乐观，以为农业已经过关了。有位主管部门的同志甚至说，棉花三年不种都够用的。1985 年粮棉大减产后，又没有及时调整政策，贻误了时机，农业由此徘徊了四年。

现在又出现了与 1984 年、1985 年相类似的状况。究其原因，如果要写一个诊断书的话，那就是"老毛病复发"。这几年家庭联产承包责任制是稳定的，双层经营、社会化服务有所发展，农田水利建设有进展，农业科技进一步推广，农机、化肥、农药、薄膜等农用生产资料供应也有改善（但质次价高问题未解决），所以主要问题不在农业内部，而出在，这几年农村经济向城市倾斜，农业向工业倾斜，出现了工业过热、摊子过大、基建战线过长的问题。40 多年来的经验是：农业与工业增长速度的比例，一般保持在 1:（2.5~3）为合适。1991 年全国农业产值增长 3.7%，工业产值增长 14.5%，农业、工业增长速度比为 1:3.92。1992 年农业预计增长 3%，工业预计增长 21%，农业、工业增长速度比为 1:7。工业发展超过了农业这个基础所能承载的能力，在目前的体制下，其必然结果就是挤占农业、侵犯农民的利益。这几年农村里产生的种种问题和矛盾，就其主要方面来说，说到底，还是我们重犯了向农村拿得过多、"把农民挖得过苦"的老毛病，农民很有意见，严重打击了农民种粮种棉的积极性。明年以后农业可能会出问题，出问题的根子在这里。

解决问题的方案，就是要早下决心，及时调整政策，该降温的要降温，该缩短的要缩短，要下决心向农村倾斜，向农民倾斜，向农业倾斜，使失衡了的天平平衡下来。现在应明确提出：要保护耕地，要保护农民利益，要保护农业。保护了农民的利益，农民得到了实惠，就保护了农民的生产积极性，也就保护了农业这个基础，实际上也就保护了国民经济，使整个经济能够持续、稳定、协调地发展。

第三，在建立社会主义市场经济体制的过程中，要有保护农业的政策和措施。下一步经济体制改革的目标，是要建立社会主义市场经济体制。要充分发挥市场机制的作用，使市场在国家宏观调控下对资源配置起基础性作用，把有限的资源配置到最合理、最需要的方面，充分发挥各种资源的作用，推进经济社会的发展。市场经济，有内在的竞争机制，各种产业、行业、企业、商品乃至人员都将在市场运行中受到检验，优胜劣汰。农业作为一种产业，它本身是和动植物生长直接联系在一起，受到自然资源和气候的影响，在市场竞争中常常处于弱势的地位，所以，农业是国家宏观调控中需要加以保护的产业，这已为近代经济发展史所证实。综观世界各经济发达国家，都有各自不同的保护本国农业的法规和政策。我国的农业还处在从单纯经验的传统农业向现代农业转化的过程中，它的地位更加弱势，所以更应受到国家宏观决策的特别保护。我国的社会主义市场经济体制正在通过改革逐步建立起来，在新体制建设中一定要考虑我国农业的特点和地位，把保护农业放到恰当的位置上，制定出好的保护农业的政策和措施。

所谓保护农业，最重要的是在财政上要有支持农业的拨款，在资源配置上要保证农业发展的需要，在分配上要保护农民的利益。目前，粮食和主要农产品的购销体制正在改变，原来财政对粮食、棉花的各种补贴和优惠政策不应取消，而应转为补贴粮棉等主要农产品的生产、科研和流通等方面，使农业生产者、经营者都得到实惠，促进农业生产的发展。这是当前我们应优先考虑的问题。

第四，抓住机会，集中力量，解决问题，推动明年的农业发展。现在已近年关，春耕迫在眉睫，几个紧迫的问题不能再久拖不决了。要早下决心，断然处置，争取在春耕前解决一批问题。如压在农民手中的"白条"，要在年关前兑现。农民的负担，要按照国务院规定不超过上年纯收入的5%的杠杠执行，超过者为不合理也不合法，明文宣布豁免，农民有权拒付。重申严禁乱占滥用耕地，已挤占但实际撂荒的要在查实后重新耕种。各地要在春耕前分别宣布明年粮食、棉花、油料等主要农产品的保护价格，这是安民告示，使农民放心种田，有所遵循。

所有这些，国家和地方财政都要拿出一笔钱来，要动用相当的资金。这个钱是应该用的，有的不过是还了前几年的欠账；这个钱用了是值得的，这叫花钱买人心，买农民的积极性，买明年的粮食，买明年的棉花，也缓解农村社会矛盾、干群矛盾，使社会安定。如果前述种种问题再不解决，拖过了春耕，农民伤了心，种田没有积极性，农业一旦掉下来，真的又重走"扭秧歌"的老路，那么，花的代价就会更大！

关于当前农村形势
和农村发展前景[*]

  很高兴同大家认识，我是从中国社会科学院来的，大家是中国社会科学研究会的成员，我们是同行。我是专门研究农村发展问题的，所以我今天讲的题目是：当前中国农村形势和农村发展前景。

  最近一个月北京连续开了三个重要会议。（1）10 月 18 日至 21 日，中央农村工作会议；（2）11 月 2 日中共中央在京召开了《邓小平文选》（第 3 卷）出版首发的会议；（3）11 月 11 日至 14 日，中共中央召开了十四届三中全会。会议专门讨论通过了关于发展社会主义市场经济新体制的 50 条。这三个会议都将对进一步深化改革、扩大开放，建设有中国特色的社会主义产生重要的影响。

  这次中央农村工作会议开的有新特点。1981～1986 年连续 6 年，中央每年冬天开一次农村工作会议、制定一个一号文件（其后还有一个是 1987 年第五号文件）。1987～1992 年的 6 年未开这样的会了，今年^①又开了，但由中央农村工作领导小组直接主持、中央办公厅主办，而以往是由中央农村政策研究室召开，各省农业副省长带农工部部长等多人参加。这次是一名省委书记或省长带领农业副省长或副书记、农工部部长参加，一省三个人，人少但规格高了。以往会议由杜润生主持，有一名主管农业的副总理讲一次话，这次直接由中央农村工作领导小组主持，温家宝、陈俊生两位副组长驻会。开幕式由江泽民作报告，闭幕式由李鹏做总结，朱镕基讲话。他们不仅讲了农村问题，还对全局性的政治经济形势发表了意见。会议讨

---

  * 本文源自陆学艺 1993 年 11 月 22 日在东京中国社会科学研究会学术会议上的演讲稿。该演讲稿原包含内容不同的两个部分，本文仅包含原稿的第一部分内容。——编者注

  ① 本文中指 1993 年。——编者注

论了当前农村形势，制定了一个"农村工作 12 条"的文件。

关于农业形势。今年年初农村的形势相当严峻，几十年来我们国家经济建设一个带有规律性的现象是，当社会主义建设中工业基本建设好、上得快的时候，往往容易放松农业、放松精神文明建设。1992 年春邓小平同志的南方谈话，开启了新一轮的经济建设高潮，各地发展得很快，基建上得很多，开发区一下子搞了好多，工业超高速增长。各地区互相攀比，有条件的上，没有条件的也硬上。结果就挤占农业，大量耕地被占用，农用资金、信贷、物资被占用。地方领导干部把精力也转到工业和办开发区上。去年①秋冬出现了严重的卖粮难、卖棉难（棉花是减产的），出现全国性的"打白条"现象，集资、摊派，超过了农民的忍受力，农民不堪负担……严重侵犯、损害了农民的利益，引起农民的强烈不满。干群关系紧张，有些地方出现了农民抗粮、抗摊派的举动。有一些是群众集群行为，如四川的仁寿县，上万农民集体抵制地方干部的过重摊派。湖北、湖南也有类似的集群行动。

还有，大量农民流入城市，到城市打工挣钱，出现了空前的民工潮。春节前后，全国约有 5000 万农民工流动。各地的火车、公共汽车、轮船爆满，车站、码头挤满了人，数十天不解。

年底年初的农村形势是严峻的。那时，农业部、计委和我们中国社会科学院估计，1993 年农业将出现问题，粮棉会减产。

中央及时发现了问题。党的十四大开完不久，12 月中旬，江泽民同志就到武汉召开了六省负责人会议，接着李鹏同志在北京也开了会。重申农业的重要性，强调各地负责人要抓农业、抓农村工作，强调要保护农民利益。各种提留不能超过农民上年纯收入的 5%，坚决不打白条，已经打的欠条，要在 1 月 15 日兑现，让农民过个好年。以后中央又陆续发出了关于减轻农民负担、停止各地自搞的开发区、停止搞各种达标活动、增加农业信贷、加快发展中西部乡镇企业等一共 18 个文件（这是历年发农业文件最多的一年），反复强调要保护农民利益，保护农民的生产积极性，抓好农业，力争有个好的收成。

中国还是个政令统一的国家，中央的话干部还是听的，这些会议、文件、讲话还是起作用的。政府的这些措施，对农业起到了保护的作用。

虽然这样，直到 8 月，计委、农业部等有关农业领导还估计要减产，因

---

① 此处指 1992 年。——编者注

为耕地减少，农民少种了 1000 多万亩粮食、1000 多万亩棉花。1～8 月少销售化肥 23%、农膜 35%，小拖拉机少售 40%，北方农民种了不少"卫生田"①，南方农民种了"白水稻"②。

但今年天又帮忙。今年是鸡年，吉祥年，全国气候属中上的好年景，特别是黄河以北的华北、东北地区。东北也遇上冷夏，水稻生产有问题。同样是环日本海气候，因为入秋后天气好。日本单一的水稻农业，一遇冷害就不行了。东北不一样，秋后光照足，对大豆、玉米、高粱的生产特别有利，初霜来得晚，今年是"自老山"③ 了，仅东北三省粮食增产 150 亿斤左右。

总的情况是南减北增。除西藏外 15 个省市增，14 个省市减。增减相抵，粮食持平，还会增 100 亿斤左右。棉花继续减产，其他农产品都是增加的。肉类 3550 万吨，增 3.5%，水产品 1700 万吨，增 9%，……农业总产值增加 3% 以上，农民年人均纯收入为 860 元，增加 76 元，扣除物价因素，纯增收 2%～3%。

特别好的是乡镇企业，1992 年全国乡镇企业产值为 17660 亿元，今年预计可过 2.5 万亿元。山东 4000 亿元，江苏 4800 亿元，浙江 2500 亿元，河南 2000 亿元，辽宁 1500 亿元，四川 1500 亿元，江西 500 亿元，吉林 300 亿元，黑龙江 400 亿元，甘肃 100 亿元，贵州 100 亿元。

所以总的农业和农村经济形势比预计的要好，但农业和农村发展仍遇到了一系列问题，有些问题是严重的，亟须进一步解决。

一是工业、农业的速度问题。根据 40 多年的经验和我国国情，农业增长 1%、工业增长 2.5%～3% 比较合适。但 1992 年工农业的增速比为 5.6：1，今年工业增速接近 20%，农业才 3%～4% 约 5：1 以上，农业这个基础是支撑不住的。

二是工农业产品的剪刀差继续扩大。1979～1984 年曾经缩小过，1985 年后又扩大。1989 年扩大 3.2%，1990 年扩大 4%，1991 年扩大 5.5%。1994 年石油、煤炭等价物要放开，农业生产资料还将大幅涨价。农产品放开了，价格还涨不上去，这会产生很大的问题。

三是城乡差别扩大。1978 年城乡居民收入比为 2.4：1，1984 年降到

---

① 指耕作粗放、不施肥料、疏于管理的农田。——编者注

② 与"卫生田"的含义类似。——编者注

③ 在东北地区，人们把秋霜来得晚，天气迟迟不变冷，庄稼能得到充足光照而自然成熟的现象称为"自老山"。——编者注

1.7：1，现在又恢复到 2.4：1，实际还要多。1993 年农业增产，农民增收 2%，城市居民收入增加了 12% 以上（1985～1991 年平均增加 2.2%）。农民的固定资产只有城市职工的 3.3%，占人口 74% 的农民的消费品支出只有城市职工的 42%。农民的储蓄很少，占总人口 74% 的农业人口的存款只占总存款的 25%。

四是剩余劳动力多。全国估计有 2 亿左右。农业劳动力季节性剩余，一亩半地不够种，一到农闲就蜂拥而出，现在已成为一个很大的社会问题。就社会发展来说，农业劳动力要剩余出一大部分来，进城变为工人是历史趋势。但城市未准备好，容纳不了。一旦进城找不到工作，就出现流浪、偷窃、抢劫就增加了。所以，一到春节，交通、公安、民政部门就很头疼，今年冬天又是一个大问题。

五是农村社会治安不好。主要是相当一部分地区农村收入增长缓慢，城乡差别扩大，个人收入差别大，一部分低收入者感觉不平衡，特别是年轻人，受豪华生活的诱惑，走上犯罪道路。还有相当一部分地区的基层组织瘫痪、半瘫痪，出现了无人理事、无钱办事的状况。所以出现了有些地区盗窃抢劫案件大量增加，车匪路霸，行凶杀人，群众的安全感有了问题。这在欠发达地区尤其严重（中部十个省）。主要是这些。还有不少其他问题。

这次会议制定了一个文件，共 12 条。修改后正式发下去。主要是：

（1）稳定家庭联产承包责任制，土地承包期再延长 30 年不变。土地使用权可以有偿转让。

（2）粮食政策实行"保量放价"。从国情出发，每年国家通过粮食部门还收购 1000 亿斤，但价格放开，随行就市，这样可以两头放心。国家有 1000 亿斤保证城镇供应，农民有地方卖粮，也放心了。国家建立粮食价格局，实行粮食保护价，调节余缺和保证农民利益。粮价低时，有保护价保底；粮价高时，粮食部门抛出粮食，平抑粮价。

（3）建设 500 个商品粮和 150 个商品棉基地，对粮产区实行出口代理制。

（4）增加对农业的投入，年增幅不低于国家财政收入增加的幅度。把农村信贷规格由现在的 6.8% 增加到 10%。

（5）继续支持乡镇企业发展，改革小城镇户口制度，鼓励农民进入城镇务工经商，促进剩余劳动力转移。

这些在十四届三中全会决议里的第 30 至第 35 条都有了反映。

据我分析，中国农业、农村问题主要不在农村、农业内部（内部也有问题，也要继续改革），主要是在外部。

第一，城乡改革不同步，工业、农业改革不同步。工业，特别是大中型国有企业大锅饭制度还未改掉，所以效率不高，至今有25%～30%的企业亏损，但工资、奖金年年还在提。靠什么？靠国家补，靠工农业剪刀差，靠农民补。所以，农业、农村的发展遇到了极大的困难。

第二是经济体制改革在先，政治体制、社会体制改革在后，改革不同步，城乡结构没有跟着改。第三产业发展迟缓，应该吸纳农村剩余劳动力，但没有充分吸纳。特别是户口制度，至今未改，城乡分割，农民不能放心进城。城市发展不起来，至今城镇化率26%，低于世界平均水平，这引出了很多问题。

照这样下去，农村全面实现现代化怎么办？农民不能等，于是他们就自己创造，创造出各种形式，向现代化道路前进。农村将来全面实现现代化，从发达地区已经走过的路来看，主要是以下四步：包产到户、乡镇企业、小城镇、区域现代化。

这些观点在我发表在《农业经济问题》第7期①的一篇论文里有简要的论述，有兴趣的人可以找李国庆同志复印，可找来看一看。

---

① 陆学艺：《农村改革、农业发展的新思路——反弹琵琶和加快城市化进程》，1993年7月30日发表于《农业经济问题》1993年第7期。——编者注

当代中国农民

关于我国国情的报告[*]

我国的国情总的说来，突出表现在人口多，底子薄，文化科技水平低，资源相对紧缺，人均国民生产总值居世界的后列，在经济发展中遇到的困难多，也比较复杂。现根据各地调查的部分材料结合自己的体会谈一点看法。

一 谈几点认识

第一，我国的基本国情是 11 亿人口，其中 8.8 亿是农民，可以说，是一个以农民为主的国家。从表面上看，我们的工业产值已超过 70%，农业产值只有 30%，但决定我们经济发展的仍然是农村经济。40 年来的实践证明，只要我们的政策正确，农民的热情高，农业发展就好，整个国民经济的发展就比较健康，国家的日子也就好过。什么时候农村政策出了问题，农民的积极性受到损害，农业上就要出现停滞、徘徊，甚至倒退的局面，整个国民经济就要受到阻碍，我们的日子也就不好过，不得不在政策上作调整，也可以说向农民让步。调动了农民的积极性，农业上去了，整个国民经济又才繁荣起来。这样的事情，新中国成立以来至少有过 3 次反复了，1958 年的"大跃进"到"三年困难时期"是这样，"文化大革命"的后期是这样，现在又遇到这样一个问题。对于这种情况，我们必须有正确的认识。

第二，有的同志提出，在社会主义初级阶段，我国社会的主要矛盾究竟是什么？我们认为，主要矛盾是处理好城乡关系和工农关系。这个问题

---

  * 本文源自《当代中国农村与当代中国农民》（陆学艺著，北京：知识出版社，1991 年 7 月），第 392~397 页，原稿写于 1989 年 6 月。——编者注

解决好了，整个国民经济的发展就比较顺当，政治上也比较平稳。如果这方面出了问题，经济上不行，社会也不得安定。回顾一下新中国成立以来的历史，党内的一些大的斗争，大都是和农村问题有关。1955年关于合作化问题的争论，批评"小脚女人"，是党内一次大的争论。现在看来，邓子恢同志的观点是对的。1957年反右，从表面上看，斗争是从城市开始的，但那个时候正是农村合作化以后，有些农民要拉牛退社，因而在农村开展了社会主义教育运动，虽然不叫反右，但搞的是运动。就是划右派的杠子，其中有几条都是对农村问题有意见。1959年反右倾，庐山会议上的斗争，更是这个问题。"文化大革命"这一场大的动乱，从"炮打司令部"这张大字报对刘少奇的批评，可以看出也是在农村问题上有了矛盾。最早提出整党内走资派的文件是有关农村问题。所以，是不是可以这样理解，城乡矛盾、工农矛盾，是社会主义初级阶段影响其他矛盾的一个主要矛盾。有的同志说，1985年的情况与1958年差不多，1985年说粮食多得不得了，农民富得不得了，农业过关了，工业就猛上，结果影响了农业生产。

第三，农村经过改革，积极性调动起来了，但是工业的改革，还没有找到好的办法，还是吃"大锅饭"。农村经过改革，农民成为商品生产者，粮食上去了，这个改革是成功的。当然，这两年又出了问题，那是另一回事，家庭联产承包这个机制是好的。工业这一块，虽然经过党政分开、利改税、承包经营，现在又在搞股份制试点，采用了许多办法。但是，总的来说，工人和技术人员的积极性并没有调动起来，有相当一部分工业效率上不去，劳动生产率提不高，成本下不来，工资和奖金却年年增加，这怎么行？

一般地说，从农业上积累资金搞工业建设，不只是我们国家，许多国家都是这样做的。但是，要有一个头。到现在我们的工业还是靠农业来支撑，表面上看70%的产值是工业生产的，实际上是低的农产品价格在支撑着工业。拿粮食来说，国家定购价格和市场价格差距很大，仅此一项，就要从农村拿走三四百亿元。1979年提高农产品价格，1985年又调整了一次，并放开一部分商品价格。农产品提了价，工业上不能消化，就只有一个办法——涨价。因此，剪刀差不但没有缩小，反而比十一届三中全会以前扩大了，农民叫苦不迭。特别是农用工业品的涨价，打击了农民的生产积极性。而工业不能为农业提供必要的价廉物美的农用工业品，化肥、农药、柴油以及薄膜等，都是发展农业必不可少的物资，都很紧缺，许多东西要靠进口，这也是限制农业发展的一个原因。有人写文章说，是农业拖了工业的后腿，我认为这种说法不成立。我们的农业一直在支援着工业，是工业吃大锅饭、效率低、影响了农业的发展。正因为工业的效率低，它要增值，就只有从外延上扩大生产，增加投资和基建，这样农业的投资就没有了，必然要影响农业的建设和发展。

如何解决农业徘徊的问题，《人民日报》发表了不少文章，依我看，农业迈步还是有潜力的，主要问题是要加快工业的改革。如果工业这一套体制不改，工人的积极性调动不起来，那么，工业上不去，农业也上不去。

第四，工业倾斜的情况尚未改变。工业过热已经不是一次了，根据40年来的实践，如果农业发展速度是1，工业应该是2；农业增长1%，工业增长2%的比例比较合理。1985～1987年，大体上是1∶4，到1988年又进一步扩大到1∶6.5。工业的发展完全超过了农业的承受能力，以致物资缺乏，供应紧张，物价飞涨。

在城乡关系上还有一个问题是，城市居民和工人生活的改善超过农村，而且这种改善不是靠工业劳动生产率的提高而是靠剪刀差。1985年农业已出现滑坡，城市建设规模却越来越大，标准越来越高，超前消费也越来越厉害，严重地影响农业的发展。这种情况说明农业好了，工业就过热，工业一过热，农业就出现徘徊。农民批评我们：饿了肚子的时候，就制定政策，吃饱了肚子就改变政策，这话不是没有道理的。近年来，农村中干部和农民的矛盾尖锐程度恐怕是历史上少有的。抢购化肥、抗粮不交之事时有发生。当然，这些举动是无济于事的，农民没有办法，就只有消极怠工。无锡原是鱼米之乡，现在有些村子，麦田里的草长得比麦子还旺盛，说明农民对农业不感兴趣，对政策有意见。由此可见，处理好工农关系和城乡关系十分重要，这是我们的国情，工农联盟这个基础，绝不能忘记。

二 农民的基本情况和农民问题

在10年改革中，8亿多农民变化最大，他们是受益者，特别是前几年，所以他们对改革是拥护的。他们的变化有以下几个方面。

第一，经过改革，农民已由公社社员变为相对独立的生产者，享有生产、经营、交换、消费的自主权。过去在生产队里干活，出门要请假，连人身自主权都没有。现在有了自主权，经济地位也变了，这对8亿农民来说，无疑是一种解放，这是最根本的一条，其他一切变化都是从这里产生出来的。农民成为独立的生产者以后，自觉与不自觉地适应市场的需求，为市场而生产，什么东西赚钱就生产什么，这有好的一面，有利于商品经济的繁荣；另外一面是，对农业、对粮食生产有了影响。河北省的调查说明，目前农村一、二、三产业的收益比例是 1：4：7，所以在农业上就不好好干了。既然农民已是商品生产者，我们在考虑制定政策时，就不能单纯依靠行政命令，以为让农民种什么就种什么。

另外在流通领域里，我们商业部门的作用很重要，这是一个大课题。两亿多农户，从某种意义上说，就是两亿多个小企业，他们不生产什么，肯定不行，可是如果生产多了，商业部门又收购不了。这几年的生猪就是这种情况。这种"小生产、大市场"变动的幅度很大，如何来进行管理，需要有深刻的了解。你所发出的信息，能够把他们很好地组织起来，纳入商品经济的轨道，是很不容易的一件事情。

第二，由于生产发展了，农民生活有了很大的改善。也可以说，普遍地改善了，其中有一部分人先富了起来。按照国家统计局的统计，1978 年人均净收入是 134 元，1988 年增长到 545 元，[1] 这里面有物价上升的因素，但农民生活普遍好转是肯定的。同时农村的差距也拉开了，最富的人在农村，最穷的人也在农村。有年收入四五百万元，甚至上几千万元的，这部分人当然为数不多；目前还有六七千万人收入在 200 元以下，大都分布在西北和西南。总的来看，全国 95% 以上的农民，温饱问题已经解决，但还有1% 或百分之零点几的农民，生活还很困难。先富起来或成片富起来的，大都是在沿海经济发达地区，我们不能把这些人作为制定政策的全部依据。

第三，农民的政治、文化、思想、观念发生了变化。农民的家庭普遍向小型化、核心化的方向发展。夫妻俩带着一个小孩，三四口人组成一个小的核心家庭，几代同堂的情况已很少见。70% 以上的户主是 40 岁以下的中青年，他们与 20 世纪 50 年代、60 年代的农民，无论在政治上、思想上、文化上都有很大的不同。他们商品经济的意识增强了，经商的很多，他们在搞生产和经营时，成本的观念、赚钱的观念、比较利益的观念，都逐渐建立起来。

过去的农民，一般是留恋家乡的，现在不是这样了，流动性很大，哪里能赚钱就往哪里去。青壮年外出了，剩下来干农活的是老弱和妇女，因而有 "386175 部队"[2] 的说法。在商品经济条件下，等价交换是农民的政

---

① 国家统计局编《中国统计年鉴 1990》，北京：中国统计出版社，1990 年 8 月，第 314 页。
② 指妇女、儿童和老人。——编者注

治要求，也是经济要求。

农村的变化还反映在农民阶层的变化，对这个问题的分析已经提到我们的研究日程上来了。全国 8.8 亿农民，是世界上最大的一个社会群体，在1978 年没有改革以前，都是公社社员，他们的经济地位、政治地位基本类似，只有干部和群众之分，差别不大。在分配方面，工分值以及口粮等，也没有什么大的差别，可以用"社员"两个字来概括。经过这 10 年，变化就大了，最富的人在农村，最穷的人也在农村，还统称为农民，用一个政策来对待，行不行？所以对于农民这个阶层要作具体分析。现在有些农村政策，效果不好，其中一个原因就是一个政策下来，对 8 亿农民都一样，没有区别就没有政策。

对农民阶层如何进行分析，学术界正在研究，我们初步分为 6 个层次：（1）农业劳动者阶层，即现在还从事农业或农业为主的，这一阶层人数最多；（2）管理者阶层，包括乡、村干部，其中有些是和农民交叉的；（3）乡镇企业的管理人员，包括经理、技术人员等；（4）农民工，即农业户口在乡镇企业中劳动的，实际上是工人，有的已入工会；（5）农村知识与科技阶层，如民办教师、赤脚医生等；（6）雇工在 8 人以上的私营企业主与大的专业户。

以上各个阶层的政治地位、经济地位都不相同，要求也不一样。只有科学地划分阶层，才能针对各个阶层的具体情况采取不同的政策。

重新认识农民问题[*]

——十年来中国农民的变化

"不了解中国农民，就不了解中国社会"。这句话有几位政治家、思想家讲过。实践证明，他们是对的。那么现在还适用不适用？我认为，现在还适用。因为直到现在，11 亿中国人口中，农业人口还占 79%，[①]另外的 21% 非农业人口中，有相当一部分的工人、职员和干部，他们有的本人就是

* 本文原载《社会学研究》1989 年第 6 期，发表日期：1989 年 11 月 20 日，《新华文摘》1990 年第 2 期以《目前中国农民的八个阶层》为题，摘编了该文部分内容。该文原手稿题为《社会学者要重视研究当今的农民问题》，写于 1989 年 7 月。该稿部分内容最初以《现阶段中国农民已分化成八个阶层》摘发于中国社会科学院《要报》1989 年第 69 期（1989 年 7 月 30 日）。该稿全文首次公开发表于《中国社会学年鉴 1979 ~ 1989》（中国社会科学院社会学研究所编，北京：中国大百科全书出版社，1989 年 10 月），题目为《社会学要重视研究当今农民问题》。该文以同样的题目收录于文集《当代中国农村与当代中国农民》（陆学艺著，北京：知识出版社，1991 年 7 月）、《陆学艺文集》（陆学艺著，上海：上海辞书出版社，2005 年 5 月）、《中国社会结构与社会建设》（陆学艺著，北京：中国社会科学出版社，2013 年 8 月）。后两部文集收录时虽注明源自《社会学研究》1989 年第 6 期，但实际内容和标题都是与《中国社会学年鉴 1979 ~ 1989》和《当代中国农村与当代中国农民》收录文一致，内容与作者原手稿一致。该文还以《中国农民的变化与农民阶级的分层》为题收录于《县级综合改革与经济社会的协调发展》（陆学艺主编，北京：中国社会科学出版社，1993 年 7 月）。该文在《社会学研究》1989 年第 6 期发表时更新了相关统计数据，并将题目改为《重新认识农民问题——十年来中国农民的变化》。《社会学中国化——中国大陆学者的讨论》（徐经泽主编，济南：山东大学出版社，1991 年 5 月）、《中国转型的挑战（经济社会篇）——大陆改革开放二十年论文选》（彭怀恩、俞可平主编，台北：风云论坛出版社，1999 年 6 月）等文集收录了在《社会学研究》发表的论文版本。《农民日报》1991 年 3 月 27 日第 3 版刊发了该报记者撰写的访谈录《重新认识中国农民——中国社会科学院社会学研究所所长陆学艺一席谈》，该文被收录于《"三农论"——当代中国农业、农村、农民研究》（陆学艺著，北京：社会科学文献出版社，2002 年 11 月）。——编者注

① 国家统计局编《中国统计年鉴·1989》，北京：中国统计出版社，1989 年 9 月，第 161 页、第 87 页。

从农村来的，有的父辈还是农民，所以都同农村有千丝万缕的联系。在国民经济中，从统计表上看，农业产值在工农业总产值中的比例已从20世纪50年代的70%，降到现在的30%，但这里有价格问题和统计上的问题，我国目前的工农业产品剪刀差比较大，相当多的农产品价值转到工业上实现了。在国民收入中农业所占的比重在40%以上，轻工业的原料70%来自农业，在出口产品中，农产品和以农产品为原料的工业产品占60%以上，农业仍然是国民经济的基础，在国民经济中起着重要的决定性的作用。所以，农村的情况怎样？农民的生产生活怎样？农民在做什么？想什么？农民意愿的向背，仍然直接间接地决定着我们国家政治、经济、社会形势，这是我国目前的基本国情。

解放初期，由于实行土地改革，农民的生产积极性高涨，农业发展很快，农民生活也有了很大改善。但是1958年以后，由于农村实行了很多左的政策，加上天灾，1959年至1961年农业连续减产，出现了三年困难，农村经济退到了解放初的水平，有的地方倒退到解放前，大伤元气。经过调整，农村经济略有恢复，又遇上"文化大革命"，十年动乱，农业长期徘徊，少数地区有所发展也是很缓慢的。1978年，党的十一届三中全会决定农村率先进行改革，实行了一系列改革开放的政策。10年来，农村发生了历史性的变化。可以说，新中国成立40年，这个10年农村的变化是最大的。10年来，8亿中国农民这个世界最大的社会群体发生了深刻的变化，而且还正在继续发生着更大的变化，对此，我们有重新认识的必要。重新认识农民，正确引导农民，使8亿农民这支伟大的力量在我们的四化建设中充分发挥其主力军的作用，是我们当前面临的一项重大的历史任务。

10年来，中国农民发生了哪些变化呢？

一　农民的经济地位变了，同土地的关系变了，农民的身份变了

原来8亿农民都是人民公社社员，名义上是集体经济的成员，是集体所有制经济的主人，但实际上，生产、经营、分配都是由集体的领导作主，社员连赶个集、走一次亲戚都要向队长请假，获准之后才能去。实行了家庭联产承包责任制，农民成了土地的主人，虽然所有权是集体的，但农民有长期的经营权，可以支配土地和自有的农机、农具、耕畜等生产资料，其次，农民可以自主支配自身和家庭的劳动力去从事各种生产、经营活动，

可以从事农业和农业以外的各种行业，可以去乡镇企业当工人，也可以做小买卖，甚至可以从事长途贩运，可以自主生产、自主交换、自主分配和消费。农民成了独立的商品生产者。现在全国 20859 万个农户，实际成了 2 亿多个小小企业。要说变化，这是最本质的变化，农村的一切变化，都是由此演化出来。农民成了独立的商品生产者，就会与市场发生越来越密切的联系，就会加速农村自给半自给的自然经济解体，向有计划的商品经济转化。农民作为商品生产者，就会自觉不自觉地适应价值规律的要求，调整自己的产业和经营形式，什么作物利益比较大，他们就会种什么；什么产业利益比较大，他们就会经营什么产业。他们再不会像以前人民公社那样，上级规定种什么就种什么，上级指示经营什么就经营什么。对 8 亿农民这个本质的变化，我们许多同志认识不足，估计不足，常常还用老的行政办法去领导，结果常常引起决策的失误。这几年全国各地出现了粮食大战、棉花大战、蚕茧大战、茶叶大战、生猪大战，农产品一会儿多了，一会儿少了，有许多同志把握不住自己管了多年的行业商品，感到迷惘，不知所措，这都是因为没有充分认识、没有适应这个变化了的情况引起的。

二　农民的职业结构变了

按常识，农民是长期参加农业生产的劳动者。农民的职业就是从事农业，怎么说农民的职业结构变了呢？当今中国的相当一部分农民，正在从事工业、商业、运输、服务等各种职业，这是中国特有的现象。从 1953 年开始，实行粮食统购统销制，把全国居民分为非农业户口（国家供应平价商品粮食）和农业户口。1960 年以后，加强了非农业户口的管理，严格限制"农转非"，[①] 政策规定，每年各地"农转非"的指标，不得超过 1.5‰。这样，就人为强化了城乡界限，把农民限制在农村。在十一届三中全会以前，农民只能务农，不准务工经商，农民成为单纯的农业劳动者，务工经商被视为是搞资本主义的越轨行为，农村改革开放以后，随着农村经济的发展，随着农村的产业结构变化，虽然农民的农业户口没有变，但很多农民已从农田里走出去，从事工业、商业、运输、服务等等行业活动了。

据《中国统计年鉴》统计结果，1988 年全国有农民 20859 万户，农业

---

① 指由农业户口转为非农业户口。——编者注

人口 86725 万人，农村劳动力 40067 万人。[①] 实际上这只是说，我国现在有 86725 万农业户口不能买国家供应的平价商品粮，而不是还有 8.6 亿多农民和 4 亿多农村劳动力在从事农业劳动。另一方面的统计表明，1988 年，全国 4 亿多农村劳动力中，有 9545 万乡镇企业职工，[②] 有 1727 万个体工商户，从事商业、饮食、交通运输等服务行业。有 309 万民办教师和文艺工作者从事农村教育文化事业，有 129 万农村医生和从事农村社会福利的工作者，有 100 多万农民在县乡两级政府或各种机关当干部或作其他工作，他们的身份叫半脱产干部或曰合同制干部、合同制工人。[③] 现在全国约有 300 多万农村妇女在城市里当家庭保姆。这 1.2 亿多农村劳动力已经从事或已多年从事非农产业的劳动并从该产业取得大部或全部收入。他们有的已经离开农村，长期在城市中生活，大部分是在乡镇企业比较集中的集镇里工作和劳动。可是，国家认定他们的身份还是农民，是农业户口。他们中绝大多数还保留着农村的责任田经营权和农村住房。他们担心现在从事的职业不保险，一旦国家政策变了，他们可以有一个退路。当然，这方面国家至今也还没有关于责任田转让等方面的明确政策。

这 1.2 亿已经从事非农产业的劳动力，大约为 7000 多万户，约占全国总农户的 35%（在商品经济发达地区约占 70%，有的占 50%；大部分中等发达地区占 20%～30%，不发达地区约为 10%）。他们全家或家庭的主要劳动力已从事非农产业的劳动和工作，从那里取得收入，成为家庭生活的全部或主要来源。存在决定意识，这些占总农户 35% 的家庭的成分或个人身份实际上已经不是农民了（我国土地改革法有三、五年改变成分的规定）。他们有着自己的特殊利益和要求，国家理应采取相应的政策，将他们同继续从事农业劳动的农民区别开来，这样就会产生好的经济和社会效益。目前，这种简单笼统地只区分农业户口和非农业户口的做法是很不利的。

三 农民分化了，分成 8 个不同利益要求的阶层

解放初期，我国农村人口中，贫雇农占 70%，中农占 25%，地主富农约占 5%。经过土改，农民分得了土地，成为商品生产者，那几年农村商品

---

① 国家统计局编《中国统计年鉴·1989》，北京：中国统计出版社，1989 年 9 月，第 161 页。
② 国家统计局编《中国统计年鉴·1989》，北京：中国统计出版社，1989 年 9 月，第 246 页。
③ 国家统计局编《中国统计摘要·1989》，北京：中国统计出版社，1989 年 5 月，第 16 页。

经济有所发展。但没多久，1955年合作化高潮，农民带着土地、牲口、农具入社成为高级农业生产合作社的社员，1958年又都成为人民公社社员。虽然在名义上社员仍保留原来的阶级成分，人民公社严格执行着阶级政策，但实际上在人民公社集体经济内部，实行统一领导、统一经营、统一分配，社员个人在劳动生产、交换分配上没有自主权，在同一基本核算单位中，按工分分配，农民收入差别很小。吃了20多年的人民公社大锅饭，社员之间的差别逐渐拉平了。只有地区之间、队与队之间的差别，在同一地区，同一生产队内部，社员之间的经济生活状况基本上是相同的。所以到1978年，中国7.9亿农民用社员这个名称基本上就可以概括了。

农村实行以家庭联产承包责任制为中心的一系列改革开放政策之后，中国8亿多农民这个世界上最大的社会群体分化了，不仅是他们所从事的职业分开了，他们各自拥有的财产也不同了，贫富之间的差距拉开了，而且随着农村商品经济的发展，随着农村产业结构的多元化，农民还在进一步分化。

1980年前后，农村刚刚实行家庭联产承包责任制，那时农村几乎都是"家家分田、户户种地"，经过一两年，农民的温饱问题基本解决之后，就逐渐向兼业户、专业户和非农产业转化了。据我们在山东陵县一个镇办村的典型调查，1988年，纯农户占25%，以农为主兼事工商业的占50%，以非农产业为主兼事农业的占20%，从事工商等非农产业而不再搞农业的占5%，这是一个经济上属中等偏下地区的情况。据上海大学庞树奇等同志的调查，1987年，上海嘉定县纯农户只占9.54%，以农为主的兼业农户占5.25%，以非农为主的兼业农户占9.38%，纯非农户占75.83%，这是上海郊区商品经济较发达地区的情况。在经济不发达地区，纯农户的数量还在80%以上。这种划分主要是从农民收入来源这个角度来分析的，可以看到农户从纯农业户到以农为主的兼业户到以非农业为主的兼业户到非农业户这样一个发展趋势。但要作为分析8亿农民这个大的社会群体目前正在分化的状况，作为我们进一步认识农民，考察农村发展趋势及其规律是很不够的。因为目前中国的农民实际上已经分化成若干个利益不同、愿望不同的阶层，而且正在进一步分化之中。

根据我们的农村调查和其他兄弟单位的调查进行分析，笔者认为，目前的中国农民已经分化为以下8个阶层：

1. 农业劳动者阶层。他们承包集体的耕地，从事种植业、养殖业劳动，全部或大部分依靠农业取得收入作为自己家庭的生活来源。农业劳动者阶层在目前是我国大部分农村的主体劳动者。他们对国家的农业政策反映最敏感，诸如农产品的价格双轨制，化肥、柴油和贷款同交售定购粮棉挂钩的政策，化肥、农药等农用生产资料的价格政策，减轻农民负担政策等等，都对他们的生产生活有直接影响，所以他们是最关心的。近几年他们对粮食棉花等主要农产品收购价格太低，农用生产资料价格上涨过多，"三挂钩"政策兑现不好等意见很大。

目前，除经济发达地区外，这个农业劳动者阶层人数是最多的，大体可以分成 4 个部分：一是农业专业户或承包大户。人数是很少的，他们由于各种原因承包集体的大片耕地、山林、果园、水面，有较强的劳动经营能力，有比较多的农机、农具和运输机械，有相当的资金，有国家贷款，能向社会提供较多的商品粮和其他农副产品，收入比较多，一般生活都很富裕。这些专业户，除自己及家庭成员外，一般都雇请一些帮工或农忙时请一些临时工。二是比较富裕的农业劳动者。他们的劳动力比较强，有一定的文化技术和经营能力，农用生产资料齐全，耕种承包集体的耕地产量都比较高，除了完成国家定购任务外，还能向市场出卖一部分议价粮和其他农产品，主要是从农业取得收入，农闲时还能兼干一些非农产业取得收入，所以生活比较富裕，比较安定。三是温饱型农业劳动者。他们只是耕种集体耕地，只有牲口和简单的农具，生产资金也不足，年成好，国家政策好，他们完成国家任务外，还能向市场出售一小部分农产品，生活略有节余，如遇天灾人祸，则连温饱也难维持。四是贫困农户。这有两类，一类是在我国西北西南等部分贫困地区，这里自然环境和生产条件特别恶劣，大部分农户虽然终年劳动也得不到温饱；另一类则在非贫困地区，由于这些农民家庭缺少劳动力或主要劳动力有病或呆傻，资金严重不足，农具不全，承包土地种不熟，收成很少，要靠本地社会的救济和帮助才能勉强度日。

农业劳动者阶层目前人数最多，但分化和减少也最快，随着农村经济的发展，许多农民向非农产业转化，特别是上述第二类农民，他们一有机会和条件就会从农业上转出去。

2. 农民工。这是中国特有的一个阶层。产生于 20 世纪 70 年代和 80 年代，一方面城乡的第二、第三产业需要发展、需要劳动力，而且农业上劳动力也有较多剩余，需要寻找出路，但另一方面，国家的户籍管理制度又严格限制"农转非"，于是就产生了"农民工"这样一个阶层。他们常年（有的是十几年）在厂矿或商店等第二、第三产业劳动，从那里取得个人及其家庭的全部或大部分收入，但户籍还在农村，他们的身份是农民，在农村实行责任制时，还分有承包田，拥有自己的农村住房。他们同城市的正式职工相比，不吃国家的平价商品粮，不享受城镇居民的各种补贴。他们是临时合同工，不是铁饭碗，不享受公费医疗等劳保待遇。

农民工有两类，一类是离土离乡的。他们在城市的厂矿、机关、商业、服务行业劳动，现在全国的很多大煤矿下井的大部分是农民工，大中城市的建筑工人大部分也是农民工，据调查，仅北京市就有 40 多万。另有一些农民工流动到经济发达地区的乡镇企业里去劳动，在广东、苏南、浙南、辽南及大中城市郊区、乡镇企业发达的地区，外地来的农民工是很多的。今年春天我到南方调查了解到，仅广东一省，外地农民工就有 400 万。这些在城市国营企业或集体、乡镇企业劳动的农民工，类似于欧洲的外籍工人，本地人不愿干、不肯干的脏活、累活、险活和污染严重的活由他们干，待遇又低，而且因为他们是临时工，遇有经济紧缩，企业不景气时，首先解雇的是外地农民工，挥之即去。当然，因为我国目前城乡差别、工农差别较大，这些农民工在城市里的待遇虽低，但比起在农村种田，无论是收入和生活还是比农村好，而且到城市还可以学点技术，见见世面，所以他们只要一有机会，就闻风而动，召之即来。

还有一类农民工是离土不离乡的。他们在本乡本村的乡镇企业里劳动，或者在附近城镇的工厂、商店、机关等单位里劳动，早出晚归，住在农村的家里。他们中的多数还耕种着原集体经济的口粮田。不过，他们主要的精力已经放在工厂里，主要收入也是来自工厂，务农只是副业而已。

农民工这个阶层的人数已经很多，在农村中仅次于农业劳动者阶层。1987 年，全国有乡镇企业职工 8776 万人[①]，其中除少数经理、厂长等管理人员外，其余都是农民工。农民工中大部分是离土不离乡的，离土离乡的在全国约有近 2000 万人。随着经济继续发展，城乡进一步开放搞活，这两部分农民工还会继续增加。

3. 雇工阶层。这是现阶段农村的工人阶级，他们在很多方面同农民工相似。不过，农民工是受雇于乡镇集体企业或国营企业，而雇工则受雇于私营企业或个体工商户；农民工为集体、为国家劳动，而雇工则直接为私人雇主干活。当然，雇工与在资本主义制度下受雇于资本家的工人也是不同的。他们在农村仍还拥有足以谋生的承包土地和其他生产资料。他们之所以愿意受雇予私人，多数不是因为生活无出路，而主要是因为当雇工的

---

① 　国家统计局编《中国统计年鉴·1988》，北京：中国统计出版社，1988 年 8 月，第 293 页。

收入要比在家种田高。

雇工的收入，一般说不会比农民工低，但他们的劳动强度要比一般乡镇企业的农民工高，他们的社会地位低、所忍受的心理压力要比农民工严重得多。农民工至少在名义上是和乡镇企业的管理者是平等的，有些确也有参加民主管理的机会，而雇工则明确是私人雇主的伙计，在企业里一切要听从雇主的，经营决策当然无权过问，至于收入，则相当悬殊。《解放日报》在今年①2月9日报道过上海市个体户雇工的情况，称之为"雇工的三无世界"，一是工作无日夜，日平均劳动的时间在10小时以上；二是医疗无保障，雇工伤病，雇主概不负责；三是雇工进退无手续，约有半数摊店的雇工是未经工商行政管理部门审核批准的。《北京晚报》报道过北京市妇联调查的女雇工情况，大多数女雇工的合法权益受到侵害，有78%的雇工劳动在10小时以上，95%没有休息日，雇主随意打骂处罚女雇工的现象几乎是普遍的，有的还受到雇主的侮辱。虽然如此，大量的青年农民还是在向城市和集镇移动，他们希望在那里找到一个能挣工资的地方，今年春天数百万民工大流动就是证明，中国农村现在剩余的劳动力实在太多了，面对农村的就业门路又是如此狭窄！

现在全国的雇工有多少？据统计，1987年受雇于私营企业的雇工有360万人，②而受雇于个体工商户的雇工要多于此数。所以全国的雇工约有700万~900万人。

4.农民知识分子阶层。在农村从事教育、科技、医药、文化、艺术等智力型职业的知识分子。有两类，一类是具有非农业户口，属于国家全民所有制或集体所有制的干部和职工，他们的政治、生活待遇同其他干部职工一样，只是在农村工作。而另一类同他们做一样的工作，但因为是农业户口，身份是农民，其政治和生活的待遇就很不一样。如在农村的中小学里，同样教课，同样当班主任，但一部分教员是国家正式职工，而另一部分则是民办教师。民办教员的职业是教员（有的已从教20多年），但其身份还是农民，家里还种着承包田。在乡镇医院里，有农业户口的医护人员。在村里的乡村医生，一度曾叫赤脚医生，虽然有些是数代行医，医术高明，但身份还是农民。在乡镇的农业技术推广站，在乡文化馆也有一部分农民身份的农业技术员和文化艺术工作者。

---

① 本文中指1989年，下同。——编者注。

② 国家工商行政管理局估计数。

据国家统计，1988 年从事农村文化教育事业的农民知识分子有 309.3 万人，从事卫生、福利事业的有 129.1 万人，从事农村科学技术事业的有 17.1 万人。^① 虽然我国农村的文教、科技、卫生、福利事业亟须发展，现在的机构和人员远远满足不了农民群众生产、生活的需要，而且农村这样的人才也是有的，初步估算，现在全国在农村的具有高中以上文化水平的人约有 2000 多万。但是近几年，农村的这种智力型劳动的事业发展得很缓慢，有很多地区还处于徘徊和萎缩之中。如从事文化教育事业的农民知识分子，1982 年是 358 万人，1986 年是 315 万人，1988 年只有 309 万人。^② 其中减少的一个原因，是因为按国家规定有一部分民办教师转为国家的正式职工了。但从总的来说是因为我们对农村智力型事业的政策不完善，从事农村智力型事业的知识分子得不到应有的政治、经济、社会待遇或保障，所以农村的科技、文化、教育、医药等事业发展不起来，一部分从事这些事业的农民知识分子转去从事工业、商业等经济活动了。

5. 个体劳动者和个体工商户阶层。这个阶层是农村里拥有某项专门技术或经营能力，自有生产资料或资金，从事某项专业劳动或经营小型的工、商、服务行业的劳动者和经营者。他们是农村里的木匠、瓦匠、石匠、铁匠、弹花匠、裁缝、理发匠以及前些年才有的司机、钟表、无线电修理等个体劳动者以及个体商贩和小商店、小饭铺、小工厂的经营者。农村里的能人有两大类，一类向政治方面发展，当了乡村的干部；另一类向经济方面发展，成了个体劳动者和个体工商户，这类人原来大多是农村里的能工巧匠。实行联产承包责任制时，他们同样承包村里的责任田，但两三年后他们就把主要精力转到专业技术劳动或个体经营上去了。特别是国家的农村政策进一步开放，他们就把兼业变为主业，正式成为农村的个体工商户。个体工商户这几年发展是很快的（见表 1）。1981 年还只有 96 万户，1986 年就有 920 万户，1988 年为 1070 万户，而实际上还远不止此数。因为有一部分农村的木匠、瓦匠、裁缝等劳动者，他们如果不开木匠店、裁缝铺，不搞经营活动，一般是不申请个体工商业户执照的。

---

① 国家统计局编《中国统计摘要·1989》，北京：中国统计出版社，1989 年 5 月，第 16 页。

② 国家统计局编《中国统计年鉴·1983》《中国统计年鉴·1987》《中国统计年鉴·1989》，北京：中国统计出版社，1983 年 10 月，第 121 页；1987 年 10 月，第 136 页；1989 年 9 月，第 103 页。

表 1　农村个体工商户发展情况

单位：万户、万人

年份	个体工商业		工业（包括手工业）		商业		饮食业		运输业		其他行业	
	总户数	从业人数	户数	从业人数	户数	从业人数	户数	从业人数	户数	从业人数	户数	从业人数
1981	95.8	121.6	12.5	17.2	37.8	44.4	18.6	27.7	0.8	0.9	26.1	31.4
1984	708.2	1012.0	97.4	170.4	380.4	492.4	64.2	105.6	52.1	83.9	114.1	159.7
1985	891.6	1382.3	124.9	254.5	464.5	636.3	77.1	139.3	88.1	139.9	137.0	211.9
1986	920.1	1438.3	126.3	268.4	480.9	664.0	89.1	148.9	89.9	138.9	133.9	218.1
1988	1070.4	1726.5	148.5	342.9	557.6	798.8	95.1	175.6	125.6	181.8	143.6	227.4

资料来源：国家工商行政管理局经济信息中心编，《国家工商行政管理局统计汇编》中相关年份数据。

现在各省、地、县都成立了个体劳动者协会。个体劳动者和个体工商户一般都参加这个协会。但二者还是有一点区别。个体劳动者一般都散居在农村里，而个体工商户多数集中在集镇和交通、道口、码头等适于营业的地方。个体劳动者主要是靠自己劳动，而个体工商户除了自己参加劳动经营外，还雇有不超过 7 个人的帮工。在这一点上，个体工商户同私营企业主有相同之处。

6. 私营企业主阶层。私营企业主是指企业的生产资料私有，自主经营，以营利为目标，且雇工在 8 人以上的企业主。私营企业主在 1978 年前是完全没有的。农村改革后的头几年也还没有，那时只有个体工商户和专业户。1980 年广东出了个养鱼专业大户，雇了几个工，《人民日报》对此展开了一场大讨论，争论雇工是不是剥削等问题。从那以后，雇工经营就逐渐多起来。1984 年国务院发布了《关于农村个体工商业的若干规定》，明确规定："农村个体工商户一般是一人经营或家庭经营；必要时，经县、市工商行政管理机关批准，可以请一、两个帮手；技术性较强或者有特殊技艺的，可以带两三个、最多不超过五个学徒。"① 在作这个规定的时候，由于个体经营的发展很快，实际上已经有了不少雇工人数超过 8 个人的企业。对此，初

---

① 《关于农村个体工商业的若干规定》（1984 年 2 月 27 日国务院发布），武汉市工商行政管理干部进修学校编印，《工商行政管理法规汇编》1986 年 10 月第 1 版（内部使用），第 218 页（参见国务院法制办公室编《中华人民共和国法规汇编第 6 卷（1982～1984）》，北京：中国法制出版社，2005 年 5 月第 1 版，第 509 页——编者注）。

时，国家采取了不提倡、不宣传也不取缔的方针，直到 1986 年私营企业已经有了相当的发展，有关方面专门讨论了这个问题。在 1987 年中央 5 号文件《把农村改革引向深入》中明确提出了对私人企业实行"允许存在，加强管理，兴利抑弊，逐步引导"的方针，还指出："几年来，农村私人企业有了一定程度的发展。事实表明，它作为社会主义经济结构的一种补充形式，对于实现资金、技术、劳动力的结合，尽快形成社会生产力，对于多方面提供就业机会，对于促进经营人才的成长，都是有利的。私人企业有同公有制经济矛盾的一面，本身也存在一些固有的弊端，主要是收入分配上的过分悬殊。"① 争论了多年的私人企业雇工问题，至此有了一个结论。文件发布之后，私人企业迅速发展起来，有的本来就已存在，只是国家承认了合法之后公开而已。1988 年，国务院发布了《私营企业暂行条例》，正式确立了私营企业的法律地位。据 1987 年统计，全国已有 12.5 万户私营企业，而且还有 10 万户名为集体挂靠企业实为私营企业，所以，1987 年的私营企业为 22.5 万家。② 其中，大部分在农村，按 80% 计，则农村有私营企业 18 万家。因为国家对私营企业管得严，征税多，对个体工商户管得松，征税少，再加上一般人仍有怕冒尖露富、怕当老板的顾虑，所以，各地出现了"七不上八要下"的状况。有些个体企业可以扩大生产能力，但怕成为私营企业，所以满 8 个就不再增加了。有的是事实上已超过 8 个雇工了，也用各种办法只报 7 个。

私营企业有三种类型，大多数是独资经营，也有联户经营和合股经营的。按上述 18 万户计，私营企业主约有 20 多万人。这些人是近几年随着农村改革开放涌现出来的风云人物，他们有的原来就是乡村干部，有的是原来乡镇企业的负责人或乡镇企业中跑供销的业务人员，有的是专业大户，有的则是一些曾被判过刑、坐过牢的特殊人物，其中有部分是在非正常时期被错捕、错判的，也有是确有劣迹而改造后浪子回头的。上述这些人都有很强的商品经济经营意识，有冒险创业精神，有较强的组织管理能力。他们在各自有利的条件和机遇下办成了企业，经过艰苦的努力，几年工夫，就积聚了数十万、数百万乃至数千万元的财富，雇佣数十、数百人乃至超过千人。他们都是本村本乡本县的新闻人物。他们在经济上的成就对很多

---

① 中共中央文献研究室编《十二大以来重要文献选编（下）》，北京：人民出版社，1988 年 5 月，第 1237 页。

② 国家工商行政管理局估计数，由 1988 年 12 月中新社报道。

人有吸引力，激励很多人去效仿、开创。他们为了巩固已取得的经济地位并获得进一步的发展，也在向政治方面发展，他们有的向县区主管科局挂靠，或者是聘请地方的党政领导到企业担任荣誉职务，或者是吸收这些干部的子女进厂就业，或者是投资办地方公益事业，资助文教福利机构。他们中有的已当上各级人民代表、政协委员，有的还在竞选当地的行政职务。总之，私营企业主这个阶层正在农村崛起，是很值得我们注意的一支力量，我们要以正确的政策，把他们的活动纳入社会主义建设的轨道。

7. 乡镇企业管理者阶层。乡镇企业管理者是指乡村集体所有制企业的经理、厂长及主要科室领导和供销人员，他们虽然没有名义上的所有权，但有集体企业的经营权、决策权，他们是乡镇企业的管理者，同农民工的关系是管理者与被管理者的关系。乡镇企业的供销人员有特殊地位和特殊作用，乡镇企业经营产品的供销，都不列入国家计划。乡镇企业需要的原材料，要通过供销人员利用各种渠道和手段采购而来，乡镇企业的产品要靠供销人员通过各种渠道和手段推销出去，供销人员的采购和推销对乡镇企业起着生死攸关的重要作用，一个或几个供销人员掌握着整个乡、村办工厂的命脉，在相当多的乡镇企业里，供销人员的收入也往往高于厂长和经理。因此，供销人员也应是乡镇企业管理者阶层。

乡镇企业的管理者有两类，一类乡镇企业采取传统的经营方式，这类企业直接隶属于乡或村的行政领导，其管理干部同乡或村的干部有密切的联系，直接受他们的领导和指挥，这类企业的管理者的地位与国营企业的领导相类似，他们的工资水平只略高于本企业的职工。另一类乡镇企业采取租赁、承包的方式，这类企业的领导干部有较大的自主权、决策权和灵活性，所担负的责任和风险也大，经济收入也多，这类乡镇企业的厂长和经理有不少方面同私营企业主有相似之处，当然前者在名义上是没有所有权的。

乡镇企业管理者阶层有多少人？这是个很复杂的问题。因为目前乡镇企业这个概念很庞杂、界限不清，调查统计很困难，据 1987 年国家乡镇企业局统计，1986 年全国有各类乡镇企业 1515.31 万个。其中包括：乡办企业 42.55 万个，村办 109.11 万个，村民小组办 21.03 万个，联户办 109.34 万个，个体办 1233.2 万个。[①] 一共有五种形式，所谓"五个轮子一起转"。

---

① 农牧渔业部乡镇企业局编《全国乡镇企业统计摘要·1987》（内部资料），1987 年 6 月，第 7 页。

其中联户办、个体办两种同个体工商户、私营企业互有交叉，有重复计算的部分。乡村两级办的企业共有 151.74 万个，每个企业的管理干部平均按 5 至 6 人计，全国乡镇企业管理者当有 800 万人。就全国范围来说，分布很不均匀，在珠江三角洲、长江三角洲、胶东、辽南和大中城市郊区等商品经济发达地区，乡镇企业多，乡镇企业管理者阶层也多，厂长、经理、供销人员成群，也就是通常称之为农民企业家群。他们在当地经济上、政治上都很有地位，很有影响。随着农村乡镇企业的继续发展，这个阶层的人数和势力正在迅速发展之中。

8. 农村管理者阶层。主要是指乡、村两级的农村基层干部。农村干部是党和政府联系广大农民群众的纽带和桥梁，党的方针政策要通过他们宣传贯彻，党和政府在农村的各项任务需要通过他们组织农民来完成，农民群众的意见和愿望需要通过他们反映上来，农村干部是农村政治、经济、社会生活的组织者、管理者。1988 年全国有 20859 万农户，86725 万农业人口，组织成 56002 个乡镇，740375 个村。[①] 这样一个庞大的社会群体，政治的安定，经济的发展，社会秩序和治安的维护，靠着这几十万个农村基层党政组织，靠着几百万农村干部的工作。

我国的农村基层组织是随着我们党领导的革命运动，废除了地主、国民党的旧政权而逐步建立起来的，历经战争、土改、合作化、公社化、农村改革等政治经济运动，目前的基层组织则是由人民公社政社合一的组织直接演变而来。我们的农村干部也是在农村历次政治经济运动中逐渐成长起来的。现在，战争年代的干部已经极少了，土改、合作化时期的干部还有一些，大多数是人民公社化时的干部。农村改革之后，强调干部要年轻化、革命化、知识化、专业化，又有一大批有文化的年轻农民充实到农村干部队伍里来。

农村干部有四类。一类是脱产干部，他们是乡镇党政经机构里的主要领导和专业干部，例如乡镇党委的书记、委员、乡镇长和各专业助理员，以及粮站站长、供销社主任等，他们属国家编制，领国家工资，有非农业户口，本人已不是农民，但他们的任务就是做农村工作，领导农民实现农村现代化建设的各项任务，他们是农村各项工作的决策者，起承上启下的关键作用。这部分干部的总数，大约是当地农民总数的 1% 左右。

第二类是半脱产干部，他们是乡镇党政经机构里的业务干部和工作人

---

① 国家统计局编《中国统计年鉴·1989》，北京：中国统计出版社，1989 年 9 月，第 161 页。

员，例如乡镇党政办公室的办事员，助理员的助手，以及粮站供销社等机构的工作人员等等，有少数突出的也有担任领导工作的，但他们都是农业户口，身份是农民，由乡镇政府参照干部工资和本地的经济发展情况发给补助工资。他们都是本地人，是辅助乡镇党政机构领导干部工作的，虽然不属于决策层，但在当地是很有影响的。这类干部人数大致相当于第一类干部，在经济发达乡镇，由于各项事业发展，这类干部的人数则大大超过第一类干部。

第三类干部是享受常年固定补贴的干部，他们是村党支部书记、村民委员会主任、副主任和会计等村级组织的主要领导干部。他们是不脱产干部，农业户口，本人身份是农民，家里承包有土地，但他们是村里各项工作的承担者、决策者，是我们党和国家最基层组织的负责人。他们同时也是发展集体经济、集体财产的组织者、管理者，他们的工作如何，对当地对全局的影响是很大的。所以，他们是农村管理者阶层的中坚力量。按国家规定村级主要干部一般是 3 至 4 人，大村和经济发达的村也有 5 至 6 人的，全国当有 300 万～400 万人。

第四类干部是村里享受误工补贴的干部。这是指村团支部书记、妇联主任、民兵连长、治保、调解委员会主任以及村民小组长（原来的生产队长）等村干部，他们都是农村里各群众团体的负责人，协助村党支部、村委会开展各项工作。这类干部的人数是不固定的，各地区差别很大，就在同一地区，由于各村开展工作的水平不同，这类干部的人数和作用也不相同。但这类干部往往是村级主要干部的后备力量，所以，这类干部的影响力也是很大的。

这四类干部组成农村管理者阶层，他们是党和国家同农民之间的中介，党和国家的政策、任务靠这批干部去贯彻实现，农村的各项建设和各种工作靠这些干部去组织和领导。他们既代表国家利益，也反映农民的意愿。因为我们的干部，特别是党的干部（包括村党支书）基本上都是由上级任命的，所以现任的农村主要干部更多的是代表国家利益。农村改革的头几年，农民得到了生产经营的自主权，农业生产迅速发展，国家提高了农产品的收购价格，那几年农民对国家的政策很满意，农村的干群关系也很好。近几年，由于工农业产品剪刀差扩大，定购农产品价格太低，农用生产资料供应紧张，价格猛涨，农民有意见，农村里特别是以农为主的地区，干群关系有些紧张，这是很值得注意的。

我国农村经过改革，8 亿农民逐渐分化成上述 8 个阶层，就目前来说，他们之间的组成大致如下：

表 2　中国当今农民阶层结构

占比	农业劳动者	农民工	雇工	农民知识分子	个体劳动者和个体工商户	私营企业主	乡镇企业管理者	农村管理者
该阶层人数在农民总数/%	55~57	24	4	1.5~2	5	0.1~0.2	3	6

　　表 2 是根据我们的典型调查和国家统计资料推算而编制成的，只是反映目前我国农民的概况。各地的经济发展状况不同，各个阶层的组成情况就很不相同。在经济发达地区，农业劳动者的人数就少，而农民工、雇工、个体劳动者和个体工商户、私营企业主和乡镇企业管理者就多。在经济落后地区，农业劳动者就多，上述五个阶层就少。从整个国家来说，随着农村改革进一步深入，农村产业结构继续调整，农村商品经济的发展，农业劳动者这个阶层会继续减少。而农民工、农民知识分子、个体劳动者、个体工商户和乡镇企业管理者等阶层会继续增多，而且还会分化出新的阶层，雇工和私营企业主这两个阶层则要看我们国家对私营经济的政策，如容许继续发展，则会增长得很快；如加以限制，则会相应减少。

　　从总体来说，中国的传统农民，在农村商品经济发展的条件下，正在向兼业农民和非农民方向转化，其转化的速度，决定于当地城乡商品经济发展的水平。在目前的农村，农业劳动者和农民工是两个主要的社会阶层，他们的人数约占农民总数的 80%。因此，我们的农村政策应该较多地考虑这两个主要社会阶层的利益和要求，他们是农村经济社会发展的基本力量。他们安定了，农村社会就安定了；他们积极了，农村的政治经济形势就好了。

四　农民收入增加了，农民的生活普遍得到改善，一部分农民已经先富起来，农民之间收入差距拉大，仍有一小部分农民还没有解决温饱问题

　　解放以后，农民收入增加，生活改善较快的时期主要是两次，一是解放初和第一个五年计划时期，那 8 年农业生产连年增长，生活一年比一年

好；第二个时期就是农村改革这 10 年。因为从 1958 年以后，由于"大跃进"中"左"的路线错误和自然灾害，出现了三年困难，许多农村伤了元气，农民生活很困难，有的甚至倒退到解放初的水平。1962 年后经过调整，生产恢复，生活略有改善，但 1966 年后又折腾了 10 年，农业生产长期徘徊，农民收入和消费水平停滞不前。直到 1978 年全国农民的年纯收入才 134 元。有 33.3% 的农民在 100 元以下，[①] 连基本温饱都得不到解决。

农村改革 10 年，随着农业生产的增长，农村产业结构的多元化和农村商品经济发展，农民收入增长很快，1988 年农民人均年纯收入达到 545 元，比 1978 年增长三倍多。[②] 平均每年递增 15.6%，扣除物价上涨因素，实际每年增长 11.8%，超过了"一五"期间平均每年递增 4% 的速度。经过这 10 年，农民的生活水平上了一个新的台阶。表现在以下几个方面：

1. 吃饭问题，这是我们各级人民政府经常为之操劳的大问题。我国只有占全世界 7% 的耕地，要养活占世界 22% 的人口，这确是个困难的问题。直到 1978 年，我国 8 亿多农民的平均口粮才达到每人 248 公斤。按说，是能吃饱了，但这是平均数。当年有 33.3% 的农民年均纯收入在 100 元以下，其中有 20% 还在 70 元以下，这部分农民就是在当时的物价条件下，吃饭问题也还解决不了。到 1988 年，农民平均口粮达到 260 公斤，人均收入达到 545 元，人均 200 元以下的占 5.3%，150 元以下的占 2%。所以我们说，经过改革，农民的吃饭问题是解决了，或者说，基本解决了。农民不仅是吃饱了，而且吃的质量也提高了。1978 年人均 248 公斤口粮中，细粮只占 49.6%，而 1988 年人均 260 公斤口粮中，细粮占 81.2%。1978 年农民人均消费的肉禽蛋鱼只有 7.65 公斤，1988 年增加到 16.15 公斤，增加一倍多。食油从 1.96 公斤增加到 4.76 公斤，酒从 1.22 公斤增加到 5.93 公斤。[③]

2. 住房改善。1978 年，全国农民每户平均居住 3.64 间，人均居住 8.1 平方米，其中 63% 是土房和草房。农村改革以后，农民收入增加，解决了吃饭问题之后，农民把精力放到改善居住条件上，全国掀起建房热，10 年来，全国农村共新建住房 67 亿平方米，有 75% 的农民住进了新房。户均住房 5.45 间，人均住房提高到 16.58 平方米，比 1978 年增长 1 倍。[④] 其中，

① 国家统计局编《中国统计年鉴·1987》，北京：中国统计出版社，1987 年 10 月，第 697 页。

② 国家统计局编《中国统计年鉴·1989》，北京：中国统计出版社，1989 年 9 月，第 719 页。

③ 国家统计局编《中国统计年鉴·1989》，北京：中国统计出版社，1989 年 9 月，第 719、742、745 页。

④ 国家统计局编《中国统计年鉴·1989》，北京：中国统计出版社，1989 年 9 月，第 756 页。

大多数是砖木结构或钢筋混凝土结构，砖瓦房所占比重由 1978 年的 37% 上升到 1986 年的 58%。1978 年时，农村很少有住楼房的，1983 年已占 13%，1988 年增加到 23%。在商品经济发达的地区和大城市郊区农民住房基本上已实现了楼房化，少数富裕农民已建造了别墅式洋房，堪与城市的高级住宅媲美。

3. 消费结构发生了很大的变化。1987 年时，农民的收入很少，消费的重点是满足生存的基本需要，吃占的比重最大。农村改革后，农民收入增加，不仅吃饱吃好了，而且吃在整个消费支出中的比重下降，增加了住房和耐用消费品以及文化生活、生活服务等方面的支出，详见表 3。

表 3　农民消费结构的变化

单位：%

年份	生活消费总支出	吃	穿	用	住	烧	文化生活支出
1978	100	67.7	12.7	6.6	3.2	7.1	2.7
1984	100	59.0	10.4	11.0	11.7	5.5	2.4
1988	100	53.4	8.6	12.8	14.9	4.6	5.7

资料来源：国家统计局编《1989 中国统计年鉴》，北京：中国统计出版社，1989 年 9 月，第743 页。

农民的消费结构的排列原来是吃、穿、烧、用、住、文化，现在是吃、住、用、穿、文化、烧。这 10 年，吃、穿、烧所占比重是逐年下降，而住、用、文化三项则是逐年增加的，这表明农民的生活质量确实提高了，农民的生活上了一个新的台阶。

表 3 反映的是全国的平均情况，总体表现了我国农民经过 10 年改革，生活得到了改善，但也不能忽视另一方面的情况，这就是地区之间的收入差距拉大了，同一地区内部、农户之间收入差距也拉大了，有的甚至可谓悬殊。由于自然条件和商品经济发展程度不同，我国农民的纯收入自西向东呈阶梯形增长。东部沿海诸省农民的收入多，增长快；中部次之；西部诸省农民收入少，增长慢。以全国收入最高的上海农民与收入最低的甘肃农民相比，1988 年上海农民纯收入 1301 元，比 1978 年的 290 元增长 3.5 倍；1988 年甘肃农民纯收入 340 元，比 1978 年的 98 元增长 2.5 倍。收入差距从 1978 年的 2.96∶1 扩大到 1988 年的 3.83∶1。[1]

---

[1]　国家统计局编《中国统计年鉴·1989》，北京：中国统计出版社，1989 年 9 月，第 746 页。

而更加值得注意的是在同一地区、同一县、同一乡、同一村内，农民之间的收入差距拉大了。开始实行家庭联产责任制时，农户间分得的承包土地和生产资料是基本相同的，但由于农户间的劳动力多少、强弱不同，主要劳动力的文化素质、经营能力不同和社会关系不同等原因，经过几年之后，农户间的收入差距拉开了，特别是一部分兼营或专营第二、第三产业的农民，诸如私营企业主、个体工商户和乡镇企业的一些厂长、经理、供销人员等，率先富裕起来，成了万元户、几十万元户、几百万元户；而那些家庭劳动力弱小，单一经营农业，缺乏资金和门路的农民，则连基本的温饱都难以维持。在商品经济发展的条件下，农民中各个阶层的收入差距拉开有一定的必然性，改变了原来平均主义吃大锅饭的状况，有利于开展竞争和提高效率。但目前有一部分人并不是靠正当经营、勤劳致富，而是靠非法经营、偷税漏税而暴富起来的，这就应该加强市场和税收等方面的管理，对他们加以限制。而且，农户间收入过分悬殊，也会造成农民心理上的不平衡，引起新的社会矛盾和冲突，不利于整个社会的稳定和发展。

五　农民的文化素质提高了，农民的价值　　观念有了很大变化

解放初，我国农业劳动力 70% ~ 80% 是文盲半文盲，在农村里，识文断字的人很少。合作化时，生产队找个会计都很困难，那时一个高小毕业生，回乡就被称为知识青年。经过 30 多年的努力，特别是改革 10 年来的发展，农民的文化素质大大提高了。据全国农村抽样调查总队的统计，1987年，每百个农村劳动力的文化程度如下：大专程度 0.06 人，中专 0.37 人，高中 6.79 人，初中 29.39 人，小学 38.40 人，文盲半文盲 24.99 人。按1987 年全国农村劳动力 39000 万推算：我们现在农村有高中程度的劳动力2648 万人，初中程度的劳动力 11462 万人，这是一支很巨大的力量。1988年，我国农村有高中 5933 所，初中 60389 所，毕业的高中生 64 万人，初中生 755 万人，[①] 还有农业职业中学 4500 所，每年毕业 30 多万人。另外还有500 多万成年农民参加广播、函授、业余等各类学校学习，提高文化和技术。据 1989 年《中国统计年鉴》的资料推算，全国农村现有 1.08 亿台收

---

① 国家统计局编《中国统计年鉴·1989》，北京：中国统计出版社，1989 年 9 月，第 820 页、第 825 页。

音机，6558 万台电视机，① 还有 8025 万户有有线广播喇叭。广大农民通过广播和电视获得各种信息，增长知识，开阔视野，潜移默化，文化素质正在不断地提高之中。

存在决定意识。农村改革 10 年，由于生产关系的调整，商品经济的发展，生产的增长，生活环境条件的改善，广大农民群众的思想观念发生了很大变化。中国农民长期受重本抑末的思想束缚，长期生活在自给自足的自然经济的圈子里，合作化以后，又生活在集体生产、统一分配的产品经济的条件下，农民的商品意识很差，鄙薄商业，认为从商下贱、无商不奸。农村改革开放，农民投身到商品经济的洪流中，商品经济的观念逐渐树立起来，就是种田，农民也开始学会计算成本，注意投入产出，注意市场动向，比较种什么作物赚钱多、利益大。如果说，在人民公社条件上，农民只是劳动农民，实行包产到户以后，农民是生产农民，那么，现在很多农民已是经营农民，有的还直接从事商业活动。不仅是东部沿海地区有很多农民从商，就是中、西部地区也有很多农民从商，连少数民族地区的农、牧民也纷纷上街摆摊卖货，"玩起秤砣来了"。1988 年，我们在山东陵县边临镇调查，有 90％的农户表示，只要有资金、有机会，他们都想出去做工、做买卖。

重土轻迁、恋乡恋家，这也是中国农民的传统观念。所谓"在家千日好，出门一日难"，农民不肯轻易出门，更不肯迁移外居。但是在商品经济的冲击下，由于比较利益的诱导，农民特别是中青年农民不离故土的传统观念淡薄了。只要能跳出农门，只要能进城，只要能赚钱，哪里都去，现在涌到城镇去做工经商，涌到边远地区去淘金、挖矿的农民，已超过 2000 万人。还有更多的农民在寻找机会出来。工农差别、城乡差别的客观存在，成为农民离农倾向的推动力。农民离土离乡的目的，现实的希望是通过做工从商，获得更多的利益，更高的目标是能"农转非"，得到城市的居民户口，成为正式工人或干部，有工资，有公费医疗，有铁饭碗。有些农民为此而奋斗了终身，生前得不到，临死了，叫子女在他灵前火化专门绘制的城市户口准迁证、工作证、公费医疗证，祈求到阴间成为城里人。更多的农民则比较现实，自己跳出农门无望了，就把希望寄托在子女身上。我们对陵县边临镇 165 户农民调查，有 83％的农民希望自己的子女考上中专或

---

① 国家统计局编《中国统计年鉴·1989》，北京：中国统计出版社，1989 年 9 月，第 161、745 页。

大学，因为这是现在唯一可以"农转非"的可靠通道了。

传统的中国农民是爱田守业①、视耕地为命根的，但经过近40年的土地所有权和经营权的不断更迭，农民对土地的感情淡薄了。实行包产到户，农民对承包耕地有了经营自主权，并且明文规定15年不变，经营权可以继承，也可以转让。但农民总觉得耕地不是自己的，不愿在土地上下功夫，普遍不愿进行力所能及的农田基本建设，有钱也不对土地投资，普遍少施不施有机肥，就是很明显的例证。但为什么有很多地方的农民，从事了工业、商业的经营或劳动，收入也足以保障生活的需要，仍不肯把承包耕地交还给集体或转让出去呢？这是因为这些农民仍怕政策多变，一旦不准从事工商业或经营失败了，仍可有承包土地作为安身立命之所，所以不肯转让土地。但这不是农民爱惜土地的表现，一旦这些农民感到国家政策稳定，经营的工商业收入也比较稳定，要他们放弃土地是不困难的事情。

六　农民的政治观念、政治态度正在发生变化

我们党是通过农村包围城市的路线夺取政权、取得民主革命的胜利的。在反帝反封建的长期革命斗争中，我们党同农民建立了密切的关系，农民在民主革命斗争中获得了解放，获得了土地，农民对长期的民主革命斗争作出了巨大的贡献。新中国成立以后，广大农民群众在党和政府的领导下，在社会主义革命和社会主义建设中同样作出了巨大的贡献。毛泽东同志说过，"中国的主要人口是农民，革命靠了农民的援助才取得了胜利，国家工业化又要依靠农民的援助才能成功"。② 实践证明，在整个社会主义革命和社会主义建设时期，农民都是跟着党走的，是工人阶级可靠的同盟军，是社会主义革命和建设的一支伟大力量。

在20世纪50~60年代，农民同党的关系，可以用那时农民在自家门上普遍贴的对联"听毛主席话，跟共产党走"两句话来概括。土地改革、统购统销、合作化、公社化、农业学大寨，这一系列大的政治、经济运动，农民都是跟党走的，那时，毛主席和共产党在农民中有崇高的威信，即使

---

① 《社会学研究》原文此处为"爱国守业"，应为排印错误。现根据陆学艺手稿和《中国社会学年鉴1979~1989》收录文改正。——编者注

② 毛泽东：《做一个完全的革命派》（1950年6月23日在中国人民政治协商会议第一届全国委员会第二次会议上的闭幕词），《毛泽东选集》第5卷，北京：人民出版社，1977年4月，第26页。

在上述运动中，有些人在政治上、经济上的利益受到损害，农民也还是跟着党走的。

20 世纪 70 年代后期，农民强烈要求进行农村改革，党和政府顺应民心，率先领导农民进行农村第一步改革，在全国普遍实行了家庭联产承包责任制，农民是衷心拥护的。这个时期的农民同党的关系，可以用安徽凤阳县农民在大包干中提出的三句话来概括："先交国家的，留足集体的，剩下是俺自己的"。这本来是农民针对人民公社吃大锅饭的体制提出来的分配原则，但在这里也明显地反映了农民的政治态度，表明农民是拥护党和国家的，国家观念和集体观念是很强的，把对国家和集体的贡献放在第一位，表明农民十分通情达理，顾全大局，支持国家的四化建设和集体经济。

20 世纪 80 年代的农民政治态度是怎样的呢？实行了包产到户，农民成为商品生产者，农民同市场逐步建立起各种联系，市场的波动，物价的升降，都与农民的利益息息相关，会对农民产生深刻的影响。近几年国家对粮棉等主要农产品实行合同定购，收购价格基本未变，而工业品价格却上涨了很多，特别是化肥、农药、薄膜等农用生产资料上涨了一两倍。明文规定给农民平价供应的化肥、柴油又往往不能兑现，这都直接损害了农民的利益，农民，特别是主种粮棉的农民对此反映强烈。近几年，各地农民通过各种形式表示他们的意见，有些农民还通过贴门联的形式来表示。其中有一对是这样写的：上联"高价化肥我不买"，下联"平价粮食我不卖"，横批"请政府原谅"。据了解，这样的门联在湖北、湖南、安徽、河北、吉林省农村都有发现，说明这类意见比较普遍。这副门联既反映了农民对乱涨价的不满情绪，也反映了农民要求等价交换的强烈愿望。公平交易、等价交换，这是发展商品经济的起码条件。农民要求等价交换，要求平等地对待他们，公平交易，这是 20 世纪 80 年代农民的特征，也是他们目前的基本要求。

据我的调查，现在农民家庭也是核心家庭日趋增多，农村青年一结婚，多数就同父母分家，另立门户。以前的三世同堂、四世同堂已经很少了。现在农村里，70% 以上的户主是 40 岁以下的农民，他们都是在红旗下长大的。土地改革、合作化时，他们还未出生或还不懂事；他们大多是在 20 世纪 60、70 年代以后成长起来的。他们的文化素质和政治素质同 20 世纪 50 年代的老农民是不一样的。对此，我们要有足够的认识。

另外，前面说过，农民这个社会群体已经分化成了 8 个阶层，各阶层所处的经济地位、社会地位已经很不相同，他们有各自不同的政治和经济的要求。因此，我们的农村政策，应该针对这些改变了的情况作相应的调整。

我国农村目前正处在一场重大的变革之中，自给半自给的自然经济正在向有计划的商品经济转化，传统的农业正在向现代化农业转化，传统的农民正在向非农民和现代农民转化。本文论述的六个方面的变化，只是勾画了一个轮廓，远不是这场伟大变革的全貌。这场变革是我国8亿多农村人口的大规模的社会变革运动，从经济体制改革开始，必然会引起政治领域、社会结构、思想传统等方面相应变革。这场变革对我国整个四化大业具有极其重要的意义，同时也带有极其伟大的世界意义。研究这场变革的来龙去脉，总结变革中不断出现的新情况、新问题、新经验，研究这场变革发生、发展的规律，协助党和政府按照运动发展的规律，有计划地、有步骤地领导好这场变革是我们社会科学工作者义不容辞的责任。

农村改革伊始，正是社会学重建的时候，在费孝通教授亲自带领下，一批社会学工作者首先就深入农村，研究小城镇等农村问题，写出了《小城镇大问题》等一批很有价值的研究报告，为农村这场大变革作出了贡献。可是这个中国社会学注意研究农村问题的好传统，后来并没有很好贯彻下来，研究农村问题的人越来越少了。我们有将近百人的中国社会科学院社会学研究所，能长期坚持下乡，认真研究农村问题的寥寥无几。近几年，社会学的几个刊物上，很少有研究农村社会问题的文章发表，这方面的来稿就不多。出版社也很少出版农村社会学方面的书。几个大学的社会学系开不出或不开农村社会学的课。所有这些，同我们国家农村正在进行的这场伟大变革是很不相称的。

社会学工作者应该重视研究当今的农村问题。诸如中国农村社会变革的方向、趋势和规律，中国农村社会结构，农村经济社会如何协调发展？中国农民如何分层？中国众多剩余农业劳动力如何向非农业转移？中国农村的社会保障体系如何建立？中国现有的城乡二元结构如何改变？等等，这些都是亟须调查和研究的重要课题。有志于农村事业的社会学工作者，特别是青年社会学工作者要积极地深入到农村改革的实际中去，调查研究，掌握第一手材料，为完成这些课题而努力。这些课题的研究成果，都将对农村社会的发展，国家经济社会的发展，国家的长治久安方面起很重要的作用。同时，也就在这个过程中，有中国特色的农村社会学这门学科就会建立和完善起来，中国农村社会学的专业队伍也会逐步形成和发展起来。

农业丰收后要注意保护农民利益[*]

——关于东北农村形势的调查

九月份，我们到辽宁、吉林、黑龙江出差，分别听了三省农口负责同志关于当前农村情况的介绍，并到辽源、东辽、东丰、公主岭、绥化、庆安、青冈、肇东等县市的乡村作了实地调查，同当地的干部、农民进行了交谈，听取了他们的意见。我们了解到近几年来，东北三省在深化农村改革、稳定完善家庭联产承包责任制等方面做了大量工作，创造了很多新的经验，农村社会安定，农业形势很好。今年[①]农业全面大丰产已成定局，干部群众都很高兴，但是喜中也有忧，他们担心秋后农产品的购销政策对他们不利，丰产了不能真正丰收。我们认为，他们的喜和忧，有相当的普遍性。

一　今年东北农业特大丰收

今年东北三省由于认真贯彻了党在农村的基本政策，稳住了人心。各级干部都比较重视农业，调动了农民的生产积极性，增加了对农业的投入，大规模地兴修了水利等农田基本建设，狠抓了"科技兴农"，农民科学种田

---

* 本文原载国务院办公厅秘书局编《信息参考》1990 年第 41 期，刊发时间 1990 年 10 月 11 日，原稿写于 1990 年 9 月 25 日，作者署名：史维国、陆学艺、郭于华。陆学艺是此次东北调研的组织者和负责人，也是研究报告的统稿人。该文首次刊载于中国社会科学院《要报》1990 年第 67 期（10 月 6 日），首次公开发表于《农村工作通讯》1990 年第 12 期（12 月 5 日），发表时题目改为《越是丰收越要注意保护农民利益——东北农村调查》。该文还收录于《当代中国农村与当代中国农民》（陆学艺著，北京：知识出版社，1991 年 7 月）、《陆学艺文集》（陆学艺著，上海：上海辞书出版社，2005 年 5 月）。本文涉及的相关省市农村经济社会数据源自作者调查过程中获得的资料。——编者注

① 本文中指 1990 年，下同。——编者注

水平有了较大提高。加上今年风调雨顺，霜冻又来得晚，是几十年难遇的好年景，粮食和经济作物普遍均衡增产。干部和群众概括为四个一样：玉米、水稻、大豆、高粱等各种粮食作物一样增产；粮食作物和甜菜、烟叶、亚麻等经济作物一样增产；岗地、坡地、洼地一样增产；发达地区、中等地区、经济贫困落后地区一样增产。

由于今年三省都普遍增种了玉米、水稻等高产作物，今年东北三省的粮食增产尤其明显。据三省农业部门测算，辽宁省1990年粮食总产将达到280亿斤，比1989年增产约90亿斤；吉林省粮食总产将达到360亿斤，比1989年增产约90亿斤；黑龙江省粮食总产将达到380亿斤，比1989年增产约56亿斤。今年东北三省粮食总产将超过1020亿斤，比1989年增产约236亿斤。因为1989年是灾年，三省粮食减产145亿斤，所以今年的大增产是带有恢复性的增长。今年同1988年相比，三省粮食增长9.84%。上述粮食的估产数是比较有把握的，实产可能还会多些。

二　丰收后的喜与忧

今年，东北三省增产后，如何收购、烘晒、储藏、调运、销售这么多的粮食，是个大问题，可说是喜中又有忧。

（一）农民怕秋后卖粮难，粮价低。以往的经验是，粮食少了，粮食部门独家经营，只能卖给粮站；粮食多了，多渠道，实际是没有人管了。今年国家专门设立粮食储备局，粮食部门不拒购，不限购，这给农民吃了定心丸，但农民更关心的是粮食收购价。文件说，国家要保护粮农利益，规定保护价。但保护价到底定多少？农民在焦急地等待着。去年[①]辽宁省玉米的收购议价是0.30元/斤，吉林省和黑龙江省是0.28元/斤。今年，农民按这个价格扩种了玉米，大量增加了化肥、薄膜等投入，成本提高了。但因为今年市场疲软，各地粮价下来了，辽宁、吉林省的集市上，玉米已降到0.24元/斤，黑龙江省一些集市已降到0.22元/斤，仍有价无市。有关部门估算，如果吉林、黑龙江的玉米保护价订到0.25元/斤以下，农民失利太多，今年虽然增产了，但不能增收。

农民担心的第二件事是"打白条"。东北三省，尤其是吉林和黑龙江，因为工业状况不好，亏损很大，财政困难，银根很紧，秋后要收这么多的

---

① 本文中指1989年，下同。——编者注

粮食和农副产品，国家如无特别措施，打白条已在所难免，事实上，目前正在收购的甜菜、亚麻和烟叶等产品，已打了一部分白条。

农民担心的第三件事，是各个部门趁今年丰收的机会，一齐向农民收多种款项。银行收贷款，教育部门收教育基金和教育集资款，卫生和计生部门收欠款和超生罚款，农田水利部门收水利款，农机部门收机耕费，乡镇和村级组织收历年积欠的统筹和提留款等，七收八收，相当一部分农民丰产后增加的一点收入，还不够还陈欠的。

（二）粮食部门也发愁。1989 年东北粮食减产，三省粮食部门为了保证社会稳定，都收购了很多粮食，减少了对外的调出，后来，全国粮食形势有变化，想卖、想调出，但卖不出去了，大量的粮食在仓库里压着，现在辽宁库存陈粮 115 亿斤，吉林 120 亿斤，黑龙江 140 亿斤。不仅占了仓库，而且压着大量的资金。现在粮食大丰产已成事实，怎么收购这么多的粮食？钱哪里来？仓库在哪里？怎么调运？更为关键的是这么多粮食将来卖给谁？到底以什么价格收购？以什么价调出？亏了本谁来负担？这一系列的问题，困扰着粮食部门，使他们愁绪万千。他们正在等待着中央有关部门的决策，有的专门派人常驻北京问讯，可说是翘首以待了。

（三）领导干部也发愁。干部分两层：一种是乡村基层干部，今年春天，干部们挨家挨户做工作，扳着手指算账，用各种方法号召动员农民多种粮食、多投入，拍着胸脯担保增产了粮食就能增加收入。现在，大量的粮食快上场了，集市上的粮价却一个劲儿往下跌，眼看农民 1990 年丰产不能丰收，他们只寄希望于国家用粮食保护价来保护农民利益了。县以上领导干部发愁的事就更多。他们既要考虑农民的利益，保护他们的生产积极性，为明年①和今后的农业生产打好基础，又要考虑粮食部门的利益，还要考虑本地区财政负担的能力。去年农业歉收，市场粮价高，要补贴消费者；今年农业丰收，市场粮价过低，又要贴补生产者，但吉林、黑龙江都是农业大省、财政穷省，有的县连干部工资都不能按月发，今年这么多粮食上来，本地区的财政实在补贴不起。他们的责任是要调节平衡好农民和居民、农民和国家的利益，1990 年为难了，无力平衡好这几方面的利益，所以也只好把希望寄托在国家宏观调节的决策上了。

---

① 本文中指 1991 年，下同。——编者注

三　丰收了，要注意保护农民的利益

预计全国今年粮食将增长 5% 左右。这是 1985 年以来，粮食增产最多的一年，也是"七五"期间农业形势最好的一年。好形势也带来一些新问题。东北三省因去年粮食减产，今年粮食增产幅度大，带来的问题更加突出。如何总结好今年农业增产的经验，正确处理好农业增产后的新问题，这是当前农村工作的一项重要课题，将对明年和今后的农业发展产生至关重要的影响。我们认为，有以下几个问题要处理好。

第一，要对今年农业的好形势和今后的农业发展有一个正确的认识。一方面要充分肯定近几年为发展农业所作的种种努力，并赢来了今年的丰收。另一方面，我们也应清醒地看到，我国农业生产条件还比较脆弱，水利设施失修，农机老化，土壤肥力下降，社会化服务体系不健全，农村流通渠道不畅等问题并未解决。切不可因为今年农业丰收了，就以为农业徘徊的问题解决了，从而放松对农业的支持。

第二，抓住机遇，进行粮食流通体制的改革。从去冬开始，多数粮食生产区相继出现了农民"卖粮难"，粮食部门"销售难"的问题。今年全国粮食普遍增产，粮食主产区的东北等地区卖粮难的问题更加突出。就总量而言，即使今年全国粮食总产达到 8500 亿斤，人均占有量也只有 752 斤，仍低于 1984 年人均 788 斤的水平，低于世界人均占有水平，应该说，粮食的总量供给还是偏紧的。但为什么"卖粮难"的呼声如此普遍呢？这说明目前粮食流通管理体制很不适应。"卖粮难"的实质是利益分配不合理的问题，是目前这套粮食经营管理体制不能适应有计划商品经济运行要求的问题。这套机制非改不行。而今年的农业大丰收，使粮食供应相对宽松一些，正好提供了改革粮食流通体制的条件，我们应该抓住这个机遇，适时改革，不要错过这个天赐的良机。

第三，粮食流通体制改革的出发点和落脚点要保护农民的生产积极性，促进农业生产的发展。今年 7 月，国务院作出了《关于加强粮食购销工作的决定》，最近又决定要建立国家专项储备粮食制度。这两项决定公布之后，反映良好，尤其是粮食产区农民对于国家明文宣布不限收、不拒收粮食，实行粮食保护价格，不打白条，特别满意。问题是如何能配套贯彻执行。

据我们在东北了解，现在农民群众等待的是今年的粮食保护价到底定多少，粮食部门也在等这个大盘子。所谓保护农民种粮积极性的核心问题，是粮食价格问题。如果今年保护价定到 0.22 元/斤或 0.22 元/斤以下，那么，粮价就比 1989 年下降 21% 以上。今年东北玉米增产二成多，从总量上说，农民恰是增产没有增收，相当一部分农民还要减收（因为今年的投入大量增加了，粮食成本比去年高）。这必然打击农民明年种粮的积极性。但是要把保护价再提高，粮食部门和地方财政又承担不起，所以，保护价的问题，就要由国家从全局考虑。据黑龙江省一些有经验的粮食工作者估算，如果今年东北玉米保护价定到 0.25 元/斤，那农民就满意了。如果保护价定到等于或少于市场价，那就失去了保护价的意义，实际也就不能叫保护价了。

针对 1990 年农业丰收后的形势，我们有两条具体建议：（1）粮食保护价一定要定得恰当，要确实起到保护粮农利益的作用。为此，国家财政要舍得拿出一笔钱来，这笔钱为数不多，但作用很大。如东北今年把玉米保护价定在 0.25 元/斤，议价收购 150 亿斤，只需多支出 3 亿 ~ 4 亿元。实际就保护了农民的种粮积极性，保证了 1991 年和今后农业的继续增长。（2）国家要保证资金供应，用现金把今年丰收的粮食和棉花等农副产品尽一切可能收购起来。近几年，国家三令五申不打白条。实际是禁而不止，"打白条"现象还是很普遍。这里有很多名堂，但其中一个重要原因是收购资金严重不足。据我们了解，黑龙江省今年秋冬，收购粮食和农副产品共需资金 60 亿元，省里想方设法可解决 37 亿元，还缺 23 亿元。吉林省还缺 30 亿元，这么大的缺口，靠本省是难以解决的，出路只有两个：一是拒收、限收；二是打白条。结果都是损害农民利益，打击农民生产积极性。建议国家放松银根，即使增发钞票，也要保证粮食、农副产品的收购。

这两项措施可以有三个方面的效果。一是保护了 8 亿农民的利益，使他们丰产后，真正丰收，保护了农民务农种粮的积极性。二是几百亿元现金下了农村，数千亿斤粮食、棉花和大量农副产品收上来，这不仅会促进食品工业、轻纺工业、建材工业的发展，而且会使疲软已久的市场从此活跃繁荣起来。三是今年农业丰收，粮食和其他农副产品供给相对宽裕一些，再加上国家拿出些资金，正是改革粮食和农产品流通体制的好机会，可以解决一些多年不能解决的问题。

否则，趁着农业丰收，国家、地方、各个部门一齐向农民伸手，对农民真的实行"一降（价）二白（条）三收款"，那必然是损害农民利益，打击农民的生产积极性，也就打击了明年和今后的农业生产。所以，越是农业丰收的时候，国家越要保护农民的利益。

当前农村社会分层研究的几个问题[*]

　　20 世纪 70 年代末 80 年代初，中国农村实行改革，农村自此发生了历史性的变化。农村的经济结构变了，农村的社会结构也发生了相应的变化。自 20 世纪 80 年代中期以来，实际工作部门和学术界的同志，对农村社会结构的变化，对农民的分化问题进行了研究，发表了一批很有价值的文章和调查报告。1989 年，我在《社会学研究》上发表了《重新认识农民问题》一文，提出当前农民已分化成农业劳动者、农民工、雇工、农村智力劳动者、个体劳动者和个体工商户、私营企业主、乡镇企业管理者、农村管理者等 8 个阶层的看法。^① 1989 年，中国社会科学院社会学研究所成立"中国农村社会结构研究"课题组，当年和 1990 年，课题组的成员对河北廊坊、安徽巢湖、辽宁沈阳、江西吉安、山东陵县、上海嘉定等市县的农村以及山西大寨、河北沙石峪、江苏华西、河南七里营刘庄、安徽凤阳小岗、江西井冈山的茅坪村等全国著名的村进行了社会分层问题的实地调查，获得了非常丰富的第一手资料。1990 年春天和秋天，课题组在北京海淀、河南密县开了两次学术讨论会，就当前农村社会结构和农民分化问题展开了热烈的讨论。我在会上就大家关心的几个问题表示了自己的看法，主要谈了以下五个问题。

一　农村社会分层的历史背景

　　中国社会目前正处于一个大的社会转化（转型）时期。所谓社会转型

＊　本文源自文集《当代中国农村与当代农民》（陆学艺著，北京：知识出版社，1991 年 7 月），第 437 ~ 453 页，原稿写于 1990 年 11 月。该文曾发表于《改革》1991 年第 6 期（1991 年 11 月 20 日），发表时内容有删节。该文部分内容还曾以《当前农村社会阶层划分问题》为题刊发于《当代思潮》1991 年第 2 期（1991 年 4 月 20 日）。——编者注。

①　陆学艺：《重新认识农民问题——十年来中国农民的变化》，《社会学研究》1989 年第 6 期。

表现为五个方面，即农业社会向工业社会转化，农村社会向城市社会转化，自给半自给的自然经济向商品经济转化，封闭半封闭的社会向开放的社会转化，传统社会向现代社会转化。这种转化是历史发展的必然，世界上一些经济发达的国家都是经历并完成了这种转化而进入现代化社会的。如果追溯得远一点，那么我们就可以看到，中国自明清时期就已经具备了这种转化的条件。但是，明清时期封建统治者对内顽固守旧、鄙视科学技术、压制甚至扼杀工商业经济的发展，对外闭关锁国，失去了向工业社会转化的机会，阻碍了社会的进步。1840 年，中国被西方国家用坚船利炮打开了大门，从此开始了自然经济向商品经济的转化。但是，在西方帝国主义的侵略和剥削下，在垂死挣扎的封建主义的束缚下，这种转化是很缓慢的。几经多年的内乱外侵，到 1949 年，现代工业产值只占到工农业总产值的 10%。这时，中国仍是一个贫困落后的农业国，仍然是一个自然经济占统治地位的传统社会。1840 年，中国人口占世界人口的 1/3 强，经济产值约占世界的 30%，经济发展相当于世界发展的平均水平，仍可以说是一个经济大国。而到 1949 年，经济产值只占世界的 1%，大大低于世界发展的平均水平。

1949 年中华人民共和国建立之后，中国社会发生了历史性的转折。经过土地改革，经过第一个五年计划，现代工业有了很大发展，中国向现代社会迈进了一大步。但 1958 年以后，在指导方针上犯了急躁冒进的"左"的错误，又使中国的现代化事业遭到挫折，20 世纪整个 60 年代和 70 年代前期与中期，社会经济发展处于徘徊、停滞之中。

1978 年，中共十一届三中全会实现了党的工作重心的战略转变，把工作转移到以经济建设为中心的轨道上来，实行了一系列改革开放的政策。10 余年来，中国的政治、经济、文化、社会各项事业高速发展，社会的各个方面都发生了历史性的变化。

中国的改革首先是从农村开始的。1978 年以前的农村实行的是"三级所有，队为基础"的人民公社体制，8 亿农民被组织在 5 万多个人民公社里，实行集体所有，统一经营，集中劳动，统一分配。8 亿农民名义上是人民公社的主人，实际却没有经营的自主权，以至于自主劳动受到限制，所以广大农民没有生产积极性。8 亿农民搞饭吃，饭还不够吃。20 世纪 70 年代，国家每年都要进口部分粮、棉、糖、油，约有 1/3 的农民年收入在 100 元以下，连温饱都不能保证。当时的 8 亿农民用"社员"二字就可以概括，最多可分出一些干部。

1978 年以后，中国农村进行了以联产承包制为主的一系列改革，把农村搞活了。实行联产承包责任制，使农民获得了土地的使用权、经营自主权，获得了从事农业和农业以外的各种生产的自主权，使农民由公社社员变成了相对独立的商品生产者。

人们对于联产承包制的认识是在逐步发展的，越往后越能看出它的意义，这实际上是农村的又一次解放。过去农民不仅没有生产和经营的自主权，甚至连支配自身劳动力的自主权都没有，在这样的条件下，怎么能发展商品经济？对农村的这种解放是这些年农村发展的根本原因，农村的一系列变化都是由此产生出来的。同样由于这个原因，今天的农民产生了分化。

农村改革使单一的生产资料所有制结构转变为以公有制为主体的多种经济成分并存。现在农村土地仍归集体所有，但使用权归承包的农户了。农村经济成分，既有集体所有的，有联户所有或各种联合体所有的，也有个体所有，还有与国外合作的"三资"企业。

农村改革以后，过去单一的产业结构也发生了变化，乡镇企业异军突起，1987 年全国的乡镇企业产值超过了农业。现在农村除了农业，还有工业、商业、建筑业、运输业、修理服务业。在某种意义上说，农村实际存在着一个第二国民经济体系。

农村的产业结构变了，农民所从事的职业结构也变了。农民，顾名思义是长期从事农业生产的劳动者，为什么说农民的职业结构变了呢？这是一个中国特有的现象。从 1960 年以后，国家严格限制农业人口转为非农业户口，"文革" 10 年严格限制农民从事非农产业。1978 年以后，农民的户籍没有改变，但可以从事农业以外的其他各种产业。目前已有 1 亿多农民实际上已从农业中分离出去，从事工业、商业、交通、建筑、服务等各种产业，尽管他们在名义上还是农民，户口分类上还是农业户口，但实际上已经分化了，分为从事各种职业的不同阶层。随着农村商品经济的发展，这种变化还在继续。

这是中国特有的农民分化方式，是中国特有的农村社会分层。这种状况完全不同于西方发达国家在现代社会发展转化过程出现的情形：第一，西方发达国家不存在像中国这样严格的户籍制度；第二，中国自 20 世纪 50 年代以后，30 多年来形成的城乡分割、泾渭分明的二元社会结构也是许多发达国家所没有的；第三，中国农村形成了独特的与城市不同的工业、农业、商业、建筑、运输、服务业齐全的经济结构（农村与城市的企业无论在所有制形式、招工制度、分配形式、社会保障制度等方面，都是不同的），以及由上述特有的经济结构所形成的社会结构。

从某种意义上来说，对当代中国农村分层的研究具有特殊的现实意义和历史意义。这是占世界人口 1/6 的一个社会群体转化发展的历史过程，把这个几亿人的分化、演变的历史记录下来，把如何从传统社会结构转变为现代社会结构的演变过程描述出来，这不仅对中国社会的发展是很有意义的，对世界农村的发展也有重要的意义。

关于农村分层的原因，很明显，就是因为中国的农村经济结构变了，社会结构也随着发生了变化。农村经济发展，特别是农村商品经济的发展，农民中出现了分工、分业，原来的农民这个阶级分化了，分出了若干个经济利益不同、职业或者说从业身份不同、愿望要求不同的阶层。而随着农村商品经济的继续发展，农村现有的社会阶层有些会继续减少，有些会逐渐增多，以至还会分化出新的阶层来。

有的同志认为，党的政策、国家的社会经济改革是农村社会分层的原因，这样说当然有一定的道理，但不确切。毫无疑问，党的十一届三中全会以来，党和政府的一系列改革开放政策促进了农村商品经济的发展，促进了农民的分工、分业。但这样说不很全面，这只能说是正确的政策是促进农民迅速分化的一个重要原因，而不是根本的原因。根本的原因是农村生产力发展的需要，是农村商品经济发展的结果。因为实际上在党的十一届三中全会以前，在一些经济发达地区，如苏南、大城市郊区等农村，分化实际上已经开始了。农村的社队企业已经发展起来了，那里已经有了一部分今天所说的具有农民身份的工人和乡镇企业干部，民办教员、赤脚医生等农村智力劳动者那时也比较普遍地有了；另一方面，党的十一届三中全会的政策对全国都是一样的，至今已实行了 12 年，但有相当一部分地区，由于商品经济还没有比较好地发展起来，社会结构变化很小，在那些地区，还主要是农业劳动者，很少有乡镇企业工人和乡镇企业管理者，至于私营企业主和雇工就更少或根本就没有。

所以，可以说农民发生分化的根本原因是农村社会生产力的发展，是商品经济的发展。十一届三中全会以来党的政策符合经济发展的规律，适应了历史发展和广大人民群众的要求，推动了商品经济的发展，促进了农民的分化。正确的政策顺应商品经济发展的规律则促进和加速分化，而错误的政策则阻碍和延缓商品经济的发展，也阻滞了农民的分化。但是归根结底，社会总是要向前发展的，这是一条客观规律。

二　研究农村社会分层的理论根据
　　和农村社会分层的标准

所谓分层是借用地质学上的名词，地质学中它是用以说明地层构造的一个概念；也有说是借用气象学中说明云层的概念。用地层说，倒是很明晰，一层层的很分明，但有个毛病，地质层是死的、不变动的，上的永远在上，下的永远在下。我看还是用云层的比喻好，云分层，但界线不十分分明，有相互交叉处，尤其是云层本身就是不断流动、对流的。社会分层是把社会成员按一定的标准分成若干个经济地位、社会地位不同的社会阶层，以便于研究这些阶层的各种特征以及其产生的原因，分析他们在总人口中的比重、作用等。

如何研究社会分层问题，有各种分层理论。当今世界，以马克思和韦伯的两种分层理论影响最大。我们要按照马克思主义的基本原理，运用马克思主义关于阶级、阶层的理论，结合中国农村社会的实际，对农民分化问题进行研究。马克思主义认为，存在决定意识，人与人之间的经济利益关系是最重要、最根本的社会关系，是决定其他一切关系的。经济地位决定人们在社会生活中的地位和作用，也决定人们的政治态度和思想意识。[①]列宁在给阶级下定义时指出，"所谓阶级，就是这样一些大的集团，这些集团在历史上一定社会生产体系中所处的地位不同，对生产资料的关系（这种关系大部分是在法律上明文规定了的）不同，在社会劳动组织中所起的作用不同，因而领得自己所支配的那份社会财富的方式和多寡也不同。所谓阶级，就是这样一些集团，由于它们在一定社会经济结构中所处的地位不同，其中一个集团能够占有另一个集团的劳动"。[②]列宁根据经济地位来对社会成员进行区分的基本原理无疑是我们今天进行农村社会分层的指导原则。当然对于西方社会学家关于社会分层的一些研究方法和理论我们也还是可以借鉴和参照的。

有的同志提出农村分层研究的范围问题，我们所研究的对象是所有的

[①]　此处原文有"所以我们在进行社会分层时"一句，与上下文内容无关，现根据《改革》1991 年第 6 期《当前农村社会分层研究的几个问题》一文、《当代思潮》1991 年第 2 期《当前农村社会阶层划分问题》一文删除。——编者注

[②]　列宁：《伟大的创举》，《列宁选集》第 4 卷，北京：人民出版社，1972 年 10 月第 2 版，第 10 页。

有农业户口的人员，并不是农村社区里居住的所有的人员。在中国，农业户口和非农业户口的人员差别很大，这种差别不仅仅是吃不吃商品粮的问题。事实上，非农业人口还有其他一系列特有的社会权利，如就业、迁徙、上学、社会保障等，而这些则是农业户口所没有的。

农村的社会分层，就是农民的分层，有时也叫农民的分化。有的同志提出说，农民中分化出一个很不相同的私营企业主阶层来，似乎难以理解。事实上，私营企业主有两种：一种是有农业户口的，一种是非农业户口的，我们所说的是从农民中分化出去的有农业户口的私营企业主。我们讲农民分化指的是 1978 年时的农民。在包产到户以前，农业户口的农民基本上是同质的，包产到户以后，分工、分业了，分化为现在这样职业不同、经济地位不同、要求愿望不同的社会阶层。分化的母体是 1978 年时的农民。

关于分层标准。前面说过，进行社会分层要以经济地位、经济利益关系作为划分的依据。在现阶段，我们认为用职业亦即从业身份标准，同时联系收入，比较容易操作，比较客观。1978 年以后，农民从事各种不同的职业，他们的经济收入不同，在社会中的经济地位不同，从而他们的政治、经济要求也不同。在中国，不同的职业也成序列形，具有层次性。你从事某种职业，就基本上决定了你的收入水平和在社会上的地位。

有人主张用韦伯的收入、权力和声望三要素来分层，这对划分中国现有的农村阶层显然行不通，也很难操作。如收入，你就很难调查出来，有人怕露富，收入多少是不向外人说的，你只能估计。在中国现阶段，收入与声望又不完全相关，收入高的人不一定声望很高，如私营企业主收入最高，但其声望有的却很低。权力也有很大的不准确性，干部是有权的，但不是终身制，是通过调遣和选举经常更换的。同样是支部书记，在有的集体经济状况很好的村，其权力很大，很有威望，但在有的村里，支部书记连个会也召集不起来。

分层标准以职业为主，还可以考虑结合其他标准。任何一种分层标准事实上都不是完美无缺的。我主张从事实出发，实事求是。1989 年我在一篇文章中指出中国农村现阶段有 8 个阶层，[①] 并不是先有了职业标准，而是根据自己长期对农村的调查和了解，头脑中关于各种各样的农民形象有很

---

① 参见陆学艺，《现阶段中国农民已分化成八个阶层》，中国社会科学院《要报》，1989 年第 69 期，或《重新认识农民问题——十年来中国农民的变化》，《社会学研究》1989 年第 6 期。——编者注

多，这8种人都是有原型的，是活生生的，但排出来之后一分析，他们原来都是从事不同职业的成员。职业标准就是从中归纳出来的。

三 当前中国农村社会分层的现状

从我们现在掌握的实际资料来分析，现阶段中国农村社会可以分为8个阶层，即（1）农业劳动者阶层；（2）农民工阶层；（3）雇工阶层；（4）农村智力劳动者阶层；（5）个体劳动者和个体工商户阶层；（6）私营企业主阶层；（7）乡镇企业管理者阶层；（8）农村管理者阶层。8个阶层，实际上有6个阶层是两两相对应的，即农业劳动者同农村管理者、农民工同乡镇企业管理者、雇工和私营企业主之间有一一对应关系。从收入水平、富裕程度和社会地位来说，从农业劳动者到私营企业主在现阶段基本上是一层比一层高的序列。有许多同志对这8个阶层分别进行了研究，如这些阶层有哪些特征、如何界定、各占有多大比重、他们的经济地位和利益如何、有什么特殊的利益、现在遇到了什么问题、应采取哪些对策等。下一步要进一步研究每个层的特点、愿望、要求，在社会生产及政治、经济生活中的地位，各阶层间的关系，发展的前景以及我们应采取的政策等。

当然，这8个阶层的划分确实还有不够全面的地方，随着现代社会经济的发展，肯定还会分化出新的阶层来。现代社会分工将进一步发展，专业化、社会化将进一步发展。有人提出现代社会的发展可以理解为不断分化的过程。我们现在这种简单的分层方法，将会被更复杂、更完善的分层方法所替代。

四 中国农村的发展阶段和发展趋势

农村分层是生产力发展的结果，随着农村的发展，这种分化还要继续下去。今后农村的社会分层将怎样发展？各阶层的发展前景是什么？这是由中国农村社会今后的发展所决定的。今后中国农村将怎样发展呢？我有以下一些看法。

中国目前存在的城乡二元结构，对经济社会发展是个严重的障碍，如果不解决好这个问题，目前年年喊的诸如工农业剪刀差、农民负担重、计划生育难、农民买难卖难等许多问题是解决不了的。但是，这个农业非农业的界限是30多年来的历史所形成的，一时的确也不好改，怎么办呢？只有靠农民的创造、靠农民来解决。这条路正在逐步明朗起来，有部分地区的农民已经走出来了，基本上解决了。

中国从 20 世纪 50 年代末 60 年代初逐渐形成的城乡分割的二元结构，使得 20% 的城市居民吃国家平价商品粮，享受国家各种优惠的社会福利和社会保障；80% 的农民吃自产或议价粮，基本上不享受上述非农业户口的社会福利和社会保障。城市非农业户口和农业户口分别严格管理，泾渭分明，每年农转非的指标控制在 1.5‰。这几年又把各种渠道都逐渐封死，如招工不行了、参军不行了、提干不行了，现在只有一条路，就是青年学生考取中专以上的各类学校。这样的城乡分割管理体制是历史形成的，但照这样管理下去，后果将会很严重：

（1）在数量上，农民会越来越多，农民的相对数和绝对数都在增加。因为城市计划生育搞得好，一对夫妇生一个孩子，农村实际上可以生两个，还管不住。结果是农民越来越多，农民在人口中比重越来越大，这同现代化要求是不符的。

（2）在经济地位上，农民越来越穷。40 年来，中国农民生活有很大改善，特别是这 10 年提高得很快，生活普遍有了提高。但是，城市居民生活提高得更快，城乡差距在扩大。就最近十几年来说，1978 年城乡人民的收入差距为 2.6∶1，从统计上看这几年城乡差距是缩小了，1988 年为 2.3∶1，实际上因为这几年城市的许多收入是统计不进去的。如北京市居民每年每人获取粮、肉、菜、煤等各类补贴就达 548 元。另外还有第二职业收入、过年过节发放实物，还有各种奖金等。据统计，现在城乡收入的差别是 3.9∶1。这是平均数，在那些没有乡镇企业收入的地方，农民与城市居民之间的差距还要大。

（3）农民在政治上的地位也很不理想。表现在参政议政上，20 世纪 50～60 年代在全国政协中的农民委员有几十人，六届政协还有十多人，七届政协只有两人了。在全国人民代表大会主席团中，农民代表也越来越少了。这种状况从文艺作品中也能看出来，20 世纪 50～60 年代小说中的梁生宝、李双双等都是全国人民学习的榜样，而现在文艺作品中的农民则常被看作是讽刺、嘲弄的对象。好的如牧马人中女主人公等农民形象，也只是落难知识分子的陪衬。

（4）农民在文化上越来越落后。现在的教育体制是城乡分设的两套教育体制，农村中小学基本上是民办的，农民集资办学，民办教师教书。县城以上的中小学基本上都被干部职工子女占满了。农民子女在民办小学里上课，好一点的公办教师都调进城镇了，民办教师还耕种责任田，不能全心全意教学。即使有些高智商的子弟进了初中，高中也很难挤进去。中小学学不好，怎么能进大学？特别是重点大学更进不了。1957年我上北京大学时，大学中农民子弟与城市居民子弟的比是8：2，而现在是2：8。

（5）农民的组织程度越来越低。据民政部公布，现在全国瘫痪、半瘫痪的乡村组织有20%，实际上还不止此数。在这些地区，相当多的村近十年连个会也开不起来。

这种格局是几十年历史逐渐形成的，这是个极大的问题，对农民不利，对国家不利，对长治久安也不利。要解决这样的问题是很不容易的，户口能放开吗？城市大门能向农民敞开吗？城乡这条鸿沟怎么填平呢？问题最终可能还得靠现代中国农民自己解决。群众自己在创造解决这个问题的办法。有些地区的农民开始走出路来，自己来填平这条鸿沟。

第一步是农民创造了包产到户，获得了生产经营的自主权，赢得了农业连续多年的大丰收，一举解决了多年未解决的温饱问题。

第二步是农民创造了乡镇企业。乡镇企业是中国农民在已经形成的城乡二元结构条件下创造出来的实现农村现代化、解决农民问题的一种特有的经济形式，是中国农民在党的领导下又一个伟大创举，是农民走向现代化的第二步。农民自己集资，自己搞设备，自学技术，自己找材料，自己管理，自己生产和销售，真正是白手起家，艰苦创业，十几年工夫，就创造了1800多万个企业，集聚了1000多亿元的固定资产、1500亿元的流动资金，有9500万劳动者在这些乡镇企业就业。[①] 这9500多万劳动者受到了第二、三产业的教育，自己学会新的生活，这是比开办几百所大学的作用还要大的事业。

农转非不是困难吗？农民通过创办乡镇企业，就等于自己办了农转非，大规模的农转非。据统计，国营企业吸收1个劳动力平均需要1万元投资，9500万人需要9500亿投资，要按国家传统的办法，需要几十年才能做到，现在农民自己几年工夫就做到了。农民自己办了工厂、开了商店，农民成了职工，有了工资收入，逐步富裕起来了。农民自己集资建立了小城镇，乡镇企业的职工也居住到小城镇上来，也过起有水、有电、有文化的城镇现代生活了。有的也办了社会保障事业，有少数生活得甚至比城镇居民都

---

① 国家统计局编《中国统计年鉴·1989》，北京：中国统计出版社，1989年9月，第245页、第244页、第246页。

好。在大中城市的郊区，在苏南，在长江三角洲和珠江三角洲，在辽南，在胶东的许多乡镇企业发达的地方，农村的生产生活已经相当现代化了。

乡镇企业是中国农民第二个伟大创造，是农民走向现代社会的第二步。搞了乡镇企业，这个地区就开始步入工业社会，发展乡镇企业是农村的必由之路，农民有了经营自主权，农业产量上去了，劳动力出现了剩余，必然要向工业转移。农民要求外出、要求进城、要求农转非，是进步的、合理的，不能把进城的农民叫做"盲流"。在经济发展过程中，许多国家都是从农业中调走资金、粮食、原材料，同时也调走农村的劳动力。而中国是调走资金、粮食、原材料，但农民不准流动，不准农转非，把包袱留给了农民自己，农民集中在 15 亿亩土地上，只靠农业很难发展，但搞了工业就不同了，就有资金了，就有出路了。

农村第二步改革就是发展乡镇企业，把乡镇企业办好，大部分问题就可解决了。乡镇企业是建设有中国特色社会主义的一个重要组成部分。邓小平指出："把马克思主义的普遍真理同我国的具体实际结合起来，走自己的道路，建设有中国特色的社会主义，这就是我们总结长期历史经验得出的基本结论。"[①] 中国是在人口多、农民多、耕地资源相对少、文化技术落后的基础上建设社会主义现代化的国家，一切都要从这个国情出发。如前所述，农民是从这个最基本的实际出发创造了乡镇企业这个新生事物。

首先，它是社会主义的，以 1988 年为例，1888 万个企业、9545 万职工中，乡、村两级集体办的企业有 159 万个，4893 万职工，占企业总数的 8.4%、职工总数的 51.3%、总产值的 67.1%。[②] 可见，社会主义集体所有制企业占有优势，而且就是在个体或私人经营的企业中，也受到国家宏观经济的调控，是社会主义经济的补充，是对社会主义发展有益的。

第二，乡镇企业是具有中国特色的。如前所述，这么庞大的队伍，都还是农民身份，家里都种着承包的土地，都是兼业，基本上都住在本地农村，社会学界称之为农民工。这在任何一个国家都是没有的，是中国独有的。对这些农民工我们可以做到召之即来，挥之即去。1988～1989 年经济紧缩，清退了好几百万农民工回到农村去，他们回去基本上平安无事，这在任何别的国家都是要引起社会震荡的，我们没有。当然，这样的大起大

① 《中国共产党第十二次全国代表大会文件汇编》，北京：人民出版社，1982 年 9 月，第 3 页。
② 国家统计局编《中国统计年鉴·1989》，北京：中国统计出版社，1989 年 9 月，第 245 页、第 246 页、第 240 页。

落对经济的发展也是不利的，我们要力求避免。

第三，乡镇企业是土生土长的企业。农民就地取材，就地办厂，学得会，做得了，能发展，能收缩，有很强的生命力。企业从简单的手工操作逐步发展到机械化、电子化，几年工夫走了好多年走的路。

总之，乡镇企业是中国农民在中国共产党领导下的又一个伟大创造。这个创造是中国农村由传统农业向现代化农业，由自然经济向商品经济发展过程中的必然产物，是符合客观经济规律的，具有很强的生命力。乡镇企业的发展，对于振兴经济、实现现代化，对于缩小三大差别，对于改造农村、改造农民，促进农民问题的解决有着不可估量的伟大意义。

农村发展的第三步是发展小城镇，有了乡镇企业，小城镇就可以建起来了。小城镇要有规模效益，后发地区不能像无锡等地那样，村村办企业，要相对集中，统一规划，生活设施也要搞起来。

农村发展的再下一步，是县级经济社会综合改革。

消灭城乡差别，不是把高水平的城市拉下来，而是把农村水平提上去，办法就是发展现代工业、文化、科技。一些发达地区现在已经走在前面了，农民正在自己走出发展的路子来。只要党的政策符合这一要求，支持这种发展，农村发展的前景是很光明的。

这种发展的阶段也就构成了社会分层的阶段。中国农村的发展大致会按这个路子发展下去。农业劳动者将越来越少，农民工、乡镇企业管理者、农村智力劳动者、个体工商户、私营企业主、雇工等将越来越多，农村的社会结构还会继续分化。

我们在1990年夏天组织调查了10个村，现在10个村的材料已经出来了，也表现了明显的阶段性。10个村的总产值、人均产值、人均收入与劳动力结构的关系见表1。

表1　课题组调查的10个村的总产值、人均产值、人均收入与劳动力结构的关系

村名		人口（人）	总产值（万元）	人均产值（元）	人均收入（元）	劳动力结构（第一、二、三产业比重）
江苏	江阴华西村	1300	11700	90000	1806	10∶70∶20
河南	刘庄	1446	4500	31000	2200	8∶85.5∶6.5
河北	三河西岭村	985	700	7000	1029	37∶56∶7
河北	迁西烈马峪	547	242	4400	1537	16∶75∶9

续表

村名		人口 （人）	总产值 （万元）	人均产值 （元）	人均收入 （元）	劳动力结构 （第一、二、 三产业比重）
山西	大寨	515	200	3880	700	38∶62∶0
河北	遵化西铺	1326	430	3242	1100	56∶33∶11
河北	遵化沙石峪	440	126.6	3150	1230	74∶26∶0
安徽	含山房圩村	1467	200	1400	849	27∶40∶33
江西	井冈山茅坪	150	5.67	500	400	85∶15∶15
安徽	凤阳小岗村	135	—	—	500	

以上数字比例可以看出大致趋势，即从事第一产业（农业）的劳动力越多，人均创造产值越少，分化程度越低。相反，从事农业的劳动力越少，人均创造产值越多，分化程度越高。据此可将上述 10 个村分为四种类型，或称之为农民分化的四个阶段。第一类是高度分化的，如华西、刘庄，约有 80% 以上的劳动力从事非农产业；第二类是中度分化的，如西岭、房圩，约有 50～80% 的劳动力从事非农产业；第三类是初步分化的，如西铺、沙石峪，约有 30～50% 的劳动力从事非农产业；第四类是基本没有分化的，如茅坪、小岗。总的来说，劳动力分化出来越多的地方越富，第二、第三产业，乡镇企业办得越多的地方分化程度越高，城市化水平也越高。像华西、刘庄这些村实际已同城镇没有差别，有些地方还超过了城镇。

五 研究分层的意义、作用和对策

前面说过，并不是我们去给农村分层，而是农村社会实际已经分化成了这样一些职业不同、经济地位不同、利益和要求也显然不同的社会阶层，我们要去认识它、研究它。这一方面是社会主义经济和社会发展的需要，另一方面也是社会主义初级阶段理论深化和完善的需要，是经济学、政治学、社会学学科建设和发展的需要。

江泽民同志在农村工作座谈会上说："我跑过几个省，在农村，农民非常关心党的前途，关心社会主义的前途，他们希望稳定，希望巩固和发展十一届三中全会以来改革的成果。如果 1989 年'六四政治风波'发生在'三年困难时期'，非出大问题不可——农民问题始终是我国革命和建设的基本问题，工农联盟是我们国家政权的基础。"① 江泽民同志的讲话概括了当今农民问题的重要性。

我们今天研究农民分层问题，并不是要像当年毛泽东写《中国社会各阶级分析》那样要分清敌我友，解决革命的对象、动力和依靠力量问题。那时主要是要解决推翻旧制度、夺取政权的问题，我们现在的中心任务是要搞好中国的社会主义经济建设。中心任务不同了，研究分化的目的也不同。我们研究分层的目的是要更进一步认识我们的国情，认识我们的社会结构，认识农村各个阶层在社会主义经济建设中的地位、作用以及各个阶层的相互关系，认清各个阶层的发展前景。

我们在研究中已经发现，经济越发展，农村社会越分化；社会越分化，经济发展越快。分化是同社会进步联系在一起的。所以，我们要满腔热情地支持这种发展和分化，引导这种分化。这种分化从本质上说是人民内部的分化，他们之间的矛盾是人民内部矛盾。我们党和国家要随时了解这种分化和分化中的矛盾，协调各个阶层的关系，制定相应的政策，引导对经济社会发展有利的阶层发展，促进农业劳动者阶层的分化。比如，乡镇企业是今后农村发展的方向，那就要支持乡镇企业管理者阶层和农民工的发展。农业劳动者阶层是农村发展的主要力量，要支持他们，改善他们的地位。私营企业主有两面性，要积极引导他们发展生产力的一面，又要抑制他们消极不利的方面。对雇工要采取保护政策等。农村管理者是农村社会的精英，是本社区发展的关键因素，要注意选拔这些人，对他们加以教育、培训，从政治上、经济上给予支持。这样的研究对于国家制定正确的农村经济和社会政策无疑是会有帮助的。

我们研究社会分层还有深远的理论意义。我们这个题目本来就是在调查中国国情、深化社会主义初级阶段的理论研究中提出来的，而进行了这样的研究，对中国占80%人口农村的社会结构有了深入的认识，这本身就是一个成果。

社会分层研究是社会学的一个重要方面，对中国农村社会分层的认识深刻了，一方面是应用了分层理论，另一方面也发展了农村社会学。中国社会科学院社会学研究所农村社会学研究室建立后的第一件事就是研究农

---

① 参见《十一亿人民吃饭是头等大事 要把农业放在经济工作首位》，《人民日报》，1990年6月26日第1版；江泽民，《在农村工作座谈会上的讲话》（1990年6月19日），《十三大以来重要文献选编（中）》，北京：人民出版社，1991年10月，第1157～1158页。——编者注

村社会分层，这为我们今后进一步研究农村社会学打下了一个良好的基础。

同时，分析清楚了农村社会结构，对于中国社会学的发展是有用处的。记述了这样一个大的社会群体在社会变迁中的分化、发展，这对于社会学的建设是一个大的贡献。要建立有中国特色的社会学，这是一项重要的基础工作。

这项工作还要继续开展下去，以期对农村社会结构的变化有更进一步的认识，这对国家有利，对农村现代化事业有利，对社会学乃至整个社会科学的发展有利，对我们的研究工作和实际工作也有利。一项课题有成效表现在两个方面，一方面是出成果，另一方面是出人才，我们应当通过这个研究培养出一批农村社会学的专家来，写出一批有科学价值的著作来。这些就是我们研究农村社会分层问题的意义。

中国农村劳动力资源的利用和农民生活质量[*]

中国的劳动力资源非常丰富，由于多种历史原因，绝大部分劳动力至今还集中在农村里。1989 年，全国有社会劳动力 55329 万人，其中农村有40939 万人，占 74% 。[①] 充分利用这 4 亿多的农村劳动力资源的潜力，是中国经济社会发展、实现中国社会主义现代化面临的重大课题，也是提高中国农民生活质量的根本途径。

一 20 世纪 80 年代以前，农村劳动力资源利用方式不当，是农民生活质量不高的重要原因

20 世纪 50 年代中国农村普遍实行了合作化和人民公社体制以后，农村劳动力利用形式有两个基本特征。

第一，人民公社制实行"三级所有，队为基础"，劳动力由生产队干部统一领导和调度，生产上实行集体上工、集中劳动，分配上实行评工记分、按工分分配实物和少量现金，农民不能自己支配自己的劳动时间和劳动成果。

第二，劳动力大量集中在农业，农业又主要集中在种植业，实行"以粮为纲"，劳动力就业空间非常狭窄。20 世纪 60 年代以后，我国城乡经济几乎在完全分隔的情况下运行。政府运用户籍制度和商品粮凭票证供应等措施，严格限制农村人口向城镇转移。所以，在 20 世纪 60 ~ 70 年代，中国工业迅速发展的同时，劳动力却仍大量滞留在农村里。1978 年，全国工业总产值达到 4237 亿元，比 1952 年增长 11.1 倍，工业总产值在全国工农业

---

* 本文源自《"三农论"——当代中国农业、农村、农民研究》（陆学艺著，北京：社会科学文献出版社，2002 年 11 月），第 382 ~ 391 页。该文系作者 1991 年 7 月在日本神户召开的国际社会学协会学术研讨会上提交的论文。——编者注

① 国家统计局编《中国统计摘要·1991》，北京：中国统计出版社，1991 年 5 月，第 15 页。

总产值中的比重，1952 年为 43.1%，到 1978 年提高到 75.2%。但是，1978
年在农村的劳动力仍占全国劳动力的 76.3%（见表 1）。也就是说，中国在
实行工业化的同时，劳动力并未实现向工业、城市的同步转移，而是大量
滞留在农村，滞留在农业上。

表 1 我国历年人口与劳动力资源比较（1949～1978 年）

年份	全国总人口 （万人）	全国社会劳动力 总数（万人）	农村劳动力 （万人）	农村劳动力占全国 总劳动力的比重（%）
1949	54167	18082	16549	91.52
1952	57482	20729	18243	88.00
1957	64653	23771	20566	86.52
1962	67295	25910	21373	82.49
1966	74542	29805	24451	82.04
1970	82992	34432	28120	81.67
1975	92420	38168	29946	78.46
1978	96259	40152	30638	76.30

资料来源：国家统计局编，《中国统计年鉴·1989》《中国统计年鉴·1983》，北京：中国统计
出版社，1989 年 9 月，第 87 页，第 101 页；1983 年 10 月，第 120 页。

从表 1 可以看到，直到 1978 年，中国工业已初具规模，工业在全国工
农业总产值中已占 3/4 的比重，比 1952 年提高 32 个百分点，但农村劳动力
在全国总劳动力中的比重由 88% 减少到 76.3%，只下降了 11.7 个百分点。
这是中国这样的国家在工业化过程中的特有现象。为什么呢？其一，中国
是人口大国，每年新增人口、新增劳动力很多，从 1952～1978 年，平均每
年新增人口 1491 万人，新增劳动力 747 万人，[①] 而中国工业化开始实行的是
优先发展重工业的方针，这些工厂企业有机构成高、投资大、容纳吸引的
劳动力少，从 1952～1978 年中，城市和工业平均每年只能吸纳劳动力 270
万人，所以每年全国新增的劳动力，主要还是安置在农村。从表 1 还可以看
到，中国工业化的过程中，农村劳动力的绝对量还是逐年增加的。其二，
我国对城市居民包括工业职工实行的是高福利、高补贴的政策，国家财政
负担很重，所以，不得不严格限制农业人口转移为非农业人口，限制农民进
城。大量的劳动力滞留在农村，利用形式又很不合理，严重制约着我国经济

————————

① 国家统计局编《中国统计年鉴 1989》，北京：中国统计出版社，1989 年 9 月，第 51 页、第
54 页。

社会的健康发展，制约着农民生活质量的提高，对我国的生态环境也起了很不好的作用。

1. 农业劳动生产率长期停滞不前，严重阻碍农村经济的发展，使农业生产长期徘徊

1950 年以后，全国实行土地改革，农民无偿分到了土地，农民生产积极性很高。1952～1957 年，农业生产发展很快，农业总产值平均每年递增 4.5%。但从 1958 年全国实行人民公社之后，集体经济统一经营，集中劳动，平均主义分配，农民的生产积极性受到打击，农业生产长期徘徊。1978 年农业总产值比 1957 年增长 60%，[①] 但同期农村劳动力增加 49%，从 20566 万人增加到 30638 万人，整整增加了 1 亿人。[②] 所以，农业劳动生产率 21 年只增长 7.4%，平均每年增长 0.33%。1958 年以后，实行"以粮为纲"的生产方针，农村经济只搞农业，农业只搞种植业，而种植业又主要种粮食，即使这样，1957 年平均每个劳动力产粮 948 公斤，1978 年平均每个劳动力产粮 995 公斤，21 年提高了 47 公斤，平均每年增长 2.2 公斤。[③] 8 亿农民搞饭吃，但饭还不够吃，衣也不够穿。

2. 传统的劳动力利用方式，影响农民收入的增加，影响农民生活质量的提高

中国工业底子薄，工业化所需资金要靠农业积累，国家通过农业税征收外，主要是通过工农产品价格"剪刀差"来提取，所以，农产品价格一直偏低。加上人民公社又严格限制农民从事非农产业的活动，农村劳动力没有其他就业机会。所有这些，都影响农民的收入水平。1978 年，全国农民平均年纯收入 133.57 元，比 1957 年的 73.1 元增加 60.47 元，[④] 21 年平均每年只增加 2.88 元。这样低的收入，农民的生活质量当然不能改善。1978 年，全国农民每人消费粮食 248 公斤（其中细粮 123 公斤），食油 2 公斤，肉类 6.85 公斤，布 6.04 米，[⑤] 都基本上停留在 1957 年的水平。这样少的消费品，连基本的温饱都难以维持。而且，这是全国 80320 万农民的平均状况；还有 33.3% 的农民年纯收入低于 100 元，这 2.67 亿农民则长期处在

① 国家统计局编《中国统计年鉴 1989》，北京：中国统计出版社，1989 年 9 月，第 51 页。
② 参见表 1。
③ 国家统计局编《中国统计年鉴 1989》，北京：中国统计出版社，1989 年 9 月，第 198 页、第 101 页。
④ 国家统计局编《中国统计年鉴 1983》，北京：中国统计出版社，1983 年 10 月，第 499 页。
⑤ 国家统计局编《中国统计年鉴 1989》，北京：中国统计出版社，1989 年 9 月，第 745 页。

半饥饿状态，生活质量很不好。

3. 大量的人口集中在农村，大量的劳动力集中在农业上，对自然环境也造成了破坏性的影响

我国幅员广大，但耕地不多，我国人口占世界总人口的 22%，但耕地只占世界总耕地的 7%，而且可垦荒地并不多。由于人口的增加，工业化的推进，国家对粮食和农产品的需求逐年增长。20 世纪 60~70 年代实行"以粮为纲"，对农业资源进行掠夺性的经营，相当一部分地区出现了滥垦、滥伐的问题，造成了严重的后果：森林减少，水土流失严重。由于过量采伐，毁林种田，森林覆盖率从 20 世纪 50 年代的 12.7% 降到 70 年代末的 12%。许多山地、坡地失去森林的保护，使水土流失面积大量增加，大量泥沙冲入河流、湖泊和水库，加上大规模的垦殖和围湖造田等活动，全国许多湖泊都缩小或消失了。原来我国最大的淡水湖——洞庭湖，1954 年有 3915 平方公里水面，1978 年只剩 2740 平方公里，风景秀丽的太湖 1969 年原有湖泊 1066 处，水面 1250 万亩。20 世纪 70 年代末只剩下湖泊 326 处，水面 355 万亩。著名的新疆罗布泊和河北省的白洋淀到 20 世纪 70 年代末都相继干涸了。全国内河航运里程，1950 年为 17.2 万公里，1978 年缩短为 10.8 万公里。四川省 1958 年通航河道有 295 条，1978 年减到只有 140 条。据中国兰州沙漠研究所报告，我国北方沙漠面积 17 万平方公里，其中近半个世纪形成的面积约 5 万平方公里，主要是人为的经济活动不合理所致。其中 85% 是乱垦、过牧和砍樵所造成的，15% 是水源利用和工矿、交通、乡镇建设不当及沙丘入侵造成的。到 1978 年，我国 8 亿多农民集中在农村里，因为经济收入极低，生活能源主要靠烧农作物秸秆，山区、丘陵区农民则还要靠上山砍树和割草作燃料。据统计，每年要烧掉 4 亿多斤秸秆，还要烧掉约 7000 万立方米的木材。

二　中国农村改革，使农村劳动力利用形式改变，农民生活质量提高

1978 年底，中国共产党召开了十一届三中全会，决定进行政治经济体制改革，率先由农村改革开始。

农村改革使农村劳动力使用形式主要发生了两个方面的变化：一是实行家庭联产承包责任制，使所有权和经营权分离，农民得到了土地等基本生产资料的经营权，原来人民公社的集体经营、集中劳动体制改变为家庭

分散经营和农民自主劳动，农民自主生产、自主经营、自主交换、自主分配和消费，农民成为独立的商品生产者，这实际上是中国农民的又一次解放；二是农村经营体制改革后，农民生产积极性被调动起来，已有农田不够农民耕种，先是国家提倡多种经营，强调农、林、牧、副、渔全面发展，继而允许农民从事非农产业，使农村劳动力有了广阔的就业空间。

表2　我国历年人口与农村劳动力比较（1978～1988年）

年份	全国总人口（万人）	社会总劳动力（万人）	农村劳动力		乡镇企业职工	
			人数（万人）	占总劳动力的比重（％）	人数（万人）	占农村总劳动力的比重（％）
1978	96295	40152	30638	76.3	2826.6	9.2
1980	98705	42361	31836	75.2	2999.7	9.4
1984	103876	48197	35968	74.6	5208	14.5
1985	105044	49873	37065	74.3	6979	18.8
1986	106529	51282	37990	74.1	7937.1	20.9
1987	108073	52783	39000	73.9	8776.4	22.5
1988	109614	54334	40067	73.7	9545.5	23.8

资料来源：国家统计局编，《中国统计年鉴·1989》，北京：中国统计出版社，1989年9月，第87页、第101页、第246页。

从表2可以看到，1978～1988年10年间，我国劳动力增加14182万人，平均每年新增劳动力1418万人，城市工业10年只吸纳4753万人，平均每年吸纳475万人。所以大部分新增劳动力还是安置在农村，10年间农村新增劳动力9429万人。但是由于国家允许农村发展乡镇企业，农民可以从事非农产业，新增的劳动力基本上都转到乡镇企业去了。到1988年，全国从事非农产业的劳动力已占43.8％，加上还有一部分农村劳动力从事个体工商业，到城镇当临时工、合同工、保姆……这些数据未统计进去，所以实际从事农业的劳动力已不足50％了。

农村的一系列改革，改变了农村劳动力的使用形式，使农民成为商品生产者，中国农村发生了历史性的变化。

第一，农业生产迅速增长，农村经济繁荣发展。1990年与1978年相比，农业总产值平均每年增长6.2％，[①] 粮食从30477万吨增加到43500万

---

① 国家统计局编《中国统计摘要·1991》，北京：中国统计出版社，1991年5月，第53页。

吨，平均每年增产 1085 万吨，平均年增长率为 3%。^① 更可喜的是，因为乡镇企业的迅猛发展，1987 年农村非农产业的产值已超过农业，1990 年乡镇企业总产值 9300 亿元，占农村社会总产值的 54.6%。^② 农村非农产业已成为农村经济的主要支柱，也是农民收入的主要来源。

第二，农民收入大幅度增加，农民生活质量显著改善。1978 年，农民人均纯收入 133.57 元，1990 年达到 630 元。平均每年增加 41.4 元。在新中国成立 40 多年的历史上，这一阶段是农民收入增加最多、生活质量提高最快、最受实惠的阶段。目前，全国近 9 亿农民，绝大多数已解决了温饱问题，在沿海诸省和大中城市周围的郊区，乡镇企业发达的农村，约有 2 亿农民已先富起来，达到小康生活水平。

表 3　全国历年农村消费水平统计分析

年份	年人均纯收入（元）	年人均消费粮食（公斤/人）	年人均消费食用油（公斤/人）	年人均消费肉类（公斤/人）	年人均消费布匹（米/人）	人均住房（米²/人）
1978	133.6	248	1.96	6.85	6.04	8.1
1980	191.3	257	2.49	9.51	5.24	9.4
1985	397.6	257	4.04	13.64	5.04	14.7
1986	423.7	259	4.19	14.8	4.51	15.3
1987	462.6	259	4.69	14.8	3.85	16.0
1988	545	260	4.76	13.9	3.64	16.6
1989	601.5	262	4.81	14.4	2.96	17.2

年份	每百户拥有自行车（辆）	每百户拥有钟表（个）	每百户拥有收音机（台）	每百户拥有黑白电视（台）	每百户拥有彩色电视（台）
1978	30.7	51.8	17.44	–	–
1980	36.87	68.5	33.54	0.39	–
1985	80.64	173.6	54.2	10.94	0.80
1986	90.31	195.8	54.2	15.76	1.52
1987	98.52	208.1	52.98	22.04	2.34
1988	107.49	216.1	52.2	28.64	2.80
1989	113.43	219.5	48.5	33.91	3.63

资料来源：国家统计局编，《中国统计年鉴》（1990），中国统计出版社，1990 年 8 月，第 321 页、第 324 页。

---

① 国家统计局编《中国统计摘要·1991》，北京：中国统计出版社，1991 年 5 月，第 56 页。
② 国家统计局编《中国统计摘要·1991》，北京：中国统计出版社，1991 年 5 月，第 65 页。

从表3可以看出，十多年来，农民消费的粮食、布匹变化不太大，这主要是因为前一段农民正处在解决温饱阶段。另一个特点是，耐用消费品的增加很快，最显著的是电视机从无到有。目前，平均每百户农民已达到37.5台。现在全国有电视机1.6亿台，大约60%在农村，有的地区已经普及了。农村住房有了极大改善，12年间农民新建了76亿平方米的住房，人均住房由1978年的8.1平方米增加到1989年的17.2平方米，而且住房质量也提高了，楼房已占20%，76%为砖木结构和钢筋混凝土结构的房屋。另外，在教育、卫生医疗、文化娱乐、社会保障、闲暇生活等方面都有了不同程度的发展。12年间农民不仅是物质生活大为改善，而且在精神文化方面也有了很大提高。到1988年，全国农村有中小学79.1万所，有2089万青年农民接受各种技术和专业训练。1988年，全国有农村乡文化站50041个，集镇文化中心11099个，丰富了农村文化生活。

第三，农村劳动力就业门路拓宽，农村经济繁荣，也改善了生态环境。

表4　全国历年农、林、牧、副、渔产值分析

年份	农业总产值（亿元）	种植业产值占比（%）	林业产值占比（%）	牧业产值占比（%）	副业产值占比（%）	渔业产值占比（%）
1978	1397.0	76.7	3.4	15	3.3	1.6
1980	1922.6	71.7	4.2	18.4	4	1.7
1985	3619.5	63	5.2	22	6.3	3.5
1989	6534.7	56.2	4.4	27.5	6.6	5.3

资料来源：《中国统计摘要·1991》，北京：中国统计出版社，1991年5月，第52~53页。

1989年的农业总产值中，种植业产值比1978年下降了20.5个百分点，其他各业的比重都有增加。农、林、牧、副、渔全面发展，使劳动力就业范围扩大，客观上也要求改善自然环境，保护并发展森林、草原和水面资源。另外，农民收入增加，生活改善了，有能力购买煤、油、天然气等作为生活燃料，改变了原来专烧秸秆和草木的传统，使森林和草地得到保护，秸秆还田，土壤肥力增加。农民生活改善之后，也自觉要求改善生活环境，大量植树，使村庄道路绿化。加上国家有了财力，大量投资，治理大江大河，营造防护林体系，大搞农田林网化和全国绿化，改善自然环境。1978年，国家决定营造"三北"防护林，东起黑龙江的嫩江地区，西至新疆的和田地区，12个省区，514个县，全长7000多公里，经过10年建设，已营造913万公顷人工林，成为我国北方的绿色屏障。10年来，全国人工造林并保存好的面积达 3067 万公顷，有 190 个县达到平原县绿化标准，实现农田林网化，全国的森林覆盖率达到 12.98%。到 1989 年，全国已建立了 300 个生态农业试验点，建立了 418 个自然保护区，总面积为 22 万平方公里，占国土面积的 2.3%。国家对 389 种珍稀植物和 247 种珍稀动物，规定了实施保护的措施。

需要指出的是，乡镇企业的发展，也对环境形成了不利的影响。从 1985 年开始，我国对乡镇企业造成的环境污染进行了调查，结果表明，一些乡镇工业排放的有害物质严重污染自然环境。如江苏省吴江县①一个镇，在一平方公里土地上，新建工厂 61 家，有废水排放口 32 个，有害气体排放点 65 处，噪声源 10 处，对当地居民环境造成了污染。徐州市一个乡有筛选厂 15 个，每天排放废水 3 万多吨流入附近河道，使河水变黑变臭，两岸地下水也被污染。造成这种状况的原因，主要是乡镇工业还处在初级阶段，管理不善，布局不合理，设备陈旧，技术工艺落后，有些工业项目和设备是城市淘汰的，搬到农村造成污染。

三　中国农村劳动力转移的形势仍很严峻

10 年来，我们通过调整农村产业结构，扩大农村劳动力就业空间，使大量劳动力从农业转移到非农产业，已经取得了很大成就，但是我国农村劳动力就业形势仍很严峻。

第一，20 世纪 90 年代我国劳动力仍将大量增加，向非农产业转移困难。1986 年以后，我国进入自 1949 年以来的第三次人口生育高潮，每年净增人口在 1500 万人以上；到 2000 年，全国总人口将超过 12.8 亿人，接近 13 亿人。每年新增社会劳动力约 1100 万人，到 2000 年，全国社会劳动力将为 6.6 亿人左右。如果国家在这 10 年中，城乡政策不作大的改革，仍按 20 世纪 80 年代的发展模式，那么，到 2000 年，70% 的劳动力将在农村就业，农村劳动力将达到 4.6 亿人，比 1990 年净增 5000 万个劳动力。20 世纪 80 年代乡镇企业迅猛发展，平均每年吸纳 600 多万个劳动力。到了 20 世纪 90 年代，随着经济的发展，市场竞争机制的作用，相当一部分老的乡镇企业将由劳动密集型向资金密集、技术密集型转化，吸纳的劳动力将会减少，农民向非农产业转化更困难了。即使乡镇企业仍按平均每年吸纳 600 万个劳

---

① 1992 年，吴江撤县建市；2012 年，吴江撤市设区，目前为苏州市吴江区。——编者注

动力计算，到 2000 年乡镇企业也只能容纳 1.6 亿个劳动力，仍有 3 亿个劳动力要在农村就业。

第二，20 世纪 90 年代中国农村劳动力仍有较多的剩余。据国家统计局报告，1989 年实有耕地 14.3 亿亩，当年播种面积为 21.7 亿亩。按现有的半手工、半机械化的农业生产水平，平均每播种一亩地，需要 20 个工日。以每个劳动力年劳动 300 日计，只需 1.45 亿个劳动力就够了。就是说，目前农村就有约 1.5 亿个劳动力是剩余的。20 世纪 90 年代，农村新增的劳动力即使都按上述最好的发展估计，转到乡镇企业里去，甚至还多吸收一点，到 2000 年农村也仍有 1.5 亿个左右剩余劳动力。

如何进一步开发利用农村丰富的劳动力资源？根本的出路，是要继续解放思想，继续深化改革，继续开放搞活，发展有计划的商品经济，大力发展乡镇企业，特别要提倡大力发展第三产业，改革目前城乡分割的二元结构体制，改革户籍管理制度，允许农村劳动力在地区间、城乡间交叉流动，开拓多方位的农村劳动力转移渠道，给更多的农村劳动力提供就业机会，创造出一条符合我国国情、具有中国社会主义特色的、解决农村劳动力转移问题、实现农村现代化的道路。

现阶段农民分化问题研究[*]

一　农民由一个阶级分化成若干阶层

　　新中国成立初期，我国农村人口中，贫雇农占 70%，中农占 25%，地主、富农约占 5%。经过土地改革，无地少地的农民分得了土地，农民变成了依靠家庭劳动力在自己的土地上进行家庭经营的小生产者。农民个体经济的积极性被调动起来后，促进了农村经济的恢复和发展。1955 年夏季以后，在农业社会主义改造的高潮中，农民带着土地、役畜和大中型农具，参加了集体化、公社化运动，农民由小私有者变成了农村集体经济组织的成员。虽然在名义上社员仍保留着原来家庭的阶级成分，人民公社严格执行着阶级政策，实际上，在集体经济组织内部，实行统一领导、统一经营、统一分配，社员个人在生产、交换和分配上没有自主权。在同一基本核算单位中，农民收入差别很小，经济生活状况基本相同。所以，到 1978 年，中国的 7.9 亿农民用社员这个名称就可以概括了。党的十一届三中全会以后，随着家庭联产承包责任制的确立和人民公社管理体制的解体，农民不仅有权自由流动和选择职业，而且还可以购置生产资料。社会分工和产品属于不同的所有者是商品经济的基础。商品经济的发展，促进了农村产业结构的多元化和农民身份的变迁，农民由单一的农业劳动者逐步变成了商品生产者和商品经营者。农民身份变迁以后，农民作为一个阶级整体、作

---

　*　本文源自《"三农"论——当代中国农业、农村、农民研究》（陆学艺著，北京：社会科学文献出版社，2002 年 11 月），第 392~411 页，作者：陆学艺、张厚义。该文原稿写于 1991 年 10 月，首次以《农民的分化、问题及其对策》为题发表于《农业经济问题》1990 年第 1 期（1990 年 1 月 31 日），发表时有删节，收入《"三农"论——当代中国农业、农村、农民研究》时作者作了少量补充和修改。——编者注

为集体经济组织的成员，开始分化为若干个利益不同、愿望和要求不同的阶层。

（一）农业劳动者阶层

他们承包集体耕地，从事种植业、养殖业劳动，依靠农业收入作为全部或主要生活来源。他们是我国目前农村的主体劳动者。这一阶层可分成四个部分。

1. 农业专业户或承包大户。他们承包集体的大片耕地、山场、水面，有较强的经营管理能力，有较多的农机具，有相当的流动资金，能提供较多的商品农产品，收入比较多。这些户除家庭成员参加劳动外，一般还雇请帮工。

2. 比较富裕的农业劳动者。劳动力较强，有一定的文化技术和经营能力，农用生产资料齐全，承包集体的耕地，产量较高。除完成国家征购任务外，还向市场出售一部分农产品，生活比较富裕、安定。

3. 温饱型农业劳动者。耕种集体耕地，只有役畜和简单农具，生产资金不足，年成好，国家政策好，他们生活略有节余；如遇天灾人祸，则连温饱也难维持。

4. 贫困农户。有两类：一类在自然环境和生产条件恶劣、社会发展程度较低的西南、西北的部分地区，他们虽终年劳动也不得温饱。据统计，如果以1985年可比价格计算，目前尚有195个县、5788.5万人年均纯收入在200元以下。另一类在中部、东部地区。这些农民家庭因缺少劳动力，或主要劳动力有病，或智力低下，资金不足，农具不全，土地收成少，需靠社会救济和帮助，才能勉强度日。

（二）农民工阶层

常年或大部分时间在国有和集体等企事业单位里，从事第二、第三产业劳动，但户籍在农村，家中还有承包田，不吃国家供应的平价粮，不享受城镇居民的各种补贴，不享受公费医疗等劳保待遇。这一阶层大体分为如下两类。

一类是离土离乡的农民工。据调查资料，全国大约有3000多万农民离土或到异地城乡务工、经商、承包经营土地或从事服务业。其中，跨出省界的达800多万人。他们不但补充了一些地区城乡劳动力的短缺，而且给一些边疆落后地区的经济发展带来新的活力和生机。在城市，他们不但承担了绝大部分脏活、苦活、累活以及有毒、有害、有危险的工种，而且在务工过程中，自己的技术素质不断提高，已能承担一些技术要求较高的工程、项目。如上海港的码头装卸工、上海纺织行业第一线的挡车女工，就有相当一部分是农民工。他们在城市、在外地待遇低，但比在家乡好，所以，一有机会就闻风而动。今年①春天数百万农民大流动，就是一例。

另一类是离土不离乡的农民工。他们在本乡、本村的集体企业里劳动，吃、住在家，多数还承包土地，不过主要精力不在农业上。

农民工的人数仅次于农业劳动者。据最新资料，全国有乡镇企业从业人员近 1 亿人，除少数经营管理人员外，大部分都是农民工。

（三）雇工阶层

他们受雇于私营企业或个体工商户，在本质上不同于资本主义制度下的雇佣工人。他们在农村拥有足以谋生的承包土地和其他生产资料。他们之所以受雇于私人，主要是没有其他就业门路，而收入又比种田高。

同一般乡镇企业的农民工比较，雇工的劳动时间长，劳动强度大，福利待遇差，社会地位低，心理压力大，收入与雇主相比悬殊。虽然如此，大量的青年农民还是向城市和集镇移动，"找关系""走后门"，想方设法到私营企业里当雇工。因为我国农村的剩余劳动力实在太多，而农村的就业门路又如此狭窄，"在家里是浪费青春，当雇工是出卖青春"。

据统计，1987 年受雇于私营企业的雇工有 360 多万人，加上受雇于个体户的雇工，全国雇工约有 700 万 ~ 800 万人。

（四）农民知识分子阶层

在农村从事教育、科技、医疗、文化、艺术等智力型职业的知识分子。主要有两类：一类是非农业户口，属于全民所有制或集体所有制的干部和职工。另一类是农业户口，其自身是农民，如民办教师、乡村医生、农民技术员和乡文化馆的文化艺术工作者等。据统计，1988 年从事农村文化教育事业的农民知识分子有 309.3 万人，从事卫生、福利事业的有 129.1 万人，从事农村科学普及、技术推广工作的有 17.1 万人。

近几年，农村智力型劳动的事业发展缓慢。原因是有关政策不完善，农民知识分子得不到应有的政治、经济、社会地位，一部分人转去从事工

---

① 此处指 1991 年。——编者注

业、商业等经济活动。

（五）个体劳动者和个体工商户阶层

在农村里拥有某种专门技艺或经营能力，自筹资金，从事某项专业劳动或经营小型的工、商、服务行业的劳动者和经营者。他们多是农村的能工巧匠。实行家庭联产承包责任制后，他们便把主要精力逐步转向非农产业，成为农村的个体工商户。个体工商户发展很快，1981年有96.1万户，从业人员121.9万人，1987年发展到1070万户，从业人员1727万人。一部分木匠、瓦匠、裁缝等，如果不经常搞经营活动，一般不申请营业执照。因此，实际人数比上述数字大。农村个体户的资产规模（固定资产和流动资金）和收入情况，一般难以知道底细。不过，全国各地差别很大，即使是同一地区的不同户之间也很不相同。据有关资料，湖北省襄阳县①有纳税个体户5029家，一般业户的资产规模在万元左右，其中，30%超过万元，10%近10万元。北京市农村个体户月均纯收入为440多元，其中，从事房修业的达1300多元，从事货运业的近1000元，从事手工业的约600元。

个体劳动者和个体工商户还有区别：前者一般散居在各个村庄，后者多集中在集镇和交通要道、车站、码头等适于营业的地方；前者主要靠自己劳动，后者除了自己参加劳动经营外，有些还雇请总数不超过7人的学徒和帮工。

（六）私营企业主阶层

指企业资产属于私人所有、雇工8人以上的营利性经济组织的经营者阶层。这个阶层是我国社会主义改造完成以后，重新出现的新的阶层。国家工商行政管理局估测，到1987年底，全国私营企业有22.5万家。其中，大部分在农村，按80%计，则农村私营企业有18万家。目前，这类企业一般为家族式或联户式经营，每家企业经营者按2.5人计，则共有企业主45万人。实际上远远超过此数。

私营企业的规模有多大？国务院农村发展研究中心按照类型抽样原则，系统调查了11个省120个固定观察点的26个村中97家私营企业，平均每家企业雇工22.8人（经营者3.24人），其中雇工20人以下的占71.1%，

---

① 原属襄樊市；2001年，撤襄阳县设襄樊市襄阳区；2010年襄樊市更名为襄阳市，原襄阳区更名为襄州区。——编者注

21~50 人的占 22.7%，51~100 人的占 4.1%，101 人以上的占 2.1%。雇工最多的一家为 208 人。平均每家企业资产规模为 14.4 万元，其中，5 万元以下的占 10.3%，5 万~10 万元的占 9.3%，10 万~20 万元的占 52.6%，20 万~50 万元的占 18.6%，50 万~100 万元的占 6.2%，100 万元以上的占 3.1%。资产规模最大的一家为 430 万元。河北省委研究室组织力量对该省保定地区的私营企业调查统计，平均每家企业雇工 25 人（经营者 2.3 人）、资产规模 15.67 万元，年产值 20 万元。雇工百人、资产百万元以上的企业占 3.1%，雇工千人以上、资产 400 万~500 万元、年产值千万元的大型私营企业也出现了。全地区 20 个县、市，共有私营企业 9696 家，经营者 22377 人。每个经营者拥有私人资产 6.8 万元，其中，9174 人的自有资产在 10 万元以上①，占经营者总数的 41%，110 人的自有资产在百万元以上，占 0.49%。

在农村商品经济尤其是非农产业发展中，私营企业已不再是一支可有可无的经济力量。在局部地区，私营经济已"喧宾夺主"，成为主要经济成分，在当地的经济社会发展中，起着举足轻重的作用。

为了巩固已经取得的经济地位并获得进一步发展，他们有着强烈的参与意识与政治要求。保定地区调查资料对此归纳为：（1）要求入党。到 1987 年底，私营企业主中的共产党员占 38%，其中相当一部分是先发财后入党的，也有少数企业主加入了其他民主党派。（2）要求当基层干部。有些公开提出当村支书、村主任，有的自荐当乡经济联合社主任，还有的提出当乡长、副县长。全区进入基层政权组织的占企业主总数的 21.3%。（3）参加或成立自己的组织。全区已有 94% 的企业主加入了农民企业家协会、个体劳动者协会、工商业联合会、行业协会等。（4）挂其他政治头衔。全区自有资产百万元以上的企业主，有 82% 已当选为各级人大代表，政协委员、常委或副主席。（5）热衷于上报纸、上电视，有的出钱组织宣传自己的文艺作品。（6）捐赠、赞助、兴办公益事业等。

在改革中再生的私营企业主，由于他们的"特殊身份"和"特殊经历"，他们在特定的环境中生存和发展，具有特殊的政治嗅觉，对政策调整极其敏感。尤其在今天，更要加强对这个阶层的调查研究。

---

① 原文为"100 万元以上"，有误。现根据打印稿纠正。——编者注

（七） 乡镇企业管理者阶层

即乡、村集体所有制企业的经营管理者，包括厂长、经理、主要科室领导和供销人员。乡镇企业管理者因企业经营方式不同，可分为三类：一类仍然采取传统的经营方式，直接隶属于乡或村的行政领导，受乡或村干部的指挥，他们的工资水平只略高于本企业的职工；另一类乡镇企业采用厂长（经理）承包责任制，有的也实行雇工经营，但是严格执行中央 1984 年 1 号文件中的有关规定，企业的所有权仍归集体，实行按劳分配，民主管理，对个人投入的资金只按一定比例分红，其管理者有较大的自主权、决策权和灵活性，所担负的责任与风险也大，所以报酬从优，但与工人收入不过分悬殊；还有一类是承包制度不完善，简单套用农业上的"大包干"形式，采用"一脚踢"方法，在再生产过程中，随着原有固定资产的折旧、损耗，新的追加投入不断增加，生产资料所有制形式逐步变化，以致私有部分占主体或绝对多数，企业性质发生变化，集体企业蜕变成私营企业，企业管理者变成了私营企业主，但是，仍然挂着集体企业的牌子，享受集体企业的优惠待遇。这种集体企业私营化，在推行厂长承包责任制的初期，各地都发生过，而且有的地区占的比重较大。乡镇企业管理者阶层人数的统计比较复杂，因为现行的乡镇企业，包括五个层次，即乡、村、村民小组、联户和户办。后三个层次在实际上与私营企业和个体户有重复部分。乡村两级办的企业，1988 年有 159 万家，每家企业经营管理人员平均按 5 ~ 6 人计，全国乡镇企业管理者约有 800 万 ~900 万人。他们在当地经济、政治上很有地位，很有影响。随着农村商品经济的发展，这个阶层的人数和势力还将继续发展。

（八） 农村管理者阶层

在乡、村两级的基层干部，是农村政治、经济和社会生活的组织者，也是领导者和管理者。1988 年，全国农民有 20859.4 万户、86625 万人，组成 56002 个乡（镇）、740375 个村，这样庞大的社会群体的政治安定、经济发展与社会进步，靠的正是几十万农村管理者的工作。农村管理者阶层主要分为如下四类：

1. 脱产干部。即乡镇党政及经济机构里的主要领导和专职干部，如乡镇党委的书记、专职委员，乡镇政府的乡长、镇长和专职助理员，以及县市级有关企事业单位下沉到乡镇的机构负责人，如粮站站长、供销社主任，等等。他们属国家编制，有非农业户口，但其任务是做农村工作。他们是农村各项工作的领导者、决策者，起承上启下的关键作用。

2. 半脱产干部。即乡镇党委、政府及经济机构里的业务干部和工作人员，如乡镇党委和政府办公室的办事人员，县、市有关企事业单位下沉机构的工作人员等。他们是农业户口、农民身份，由乡镇政府参照干部工资标准和本地财政收入状况发给补助工资。

3. 享受固定补贴的干部。即村党支部书记、村民委员会正副主任、会计等村级组织的主要领导人。他们不脱产，农民身份，家里有承包土地。他们是村里各项工作的组织者、执行者、管理者，是党和国家最基层组织的负责人。按规定，村级主要干部一般是 3～4 人，多的约 5～6 人。

4. 享受误工补贴的干部。即村团支部书记、妇联主任、民兵连长、治保和调解委员会主任以及村民小组长等，其人数不固定，在不同的村发挥的作用很不一样。由于他们是村级主要干部的助手和后备力量，其影响也是很大的。

农村管理者是社会主义社会的权力阶层，是代表农民行使各种权力的一个社会集团，是党和国家联系农民的桥梁和纽带。但是他们基本上由上级任命，更多地是代表国家利益。因此，干部和农民的关系在很大程度上反映了国家与农民的关系。

根据我们的典型调查和有关统计资料推算，上述八个阶层在农民总数中所占的比例大约为：农业劳动者占 55%～57%，农民工占 24%，雇工占 4%，农民知识分子占 1.5%～2.0%，个体劳动者和个体工商户占 5%，私营企业主占 0.1%～0.2%，乡镇企业管理者占 3%，农村管理者占 6%。

二　农民分化后，农村社会经济发展中出现的新问题

（一）农民收入增加，生活改善，但是收入差距拉大，出现了分配不公的社会问题

改革十年来，农民收入增加很快。全国农民人均年纯收入由 1978 年的 134 元增加到 1988 年的 545 元，扣除物价因素，实际每年增长 7%。农民的温饱问题解决后，生活质量有了显著提高。但是，不同阶层主要是个体工商户和私营企业主与其他农民阶层之间的收入差距拉大了，有的已相当悬殊。据有关资料，北京市农村的个体户年均纯收入 5000 多元，前述 97 家私

营企业 1987 年平均每家纯收入为 3.55 万元，每个经营者年均纯收入为 1.1 万元。各地都有一些年纯收入达数万元、数千元的大户。而其他农民阶层成员的年纯收入只有 1000 多元。在这些先富者当中，有相当一部分人生活消费超出常规，甚至是变态、畸形消费，在当今不太富裕的农村里显得"收入反差"特别强烈。他们的高收入中，有的来自占有雇工剩余劳动的收入，有的来自偷税漏税等违法经营、非法经营，有的则是靠非市场的钱权交换，有的则是享受"特殊政策""吃偏饭"，人为地"垒"起来的。这些分配不公的社会问题，不仅给国家造成经济损失，扰乱经济秩序，而且污染社会环境，酿成了不安定的消极因素，有的已达到危害甚烈的程度，这是当前农民最不满意的一个问题。

（二）农民的政治态度、愿望要求正在发生变化，但是领导农村工作的指导思想没有相应转变，不少地区基层干部与农民群众的关系紧张

在 20 世纪 50、60 年代，农民同党和政府的关系，可以用当时农民普遍贴的对联"听毛主席话，跟共产党走"来概括。土地改革、统购统销、合作化、集体化、公社化、学大寨……这一系列大的政治、经济运动，农民都是跟党走的。在这些运动中，即使有些农民在经济、政治利益上受到损害，也还是跟党走的。20 世纪 70 年代后期，农民强烈要求改革。党和政府顺应民意，率领农民实行联产承包责任制，农民欢欣鼓舞，很快解决了农民的温饱问题。这个时期农民的态度可以用当时颇为流行的三句顺口溜来概括："交够国家的，留足集体的，剩下都是自己的"。这本是形象地说明包干到户分配方式的，但在这里也显示出，农民由单纯的农业生产者向商品生产者与经营者转化的过程中，独立人格、自主意识的增强。同时也显示出新中国农民通情达理、顾全大局、爱国家、爱集体的鲜明态度。20 世纪 80 年代中期以后，农民从小块土地上卷进了商品经济的海洋。市场的波动，价格的升降，直接关系到他们的切身利益。商品是天生的平等派。作为商品生产者与经营者的农民，最强烈的愿望与要求是等价交换，公平交易。但是，这几年农副产品价格的上涨幅度远远低于工业产品的上涨幅度，工农业产品的"剪刀差"进一步扩大，我们的指导思想却仍然是向城市、向工业倾斜，要求农民继续向国家"纳贡"，为工业化过高地积累资金。加之少数干部（特别是领导干部）中存在着以权谋私的腐败现象，使一些农民对党和政府产生了不信任感，他们要求维护自身的利益与权利。有一副

对联可以表达他们的愿望要求：上联是"高价化肥我不买"，下联是"平价粮食我不卖"。"不买"可以（以掠夺地力为代价），"不卖"可不行，两亿多城市人口的口粮和其他工业用粮，需要农民提供。在粮食征购季节，一些地方的领导怕拿他"是问"，不惜动用公安人员和警械具下乡催粮，为此，一些恶性事件时有发生，少数干部被恶作剧报复得寝食不安。如何转变农村工作的指导思想，适应农民分化后的形势，是理顺农村诸多关系的关键。

（三）农业劳动者的生产积极性近几年受到挫伤，农业生产缺少活力

农民不爱种田，由"恋土"到"轻土"，是近几年来一个值得注意的变化。我国人均占有耕地面积本来就不多，但目前在不少地区有抛荒田，或者由种两三季改为种一两季，套种间作也少了。积攒人畜粪，广种绿肥，精耕细作，种地养地，是中国农业的优良传统。但是，现在城镇的人粪尿农民不愿拉，绿肥也比过去种得少了，田间管理也粗放。农民积累的资金，多用于建房等生活消费，很少投入农业生产。冬闲季节，宁肯晒太阳，也不搞或少搞农田基本建设。有些地区农业又返到简单再生产阶段，粮食等农产品产量呈下降趋势。如商品经济发达的温州地区，1985 年缺粮 3 亿多斤，1986 年缺粮 4 亿多斤，1987 年为 6 亿多斤，1988 年则达到 8 亿多斤。目前，人均占有粮食 470 斤，远远低于全省 676 斤的平均水平。主要原因是，农民种田的比较利益太低，"种田为口粮，花钱靠买卖""有钱不怕没粮吃"。据温州市 1985 年至 1987 年的统计，搞工业的农民年人均收入 5890元，而务农收入仅为 858.9 元。利益的悬殊，使他们对农业不重视，不去管，也不想管，这是近几年来农业形势严峻、粮食产量徘徊的症结所在。农业是国民经济的基础，农业首先是农村经济社会发展的基础，而促进农业发展的动力则是农业劳动者的积极性。如何调动并保护占农村人口大多数的农业劳动者的积极性，是增强农业后劲的关键，是保证农村经济社会协调发展的根本。

（四）农村基层组织瘫痪、半瘫痪

农村人民公社管理体制解体以后，农民作为人民公社社员的一个整体，逐步分化成不同利益、不同愿望要求的若干阶层。2 亿多农户实际上变成了 2 亿多个生产、经营单位。对如此庞大的社会群体如何组织管理？农村社会

的基层结构变了，农村基层组织如何才能适应，这是新形势下的一个极其重大的课题。但是，十年来，我们在这方面做的工作很不够，以致一些地区的基层组织处于瘫痪、半瘫痪状况。县级党政机构的基本格局并没有变化。1985 年，人民公社改为乡、镇，机构的基本职能和工作内容变化不大，只是换了名称，扩大了编制。生产大队和生产队分别改为村民委员会和村民小组，但都是群众自治组织，没有政治和经济职能，所起的作用有限。村一级组织已不是经济实体，多数没有经济来源，有的村开个会连灯油钱都没有，干部补贴款靠向一家一户摊派，许多工作和活动难以开展。在生产过程中，农民急需生产服务体系，可是村上没有钱，没有服务的实力。在政治上，有的连群众会也开不起来，即使开也是"上边会议开一天，下边传达一袋烟"，只讲中央文件的只言片语。公益事情无人管，乡规民约无人抓。这种基层组织瘫痪、半瘫痪状况，在相当多的省、区占 1/3 左右，有的地区情况更严重一些。据我们调查了解，基层组织瘫痪的地方，同时也是党支部涣散、集体经济削弱的地方，二者互为因果。特别是集体经济组织瘫痪之后，无力承担"双层经营"中"统"的部分，也无力为农业生产提供产前、产后服务，直接影响了农业生产的稳定发展。没有组织的、分散的、众多的小商品生产者，在有计划的、统一的、受价值规律支配的大市场上，很难有所作为。现有的基层组织形式已经不适应，新的组织形式又未建立起来，农村散了，这是农村产生众多问题的重要原因。

（五）经济增长与社会进步不能协调发展

在有些地区，经济增长速度很快，而社会问题则相当突出。这一方面固然是社会进步较之经济增长层次更高、内容更多、更为复杂，另一方面也与我们的指导思想有关。这些地区的部分领导同志，把党中央提出的发展生产力这个根本任务理解为唯一任务。而在实际工作中，又把它具体化为以经济产值为中心的各项指标、数字，并把它们简单地等同于干部的政绩，以此标准来考核干部，决定干部的功过、奖惩和升降。在这些所谓"硬指标"面前，社会进步、精神文明建设等任务，都变成了"看不见、摸不着"的"软指标"，变成了陪衬。"一俊遮百丑""产值上去了，一切都能上去"。为了产值的提高，不得不将有限的资金更多地投向比较利益高的非农产业，这也是近几年乡镇企业发展过猛、粮食生产徘徊的一个原因。所谓经济增长，很大程度上反映了非农产业产值的增长和农产品产量的徘徊或下降。如福建省晋江县① 1980 年到 1987 年的八年间，乡镇企业产值增长了 9.23 倍，而粮食产量却下降 24%。我们在农村调查中，几乎到处都碰到社会秩序混乱问题，"乐业"不能"安居"，抢劫、绑票、匿名信要挟等事件时有所闻，一些先富起来的大户为防不测，不得不筑高围墙、制铁院门、养狼狗，有的还自练防身本领、外出雇保镖。还有，教育问题也很严重，弃教经商，辍学务工，几乎各地都有。上述情况在东南沿海一些商品经济发达的局部地区更加突出，福建省石狮镇则是一个典型。为了治理社会环境，由乡级镇改建为县级市做准备，福建省组织省、地、县三级计 135人的工作组在石狮镇工作了半年多时间，据该组总结汇报称：该镇一般劳动力月收入 200～300 元，而小学代课教师月补助仅 27 元，中学教师也只有42 元。由于比较利益过于悬殊，该镇中小学教师缺一半左右，已有 30 多人弃教从商，小学升学率不到 60%，童工、童商屡禁不止。这个工作组在汇报工作时写道：从 1987 年 10 月到 1988 年 4 月的半年中，在整顿社会秩序方面做了下述几件事：(1) 侦破各种刑事案件 52 起（其中重、特大案占 69%），查处违法犯罪分子 134 名，逮捕 15 案 38 名人犯，宣判 11 案 13 名罪犯，处决 2 名罪犯，送劳教 44 人，追缴赃款 13.7 万元，赃物折款 30 万元；(2) 开展八次专项斗争，组织三次查禁，打击卖淫、嫖娼活动，抓获 49 人，捣毁容留点 3 处，四次统一行动打击流窜犯，搜捕 45 人；(3) 整顿了旅舍，责令 9 家违章户停业整顿和罚款。在治理期间，还发生刑事案 11 起。这些问题的出现和发展，引起许多人的忧虑，这显然不是我们的初衷。我们应该在致力于农村经济增长的同时，也要重视社会进步，使精神文明和物质文明两个建设同步发展。历史经验证明，"富裕并不等于幸福""经济增长更不等于社会进步"。我们应在收入还不太高的时候，把社会组织得好一些，在还不大富裕的条件下，为农民群众创造一个文明、健康、优美的生活环境。不要像现代化工业国家那样，等到经济发展了，社会问题成堆，再来治理。如果说，在治理生态环境方面，"先污染，后治理"只是付的经济代价更大的话，是个"亡羊补牢"的问题；那么，在治理社会环境方面，"先污染，后治理"的观念则将影响一代乃至几代人的健康成长。医治灵魂创伤远不是一般的经济损失问题，而是要经过艰巨工作的浩大工程。

---

① 晋江 1992 年撤县设市。——编者注

三　促进农民继续分化，目前拟采取的对策建议

农民的分化，促进了农村商品经济的发展，也引发出一些新的社会问题。这些若不能妥善地逐一解决，则会影响农民的继续分化，从而影响农村商品经济的继续发展。因此，首先要正确地估量农民分化的形势，紧紧把握农民分化的大趋势。要清醒地看到，目前农民的分化刚刚起步，还有大量过剩的农业劳动力滞留在土地上，家庭经营规模的狭小和农业劳动生产率的低下，延缓了农村商品经济的发展和农民走向"小康"的步伐，因此要继续促进农民向较深层次的分化。但是，农民在分化过程中，由于各个阶层之间的利益不同、愿望要求不同，必然产生一些矛盾；分化后的农民各阶层，在社会主义市场上同代表国家利益的有关部门，必然产生一些程度不等的摩擦。特别是在我国农村社会经济的转化过程中，这些矛盾和摩擦在一定时期和一定范围内会加剧。所以，下大力气解决这些社会问题，把农民分化过程中必然伴随的社会震荡减轻到最低程度，乃是农村稳定发展的根本，也是指导农村工作的方向。

（一）在深入调查研究的基础上，重新认识农民，保护农民，教育农民，引导农民，从中央到地方应建立领导农村发展的机构

农民由一个阶级、一个"社员"分化以后，各个阶层的状况怎样，他们在改革过程中做些什么，想些什么，需要什么，拥护什么，反对什么，他们的喜怒哀乐是什么……我们只有对这些问题了如指掌，才能正确地领导农民在共同富裕的社会主义道路上前进，才能正确地指导农村经济社会的协调发展。但是，若干年来，我们的领导同志、理论工作者和农村相关工作者，由于种种原因，很少下乡了；有的去了，也是蜻蜓点水，走马观花，如皮球掉在井里。说农村形势好，千口一调，好得不得了，好像如今的农民都富得流油；说农村问题多，一时间又似乎多如牛毛，像是农村改革搞错了，很有些"早知今日，何必当初"的味道。这种种片面认识的根源，都是对农民分化后的新情况缺乏深入细致的调查研究。对分化后的农民一知半解、若明若暗。在这样的基础上制定的政策，是很难符合实际的，也很难被农民所掌握。因此，要大兴调查研究之风，组织城里的干部，特别是与农民有关的部门领导干部，深入到农民家中做艰苦细致的调查研究。农民是我国最大的一个社会群体，又是近十年来变化最大的社会群体。由

于其居住分散，作业空间大，文化水平低，相互交往少，特别是至今还没有自己的组织，这就使他们在社会经济生活中处于很不利的地位。因此，我们要对他们重新认识，国家与政府应当保护他们的社会权益。保护农民，包括诸多方面的内容，要从长计议。就目前情况看，亟须建立一个有权威的农村发展的领导机构，制定并实施农村发展的长期规划，领导、组织、保护农民为自身利益艰苦奋斗。1983年机构改革中，自上而下地撤销了农委。实践证明，其后果对农民不利，对农村发展不利，对巩固国民经济的基础不利。1986年以后，国家有关部门又重申以农业为基础的国策。但农业基础要有政治组织保证。现在多数省、区，都是由一个副省长、副县长、副乡长分管农业，他们多数人不参加常委决策层，权力有限，又不全是专职。因此，应从中央到地方建立主管农村发展的强有力的领导机构，从政治、组织上切实保护农民。

（二）按价值规律同农民打交道，逐步建立农村商品经济的新秩序

粮食和其他农产品是商品，农业生产是商品生产，农民是商品生产者。因此，要按价值规律同农民打交道，这是我们党总结新中国成立以来领导农民和农业生产经验和教训得出的一个基本结论。40年来，凡是我们的农村政策符合价值规律，农民就拥护，农民的生产积极性就高涨，农业生产发展速度就快；反之，农民的生产积极性就受到挫伤，农业生产就停滞、徘徊以致倒退。在这十年中，农村中的非农产业、淡水养殖、水果、蔬菜等，是逐年以较高发展速度递增的。因为这些部门的产业政策比较符合价值规律。当然，按价值规律同农民打交道，特别是建立农村商品经济的新秩序，绝非是朝夕之功，而要经过一系列改革措施，经过一个历史发展过程。就目前来说，最根本的是要端正对待农民的指导思想，逐步扭转城乡倾斜政策，逐步改变城乡分隔的二元结构。要清醒地看到，中国的现代化，农村的现代化。农民必须不断地分化，不断地从土地上走出来。就目前而言，最关键是两条：其一，是调整工农业的关系，增加农业投资，增强农业的物质基础。这不仅是摆脱农业困境的措施，更是20世纪90年代农业要上两个台阶的物质保证。根据历史经验和目前的国力，国家在每年的基本建设投资中，农业投资应达到10%，地方财政应占20%，集体和农民的收入中应占30%。其二，要调查工农业产品的比价。1978年以前，农产品的价格低于价值的20%～30%，工业产品价格高于价值的15%～20%；1979

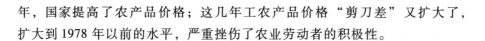

年，国家提高了农产品价格；这几年工农产品价格"剪刀差"又扩大了，扩大到1978年以前的水平，严重挫伤了农业劳动者的积极性。

（三）建立和健全农村基层组织

农村基层组织是党和政府联系农民的桥梁，是组织农民的纽带，是上情下达、下情上达的"中转站"。没有组织的小商品生产者，如一盘散沙，形不成力量。正在分化中的中国农民，是世界上人口最多的社会群体，尤其需要组织起来，才能在社会主义道路上共同前进。但是，"政社合一"的人民公社管理体制解体以后，"组织创新"一直处于研究过程中，没有很好地落实。在农村调查中，我们发现，集体经济、基层组织、双层经营中"统"的部分，彼此有着非常密切的关系，它们兴衰与共。如果说农村基层组织是组织农民的纽带，那么集体经济则是基层组织的物质基础，而双层经营中"统"的部分，既是巩固集体经济的物质保证，又是完善基层组织的重要职能。我们说，农村散了，实际上是指基层组织不健全，"统"的部分失去作用，集体经济既无"经济"，又无"集体"。亿万家的小生产围绕着统一的大市场生产和经营，因此，许多农产品产销脱节，供求失衡，大起大落。然而，"在惊险的跳跃中"，摔伤的不是商品，而是商品生产者。没有组织或组织不太严密的小生产，在大市场上往往碰得头破血流。如何恢复和发展集体经济，建立和健全基层组织呢？可以根据各地情况，具体抓住以下环节：（1）根据产业政策和本地优势，通过群众集资或其他途径，建立村办集体企业，并以此为支点，恢复和壮大集体经济。（2）利用当前的有利时机，加强党的支部建设，发挥党支部的战斗堡垒作用。党的支部建设好了，群龙"有"首，各类基层组织就有了领导核心。（3）村民自治组织建设，要逐步规范化、制度化。（4）根据各阶层农民的愿望要求，建立生产、生活等各类社会服务组织。（5）根据新时期的特点，建立民兵、青年、妇女等群众组织。分化中的农民组织起来，将有力地推动农村改革的深化。

（四）调节个体户和私营企业主的过高收入，保护雇工的合法权益

个体户和私营企业主是在改革开放的宽松环境下再生的。由于其特殊经历、特殊身份，他们对党和政府的现行政策特别敏感。因此，对他们制定和实施有关政策时要特别谨慎，对他们的过高收入进行调节时要具体情

况具体分析，万万不可"一刀切"。首先，要看到他们在发展农村商品经济、促进农民分化过程中的积极作用，这是允许存在、适当发展的基本前提；同时也无须讳言他们本身固有的弊端，所以要"兴利抑弊，加强管理、监督和引导"。今天的问题是，在"看一看"之后，没有及时、有效地"管一管"。在我国现阶段，非社会主义经济成分，如果不加管理地盲目发展，它的积极作用不仅不能自发地发挥，而且其消极作用也不能自觉地抑制。因此，对他们过高收入调节的出发点，不是杀鸡取卵、竭泽而渔，不是让他们在中国再一次"绝种"，而是通过税收的经济杠杆作用，合理分配社会财富，抑制他们的过高消费，安排"必要"的社会扣除，从而缓解社会分配不公的矛盾，促进社会经济秩序的好转；同时，也有利于他们在有计划的商品经济条件下，公平纳税，平等竞争，兴利抑弊，合法经营，促进自身稳定健康地发展。其次，我们对个体户和私营企业主的管理、监督和调节收入，已经做了大量的工作。个体户的有关条例、规定陆续出台后，1988年4月七届人大一次会议在宪法中确立了私营企业的法律地位，接着国务院又颁布了《私营企业暂行条例》《私营企业所得税暂行条例》《关于征收私营企业投资者个人收入调节税的规定》，最近又正式明确了私营企业税收政策。总的要求是，保护合法经营，规定合理的税收负担，鼓励税后利润多用于生产，对用于个人消费的部分适当加以限制。具体规定为：（1）私营企业除依法征收流转税（包括产品税、增值税、营业税）外，要按35%的比例税率征收企业所得税；（2）对税后利润要征收7%的能源交通重点建设基金；（3）税后利润用于发展生产的部分不得低于50%；用于私营企业投资者个人消费的部分，要征收40%的个人收入调节税；（4）私营企业经营者的工资可以高于本企业职工平均工资的10倍，但达到个人收入调节税起征点的（如六类地区为400元），要依法缴纳个人收入调节税。私营企业一律实行税后还贷。根据这些规定，我们具体测算过几家私营企业，如果他们的产值或营业额如实申报，不打埋伏，那么，私营企业经营者年获纯利润超过万元，是要付出极大努力的。"跳起来才能摘到桃子"。目前的问题是要根据我国的具体情况，把税收政策和检查、监督措施制度化、规范化、具体化，逐步落实。同时，个体户和私营企业点多面广，税源隐蔽分散，在征收过程中矛盾多、困难大，政策性强，我们的税务人员数量与质量都不能适应。这是需要亟待加强的。

保护雇工的合法权益。不要仅仅着眼于提高雇工的工资水平，因为这要受到社会平均工资水平的制约。目前，应在如下几方面做些工作：（1）减轻工人的劳动强度，改善劳动条件和食宿条件；（2）提高工人素质，学技术、学文化；（3）实行法定养老保险；（4）鼓励企业主扩大经营规模，吸纳更多的农业剩余劳动力等。

（五）重视研究和治理农村社会问题，促进农村经济、社会协调发展

过去若干年，我们的目标是要解决人民的温饱问题，这既是经济目标，也是社会目标。现在，这个目标已经基本实现。下一个目标，就是到20世纪末，使国民生产总值再增长一倍，人民生活达到小康水平。小康水平的经济目标，是使人均国民生产总值达到800～1000美元；小康水平的社会目标，应该是社会安定团结、政治清明、民主进步、党风民风正、精神面貌好。整个社会应该是奋发向上的、朝气蓬勃地去实现第三个目标。从世界各发达国家发展的历史经验看，由人均400美元发展到1000美元的时期，恰又是社会变动快，社会矛盾多，各种社会问题大量出现，社会动荡不安，可能出现社会发展失控、脱轨的现象，以致影响经济增长和社会进步。目前，我国大多数农村正处于这个发展阶段。城乡之间、经济发达地区同不发达地区之间、农民各个阶层之间、各个阶层农民与国家之间，都产生了一些新的矛盾。各个阶层农民意见较多的是以下几个方面：农用生产资料紧缺，价格暴涨；粮食和其他农产品定购价格与市场价格相差太大，农民失利过多；党风、官风不正，有些干部以权谋私，贪污受贿；社会分配不公，等等。这些矛盾和问题如果不能得到克服、缓解和解决，就可能激化为社会冲突。所以，在深化农村改革时，要重视研究和治理农村社会问题，促进农村经济、社会协调发展。我们应在农村还不太富裕的条件下，把农村社会组织得更好些，使人民群众安居乐业，最大限度地调动劳动积极性，以加速整个农村发展的历史进程，顺利地实现我国农村现代化的伟大目标。

从社会学角度研究变革中的农村和农民[*]

　　为了适应农村现代化建设发展的需要，中国社会科学院社会学研究所
在 1988 年春组建了农村社会学研究室，并着手研究农村改革以后由于农村
经济结构发生重大变化而引起的农村社会结构变化，研究现阶段农民的分
化和流动。为此，专门组建了"中国农村社会结构研究"课题组，并且得
到了国家社会科学基金的资助。这个课题组在各地、县、市农村工作部门
的支持和帮助下，于 1990 年 7 月至 1991 年 8 月，先后组织了 100 多位理论
和实际部门的工作者，数下农村，对大寨、沙石峪、西铺、华西、刘庄、
小岗、茅坪等 13 个村进行实地调查，从社会学角度研究和考察中国农村实
行改革后所发生的历史性的变化，获得了许多丰富的第一手资料。《改革中
的农村与农民》一书就是在此基础上撰写而成的。

　　从社会学角度研究变革中的农村和农民，有着以下三方面的意义。

　　第一，农村改革已经十多年了，农村已经发生了举世瞩目的历史性变
化。对于这场历史性变化，经济学等学科已经做过很多总结和分析，但运
用社会学的理论和方法，对这场伟大变革进行系统的总结和分析的研究还
比较少。对 13 个全国著名村庄的变迁，本书从社会结构变迁、农民分化和
流动等方面，采用重点解剖的方式进行了系统的描述，并尽可能地对此予
以解释，这不仅对中国社会的发展，而且对发展中国家的农村发展都是有
意义的。

　　第二，本书根据农业劳动者和非农业劳动者特别是乡镇企业职工相对
规模的大小，把 13 个村庄划分成前分化型、低度分化型、中度分化型和高

---

　　* 本文源自《改革中的农村与农民——对大寨、刘庄、华西等 13 个村庄的实证研究》（陆学
　　艺主编，中共中央党校出版社，1992 年 4 月），第 1～2 页。原稿写于 1992 年 1 月 18 日，
　　系陆学艺为该书撰写的序，现标题为本书编者根据序言内容所拟定。——编者注

度分化型四种类型。这四种类型同时代表农村现代化过程的四个逐步演化的阶段。高度分化型村庄代表前分化型、低度分化型和中度分化型村庄的未来，是农村现代化村庄的雏形。这有助于我们看到九亿农民未来发展的趋向。

第三，本书通过对 13 个村庄的农民分层结构的分析，提出农民已分化成农业劳动者、农民工、雇工、农村智力劳动者、个体劳动者和个体工商户、私营企业主、乡镇企业管理者、农村管理者和外聘工人等几个阶层的看法，这有助于我们进一步认识我国的国情，认识农民和农村各个阶层在社会主义经济建设中的地位、作用，对于党和国家了解农民各阶层之间的矛盾，协调农民各阶层之间的关系，制定科学的农民政策，促进农业劳动者阶层的进一步分化都是有积极意义的。

《改革中的农村与农民》是我们农村社会学研究室和"中国农村社会结构研究"课题组的一次探索，但是，由于我们对农村这场伟大变革的认识还不够，我们自身社会学理论的功底还不深，此项调查与研究还有许多不足之处。我们诚恳地希望得到同行和关心农村这场伟大变革的同志的批评和指正，我们也希望有更多的同志投身到我国农村这场伟大变革的洪流中去，为我国农村今后的发展作出贡献。

转型时期农民的阶层分化

——对大寨、刘庄、华西等 13 个村庄的实证研究[*]

改革开放以来，我国农村发生了激烈的经济和社会变革，其中农民的阶层分化，大量农民由农业劳动者转变成新的阶层，是这一时期最重要的变化之一。由于农民已经分化成具有不同利益要求和地位特征的阶层，研究和认识农民的分层结构，是研究和认识农民的必要方法之一。只有根据农民已经分化的客观现实，识别出农民的分层结构，才能对农民的状况有一个科学的认识。

我们研究的样本是 13 个村庄。1990 年 7 月～1991 年 8 月，我们对这 13 个村庄进行了调查。这 13 个村庄多数全国闻名，分布在 7 省 12 县，它们是：曾被树立为全国农村学习样板的山西省昔阳县大寨村，被毛泽东同志赞誉为"我们整个国家形象"的"穷棒子社"——河北省遵化县[①]西铺村，"青石板上种庄稼"的河北省遵化县沙石峪，由全国模范共产党员史来贺担任支部书记近 40 年的河南省新乡县刘庄，老典型、新贡献的"亿元村"——江苏省江阴市华西村，起草全国第一张包干到户合同书的安徽省凤阳县小岗村，全国第一个武装革命根据地的指挥中心的江西省宁冈县茅坪，80 年代以来经济、社会发展比较快的河北省迁西县烈马峪、三河县西岭村和安徽省含山县房圩村，改革开放以后跨入"小康村"行列的湖北省洪湖市洪林

---

[*] 本文原载《中国社会科学》1992 年第 4 期，发表时间：1992 年 7 月 10 日，作者：陆学艺、张厚义、张其仔。《农民日报》1992 年 4 月 8 日、15 日曾摘要连载了该文的主要内容，题目为《转型社会中的农民分化》。该文相关内容也曾刊载于《改革中的农村与农民——对大寨、刘庄、华西等 13 个村庄的实证研究》（陆学艺主编，北京：中共中央党校出版社，1992 年 4 月）。该文还收录于《"三农论"——当代中国农业、农村、农民研究》（陆学艺著，北京：社会科学文献出版社，2002 年 11 月）。文章相关数据源自作者负责的调研团队实地调查资料。——编者注

① 文中提到的各地地名均为当时的行政建制名。——编者注

村、河南省巩县竹林村，河北省香河县娘口村。在这 13 个村中，有 11 个行政村，2 个自然村（村民小组）；有 5 个村属于丘陵区，3 个村属于平原区，3 个村属于山区，2 个村属于圩区。这些村庄大部分属于中等发达或发达地区。之所以这样选择，是因为中等发达和发达地区是党的十一届三中全会以来变化较快的社区类型。我们调查不发达村庄的主要目的是为了对照。

一 分层标准

研究社会分层不是研究者按自己的主观意愿对社会成员进行分门别类，唯心地创造一种结构。社会分层是一种客观的结构，研究者只能发现、描述和解释这一结构。因此对于农民分层的标准，不能随研究者的偏好而任意确定，而是从社会现实中科学地抽象出来。研究农民分层的关键是从社会现实中发现分层标准的逻辑起点。

在人民公社化时期，13 个村庄的农民分层很不明显。农民之间的地位同一性是主要和普遍的，农民之间的差别更多的是一种功能差别。进入 20 世纪 80 年代以后，13 个村庄的农民不同程度地发生了分层，农民开始逐步向非农民转化，农民之间的地位差别变得日益明显。造成这一变迁的基本原因是农村财产制度和职业系统的变化。

财产制度的变化主要表现为财产经营方式的多样化和所有制形式的多样化。人民公社化时期的农民没有经营自主权和支配自己劳动产品的权力，生产资料由集体统一支配和使用。农村改革把单一的集体统一经营形式，改变为以农户或承包单位为基础、家庭分散经营和集体统一经营同时并存的双层经营。这一转变在 13 个村庄中历时 6 年。最早发生这种转变的是安徽凤阳的小岗，时间是 1979 年；最晚发生这种转化的是河北遵化的沙石峪，时间是 1985 年。家庭承包经营形式的引入，标志着引入了一种新的资产经营形式，即所有权和经营权相分离的资产经营形式。资产经营形式的多样化反映在农民身上，就表现为农民对所使用的生产资料的权力差别。

财产制度的另一个主要的变化表现是所有制形式的多样化。人民公社化时期的所有制结构是单一的集体所有制。农村改革改变了所有制结构的单一化状态，形成了以公有制为主体、多种所有制形式并存的格局。13 个村目前存在三种经济成分：集体经济、个体经济和私营经济。大多数村庄只具有其中的两种经济成分，有 3 个村庄同时具有三种经济成分，另有 3 个村庄只具有集体经济一种经济成分。集体所有制在 13 个村庄中都存在，是一种普遍的所有制形式，同集体经济发生联系的农民也最为广泛。

就职业系统来说，20 世纪 80 年代前后，13 个村庄职业系统的一个明显的区别是单一化和多样化的区别。人民公社化时期，绝大多数农民从事的是农业劳动，只有极少数人从事其他职业。相对于农业劳动者来说，从事其他职业的农民地位要高些，但其规模很小，对农村不能产生深刻影响。20 世纪 80 年代后，农民的就业空间拓宽了，产业结构由单一的农业向农业和非农业同时并存的格局转化。农业之外的职业开始对农民发生越来越大、越来越深刻的影响。从表 1 可以看到，13 个村庄中的劳动力在农业和非农业上的分布发生了明显的变化。1989 年或 1990 年的非农业劳动力比重在绝大多数村庄都超过了 60%。

表 1 13 个村庄农业劳动力和非农业劳动力的比重变化 （%）

村名	农业劳动力比重		非农业劳动力比重		村名	农业劳动力比重		非农业劳动力比重	
	1978 年	1989 年	1978 年	1989 年		1978 年	1989 年	1978 年	1989 年
华西	80.7	1.3	19.3	98.7	沙石峪		65		35
刘庄	40.9	7.8	59.1	92.2	房圩	70.3	27.5[3]	29.7	72.5[3]
竹林	88	0[1]	12	100	大寨		43.3		56.7
洪林	53.3[2]	8.5[3]	46.5[2]	91.5[3]	西铺	98.03	39.49	1.97	60.51
埝口	71.7[2]	3.7[3]	28.3[2]	96.3[3]	茅坪	91.1	89.2	8.9	10.8
烈马峪	95.71	16.19	4.29	83.81	小岗	100	97	0	3
西岭		37.7		62.3					

注：

①竹林村没有专门的农业劳动力，其农业生产是通过乡镇企业职工利用早、晚和休息日来进行的，因此我们把该村的农业劳动力确定为零，当然这是不准确的。

②1979 年的比重。

③1990 年的比重。

农民的分层正是在农村出现多样化的职业、多样化的生产资料所有制形式和多样化的资产经营方式的背景下发生的。也就是说，当农村在集体经济之外出现了个体经济和私营经济，在所有权和经营权相结合的经营形式之外出现了所有权和经营权相分离的经营形式，在农业之外出现了其他各种各样的职业之后，农民相互之间的地位差别才变得明显起来。上述三者的多样化反映到农民身上就是农民之间的职业、使用生产资料的方式和对所使用生产资料的权力的差别。正是因为这种差别，农民才被分离为不同的阶层。阶层就是具有相同或相近职业，相同的使用生产资料的方式，和对所使用的生产资料具有同类权力的个体的集合。

以职业、使用生产资料的方式和对所使用生产资料的权力对农民进行分层，同马克思主义的阶级分析方法在根本上是一致的。我国是一个社会主义国家，消灭了一方占有生产资料、以剥削为生和另一方失去了生产资料、以出卖劳动力为生的两极对立，建立了社会主义公有制。这时如果仍以生产资料占有与否为唯一标准对农民进行分层，农民基本上就无"层"可分。虽然农村在改革之后出现了个体经济和私营经济，但其数量和比例都比较少，不是普遍的经济形式。在公有制经济是主体经济形式的情况下，把职业引入分层标准是合理的。因为在生产力水平还不十分发达，劳动还是人们谋生的手段时，职业的差别就不可避免地表现为地位上的差别。把职业作为影响个人社会地位的因素之一，没有否定生产资料占有对个人社会地位的决定性影响，相反却是建立在这一根本前提之上并以此为出发点的。在把职业作为农民分层因素的同时，我们所考虑的其他两个因素更直接地反映了我们的分层方法同马克思主义阶级分析方法的一致。把使用生产资料的方式和对所使用生产资料的权力这两个因素引入分层，就是把生产资料的占有影响个人社会地位这一命题纳入分层之中。把这两个因素同职业相结合作为农民分层的标准，是马克思主义的阶级分析方法在我国社会主义初级阶段的具体应用。

二 分层结构

根据农民所从事的职业类型、使用生产资料的方式和对所使用生产资料的权力这三个因素的组合，我们对 13 个村的农民进行了分类，发现存在于目前农村的有 10 个阶层：农村干部、集体企业管理者、私营企业主、个体劳动者、智力型职业者、乡镇企业职工、农业劳动者、雇工、外聘工人、无职业者。这 10 个阶层具有不同的职业类型、不同的使用生产资料的方式和对所使用生产资料的不同的权力（详见表 2）。这三个因素的不同组合决定了各个阶层的地位不同。具体到一个特定的村庄，这 10 个阶层不一定都同时具备。

表2　10个阶层的参数组合特征

序号	阶层名称	参合组合特征	序号	阶层名称	参合组合特征
1	农村干部	社区管理、集体经济、所有权	6	乡镇企业职工	非农业劳动、集体经济、经营权
2	私营企业主	企业管理、私营经济、所有权和经营权	7	农业劳动者	农业劳动、集体经济、经营权
3	集体企业管理者	企业管理、集体经济、经营权	8	雇工	非农业劳动、私营经济或个体经济、经营权
4	个体劳动者	企业管理、个体经济、经营权和所有权	9	外聘工人	非农业劳动、集体经济、经营权
5	智力型职业者	智力型职业、集体经济、经营权	10	无职业者	无职业

1. 农村干部阶层

农村干部阶层包括村民委员会成员、村支部成员及村民小组主要负责人。他们是农村政治、经济和社会的主要组织者，是集体资产的所有权主体代表和党的各项方针政策在农村的具体执行者。他们具有双重身份，既代表国家利益，行使行政职能，又代表农民利益，对农村经济和社区的发展起着关键性作用。

农村干部的地位和收入水平在社区间是不相同的。一个基本的趋势是，经济发展水平、特别是集体经济发展水平越高，农村干部的地位和收入水平越高，威望也越高。在这种情况下，农民对他们的怨言就比较少，他们的工作开展得也就比较充分。

农村干部的相对规模比较小，13个村的农村干部占本村劳动力的比重都在5%以下。比重最大的是竹林村，为4.2%；最小的是大寨，只有1.37%，因此农村干部的管辖幅度是比较大的。即使不包括无职业者和外聘工人，其管辖幅度也在20人以上，大部分在50人以上。如果把无职业者考虑在内，则管辖幅度更大，大部分在100人左右，最大的接近200人，如西铺村。考虑到农民居住的分散性，这样的一种管理幅度是很宽的。由此我们不难看到农村干部工作的困难程度。

2. 集体企业管理者阶层

集体企业的管理者包括集体企业的经理、厂长、会计、科室负责人和供销业务人员。他们对企业的人、财、物和产、供、销有决策权，与企业职工的关系是管理者和被管理者的关系，与农村干部的关系是生产资料经营委托者和生产资料所有者代表的关系。他们对集体企业资产有经营权，没有所有权。这部分人的收入较高，如华西村，1989年有集体企业管理者115人，他们租赁和承包了23个企业，厂长和经理获得超额利润10%的奖励，有的厂长和经理因此能获得数万元甚至10多万元的奖金。这些奖金不以现金付给厂长或经理，而是采取入股记账的方式留在企业内。

3. 私营企业主阶层

私营企业主阶层是指由雇工8人以上、占有企业生产资料的私营企业所有者所组成的群体。私营企业主是雇主，占有雇工的剩余劳动，拥有对企业人财物的支配权、生产经营的决策权和企业内部的分配权。

私营企业主一出现就以其较高的收入而引人注目。西岭村刘保金经营的石料场、石灰场和运输队，1989年的固定资产和流动资金总值达330万元，总产值达335万元。竹林村的一家私营耐火材料厂有3名经营者，雇工20人，固定资产总值达20多万元，1989年的产值是30万元，利润是10万元。不过私营企业主的声望却不如他们的收入一样高。尽管他们为地方作出过不少贡献，但是村内的农民对他们仍有反感情绪。他们中一部分人内心比较矛盾，感到政治上没地位、不光彩，怕露富，赚了钱不敢理直气壮地消费，家庭陈设甚至比不上集体企业的管理者。

4. 个体劳动者阶层

个体劳动者阶层是指由拥有某种专门技艺或经营能力，使用自有生产资料和家庭劳动力，从事某项专业劳动或自主经营小型工业、运输业、建筑业、商业、饮食业、服务业、修理业等行业的农民所组成的社会群体。他们多为农村的能工巧匠，在人民公社化时期没有施展才能的机会。其规模在各村不等。13个村中规模最大的是房圩村，1989年为230人，占本村劳动力的29.4%，有4个村根本没有个体劳动者。

个体劳动者的经营活动方式各有差别。有的摆摊设点，有固定场所或门面，有一定的经营范围，在当地工商行政管理部门登记、注册，领有营业执照；有的请一两个帮手，三五个学徒；有的走村串户，肩挑手拉，小本经营，没有固定的经营场所和经营时间，散居村中，一般没有营业执照。个体劳动者思想不稳定，他们有后顾之忧，不敢扩大规模。房圩村的张帮余制作和经营酱油已有八九年的历史了，有丰富的加工制作经验和经营管理经验，加工所需原料也供应充足，又有广阔的市场，按条件完全可以雇一些农民，开办一家初具规模的私营企业。但他"怕政策变""怕当资本家，牵连子孙"，不敢扩大生产规模。他不让自己的子女跟自己干个体经营，却让儿子、儿媳每人自带4000元资金进集体企业，做乡镇企业职工。

5. 智力型职业者阶层

智力型职业者阶层是指由具有一定的专门技能，在农村从事教育、科技、文化、医疗卫生、艺术等智力型职业的工作者所组成的社会群体。阶层的成员都具有一定的知识或技能，他们和农村中的其他阶层相结合能产生巨大的生产力。其人数和收入水平在不同的村庄差别很大。竹林村有智力型职业者 105 人，分布在村中不同的岗位上。其中，企业科技人员 63 人，他们有丰富的科学知识和较高的专业技术水平，享受优厚待遇；幼儿园和中小学教师 30 人，平均月工资 130 元，享受村干部的所有福利待遇；医务人员 8 人，月工资在 100～160 元之间，其他福利待遇和村干部一样，少数医术高明的月工资在 200～300 元之间；文化站 4 人，负责村民的文化教育，组织书法、武术等活动，编辑村内刊物，月工资 150 多元，享受村级干部的各种福利待遇。有的村庄智力型职业者的待遇是远不如竹林村的。房圩村有 8 名教师，他们的月工资只有 50～60 元。

6. 乡镇企业职工阶层

乡镇企业职工阶层是一个由乡村集体企业中的非管理人员所组成的社会群体。他们以非农劳动为主，使用集体的生产资料，对所使用的生产资料具有所有权。这些人户口在农村，不吃国家平价供应的商品粮，也不享有城市居民所享受的各种补贴和劳保待遇。

乡镇企业职工多数人还经营着一小块土地，和农业有或多或少的联系。他们 8 小时以内是工人，8 小时以外是农民，"工业三班倒，农业早、中、晚"就是他们生活的真实写照。刘庄的青年在初中或高中毕业以后，"能和城里人一样进工厂"。他们分布在技术性较强的岗位上，有严格的劳动纪律。在农忙季节，要根据村里的规定，到指定地段从事农业生产劳动。人均只有 0.7 亩耕地的竹林村没有农业专业队，乡镇企业职工以非农劳动为主，兼营农业，他们在白天轮休时到地里干农活。

7. 农业劳动者阶层

农业劳动者阶层是一个由承包集体耕地，以农业劳动为主的农民所组成的社会群体。阶层成员以分散劳动为主，有比较强的独立性，自主权比较大。这个阶层是农村其他阶层的母体，其人数呈下降趋势。

农业劳动者承担着向社会提供商品农产品的责任，但他们的生产积极性却很低。这主要是因为农产品不仅价格偏低，而且时有难卖的风险，生产资料经常涨价，挂钩物资难以兑现，各种摊派名目繁多。多数农业劳动者认为，"粮田不可不种，但不可多种"。他们一有务工经商的机会，即使是"背井离乡"也在所不辞。所以，农业劳动者阶层是一个人数极不稳定的阶层。

在一个村庄，农业劳动者人数和他们的经济地位呈负相关：农业劳动者人数越少，经济地位就越高。华西、刘庄、竹林、洪林和埝口5个村的农业劳动者比重都在10%以下，这些村的农业生产机械化程度比较高，农业劳动强度相对较低，农业劳动者的收入水平相对高些。华西现有农业劳动者78人，其中农业专业队12人，经营养殖业、种植蔬菜瓜果的66人，他们年人均收入4600元。尽管在农业劳动者比重较低的村庄，农业劳动者的地位相对于农业劳动者比重较高的村庄要高些，但在村内的相对地位却仍是比较低的，这可以通过青年人的职业选择反映出来。青年男女都不愿加入农业生产专业队，专业队里多为中老年人，特别是家庭负担较重的中年人。

8. 雇工阶层

雇工阶层是一个由受雇于私营企业、个体工商户的农民所组成的社会群体。虽然他们对所使用的生产资料没有所有权，但同资本主义制度下的雇工有本质区别。他们不是"除了两只手以外，自由得一无所有"的无产者，而是拥有一份有所有权、可使用和支配的生产资料，但数量不足的"剩余劳动者"。出雇的主要目的不是养家糊口，而是增加收入，学习技术，看一看"外面"的世界。他们的收入同个体劳动者和私营企业主相比悬殊，但和农业劳动者相比，却要高些。

雇工可以分为两大部分。一部分负责企业管理或技术方面的工作，他们或是因为有专门的技术或经营管理能力，或是因为是企业主的亲朋好友、同村近邻。另一部分所从事的是体力劳动，大部分是外村人，是雇工阶层的主体部分。竹林村1989年底仅存的一家经营耐火材料的私营企业雇用了20名工人，其中，本村4人，都是企业主的邻居，2个当司机，另外2个为技术员。西岭村的一家经营石料、建材、运输等业务的私营企业雇用工人60多名，90%以上是外村人，本村只有9人，都是后勤管理方面的人员。之所以雇工中大部分是外村人，一方面是因为本村人不愿受雇于本村人，认为这是"低人一等"，另一方面是因为企业主不愿雇本村人，怕很多关系难处理。雇用本村人，企业主要尽量给他们安排一些较轻松或优越的职位，以在本乡本土博得一个好名声。

9. 外聘工人阶层

外聘工人阶层是由一些由非农产业比较发达、人均产值比较高的村所招聘的外村农民所组成的社会群体。他们在集体企业工作，根据离家的远近可以分为两种人；一种是家住附近村庄、早出晚归者；另一种是家住较远的村庄，甚至隔省隔市，吃住都在受聘村的人。在不同的村庄，其收入和待遇有所不同。华西村有外聘工人 690 多人，其中邻村邻乡、早来晚去者 140 人，家住较远、吃住在华西的 550 余人，分别来自川、贵、湘、皖、豫、鲁、陕、新疆和江苏省。新聘的工人月工资 120 元，熟练工人年收入在 3000 ~ 4000 元左右。该村规定，家住附近的，每年休 15 ~ 20 天的农忙假；家住较远的，春节有 15 ~ 20 天的探亲假，路费报销，探亲期间基本工资照发。该村设有外聘人员办公室，除 1 名负责人是本村人外，余下 4 人都是外村、外省。竹林村有外聘工人 650 多人，分别来自川、湘、鄂、皖、鲁、晋，陕，内蒙古和本省其他乡（镇）村。该村设有集体宿舍、食堂、浴池，对他们一视同仁，量才使用。有 43 人担任车间主任以上管理工作，还有一位四川青年，在煤矿井下任作业班长，因工作出色，被评为郑州市劳动模范，吸收进了党组织。

就华西和竹林两村的情况来看，外聘工人的地位要优于雇工，但外聘工人同本村人相比，地位却要低些。他们干的通常是较苦较累的活，不能完全享受本村人的各种福利待遇，对企业的经营活动缺乏决策权，只有极少数人进入管理者行列，社区生活参与程度较低，基本上处于受聘村的社区生活边缘。

10. 无职业者阶层

无职业者阶层是由那些没有劳动能力的人所组成的一个社会群体。严格说来，它在农村目前还不能算是一个阶层。因为无职业者的地位是由其家庭的地位所决定的。我们之所以称他们为一个阶层，是为了穷尽所有的人口。所以严格地说来，农村最基本的阶层是 9 个。我们把除无职业者阶层之外的其他阶层称为基本阶层，把无职业者阶层称为非基本阶层或从属性阶层。

三　农民阶层分化的基本特征

这 13 个村的农民阶层分化是从同质性较强的农民开始的，由于分化的时间短，迄今还没有达到一个比较成熟和比较稳定的阶段，带有一定的过渡性特征。这些特征反映了农村目前正处于由传统社会向现代社会转化这样一个总的特征。

第一，个人是进入和退出阶层的基本单位，同时，家庭对个人阶层身份的变迁仍有重要影响。在处于低级发展阶段的社会中，阶层是以家庭为基本单位，是家庭的集合。个人退出某个阶层往往是因为其家庭地位的变化，而进入某个阶层则往往是因为他是某个家庭的成员。从现阶段农民的阶层分化情况来看，农民进入或退出某个阶层只意味着个人身份的变迁，构成阶层的基本单位是个人而不是家庭。家庭中所有成员都同属于一个阶层的情形是不多见的，主要是那种只有夫妻俩组成的家庭或单身家庭。对绝大多数家庭来说，家庭成员可能因为职业、使用生产资料的方式和对所使用生产资料的权力不同而分属于不同的阶层。在我们所调查的 13 个村，最普遍的家庭内部的"阶层结构"是：农业劳动者、乡镇企业职工和无职业者。当然，这并不代表我国农村的现状。因为这 13 个村总体的经济发展水平比较高，所以乡镇企业职工在家庭间的分布，比全国平均水平要广泛得多。尽管如此，个人是进入或退出阶层的基本单位这一结论却具有广泛的适用性。

个人是进入和退出阶层的基本单位，并不表明家庭对个人阶层身份的变迁没有影响，这也不是由家庭对个人身份变化影响力的下降所造成的。个人作为进入和退出阶层的基本单位，虽然会削弱家庭对个人的影响，但却不是家庭影响力下降的结果和反映。家庭成员之间的身份变迁是相互影响的。这是因为：第一，各种所有制形式的企业所能吸纳的劳动力是有限的，这限制了某些阶层规模的扩大。乡镇企业发展规模对家庭成员分属不同阶层的影响，就是一个生动的例子。当乡镇企业（集体企业）的规模没有发展到足以吸收全村所有劳动力的时候，村组织就采取按户平均分配的方式在村内招收职工。反映到家庭上，就是有的家庭成员可以进入乡镇企业，有的家庭成员则不能进入乡镇企业。家庭中此部分成员的身份变迁对彼部分成员身份变迁的这种限制，只能随新的一轮招工才能得到部分消除。第二，农户的部分需要是由家庭来满足的，这就迫使家庭不得不为此配置一定量的劳动，家庭内部因而就产生了一种被强制的分工。这集中表现在粮食生产上。农民的口粮主要是由农户自身通过生产来提供，而且农业生产实行家庭经营方式，所以农户不得不在家庭中留下部分劳动力从事粮食生产。这种情形同样说明家庭成员之间的身份变迁有较大的相互影响，此部分成员进入一个阶层是以彼部分成员留在另一个阶层为条件的。所以现阶段农民身份变迁的个体性和家庭成员分属于不同阶层，所反映的正是家庭成员彼此之间的较大影响和依赖。

　　第二，农民中的各个阶层同农业劳动和土地有着或多或少的联系。自 20 世纪 80 年代以来，13 个村虽然出现了明显的非农化趋势，但完全把土地转让出去，彻底离土、离农的农民却很少。即使是经济十分发达、有专业队负责农业生产经营活动的村（如华西），村内的每个劳动力也都或多或少地在农忙季节转入农业劳动。在经济发展水平较低或很低的村，非农阶层成员兼农的现象更加普遍。造成这种情况的原因是国家不向农民提供口粮，农民的口粮须靠自身的农业劳动解决，同时农民还负有向国家交售粮食的义务和责任。

　　口粮和粮食定购任务，就一个村而言，可以采取让一部分农民专门从事农业劳动的方式解决。这样就会发生一部分人专门从事农业劳动、一部分人专门从事其他职业的社会分工。在 13 个村中，有部分村已经形成了这样一种格局，但并不彻底。原因不是因为各种非农职业不稳固，而是因为农业生产的机械化程度不完全或不高，农业生产的某些环节大量采取手工劳动方式，一到农忙季节，大量非农业人员就回流到农业。

　　对于经济不发达或不十分发达的村而言，非农阶层成员广泛兼农，是因为其非农职业很不稳固，他们不得不用农业劳动来更充分地利用自己的劳动能力。这与发达地区的兼农现象有质的区别。农业劳动之所以成为劳动者充分利用其劳动能力的一个领域，是因为农民进入这个领域没有什么障碍，而且农业劳动可以采取分散劳动和不连续劳动的形式。值得指出的是，在经济比较发达的村，非农业劳动者常常利用早、中、晚干些农活，这同不发达村的非农业劳动者被迫转入农业劳动是大不相同的。前者是自愿的，对他们而言，干农活与其说是一种劳动，不如说是一种闲暇时的安排，而后者则是非自愿的，无可奈何的。

　　兼农是以拥有一份有经营权的土地为前提的。农民不放弃土地的理由和农民兼农的原因有共同之处，如农民须靠自己的劳动解决口粮问题和负有向国家交售粮食的任务等。此外，农民"恋土"还有其他两个原因。一是农民的非农职业不稳固，有一份土地不至于丢掉饭碗。二是农民在从事非农业劳动的同时，能采取各种方式经营好土地。由于人均占有耕地少，一个农户可以在其部分成员转移出农业之后，靠余下的家庭成员经营好同样数量的土地。同时，从事非农职业的农民在农忙季节可以退回到农业之中。这种灵活性有效地解决了农忙季节的用工问题，进一步增加了农民"恋土"的合理性。

　　第三，个人阶层身份的多重性。目前农村阶层系统的开放性比较高，阶层和阶层的关系不是处于一种完全固定的状态。同样的个体既可进入此阶层，也可进入彼阶层，有的甚至可以同时具有多重阶层身份，如农村干部既可以是集体企业的管理者，也可以是个体劳动者或私营企业主。这种多重阶层身份的特征主要体现在农村干部、集体企业管理者、个体劳动者和私营企业主身上。

个人同时具有多重阶层成员资格，对阶层间关系和阶层内部团结有极大的影响。个人如果仅属于一个阶层，那么阶层成员之间就具有较多的利益一致性，个人将在阶层冲突中立场鲜明。个人同时具有多重阶层成员资格时则不然。个人所加入的每一个阶层都涉及其一部分利益，每个阶层对于其成员都有具体和不同的要求，个人不得不在这些不同的利益和要求之间进行权衡，阶层可能会因此而分裂为不同的集团。如在私营企业主阶层中，具有农村干部身份的私营企业主，将构成一个与纯粹的私营企业主不同的阶层中的小集团。所以个人同时具有多重阶层身份弱化了阶层内部的凝聚力，和个人对阶层及阶层矛盾的参与程度。

第四，阶层意识普遍较弱。阶层意识的强弱主要受阶层成员的沟通状况、阶层成员各种地位的重叠程度、阶层间矛盾的频率及阶层开放性的影响。前三者和阶层意识成正相关关系，第四个因素和阶层意识成负向关系。就13个村来看，农民之间的沟通是少的，主要采取面对面的直接互动形式，这种沟通方式不仅效率低，而且延伸的范围小；农民各种地位的重叠程度是不高的，私营企业主的声望不和他的收入一样高，农村干部处于职业权力的顶峰，但经济报酬却不一定与此相符；阶层的开放性是比较大的，阶层成员的流动性比较高，一部分人同时具有多重阶层成员身份和农民兼农，"恋土"所体现的就是这样一个特征；各阶层间的关系一般比较融洽，没有大范围、大规模的阶层矛盾，小范围的矛盾也不多。由于这样一些原因，阶层成员之间缺乏较高的身份认同感和对共同利益的清晰观念。

虽然农民的阶层意识较弱，但却不能因此而否定阶层的存在。阶层的存在不以阶层意识的存在为前提，相反，阶层意识的产生和发展要以阶层的存在为前提。阶层是具有相同社会地位的人们的集合，不同的阶层具有不同的利益要求。阶层成员的相似的社会地位和共同的利益要求，源于成员之间在生产过程中的客观地位。阶层内部成员可能没有完全意识到他们之间的这种共同性，从而在意识和存在之间产生了距离。阶层结构在社会中作为一种潜在结构而发生作用。一旦阶层成员意识到他们之间的共同地位和共同利益，阶层结构就显化了。阶层意识的产生将强化阶层内部成员之间的关系，使阶层成员的行动转化成一种自觉的和有组织的行动。

第五，在经济发展水平不同的村，分层结构是不同的。由于历史和自然条件的原因，13 个村的经济发展水平有很大的差别，这种差别也反映到了分层结构上。分层结构的社区差别反映了社区对个人身份变迁的影响。农民对社区的依赖是比较大的，社区也常把属于本社区内的成员置于优于其他社区成员的位置上。社区变迁影响的首先是社区内部成员的身份变迁。如在经济比较发达的村庄，非农职业岗位首先安排本村农民，只有在本村劳动力供不应求时，才把视野转向村外。对于村内的农民来说，他们之所以从农业中转移出来，和村外的农民相比，是因为且仅是因为他们是村内的农民。村外的农民要进入该村取得某个阶层身份，就需要一些额外的条件。

四　阶层间的矛盾

从总体上来看，农民各阶层间的关系是比较融洽的，没有发生大规模、大范围的激烈冲突，以及持续的阶层对抗和阶层关系紧张。但是农村目前的阶层关系仍没有完全理顺，阶层间的矛盾在小范围内时有所见。按矛盾的起源分，可以分为两种类型：第一种类型的矛盾源于对某一阶层功能的合法性的怀疑和否定，第二种类型的矛盾源于对阶层间收入分配合法性的怀疑和否定。这两种类型的矛盾同属人民内部矛盾，只要采取适当措施加以疏导和处理，都不会发展成为持续性的分裂社会的对抗行动。

每一个基本的阶层都负有一定的功能，其功能的完成往往要有阶层间的相互合作。合作的好坏和功能完成的好坏，决定于合作方对履行功能一方的功能合法性的认定。这里所说的合法性不是法律意义上的，而是文化和价值上的。从这个意义上看，一个阶层的功能合法性就是指其功能为社会成员所承认和接受。功能的不合法性是指一个阶层指向另一个阶层的行动，被后者认为不合理、不公正，因而是难以接受的。被认为不能接受的功能不代表它不能完成，它可以依赖于合法性之外的其他力量（如权力）来完成。权力迫使互动一方对另一方表示服从，但却会产生互动双方的紧张关系，最终会演化为冲突。

由功能不合法性所引起的矛盾，主要表现在农村干部阶层和其他各阶层的关系中。农村干部和农村中其他阶层的矛盾是农村改革之后的最引人注目的矛盾之一，具体表现为农村干部指向其他阶层的三类行动不为后者所乐意接受。这三类行动是指计划生育、催粮和派款。计划生育是我国的基本国策，搞好计划生育是农村干部的一项十分重要的工作。但在农村缺乏有效的文化基础，大多数农民有一种根深蒂固的养儿防老、传宗接代观念，那些有女孩没男孩的家庭对节育和绝育难以接受。催粮是指农村干部催促农民完成国家粮食征购任务。农民对这种行动难以接受的原因是国家的粮食定购价偏低，农民认为这种价格偏低是不合理和不公正的。派款就是指农村干部无偿地向农民分摊各种费用和征收各种款项。派款行动主要源于公共事业建设和农村的各种补贴需要，它会降低农民的利益。当然，这种暂时性的损失不会必然引起矛盾。只有当农民认为这是一种无意义的损失并且永远无法得到补偿时，矛盾才会产生。

对阶层间收入分配合法性的怀疑和否定，造成了收入水平较低的阶层和收入水平较高的阶层的矛盾。13 个村目前收入水平较高的阶层主要是集体企业管理者、个体劳动者和私营企业主。集体企业管理者使用的是集体的生产资料，其收入多少主要由劳动投入的多少决定。考虑到管理劳动的复杂性和管理者负有较大风险和责任，集体企业管理者的收入比乡镇企业职工高是可以接受的。但存在的问题是，有一部分集体企业的管理者在承包了集体企业之后，获得了高得惊人的收入，个体劳动者和私营企业主的收入也是普遍较高的。农民对他们的高收入之所以不满，一方面是认为他们采用了非法的和非道德的收入获取方式，另一方面则是因为低收入者产生了被剥夺感。

上述两种类型的矛盾在 13 个村没有表现为大规模、大范围的对抗行动，而是表现为一个阶层的部分成员同另一个阶层的部分成员的冲突，且被分割在不同的村庄，没有被广泛地联结起来。两种矛盾的程度和分布在经济发展水平不同的村庄是不相同的。在经济发展水平较低的村庄，无论是集体经济，还是个体经济、私营经济都不发达，因而农民之间的收入分配比较平等且差距不大，因收入分配不公而引起的矛盾极少。相反，农村干部和农村中其他阶层之间的矛盾却比较多，关系比较紧张。原因是农村干部缺乏必要的经济资源以使其行动合法化。经济中等发达的村庄的村干部和其他各阶层的矛盾，较经济不发达的村庄程度要低得多，但依然存在。这些村庄由于农业劳动者仍占有一定比例，个体劳动者往往颇具规模，收入分配不公所引起的矛盾开始突出起来。对于经济发展水平比较高的村庄来说，两种类型的矛盾都很少，主要原因是这些村庄乡村集体企业的规模发展到了相当高的水平。

乡村集体企业的发展从三个方面有助于农村各种矛盾的解决。首先，乡村集体企业的大量发展，将把大量农民从农业中转移出去，从而降低单位耕地面积上的劳动力密集程度，使标准劳动力经营的土地规模扩大，单位时间的收益提高。同时，乡村集体企业的发展使农户收入中的农业收入比重急剧下降。这两个因素的共同作用，将弱化农产品价格偏低对农民的消极影响。其次，乡村集体企业的发展，使社区能在不增加农民负担的前提下大力发展公共福利事业和社会保障事业，使社区内的农民生活水平共同提高。如华西村的集体企业十分发达，有雄厚的集体经济基础。目前已实行了退休金制度和医疗费报销制度，集体负担学生从幼儿园到中学的学费，为每户配备了液化气灶具，并实行燃气定量补贴，还为每户装上了电话和闭路电视。第三，乡村集体企业的发展，使农村干部成为一个为农民谋各种福利的阶层。农村干部形象中的这种新因素的导入，使农村干部本身成了行动合法化的源泉。

农民之间的矛盾的分散性和在社区间的差别，是农村的阶层界线不十分明显的一个原因，但矛盾的性质在社区间是相似的。分散性矛盾的效应之一，就是使矛盾双方逐渐找出其阶层归属和最终有组织地联结起来。

五　农民分层结构的演化

13 个村庄中的个别村，外聘工人数量超过了农业劳动者和乡镇企业职工，但由于外聘工人是"外来户"，其对村庄内的社区生活的参与度比较低。无职业者阶层队伍十分庞大，但其地位是从属于家庭地位的。在农村影响最大、同时人数也比较多的是农业劳动者和乡镇企业职工。我们选择这两者的相对规模大小来对农民的分层结构进行分类。

按农业劳动者和乡镇企业职工相对规模（占本村劳动力的比重），我们把农民的分层结构分为 4 种类型。第一种类型我们称之为前分化型，其基本特征是，农业劳动者的比重在 90% 以上，乡镇企业职工的比重不到 5%。13 个村庄中属于此类型的只有小岗一个村。这个村的农业劳动力比重为 94.2%。乡镇企业职工的比重为 1.4%。第二种类型我们称之为低度分化型，其基本特征是，农业劳动者的比重在 70% ~90% 之间，乡镇企业职工的比重在 5% ~ 20% 之间。茅坪属于这种类型。这个村 1989 年农业劳动者的比重为 74.7%，乡镇企业职工的比重为 15.5%。第三种类型我们称之为中度分化型，其基本特征是，农业劳动者的比重在 20% ~70% 之间，乡镇企业职工的比重在

20%~60%。西铺和大寨属于典型的这种类型。第四种类型称为高度分化型，其基本特征是，农业劳动者的比重在 20% 以下，乡镇企业职工的比重在 60% 以上。华西、刘庄、竹林、洪林、竺口、烈马峪都属于这种类型。

农民分层结构的 4 种类型，从纵的方面看，代表着农民分化的 4 个阶段。从发展的趋势看，我国农村的现代化过程就是农民分层结构由前分化型向低度分化型，经中度分化型最后达至高度分化型的过程。因为这 4 种分层结构类型的依次变迁，代表和反映了经济现代化水平的提高。

对于什么是现代化，目前有各种各样的观点，衡量现代化的标准也各不相同。普遍存在的问题是，忽视了衡量已经现代化的社会的现代化水平进一步提高的指标和没有实现现代化的社会逼近现代化水平的指标差别。对于已实现现代化的社会而言，社会的方面比起经济的方面也许更值得重视。但就正在实现现代化的社会而言，经济发展则更具重要意义。就我国社会发展所处的阶段而言，我们认为经济的发展是最重要和最关键的。把握了农民分层结构和经济现代化的关系，也就基本上把握了农民的分层结构同现代化的关系。所以，要证明农民分层结构 4 种类型的依次变化代表着我国现代化过程中的农民分层结构的演化，只需证明它们的变迁和经济现代化水平的提高存在一种一致的关系。根据我们所选择的 3 个反映经济现代化水平的指标——人均生产总值、产业结构和消费状况——的变化和农民阶层结构变化的关系来看，农民的分层结构由前分化型向低度分化型，经中度分化型达至高度分化型的这样一种变迁，是和经济现代化水平的提高基本一致的。

从我们所调查的这 13 个村庄的情况来看，中度分化型的村庄的人均生产总值要高于低度分化型村庄和前分化型村庄，高度分化型村庄的人均生产总值要高于中度分化型村庄。属中度分化型村庄的 5 个村庄，除了 1 个人均生产总值在 2000 元以下，其余各村都在 5000 元以上，最高达到 7107 元。属高度分化型村庄的，除烈马峪的人均生产总值在 10000 元以下，其余各村都在 10000 元以上。值得注意的是属于前分化型的小岗，其人均生产总值比属于低度分化型的茅坪高，这是否说明农村的经济现代化水平提高和分层结构的变迁不一致呢？我们认为不是，这只是一个特例。造成这种偏离的主要原因是小岗的人均占有耕地多，约 4.1 亩。它的人均生产总值高主要是因为人均占有耕地多所带来的人均农业生产总值高。1989 年，小岗的人均农业生产总值为 965.7 元，占人均生产总值的 99% 左右。

从产业结构看，分层结构越高级，第一产业的比重就越小，第二产业的比重就越大。属前分化型的小岗第一产业的比重高达 94.7% ，基本上没有摆脱单纯经营农业的格局。属低度分化型的茅坪，第一产业的比重略低，为 81.6% ，农民仍以经营农业为主。属中度分化型的村庄，第一产业比重最高的是沙石峪，为 56.2% ；最低的是西岭，为 11.9% 。第二产业的比重都在 20% 以上，最高的为 61.3% 。这种类型的村庄，其产业结构基本上已开始向第二、三产业倾斜。属高度分化型的村庄，第一产业比重最高的为 38% ，最低的为 0.27% ，第二产业比重都在 60% 以上，是产业结构中的主体。

最后，农民分层结构的变化同农民的生活水平成正相关关系。属前分化型的小岗尽管其人均耕地多，人均生产总值较低度分化型的茅坪高，但农民的生活水平与中度、高度分化型的村庄比仍有很大差距。大部分农民还住在草房里，电视机的普及率为 80% ，收录机的普及率为 14% ，洗衣机的普及率为零。中度分化型村庄的农民住的是砖瓦房，电视机几乎完全普及，收录机的普及率在 32% 以上，洗衣机的普及率在 16% ~ 60% 之间。属高度分化型村庄的农民已无须对居住投入过多的关注，他们的生活已经赶上甚至超过了城市。电视机已完全普及，收录机的普及率在 68% 以上，洗衣机的普及率在 72% 以上，消费已经移向了享受性消费。

农民的分层结构由前分化型向低度分化型，经由中度分化型达到高度分化型是一个必然的过程。这个过程反映我国农村现代化所面临的一个最基本的问题是，如何把大量的农业劳动者转入乡镇企业职工阶层。

六　结束语

农村改革所引起的职业多样化、所有制形式的多样化和资产经营方式的多样化，改变了农村的分层结构，使农民之间的地位差别日益明显和广泛。但阶层是潜在地在起作用。形成这种现象的主要原因是，农民的分化仍具有过渡性特征，阶层间的矛盾是分散和小范围的。这两个因素大大降低了阶层的社会作用。但我们不能因此而否定阶层和阶层研究的意义。阶层成员的行动虽然是分散的，但在不同的村庄之间有明显的相似性。识别出农民的分层结构有助于把农民行动条理化和类型化，其政策上的含义也是十分明显的。从而针对具体的阶层制定一些具体的政策。

城乡关系

城市发展中的农业和农民问题[*]

研究班的领导原来要我来讲讲城市社会学的问题，这方面我的研究还不够，不是我的专长。原来准备让另一位同志来讲这个题目，但研究班的领导还是要我来讲。我今天讲一下城市发展中的农村问题，一方面这是我的专业，另一方面我认为目前农业问题是个热门话题，在城市发展中占有重要地位。讲课计划中还没有，向同志们介绍些情况，谈谈这方面的问题。

党的十三届五中全会提出经济要持续、稳定、协调地发展，重申了农业是国民经济的基础，强调农业要稳定发展，是经济稳定、政治稳定、社会稳定的基础，是关系国家安全的问题；强调从中央到市县各级党委和政府必须把农业放在重要地位，要集中办好农业。

今天讲以下三个问题：一、当前农村形势的几个特点；二、农业在城市经济发展中的地位和作用；三、城市在当前发展农业方面需要解决的几个问题。

一　当前农村形势的特点

就全国而言，自 1979 年实行改革以后，直到 1984 年农村形势一直很好，发展很快，全国上下都很好，国际国内也都很好，没有争议。但 1985 年以后，争论开了，有说是从"超常规增长"转入"常规增长"，有的说是转入新的徘徊。1988 年农业再次大减产，一时农业形势严峻、农业徘徊等议论占了上风，1989 年粮食增产 200 多亿斤，达到 1984 年水平，但棉、油继续减产。今年农业形势很好，粮食可望超过 8300 亿斤，棉花、油料等也

---

[*]　本文源自作者手稿。该文稿系陆学艺 1990 年 3 月 28 日在市长研究班上的演讲稿。——编者注

将有较大的增产。

到底怎么看待当前农村经济形势和农业形势？我认为，可以概括为三句话：农村经济形势很好、农业形势严峻、粮棉问题紧张。怎么解释？

1. 农村经济形势很好

党的十一届三中全会以前，农村产业结构单一，农业生产实行以粮为纲，农村形势好就是农业形势好，农业形势好就是粮食生产好。改革以后，经过产业结构调整，农村第一、二、三产业一起发展。1987 年以后，乡镇企业产值都超过了农业产值，所以农业形势和农村经济已经区分开了。

这几年农业徘徊了，但农村经济形势却一直很好，主要表现在以下几点。（1）农村产业结构调整了，特别是乡镇企业异军突起，这几年每年以 25% 以上的速度发展，1989 年上升了 15%，产值 7520 亿元，已成为农村主要经济支柱，占农村社会总产值的 60%；出口创汇 100 亿美元，占全国出口总额的 1/5；纳税 360 亿元。（2）农村商品经济发展很快，农产品的商品率已近 70%，农村的集贸市场已从 1978 年的 3 万个上升到 7 万个。（3）农村的家庭副业、多种经营也是发展的。（4）农民收入持续增加，农民生活上了一个新台阶，农民年人均纯收入 1989 年达 602 元；盖了新房，2/3 的农民改善了居住条件，农民住宅楼房化了。（5）农村是稳定的。

2. 农业形势严峻

1985 年以后，主要农产品——粮、棉、油（产量）徘徊不前。这说明，这些年我们的农业生产已经上了一个台阶，但农业生产能力并没有提高。表现在：（1）耕地减少，土壤肥力下降。规定可减少耕地 300 万亩，实际减少 600 万亩以上。（2）"六五""七五"计划期间，十年农业投资减少，少搞不搞农田水利基本建设，吃了十年老本，致使水利失修，灌溉面积停留在 6.7 亿亩，有的还后退、减少了。（3）农机老化。农机动力 2.6 亿马力，44% 是超期的；56 万台大中型拖拉机，63% 是 1978 年以前的。（4）农用工业停滞萎缩。化肥略有增长，但农药退到 20 世纪 70 年代的水平，柴油还是 1980 年的供应量。（5）生态环境问题更加严重，森林少了，沙化严重，污染严重。所以农业的生产能力就是 8000 万担棉、8000 亿斤粮的水平。丰年好一点，欠年就少一点。1989 年粮增了，挤了棉、油，是播种拉锯战，属于产量搬家。

3. 粮棉问题紧张

1989 年粮食 8149 亿斤，超过 1984 年；棉花 7578 万担，只有 1984 年的 61%。但五年来人口增加 7300 万，工业产值增加 1 倍，11 亿人生活上了一个台阶。1984 年人均粮食 791 斤，1989 年只有 733 斤，少了 58 斤。1984 年棉花是过剩的，但现在缺口大了，不少纱厂停产半停产，那时是 2200 万纱锭，这些年超过了 3200 万锭。1987 年又恢复粮食、棉花大量进口。

不是农村改革成功了、农业过关了吗？怎么农业又出现问题了呢？关于农业徘徊的原因：一不要怪天，二不要怪农民和农村基层干部，三不要怪包产到户，主要是宏观决策失误造成的。1988 年田纪云在农村工作会议上讲过，主要是对农业形势做了过于乐观的判断，采取了不适宜的措施引起的。何康在 1989 年 11 月 24 日《人民日报》的文章中讲，主要问题是："对农业形势判断失误，经济工作指导思想和宏观决策出现偏差，放松了农业基础建设，影响农业生产力水平的提高。"主要在两条，一是盲目乐观；二是不当决策：（1）放松农业的投入，不搞水利，不搞农用工业。（2）工业过热，城市建设过热，挤了农业的基金，挤了农民，超过了农业所能负担的水平。历史的经验是，农业与工业发展速度的比例保持在 1：2 比较适宜，1979～1984 年是 1：1.7，而 1985～1987 是 1：4.5，1988 年是 1：6.7。（3）不按价格规律办事。

二　农业在城市经济社会发展中的地位和作用

农业是我国国民经济的基础，这是 40 年的历史反复证明了的。今年农业丰收，来年的经济社会的日子就好过，社会就稳定；农业出了问题，经济社会就会有问题，日子就不好过。但在城市发展中怎么样呢？可以说，在目前我国的具体条件下，农业也是城市经济社会发展的基础。特别是中小城市，这个基础作用尤为明显。农业好，城市的粮油供应、副食蔬菜供应就好，价格就平稳，居民就安居乐业，市场就繁荣，社会就稳定。反之，问题就多，经济发展就受到阻碍，社会就会不安定。

现在全国 434 个市（1988 年底）中按城乡关系分，大致有以下几类。（1）县改市的，有 200 多，一半以上。本身是以农业为主的。（2）市带县的，有 100 多，也是以农业为主的，或一半带一半。（3）县级市，为数不多。（4）地级市，为数也不多，但县级市和地级市都有郊区。（5）大中城市或计划单列市，也都带县。但以城市人口为主，列入国家统计资料的 33 个大中城市中，农业人口低于 30% 的只有太原、沈阳、北海等 3 个市。京、津、沪三大市，农业人口都在 30% 以上（见表 1）。

表1　1984 年全国 33 个大中城市人口、粮食和主要经济指标

城市	总人口（万人）	市区人口（万人）	市区人口占比（%）	粮食总产（亿斤）	人均粮食（斤）	农业产值（亿元）	工业产值（亿元）	财政收入（亿元）
北京	945.18	575.46	60.88	43.47	459.91	33.96	281.72	45.62
上海	1204.78	688.13	57.12	50.46	418.83	47.38	744.37	160.18
天津	798.89	531.21	66.49	26.26	328.71	29.90	251.49	39.93
沈阳	526.16	413.48	78.58	46.47	883.19	19.32	133.71	16.77
武汉	600.59	333.75	55.57	33.17	552.29	16.08	137.76	14.54
广州	698.89	322.16	46.10	39.25	561.60	20.16	133.36	21.54
哈尔滨	377.09	259.21	68.74	14.85	393.81	6.22	75.89	7.46
重庆	1394.48	273.37	19.60	113.62	814.78	37.19	115.76	13.89
南京	460.75	220.75	47.91	37.17	806.73	15.08	97.40	12.13
西安	544.56	227.65	41.80	31.52	578.82	14.06	66.81	5.55
成都	853.99	253.96	29.74	71.87	841.58	28.38	83.46	10.03
长春	584.23	180.92	30.97	93.68	1603.48	23.98	54.04	5.46
太原	229.68	183.81	80.03	6.13	266.89	5.56	54.19	5.98
大连	480.76	158.78	33.03	25.55	531.45	19.24	91.85	4.88
青岛	623.91	122.95	19.71	49.01	785.53	28.81	85.00	13.85
兰州	243.36	145.51	59.79	5.35	219.84	3.24	54.09	4.41
济南	343.60	139.46	40.59	19.34	562.86	12.22	54.60	7.28
抚顺	208.85	122.00	58.42	8.76	419.44	4.76	54.71	0.43
鞍山	258.34	125.86	48.72	18.99	735.08	9.99	68.64	11.08
昆明	326.82	135.53	41.47	17.37	531.49	7.34	45.07	6.81
秦皇岛	225.51	42.53	18.86	13.72	608.40	6.07	10.29	1.68
烟台	814.75	69.94	8.58	73.34	900.15	52.74	53.93	6.09
连云港	296.25	44.61	15.06	38.20	1289.45	14.25	15.60	2.03
南通	742.69	40.27	5.42	56.94	766.67	34.48	69.43	7.10
宁波	484.19	61.56	12.71	12.74	263.12	30.63	66.44	9.33
温州	620.52	51.91	8.37	36.45	587.41	19.90	23.80	2.77
福州	482.65	116.48	24.13	22.61	468.46	13.53	33.14	3.30
湛江	470.03	89.95	19.14	26.10	555.28	13.06	11.78	2.09
北海	17.16	17.16	100.00	0.30	174.83	0.78	1.57	0.14
深圳	43.52	19.14	43.98	2.55	585.94	2.12	18.15	2.94
珠海	39.52	14.44	36.54	3.54	895.75	2.26	4.99	1.73

城市	总人口（万人）	市区人口（万人）	市区人口占比（%）	粮食总产（亿斤）	人均粮食（斤）	农业产值（亿元）	工业产值（亿元）	财政收入（亿元）
汕头	789.51	74.64	9.45	42.46	537.80	19.44	19.41	2.29
厦门	100.56	53.26	52.96	4.81	478.32	2.52	14.75	2.87

资料来源：国家统计局编《中国统计年鉴·1985》，北京：中国统计出版社，1985年，第53~184页。

从表1可见，33个市中有11个市区人口超过50%，其中6个超过60%（含60%），3个超过70%（沈阳、太原、北海），2个超过80%（太原、北海）。在这样一种格局下，农业对于城市发展中的基础地位是很明显的。

第一，农业是市民粮油供应的主要来源或重要来源，有的市国家有调拨的，但这是定额的，本地农业如歉收，供应就紧张，还有品种紧张问题（如1988年城市大米紧张）。

第二，农业是本市蔬菜、副食等全部或主要来源。1985年以后，蔬菜等副食品的价格放开，菜篮子成为热点。我国的居民也刚刚过温饱阶段，还不富裕，吃喝在消费中占40%~50%，粮价是定的，蔬菜、猪肉等副食的价格成为日常生活中的主要部分。农村农业生产不好，蔬菜副食品供应不好，就成为工人、干部、学生不满的主要原因。这几年社会不安与此有很大关系。

第三，农业是本市轻纺工业、食品加工业等行业原料的主要来源。农业好，这些工业就活了。近几年棉花减产，蚕茧减产，纺织厂就停工待料。有些年农村生猪成了问题，肉联厂就只好停工。

第四，农业农村是本市工业品，特别是轻工业品、食品的主要市场。农业好，农民有钱，购买力就强，市场就繁荣。城市第二、三产业就发达。陵县的棉花收获季节，集市繁荣极了，饭店、照相馆、服装店、书店都是人山人海。现在市场疲软、滑坡，还是因为这几年农业不行。中国80%是农民，农民富了，什么都有销路。

第五，农村是劳动力的主要来源，城市的发展要靠劳动力。许多国家一发展，就劳动力不足，如日本、苏联。我们是有4亿劳动力的农村，使之不尽，勤劳朴实。城市这几年发展的基础工程都是农民工干的，召之即来；一有困难，挥之即去。

所以，城市经济的基础是农村，是农业。发展的基础是农业，稳定的基础是农业，繁荣兴旺的基础是农业；反之，就会出现问题。农业的作用还可以从历史经验中找到答案。现在凡是农村经济发达的地区，都是当年农业生产搞得好的地方，如苏南、杭嘉湖地区、珠江三角洲地区、辽南、胶东，都是商品粮基地。费孝通的"小城镇、大问题"，把农村比作城市的脚，叫作"乡脚"，乡脚是城市发展的基础，城市的繁荣发展要建立在农村繁荣稳定的基础上。

农业的地位和作用是人所共知的，但是在这个人所共知的问题上，我们却忽视了。在这个问题上出了问题，犯了错误。40年出现了几次挫折，我们一定要引以为戒。

农业这几年出现了这么多问题，除了上面讲的以外，我看还有几个问题。

第一，认识上的问题。以为农业靠政策就行了，农业已经过关了。对市里的领导人来说，城市工作千头万绪，以城为主，以工业为主，以商业为主，农村工作排不上。

第二，体制上的原因。40年造成的城乡二元结构、城乡分割，问题积累下来了。如户口、就业、上学、医疗、参军、供应粮煤菜油，等等。

第三，服务顾不上。强调农村为城市服务，如何为农业服务、为农民服务的观念跟不上。农业生产的产前、产中、产后服务做得不好。

第四，领导体制不适应。农业为基础，要有政治组织保证的。中央：农委没有了；市里：管农业的机构、领导削弱了。机构是五花八门，农委、农工部、农研室、农经委、农工委，这么大的一片，没有一个强有力的领导，有些地区，地改市后，农委成了小地委。主要领导顾不上，农业大都由一个副市长管，他参加不了常委会。"有权的不管农业，管农业的没有权"。化肥、农药、柴油、农用水电、农用贷款、现金等问题，在常委会排不上。

山东的例子很好，县、地农工部部长都是常务。

三　城市在当前发展农业方面需要解决的几个问题

党的十三届五中全会的决议提出，经济要持续稳定，协调发展。强调了农业的稳定发展是经济稳定、政治稳定、社会稳定的基础，是关系国家安危的大问题，强调从中央到省到市县的各级党委和政府必须把农业放在重要地位，要集中力量办好农业。这次政府工作报告里，李鹏把争取今年农业丰收列为第一项任务。人代会记者招待会第一个讲话的，是请何康讲农业。

现在农业问题确实到了一个重要的关头。

我们的市级领导当然要把农业放到相当重要的地位上来。但我认为，田是靠农民种的，所以要解决好农业问题，实际是要解决好农村问题、农民问题、农业问题。我们现在是实行市带县的体制，城市处于领导的中心位置，在城乡关系中处于主导的方面。作为市的领导，要总揽经济全局，处理好这三个方面的问题。下面分三个方面讲一讲。

第一，是要正确处理好农业问题，加强对农业的领导。前面讲过，这几年我们宏观决策上出现了问题，农业出现了徘徊和萎缩的问题，这是全国普遍的问题，是大气候。但也有一些省市，由于重视了农业，加强了对农业的支持和领导，本省本市的小气候比较好，农业包括粮、棉，这几年（1985 年以后）仍是稳步增长的。

实践证明，农业发展到今天，我们现在的农业正处在由传统农业向现代农业转化过程中，处在自给半自给的经济向有计划的商品经济转化过程中。处于这个阶段的农业，靠农民一家一户自耕自种已经不行了，离开了化肥、农机、良种、农药已经不行了，离开了社会化的服务已经不行了，许多产前产、产中、产后的服务靠一家一户办不了，也办不经济，而所有这些都要社会化服务，要有集体、有领导来支持。

而恰恰在这个问题上，这几年我们放松了。放松了对农业的领导和支持，以为搞了包产到户，可以不管了，农业靠政策就行了。所以，这几年农民要求解决买难卖难、生产资料的供应、社会化服务、科技的推广等问题。就全国来说，都解决得不好，长期解决不了。而凡是解决了这些问题的地方，农业都上去了。全国有几个省，有十几个专区、100 多个县市，农业是稳步前进的。农业由于它本身的特点，与工业相比处于不利的地位，需要保护、支持。

如黑龙江的肇东市，山东的莱芜市、诸城市都是如此。肇东市 1985 年粮食 9 亿斤，交 4 亿斤；1989 年粮食 18 亿斤，交 8 亿斤。我调查过，这个市，在县改市之后，市委书记和市长仍然用主要精力抓农业，农田水利建设没有停，326 个村的集体经济没有散，"五统一"服务搞得好，良种发到家，化肥送到田头。农业好了，本市的工业也稳步发展，每年以 15% 的速度递增，实现了良性循环。

农业潜力还很大，在这方面不要悲观。1982～1983 年实行了市带县，1988 年有 697 个县，全国 2000 多个县中有 34% 的县归市领导。这几年我们如能发挥市级领导的优势，把这 1/3 的县的农业搞好，在科技支农、社会化服务、农业生产资料供应、基层组织整顿等方面作出成绩来，那对全国是一个大的贡献。

第二，要正确处理好同农民的关系。地是靠农民种的。但是，最近我看到有位学者讲，历来的领导者往往只重视农业问题，而不重视农民问题的解决。缺粮了、缺棉了、缺菜了，想着农业了。但地是农民种的，种地的农民是有思想、有活动的人。种地要有积极性，同样的地，同样的生产资料，产量可大不一样。党的十一届三中全会讲，"离开一定的物质利益和政治权利，任何阶级的任何积极性是不可能自然产生的"，所以，"我们一定要在思想上加强对农民的社会主义教育的同时，在经济上充分关心他们的物质利益，在政治上切实保障他们的民主权利"。①

在这一点上，40 年来，我们却造就了一个二元结构，使城乡差别、工农差别扩大，之间的沟越来越深。我觉得，目前有许多问题找根子，都能找到这儿，例如农业徘徊问题等等。这些问题当然不是你们市里能解决的，但提出来供你们考虑，在处理城乡、工农关系时要注意这些问题，千万不能把城乡之间的鸿沟再往深里挖了，要逐渐把沟填平，使城乡一体化，城乡共同发展。决策时要考虑市民的另外一半——农民。

第三，要正确对待、处理好农村问题。我们国家的现状是城市是中心，城市领导农村，城市比农村先进，但农村是大头，农村包围城市。不要把农村当第三世界，不要把农民当外籍工人。要以城带乡，以乡促城，城乡一体，共同发展。要工农协调，城乡协调，经济社会协调发展。

---

① 《中共中央关于加快农业发展若干问题的决定》，载中共中央文献研究室编《三中全会以来重要文献选编（上）》，北京：人民出版社，1982 年 8 月，第 183～184 页。

农村改革、农业发展的新思路[*]

——反弹琵琶和加快城市化进程

邓小平同志在 20 世纪 80 年代末期曾经说过，"九十年代经济如果出问题，很可能出在农业上；如果农业出了问题，多少年缓不过来，经济社会发展的全局就要受到严重影响。"[①] 小平同志这个积多年经验的预测，中肯深邃，语重心长。对于这个指示，各级领导都铭记在心。全党全国上下都重视农业，都比较认真地抓农业，倾注了很大精力，投入了很多人力、物力和财力。可以说，世界上还没有哪一个国家，在经济高速增长和现代化过程中像我们国家这样重视和强调农业。但是，即使这样，我国农业的问题仍然是层出不穷，循环反复，使我们不能不探究这些问题背后更深层的原因。下面我把这些问题择要列出来，再分析研究产生这些问题的原因。

第一，为什么我们反复强调要加强农业这个国民经济的基础，从 1959 年第一次提出，已经 30 多年，而至今农业这个基础仍然比较脆弱。

第二，为什么农业发展老是扭秧歌？少了少了多了多，多了多了少了

---

[*] 本文源自《"三农论"——当代中国农业、农村、农民研究》（陆学艺著，北京：社会科学文献出版社，2002 年 11 月），第 123～145 页，原稿写于 1993 年 5 月 18 日。该文核心观点"反弹琵琶"源自作者发表于《改革》1993 年第 5 期（1993 年 5 月 15 日）《解决农业问题的关键是发展非农产业、加快城市化进程》一文，在此基础上作者更加系统完整地阐述了这个观点，形成该文。该文首次摘要连载于中国社会科学院《要报》，1993 年第 35、36 期（1993 年 6 月 23 日、25 日），题为《农村改革与农业发展的新思路》（上）（下）。后公开发表于《农业经济问题》1993 年第 7 期（1993 年 7 月 30 日），摘要刊发于人民日报社《内部参阅》1993 年第 38 期（1993 年 9 月 20 日），题为《农村改革与农业发展思考》。该文还收录于《陆学艺文集》（陆学艺著，上海：上海辞书出版社，2005 年 5 月）。该文收入两部文集时有少量文字校订。本文涉及的相关地区农村经济社会数据源自作者调查过程中获得的资料。——编者注

① 转引自《江泽民就农业问题发表重要讲话》，载《人民日报》1992 年 12 月 28 日第 4 版。

少，① 合作化后已经扭过四次了。1989 年到 1992 年连续四年丰收，今年②又可能要减产。

第三，为什么我们一贯强调要切实保护农民利益，而农民的利益总是保护不住。1978 年到 1985 年，农民、城镇居民收入比由 1：2.4 缩小到 1：1.7。但 1986 年后又逐渐扩大，现在实际已超过 1：2.3 的差距。③

第四，为什么老喊要减轻农民负担，而实际却年年在加重农民的负担。1977 年第一次提出减轻农民负担时，当时农民人均年负担只有 10 多元，而现在农民的实际负担已接近 100 元了。有些地方实际负担有超过 100 元的。"头税轻，二税重，摊派提留无底洞。"

第五，为什么会产生超经济剥夺农民生产成果的白条现象？近几年中央多次明令禁止"打白条"，而白条却越打越多，1992 年达到顶峰。现在又发生"绿条"现象。

第六，为什么农民呼吁了多年的买难、卖难，总是解决不好或解决不了，而且是隔一段时间叫喊一阵，此起彼伏，这仅仅是流通不畅的原因吗？

第七，为什么会发生乱占滥用耕地的现象？耕地是农民的命根子。保护耕地是我国已明确宣布的基本国策。但仅 1992 年就占用 2400 万亩。我们目前农民人均耕地只有约 1.5 亩，这意味着 1600 万农民丧失赖以生存的主要生产资料，农民拥有耕地的使用经营权，为什么如此容易地被剥夺？

第八，为什么我们人均耕地很少，而近年来却有不少农民抛荒撂荒耕地？

第九，为什么会出现民工潮现象，而且越涌越多？今年春节前后，约有 5000 万人涌出来，有人预计，今后每年会增加 1000 万人。这对交通、公安、民政部门的压力很大，引发很多社会问题，怎么缓解这个问题？

第十，为什么农民要用几千元乃至上万元买一个"农转非"的户口？现在有关部门明令禁止了，而下面仍有买卖的。据估算，1992 年农民买户口的钱，约 200 亿元。

第十一，为什么扶贫工作进展缓慢？国家和地方政府投入的扶贫款数亿元，今年报脱贫了，明年又返贫了。

第十二，为什么我们经常强调要共同富裕，而实际是东西差距越来越

---

① 拟简谱音：5 6 5 6 ｜ i 6 i ｜ i 6 i 6 ｜ 5 6 5 ｜。——编者注
② 本文中指 1993 年，下同。——编者注
③ 国家统计局编《中国统计摘要·1992》，北京：中国统计出版社，1992 年 5 月，第 41 页；《中国统计摘要·1993》，北京：中国统计出版社，1993 年 5 月，第 41 页。

大，同一地区内，贫富差距也越来越大。对这种现象我们怎样评价？

一　农业徘徊反复的症结在哪里？

这些问题，长期困扰我们，总想有一个好的解决办法，但总是解决不了，有些一时解决了，不久又反复、重来。综观世界经济发达诸国，农业问题、农村问题、农民问题的解决，没有我们如此困难，如此费力，如此反复，如此长久的。那么问题在哪里呢？

有人说，这是对农业还重视不够，是认识问题。我认为，有对农业的地位和发展战略方面的认识问题，也有对农业重视不够的问题，但主要不是认识问题。从理论上说，我们早就提出了农业是国民经济基础的理论，十三届八中全会专门做了决定，指出"农业是经济发展、社会安定、国家自主的基础，农民和农村问题始终是中国革命和建设的根本问题。没有农村的稳定和全面进步，就不可能有整个社会的稳定和全面进步；没有农民的小康，就不可能有全国人民的小康；没有农业的现代化，就不可能有整个国民经济的现代化。"[1] 每年的政府工作报告，也总是把农业放在首位来强调，中央和各级领导也是年年讲、月月讲农业的重要。还能说我们对农业问题认识不够吗？

有人说，农业问题是投入不足的问题。我认为，有对农业的投入还不够的问题，但主要不是对农业投入不足的问题。十一届三中全会的农业决定中提出，要把对农业的投入从占基本建设投资 10% 左右，提高到 18%。[2]"六五"以后不仅没有达到 18%，连 10% 也没有保住，而且降到 5% 以下，这当然削弱了农业的基础建设，对农业发展不利。但是实行农村改革之后，投入主体和投入机制都发生了变化，随着社会主义市场经济体制的逐步建立和整个经济规模的扩大，以及财政体制的改革，完全套用原来计划经济体制的基建投入比例已经不大适应，事实上，经济发达诸国，对农业的投入比例也都没有这么高。

有人说，农业问题是价格问题。我认为确有农产品价格低的问题，久已存在的工农业产品"剪刀差"，这几年又有扩大的趋势。要解决"剪刀

---

[1] 《中共中央关于进一步加强农业和农村工作的决定》，《十三大以来重要文献选编》（下），北京：人民出版社，1993 年版，第 1758 页。

[2] 《中共中央关于加快农业发展若干问题的决定》，中共中央文献研究室编，《三中全会以来重要文献选编》（上），北京：人民出版社，1982 年 8 月，第 186 页。

差"和农产品内部价格不合理等问题，但农业发展主要不能靠提高农业产品价格来推动，因为到目前为止，我们的小麦、玉米、食糖、食油、橡胶等农产品的价格，已经接近国际市场价格，农业发展靠提价已经没有多少余地了。

有人说，中国的农业问题是人多地少、资源不足的问题。我国地大物博、人口众多，人均占有的耕地少、资源少，这是基本国情和现实。但是靠现代化农业科学技术、靠现代化的机制、靠市场机制、靠人的积极性，组织得好，使十多亿人民得到充足的农副产品的供给，是可以实现的。远的不说，我国的台湾地区人均耕地和资源比大陆要少，但六七十年代台湾还曾经是农产品出口地。所以，农业问题主要还不是资源不足的问题。

有人说，中国的农业问题是农民的素质问题，农民多、文化低、素质差，不易接受新技术、因循保守，所以农业上不去。此话不对，中国农民素以勤劳朴实著称于世，吃苦耐劳，精耕细作，举世鲜有。9亿农民中，蕴藏着众多的人才和智慧，问题是要我们去发掘、去组织、去教育、去引导。君不见，党的十一届三中全会以后，农村已经涌现了多少人才，已经创造了多少财富，已经创造了多少举世为之瞩目的新鲜事物。包产到户，乡镇企业，小城镇，不都是中国农民在共产党领导下的伟大创造吗？把农业长期徘徊的问题归到农民本身素质问题上，是没有理由的。

那么问题在哪里？

前述这些原因，我个人过去也曾经是这样认识过的，有些还研究过，写过文章，议论过。但是实践教育了我们。农业徘徊问题的反复出现，使我们不能不考虑更深层次的原因。

今年开春以来，我分别考察了黑龙江省肇东市、深圳的宝安区和山东临沂地区农村。一方面这些地区的农村形势很好，乡镇企业蓬勃发展，农业也有不同程度的增长，但同时也存在着上述诸多共同性的问题，回京后我们就这些问题进行了广泛的研究。我认为，目前农村诸多问题，长期解决不好的深层原因，主要是两个：一是结构性的矛盾，城乡结构不合理，产业结构不合理；二是体制性的矛盾，目前城乡管理体制和政策，不能适应生产力发展的要求，不能适应社会主义市场经济发展的要求。

（一）结构性的矛盾

由曲折历史原因形成的城乡二元社会结构，城市办工业，农村搞农业，非农业户口和农业户口的分隔管理，"居民住城市，农民住农村"的结构，已成为当前经济社会持续、稳定发展的桎梏，是目前农村诸多问题长期解决不好的症结所在。实行家庭承包责任制，农民得到了经营耕地的自主权，有了生产积极性，农业增产了，解决了温饱问题。但农民要致富，只靠 1.5 亩耕地是富不了的。按现在的农业生产水平，1 个农业劳动力可以种 10 亩地，甚至更多，但是没有这么多地种。于是出现了"一个月过年，三个月种田，八个月休闲"的劳动力大量剩余的状况。沿海沿江经济发达地区，办了乡镇企业，容纳了很大一部分农村劳动力，这些地区富裕起来了，但是中部、西部的乡镇企业，起步维艰，进展缓慢。于是大量的农村劳动力向城市向经济发达地区找出路，产生了"民工潮"。城市一方面由于经济发展需要劳动力，但因为体制上和社会政策等方面的原因，又限制、阻拦、抗拒这些农村劳动力正式进城，即使进来了也是用户口管理等手段，使之处于社会地位相对低下和不稳定状态，于是产生了种种矛盾。

综观经济发达国家发展的过程，实现现代化的核心内容主要是两条：一是工业化；二是城市化。就全国情况而言，工业化发展是好的，特别是在沿海和经济发达地区，乡镇企业大发展了，可以说实现了农村工业化。但中西部地区工业化不理想，落后于农村发展的要求，目前最成问题的是城市化大大落后于工业化。即使是在发达地区，城市化也严重落后于工业化。因为城市发展滞缓，致使工业化发展受到阻碍，特别是第三产业发展不起来，就不能吸纳更多的劳动力就业。工业化推动城市化，而城市的功能和作用又保障和促进工业化的发展。没有工业化，就没有城市化，而没有城市化也就不会有现代的工业化。

农村的剩余劳动力不能充分就业，只能在人均 1.5 亩地上做文章。大多数农民特别是以农业为主地区的农民收入低下，同城市居民和发达地区农民的差距日益扩大，心理不平衡，加上这些地区的上层建筑的结构和干部数量同发达地区差不多的，消费需求向发达地区看齐，所以各种集资、摊派都落到农民头上，负担日益加重，干群关系紧张，国家和农民的关系紧张，由此引发了一系列的社会矛盾。

城市发展滞缓，至今城市居民只有两亿多人，加上从事乡镇企业的一亿多人，另一边有八亿多人在农村搞农业。城市职工的工资又低，购买力不足，对农副产品的需求有限，带动不了农业商品化的发展。当某一种或几种农产品丰收，又往往出现这些农产品的低水平过剩，国家和地方政府又无充足的财力来实行农产品保护价格，造成农产品价格大跌，农民只好削减生产。所以常常就出现某些农产品的大起大落，出现"今年多了明年少了"的扭秧歌现象。

总之，城乡社会二元结构的格局已到了该反思、该研究、该解决的时候了！

（二）体制性矛盾

目前的城乡管理体制是为维护二元社会结构服务的。农村的管理体制是在20世纪50～60年代农业合作化、公社化基础上逐步形成的。1958年以后，人民公社实行政社合一，既是集体经济组织，又是基层政权组织。集体经济实行"三级所有，队为基础"，公社是一级，大队是一级，生产队（也称小队）是一级。全国8亿农民统统组织在这三级组织里面。1984年实行改革，公社改为乡（镇），大队改为村，生产队改为村民小组。名称改了，基本格局未变。经过这些年的发展，原来作为基本核算单位的生产队（村民小组）的经济职能已基本没有了，转移到了村一级。所以现在主要是乡（镇）村两级。行政村既是村民自治组织，同时实际也是集体经济组织。同是集体经济，但差别很大，全国已有数百个产值超亿元的村，但"空壳村"却有数万个，这些村只有集体土地的发包权。

现在[1]全国还有9亿农民（农业人口）组织在5.5万个乡镇和80万个村级组织里，[2]大约分散居住在345万个自然村里。村民每人平均拥有约1.5亩耕地的生产经营权（这个份额随着人口的继续增多，而越来越少），同时负有向国家纳农业税和向村集体缴纳提留的义务。这种格局的好处是"人人有田种，绝大多数人有饭吃"，这是农村社会基本稳定的基础，但是随着农村生产力的发展，矛盾也日益增多。最大的问题是限制了农村生产要素的流动，阻碍了农村市场经济的发展，阻碍了农村社会主义市场经济体制的形成，实际上是维护目前城乡二元结构的组织基础。

总的说来，我国农业之所以徘徊反复，以及农村诸多问题长期解决不好的症结，主要是农业发展了，农村生产力提高了，而城乡二元结构没有变化，农村的管理体制没有相应的变革。农业劳动力大量过剩，应该向第二、第三产业转化而没有及时转移，作为第二、第三产业的载体的城市应该发展而没有发展起来，城市化进程严重滞后，落后于工业化的要求，由此引发了一系列的经济和社会问题。这也可以说是目前的生产关系不适合

---

① 此处指1991年。——编者注

② 国家统计局编《中国统计年鉴·1992》，北京：中国统计出版社，1992年8月，第323页。

生产力发展要求的一种表现。

二 反弹琵琶和推进城市化发展

军事上常常有这样成功的战例，某一个军事目标，正面强攻拿不下来，而采取迂回，从侧面、从后面进攻，反而容易攻克。农业徘徊反复的问题，农村中的诸多问题，久解不决，怎么办呢？也可以采取迂回战术，或者叫反弹琵琶的方式，来解决这些问题。

前面已经分析过了，现在的农业问题，主要不在农业本身，不在农村内部。所以要使农业稳定、持续地发展，就要着力去发展农村工业，发展第三产业。要解决农村问题，就要着力去发展城市，推进加速城市化的进程。

这不是要更加削弱农业，使农村问题火上加油吗？这不是奇谈怪论吗？不是。1956 年毛泽东同志在总结第一个五年计划的经验时，发表了著名的《论十大关系》的讲话。他指出，重工业是建设的重点，但为了更好地发展重工业，就要注重农业、轻工业。"发展重工业可以有两种办法，一种是少发展一些农业轻工业，一种是多发展一些农业轻工业。从长远观点来看，前一种办法会使重工业发展得少些和慢些，至少基础不那么稳固，几十年后算总账是划不来的。后一种办法会使重工业发展得多些和快些，而且由于保障了人民生活的需要，会使它发展的基础更加稳固。"① 后来，毛泽东又提出了经济建设要以农、轻、重为序的方针。为了要使重工业建设得更多些快些，他提出了要加重发展农业、轻工业的方针。

30 多年后的今天，情况已经起了很大变化。一个庞大完整的工业体系已经建设起来，还建立了一个拥有一亿多职工、占工业产值 1/3 以上的乡镇企业，工业化可以说已经实现了，但城市化却严重滞后，主要农产品自给自足有余，约 1.5 亿农村剩余劳动力强烈要求充分就业，千方百计向城区涌来。

在这种新形势下，我们是继续关紧城门，继续维护城乡分隔的二元社会结构，坚持城乡分治的体制，坚持原有的管理模式，采取就事论事，出一个问题，紧张一阵，想一点办法，解决一个问题，被动应付，循环反复，还是应该在新形势下做战略转移，采取新方针和新政策，改革旧有体制，改变二元社会结构的格局，以适应社会主义市场经济发展的要求，从新的

---

① 毛泽东：《论十大关系》，《毛泽东选集》第 5 卷，北京：人民出版社，1977 年 4 月，第 269 页。

高度来解决这些问题呢？

我认为，解决农业问题、解决农村问题、解决农民问题，要采取新的思路、新的战略、新的方针。

反弹琵琶第一策：要使农业持续稳定地发展，就要着力去抓乡镇企业的发展

乡镇企业发展了，剩余劳动力有了出路，农民、集体经济壮大了，有经济实力了，可以以工补农、以工建农，可以有钱买农业机械，有钱应用先进的科学技术，可以用现代化生产资料武装农业，实现农业现代化，实现农业的持续、稳定发展。这个经验在苏南、珠江三角洲等沿海经济发达地区，已经为实践所证实了。被誉为"华夏第一县"的江苏省无锡县，是发展乡镇企业较早的县，也是主要依靠乡镇企业的发展，争得全国百强县的首位。1970年无锡还是个农业县，全县农村总劳动力43.46万人中投入农业38.96万，占89.3%。工农业总产值5.9691亿元中，农业产值4.6228亿元，占77.4%。到1990年发生了根本的变化，农村劳动力增到55.4万人，但从事农业的劳动力只有11.5万人，占19.9%，80%的劳动力都转向乡镇企业里去了。1990年全县工农业总产值143.4亿元，其中工业134.5亿元，占93.7%；农业产值8.99亿元，占6.3%。无锡县可以说已经实现工业化了。无锡县依靠乡镇企业创造的经济实力，一贯重视以工补农、以工建农，用现代化农业生产资料武装农业。1970年全县只有大中型拖拉机5台、小型拖拉机129台，农机总动力只有4.57万千瓦。到1990年已拥有143台大中拖拉机，6200台小型拖拉机，1647辆农用汽车，农机总动力达到47.04万千瓦（平均每亩0.51千瓦）。从1971年到1990年，20年全县水利建设投资11853万元，投入水利建设19276万个工日，完成土石方29233万立方米，使全县实现了高标准的水利化。因为有这样大量的投入，虽然农业劳动力逐年大量减少，从1970年到1990年平均每年减少3.5个百分点，但仍保证了农业持续稳定的增长，1990年与1970年相比，全县农业总产值（以可比价格计算）增长94.5%，平均每年递增3.4%。农民人均纯收入，1978年为110元，1990年达到1564元。就经济上说，已经提前达到了小康生活水平。

无锡县是个实例。苏南地区，上海郊区，杭嘉湖宁绍地区，胶东青岛、烟台地区，辽东、大连地区，广东珠江三角洲，闽东南泉州、厦门地区，这些沿海经济发达地区农村也都是靠调整产业结构、发展乡镇企业，把大量的农村劳动力转移到第二、第三产业，从而使当地的经济繁荣起来、农民群众富裕起来，农业也实现了持续稳定的发展。

这大约一亿多农村人口的沿海经济发达地区靠乡镇企业，已经走上了一条实现工业化的道路，是很可贵的。问题是有七亿多人口的中西部地区农村怎么办？中央和有关部门已经决定采取措施，推动促进中西部地区发展乡镇企业，近两年有一些省区的乡镇企业也取得了相当的进展，但总的来说，在多数中西部省区进展还不是很理想。这里有两个问题：一是全国各地农村都发展乡镇企业行不行？二是怎样才能使中西部大多数地区的乡镇企业发展起来？

事实上，现在有相当多的中西部省区、经济欠发达地区和贫困山区的农村青年们，他们从广播电视等新闻媒介和各种渠道接受市场经济的熏陶，他们要求改变贫困的现状，要求致富心切，已经不能在家乡坐等本地乡镇企业办起来再致富的状况，而是纷纷向城市、向沿海经济发达地区，寻找谋生致富的出路。20 世纪 80 年代初中期还只是少数地区、少量的青年出来探路。现在则已成为数以千万计的外出打工潮流。当地的党政领导并不在意，有的还加以劝说和阻拦，经过几年的实践，相当一批地方领导干部已意识到，这是一条使本地群众致富、改善本地贫困的途径，所以也积极行动了起来，充当具体领导、组织大批民工出来的后盾。这就是近几年民工潮为什么越来越热的重要原因。

有人算过一笔细账：一个中等县有 50 万农业人口，10 万农户，25 万个农村劳动力，75 万亩耕地，农村社会总产值为 5 亿元，农民人均纯收入为600 元，劳均年收入 1200 元，户均年收入 3000 元。农村第二、第三产业乡镇企业很不发达，人均 1.5 亩，劳均 3 亩耕地，劳动力有大量剩余，属中等偏下的经济水平。经过几年组织，每年送青壮年劳动力 10 万人外出打工。其结果如下：

第一，本县还有 15 万个劳动力，劳均耕种 5 亩地，按现有的农业生产水平，劳动力仍有富余，所以农业产量、产值不受影响，本县内农村社会总产值仍为 5 亿元。原来的分析结构不变，这 15 万个劳动力劳均收入 2000元，比原来的 1200 元提高了 67%。

第二，这 10 万劳动力外出打工一年，人均年收入 3000 元，扣除各种费用，包括路费和在外要增加开支的生活费 1000 元，劳均年纯收入 2000 元。假定 10 万人为每户 1 人，那么每户的年收入就是 5000 元，每人的人均年纯收入就是 1000 元，比原来的 600 元增加 67%，即增加 2/3。

第三，就全县说，送出 10 万个劳动力，占农村总劳动力的 40%，原来的 5 亿元产值不变，外出劳动力每人创造 3000 元收入，全县增加 3 亿元收入，就按 1∶1 折合成产值，农村社会总产值为 8 亿元，增加了 60%。

第四，就用工的地区说，这 10 万个劳动力到了客地，成了打工仔、打工妹。假定这些劳动力都到了城镇的工业部门，按 1991 年乡镇企业的全员劳动生产率 12691 元计，一年就创造产值 12.6910 亿元。扣除各种物质投入，每个劳动力按年纯增加价值 6000 元，10 万人就是 6 亿元。以工资收入每人得 3000 元，共 3 亿元，另外 3 亿元新创造的财富就留在用工的客地了。这就是为什么这几年沿海发达地区和一些城市经济腾飞的原因之一。现在利用外地劳动力最多的一是广东珠江三角洲各县市，据估算约有 500 万 ~ 600 万人，二是江苏的苏南地区，估计约有 300 多万人。这两个地区，也是目前经济发展得最快、效益最好的地区。

第五，就国家而言，这 10 万人在原地是绝对剩余的劳动力，边际效益等于零。但到了用工的客地，一年就可增加产值 126910 万元，新创造财富 6 亿元。1991 年全国乡镇企业上缴国家税金 454.6 亿元，按每个乡镇企业职工平均上缴税金 473 元计，国家可以增加 4730 万元税收。同时，使原来处于贫困的中等偏下一个县，变为人均年收入超过全国平均水平的中等偏上的县，使用工的县市经济更加发达，财富积累更加迅速。

这样一件有利于发展社会生产力、有利于提高综合国力、有利于实现共同富裕的事，对国家有利，对输出劳动力的县有利，对使用劳动力的地区和企业更有利，对外出劳动力付出了辛苦而使个人和家庭都得利的好事，可谓是一举五得。这笔账许多人是算过来了，今年 3 月北京开第八届全国人民代表大会第一次会议期间，有好几个经济欠发达地区的市长和县长在会上会下都讲述了他们要把组织劳动力输出作为振兴当地经济的一项重要措施来抓。四月在深圳，我目睹了外地打工仔和打工妹在"三来一补"工厂里辛勤劳动的情景，也听了当地干部对打工族在深圳、宝安地区经济繁荣中作用的肯定。这些都能使人预感到"民工潮"将越来越热的趋势。当然，现在实际已经有相当多的农民以各种形式进了城，从事各种职业，但因为落不下户口等原因，仍不能安居乐业。有些已经进了城，但仍没有他们安身立命之地，翘首以待地盼着我们改变城乡分隔的政策。

反弹琵琶的第二策：要使农业、农村经济持续、稳定地发展，就要大力加速城市化的进程

解决农业问题，不仅是农村能否提供足够的粮食、棉花等农产品的问题，而要同时解决农民问题。粮食、棉花都是农民种的，农民自身的问题不解决、没有积极性，田是种不好的。这几年农村的一个主要矛盾是，国家、城市要粮食，要棉花，要农副产品稳定的供应，而农民要致富，要过富裕、文明的生活。农民要致富、要过小康生活，这无可厚非，但要让农民富裕起来，仅靠人均 1.5 亩耕地，肯定不能普遍地富裕起来。八亿多农民，固守在十多亿亩耕地上，这是中国农民贫穷的根源，也是国家富不起来的重要原因。1984 年，我们采取了一个大政策，明文规定，准许农民办乡镇企业，这实质上是向农民开放了一部分经济资源和社会资源。十年工夫，农民大规模地进入第二、第三产业，乡镇企业蓬勃发展，沿海、经济发达地区和大中城市郊区的农村迅速富裕起来，取得了始料不及的好效果。

现在有两个问题：第一，光办乡镇企业还不够，还是容纳不了农业上大量剩余的劳动力，有相当一部分地区乡镇企业迟迟办不起来，勉强办起来，效果也不好，这些地区的农民要求另找出路；第二，乡镇企业办起来之后并已经发达起来，但只在乡镇办，遇到了种种矛盾。1993 年 5 月 19 日新华社报道，目前江苏省已有 10 万家乡镇企业、720 万职工，占全省职工总数的 80%，创造的总产值占全省 60%，在发展中呈现出三大态势：即大型化态势、国际化态势、技术进步态势。这些态势表明，乡镇企业仅在乡镇办已经不够了。乡镇本身容纳、承载不了乡镇企业已经形成的庞大的生产力，发展遇到了困难。这几方面的问题，都要求国家的经济资源和社会资源进一步向农民开放。前面说过，目前最迫切的，就是要开放城镇，让一部分农民到城里来、到镇里来。这是几亿农民的迫切要求，是乡镇企业发展的要求，实质上也是当前我国经济社会发展的要求，是城市发展的要求。

国内外的专家都普遍认为，我国的城市化发展已严重滞后了。1991 年全国工农业总产值中，工业占 77.6%，农业占 22.4%，但按国家统计局统计，1991 年我国城镇人口 30543 万人，只占总人口的 26.4%，而农村总人口为 85280 万人，占 73.6%。[①] 就城市化水平而言，比同类发展中国家如印度（36%）、印度尼西亚（35%）、泰国（42%）等国家要低，目前发展中国家城市化平均水平是 40%，经济发达国家为 70%、80%，有高达 90% 的。

随着经济的增长和发展、经济结构的变化，农村人口逐渐向城镇集中，实现人口的城镇化，这是各国经济发展的普遍规律。我国的城市化发展滞后，同经济社会发展水平和发展要求很不相称，已经制约了经济发展。

---

① 国家统计局编《中国统计年鉴·1992》，北京：中国统计出版社，1992 年 8 月，第 57 页、第 77 页。

第一，同社会主义市场经济发展的要求不适应。我们要建立社会主义市场经济体制，要求建立各类商品和生产要素市场。而城市发展很慢，城市分布也很不合理，妨碍社会主义市场经济的发展。全国 30 个省市自治区中，除了京、津、沪、辽、吉、黑六省市外，24 个省区城市人口都不超过 16%，还有 11 个省区城市人口不超过 10%。有不少 400 万到 1000 万人口的大专区，连个中等城市也没有。如安徽阜阳地区 1000 多万人，阜阳市本身也不足 20 万人。1991 年全国有 151 个地区，190 个地级市，地区市级行政单位共 341 个，① 其中人口在 20 万人以上的中等城市只有 170 个，还不足 50%。城市不发达，商品经济不发展，社会主义市场经济体系就建立不起来。

第二，城镇是第三产业的主要载体，城市不发展，第三产业就发展不起来。我国的第三产业到 1991 年只占 26.8%。与第一、第二产业发展很不适应，实际已影响经济的健康发展，使人民群众的生产、生活很不方便。

第三，城镇不发展，社会各项事业的发展也受限制。科技、教育文化、艺术、体育、医疗、卫生、社会保障、社区服务等方面都得不到应有的发展。

第四，城市是领导农村的。近代历史表明，工业革命以后，城市成了经济社会发展的中心，城市发展带动农村发展。城市发展不起来，农村许多问题自身解决不了。就拿乡镇企业来说，这是中国农民的伟大创造，本质是农民在农村办工业，但是追根求源，说到底，乡镇企业也是城市带动、辐射的结果。苏南的乡镇企业发达，是因为有上海，有苏州、无锡、常州这些大中城市的辐射、带动；珠江三角洲的乡镇企业在 1978 年以来，后来居上，飞跃发展，这是因为改革开放以后，有广州、深圳，特别是因为有香港的影响和带动；中西部诸省乡镇企业多数发展得不理想，缺少大中城市的带动是主要原因之一。

所以，就当前全国大局来说，建立社会主义市场经济体系，促进国民经济的持续发展，推动第三产业和社会各项事业的进步，都要求加快城市化的进程。从根本上解决农村和农业发展面临的诸多问题，则更加迫切地要求加快城市化的步伐。事实上，就目前城市本身来说，也有内在发展的强烈要求。1980 年我国只有 223 个城市，其中省级 3 个，地级 107 个，县级 113 个。② 1992 年底，全国已有各类城市 517 个，其中省级市 3 个，地级市

---

① 国家统计局编《中国统计年鉴·1992》，北京：中国统计出版社，1992 年 8 月，第 3 页。

② 参见国家统计局国民经济综合统计司编《新中国五十五年统计资料汇编》，北京：中国统计出版社，2005 年 12 月，第 4 页。——编者注

191 个，县级市 323 个。① 1980 年只有乡镇 2874 个，1992 年有 10587 个，12 年工夫，已经有了成倍、数倍的增加，但仍不能满足发展要求。现在在国家民政部要求升格、要求设市等着审批的报告，还有很多。

经过 40 年的经济建设，特别是 1978 年以后实行改革开放以来，我们的经济发展已经有了相当的规模，农业有了较大的发展，实行了 30 多年的主要农产品统购统销制度已经终结，各种票证已经取消，城市建设、城市管理的经验，也积累丰富了，所以加快城市化的进程也具备了条件，有了发展的客观基础。

毛泽东同志在《论联合政府》的报告中早就讲过："农民——这是中国工人的前身。将来还要有几千万农民进入城市、进入工厂。如果中国需要建设强大的民族工业，建设很多的近代的大城市，就要有一个变农村人口为城市人口的长过程。"② 近半个世纪过去了，毛泽东同志当年的预言正在变为现实。现在有几千万乃至以亿计的农民已经涌到城下，城市有了必要的准备。经济社会的发展也有了迫切的要求，现在是我们改变思路，打开城门，欢迎农民进城的时候了！

三　加快城市发展要解决的若干问题

打开城门，接纳数千万农民进城，这是一项巨大的社会改革，这本身也是经济社会发展的要求，而实行之后，必将会促进经济的发展，推动社会的全面进步，将会引起城乡结构、经济结构、社会结构的重大变化，涉及方方面面，产生广泛的影响。打开城门之前和打开之后，都有一系列工作要做，有不少问题需要解决好。

第一，要换脑筋，确立城乡改革和发展的新思路。长期以来，我们已经形成城市 - 第二三产业，农村 - 农业；城市 - 居民，农村 - 农民的二元社会结构，而且城乡分隔管理，严格限制农村人口向非农人口转移。城乡分别管理、各自发展的框架，20 世纪 50 年代以来已经逐渐定型，逐步形成了一整套管理制度和具体政策。有人还认为，这是中国社会稳定发展的基础。这是不对的。现在的二元社会结构，实际是计划经济体制的产物。

---

① 国家统计局编《中国统计摘要·1993》，北京：中国统计出版社，1993 年 5 月，第 1 页。
② 毛泽东：《论联合政府》，见《毛泽东选集》第 3 卷，北京：人民出版社，1991 年版，第 1077 页。

现在已是矛盾重重、问题丛生，怎么稳得住？要建立社会主义市场经济体系，城乡分治、城乡分成两个市场是不行的。城乡必须融合，要城乡一体，必须建立统一的国内市场体系。要实现现代化，总不能老保持目前城乡 2∶8 的人口格局。现在城乡差别已经很大了，再发展下去，怎么实现共同富裕？

现在有实现农村社会主义现代化的提法，城市不发展，没有城市现代化的带动，农村实现不了现代化。现在的乡（镇）、村、队、户的组织结构不变，9 亿农民耕种 15 亿亩土地的格局不变，农村实现不了现代化，农民连小康的生活水平也不可能达到。

最终解决农村的问题，要靠城镇的发展。几千万乃至几亿农民转到第二、第三产业，进入了城镇，成了城镇的新居民，交出了原来承包的耕地，农业才能比较普遍地实行规模经营，使用现代生产工具，提高劳动生产率，逐步实现农业现代化。

所以，今后农村工作的重点，也是农村深化改革的方向，是要在保证农业生产持续、稳定发展的条件下，调整产业结构，大力发展非农产业，改变 9 亿农民搞农业的格局。调整城乡结构，加快城市化的进程，创造各种形式，引导、帮助农民移居城镇，成为城镇的新居民，改变目前城乡分割的二元社会结构，实现城乡一体化。

第二，要充分认识城市在现代化中的地位作用，纠正"恐城症"。城市是现代物质文明和精神文明的载体。近代工业革命以后，城市在整个国家经济社会发展中起关键和枢纽的作用，城市领导农村。一个国家一个地区的城市发展水平，是衡量这个国家和这个地区现代化水平的重要标准之一。随着现代经济事业的发展，农村人口逐渐向城市转移，这是所有小农经济国家向现代文明社会转变过程中的必然现象。

现在要打开城门，让几千万乃至几亿农民进城，成为非农居民。我们有些同志还有种种顾虑，他们顾虑农村出来这么多劳动力，农业还能稳定持续发展吗？实践证明，我们农村的劳动力实在太多了。20 世纪 50 年代初，我国农村有 2.8 亿个劳动力，耕种 16 亿亩地，劳均耕种 5.7 亩。现在农村有 4 亿多劳动力，耕地只有 14.5 亿亩。[①] 劳均耕种 3.6 亩地。即使按50 年代的劳均耕地水平，也只要有 2.5 亿个劳动力就够了。何况这些年我

---

①　国家统计局编《中国统计年鉴·1992》，北京：中国统计出版社，1992 年 8 月，第 97 页、第326 页。

们在农业上投入了大量的现代农业生产资料,现在仅农业机械总动力就有 3 亿千瓦①。所以,有关专家测定,目前,从农村分别不同地区的不同情况,有区别地调出 2 亿个劳动力,从事非农产业,也不会影响农业生产。有的同志还顾虑:万一再出现像 1960 年的经济困难怎么办?那次经济困难是在特有的历史条件下,实行了违背经济规律的错误政策造成的。只要我们按经济规律办事,就不会出现那样的困难。有的同志顾虑:现在 2 亿多非农人口,财政负担已经很重了,再大量增加城市人口,国家背得起吗?原来对非农户口的各种补贴是由于各种历史原因在计划经济体制下逐步形成的,是不合理的。现在正在进行价格等一系列改革,财政负担正在减轻,以致最后将卸掉这个包袱。新进城的居民可以采用新的办法,不用国家负担。现在有些城市的实践证明,新居民不仅不会造成财政负担,而且增加了税源,成了增加财政收入的来源。

1949 年新中国成立以来的相当一段时期,有些同志用小生产的眼光看待城市,认为城市是纯消耗的,所以曾经有过要变消费性城市为生产性城市的提法。还有的同志认为,城市是传播资产阶级生活方式的,城市是地主资产阶级的堡垒,是剥削农村的据点。而把农业人口长期分散凝固在农村,看成是社会稳定的标志,是社会主义优越性的一种表现。实践证明,这些看法都是不对的,小农经济占多数的国家是不能实现现代化的。城市是现代文明的摇篮,所有经济发达国家都经历了农村人口城镇化的过程,这是历史规律。中国要实现现代化,必然也要经历农村人口城镇化的过程。建设好现有的一万多个镇,并且还要新建一大批新的城市和集镇,使大多数人口都生活在城镇里,是我们要完成的历史使命。

第三,全面规划,确定好城市发展的新方针。邓小平同志根据我国的国情和国际环境,提出了"三步走"的奋斗目标,在 20 世纪末实现国民生产总值翻两番的基础上,再用 30~50 年时间,力争接近世界发达国家的水平。这是一个在我国实现现代化的宏伟设计。有关部门和有关专家,对 21 世纪中叶实现现代化经济等方面的目标已经在做设计和规划,其实同时也应该研究和规划那时的社会结构和城乡结构。具体地说,就是要规划好到 21 世纪中叶,我国约 15 亿人口将怎样分布,城乡结构、中西部格局将是怎样的。这是一个大课题,应该预为之谋。这十多年来,经济、社会等方面都有了巨大的进步和变化,但是城乡结构变化不大。据国家统计局统计,

---

① 国家统计局编《中国统计年鉴·1992》,北京:中国统计出版社,1992 年 8 月,第 335 页。

1978 年全国城镇人口 17245 万人，占总人口 17.9%，乡村总人口 79014 万人，占 82.1%；1991 年全国城镇总人口 30543 万人，占全国人口 26.4%，乡村总人口 85280 万人，占 73.6%。[①] 1978 年全国非农业人口 15230 万人，占全国总人口 15.8%，农业人口 81029 万人，占 84.2%；1991 年全国非农业人口 24693 万人，占 21.3%，农业人口 91130 万人，占 78.7%。[②] 总的来说，仍基本维持 2∶8 的城乡格局。城镇化进程严重滞后，引出了种种矛盾，这可以说是一个教训。

在实现第二个翻番和实现现代化过程中，一定要重视调整城乡结构，加快城市化进程，并且规划好城市、乡镇的合理布局，保证经济社会协调发展。现在学术界关于我国实现城市化的战略，主要有三种观点：一种主张以发展大城市为主；一种主张以发展中等城市为主；一种主张以发展小城镇为主。这三种观点，都各有论据，言之成理。我以前也是主张以发展小城镇为主的。农村的发展道路，第一步实行家庭联产承包责任制，第二步发展乡镇企业，第三步建设小城镇。这比较顺当，顺理成章。开始的时候，提出"离土不离乡，进厂不进城"，对于冲破城乡壁垒、支持农村兴办乡镇企业有积极意义。但这只能是过渡性的。如果真的长期实行下去，假定乡镇企业长期发展，有 50% 的农民进厂了，实现了小城镇化，那么这还只是一个准二元社会结构，有人称此为三元社会结构，结果将是 20% 人口在城市里，50% 在小城镇，农村还有 30%。这只能是假设、是理想，实践并不会这样发展。首先，前面说过乡镇企业发展本身，要靠大中城市的辐射和带动，离开大中城市在技术、信息、设备、供销、市场流通等方面的支撑，乡镇企业发展不起来，即使办起来了，也成不了气候。其次，小城镇本身，离开了大中城市的辐射与带动也是发展不起来的。所以我赞成这样一种主张，我们的经济社会发展，一定要改变以农为本的战略，一定要改变二元社会结构，实现城乡一体，实现区域现代化。

所谓区域现代化，是指在一个由自然资源、地理、经济、社会、文化、历史传统形成的一个较大的地区内，由某个特大或大城市为中心，以中小城市为中介，与地区内的城镇和农村形成网络，辐射、带动本地区经济社会的持续发展，实现整个区域的工业化、城市化、现代化。国际上这类区域现代化的实例已经很多。我国的京津唐地区，沪宁杭地区，广州、深圳、

---

① 国家统计局编《中国统计年鉴·1992》，北京：中国统计出版社，1992 年 8 月，第 81 页。
② 国家统计局编《中国统计摘要·1992》，北京：中国统计出版社，1992 年 5 月，第 122 页。

珠海地区，沈阳、大连地区，青岛、烟台、潍坊地区，福州、泉州、厦门地区等都在逐步成为我国第一批实现区域现代化的地区。

要实现区域现代化，就应该有明确的指导思想，逐个进行科学的规划，引导区域内经济社会各项事业持续协调发展。现在，我国的经济事业已进入高速增长时期，各个经济区域正在逐步形成，有关部门更应该抓紧时间做好规划，指导实践，避免发展的自发性和盲目性，避免不必要的损失。最近看到上海郊区农村的一个材料，很能说明这方面的问题和规划的必要性。

1980 年上海郊区农村 10 个县共 545 万人，农业人口 479 万，占 87.9%。农村劳动力 282 万个，从事农业的劳动力 189 万个，占 67%。当年农村经济总收入 47 亿元，其中农业 17.5 亿元，占 37%，乡镇企业收入占 63%。1992 年郊区总人口 537 万，农业人口 445.8 万，占 83%。农村劳动力 243 万个，从事农业劳动力 73 万个，占 30%。1992 年农村经济总收入 633 亿元，其中农业 62 亿元，占 9.7%。经过十多年的发展，上海郊区农村实际已经工业化。但农业人口仍占 83%，而且仍然非常分散地居住在原来的自然村落里，与经济社会的发展很不适应，尤其是不能满足大量已成为乡镇企业职工的农民的要求。据统计，从 1979 年到 1990 年，上海郊区农村有 110 多万农户造了新房，建房总面积为 12657 万平方米，人均住房从 17 平方米提高到 37 平方米，90% 都是二三层的楼房，分散在原来的自然村里。按最低标准每平方米造价 200 元计，这 11 年农民建房投入总计为 250 亿元。（现在上海郊区乡镇村队的全部集体固定资产原值也只 200 亿元）这些住房都是砖木和钢筋水泥结构，至少可用 30 ~ 40 年，可是近几年上海郊区出现的新现象是，已经有 40% 的农民要求移居到镇上。到镇上购买商品房成为农村的热点，仅嘉定县马陆镇已有 800 户农民在镇上买了商品房。各镇新建的商品房都出现供不应求的状况。农民辛劳多年，造的新房，住不几年就弃之不用，这对个人、对社会都是极大的浪费。

从上海郊区这个实例，我们已经看到，目前的城乡结构，乡、村、队、户的管理格局已到了非改不可的地步了，及早地制定城市发展的新方针，制定区域现代化的发展规划，已是迫切需要，这对整个国家有利，对区域发展有利，特别是对广大农民群众有利。

第四，创造多种形式，逐步改革城乡分治的户籍管理制度。目前仍在实行的户籍制度是城镇化滞后的主要原因，是城乡协调发展的重要障碍。当今世界只有少数几个国家还在实行，同现代化事业矛盾重重。这套户籍管理制度是在 20 世纪 50 年代以来数十年间逐渐形成的，已经根深蒂固，盘根错节，改革的难度比较大。历史上形成的东西，要通过相应的历史过程解决。比如，农产品统购统销制度的改革，我们用了 8 年时间，到今年粮食放开，已基本解决了，这为我们改革户籍制度准备了条件和经验。

农民已经创造了很多种进城就业形式，为改革户籍政策打开了道路。

一是随着经济建设的发展，城市需要大量劳动力，一些劳动条件比较艰苦的行业，本市本镇的劳动力不愿意就业，于是就有大量的农村劳动力进来，如建筑业、环卫业、饮食、旅店服务业等等，如北京的建筑行业的农民工就约有 40 万人，在旅店、饮食店服务的工人近 10 万人，保姆 3 万 ~ 4 万人，其中已有相当一部分人在北京居住劳动了近 10 年。

二是有自筹资金，自建或租赁房屋在城市务工经商的，有的已形成了自发的组织和社区，如北京的浙江村、河南村、安徽村、新疆村等。据测算，仅北京的浙江村就有 11 万 ~ 12 万人（主要是温州地区、乐清、永嘉等地的农民）。

三是已有大量农民自带资金、自理口粮到小城镇开店办厂，创办第二、第三产业，有的还雇用相当数量的学徒和帮工。20 世纪 80 年代中期以来，在经济发达地区繁荣起来的小城镇，这部分人已成为很大的经济力量和社会力量，全国估计有 500 万人以上。

四是沿海诸省在政府的引导下，农民自筹资金自建农民城。浙江省温州龙港镇是一个典型，现在已发展成 13 万人口、8 亿产值的小城市，主要是靠农民自己组织起来的力量建起来的。类似农民自建的城镇还很多，更多的是依托原有的集镇，建起了农民一条街等形式。

五是农民用土地换户口。深圳市政府适应经济开发的需要，权衡利弊、审时度势，作出了对市区农业人口全部实行"农转非"的决定，现在已经把特区边界线以内的农民户口都转为居民户口，成立了居委会，土地则转为由政府统一规划、开发、利用。

六是有的城镇由政府部门建设了大批商品房出售，购买商品房者可以转入户口。一般是买套单元房转一个户口，如买三套一单元的可转三个户口，取得永久居住权。当地政府部门可从出售房屋中得到一笔可观的资金，另外，实际也招进了一批有一定素质的劳动力。

七是农民通过买户口进城，1992 年达到了高峰，估计全年约有近 300 万农民转为居民，后来有关部门明令禁止了，而实际是禁而未止。对此，各方面褒贬不一，至今议论纷纭。

农民通过种种形式进到镇里、市里，推动了整个经济社会事业的发展。这实际上也是农民群众的一种创造。但这些千万计已进城的农民，并未取得现行体制的合法承认，他们的心还悬着，由此引发了很多社会问题，诸如计划生育失控、子女入托入学困难、犯罪问题增多、社会治安不好等，这表明现行的户籍管理体制已到了非改不可的时候了。群众的实践也为改革创造了条件，现在的问题是，要着手研究改革户籍管理体制的目标、阶段和具体实施的步骤。

凡此种种，都说明了一个问题，数以亿计的农民要求进城，城市化的浪潮汹涌澎湃。应该说，这是符合经济社会发展规律的。在这个历史潮流面前，我们应该研究新问题、总结新经验，引导城市化的进程健康发展。

我们国家地域辽阔，人口众多，各个地区的经济社会发展的水平很不平衡。在实现城市化的过程中，还是要采取分类指导、分区决策的原则，把要实现城市化的方针确定下来。至于实施的方式、阶段、步骤，则可以由各地区根据本地的实际情况分别进行，切不要重犯一哄而起、齐头并进的老毛病。实现农村人口城市化，这是亿万中国农民几代人梦寐以求的理想，也是我国社会主义现代化事业的重要组成部分，我们一定要引导好、组织好。

农村发展与改革城乡社会二元结构的思考[*]

一　目前农村存在的问题

自 20 世纪 80 年代末以来，全国上下重视农业，投入了很多人力、物力和财力。但是，农业问题仍然是层出不穷，循环反复。这些问题是：

——反复强调要加强农业，从 1959 年第一次提出至今已经 30 多年，农业这个基础仍然比较脆弱。

——农业发展老是"扭秧歌"。合作化后已经扭过四次了。1989 年以来虽然连年丰收，但忽视农业的问题在一些地方严重存在。

——一贯强调要切实保护农民利益，而农民利益总是保护不住。1978～1985 年，农民与城镇居民收入比由 1：2.4 缩小到 1：1.7。但 1986 年后又逐渐扩大，现在实际已经超过 1：2.4 的差距。

——老说减轻农民负担，而实际却年年在加重农民负担。1977 年第一次提出减轻农民负担时，人均年负担只 10 多元，而现在已接近 100 元。

——打白条现象屡禁不止，愈演愈烈。近几年中央多次明令禁止打白条，而白条却越打越多，现在又发生绿条现象。

——买难卖难的问题解决不好或解决不了，而且是隔一段时间叫喊一阵，此伏彼起。

——乱占滥占耕地。仅 1992 年就占用 2400 万亩。目前农民人均耕地只有约 1.5 亩，这意味着 1992 年有 1600 万农民丧失赖以生存的主要生产

---

　　* 本文源自《农民就业与中国现代化——中国农村劳动力资源开发研究的十年》（王郁昭、邓鸿勋主编，成都：四川人民出版社，1999 年 10 月），第 186～194 页，陆学艺原稿写于 1993 年 9 月。——编者注

资料。

——不少农民将耕地抛荒撂荒。

——农民用几千乃至上万元买一个农转非的户口。这对农民来说是一笔很大的花费。

——扶贫工作进展缓慢。国家和地方政府投入扶贫款数亿元，脱贫又返贫的现象也同时存在。

——地区差距拉大，同一地区内贫富差距也在拉大。

……

二 农村诸多问题解决不好的深层原因

一是结构性矛盾。由历史原因形成的城乡二元社会结构，城市办工业，农村搞农业，非农业户口和农业户口分隔管理，居民住城市、农民住农村的结构，已成为当前经济社会持续稳定发展的桎梏，是目前农村诸多问题长期解决不好的症结所在。家庭承包责任制解决了农民温饱问题，但农民只靠 1.5 亩耕地是富不了的。按现在的农业生产水平，一个农业劳动力可以种 10 亩地甚至更多。于是出现了"一个月过年，三个月种田，八个月休闲"的劳动力大量剩余的状况。沿海沿江经济发达地区办乡镇企业，容纳了很大一部分农村劳动力，富裕起来，但中西部乡镇企业起步维艰、进展缓慢。于是大量农村劳动力向城市及经济发达地区找出路，产生了"民工潮"。1995 年春节前后，约有 5000 万人涌入城市。城市经济发展需要劳动力，但由于体制和社会政策等原因，又限制、阻拦抗拒农村劳动力正式进城，使农村劳动力处于社会地位相对低下和不稳定状态，于是产生了种种矛盾。

实现现代化的核心内容：一是工业化，二是城市化。沿海和经济发达地区乡镇企业大发展，实现了农村工业化。但中西部地区工业化落后于农村发展的要求。最成问题的是城市化大大落后于工业化。城市发展滞缓，致使工业化发展受到阻碍，特别是第三产业发展不起来，就不能吸纳更多的劳动力就业。

大多数农民，特别是以农为主地区的农民收入低下，同城市居民和发达地区农民的差距日益扩大，心理不平衡，加上这些地区上层建筑的结构和干部数量同发达地区差不多，消费需求向发达地区看齐，所以各种集资、摊派都落到农民头上，负担日益加重，干群关系紧张，国家和农民的关系紧张。

城市发展迟缓，至今城市居民只有 2 亿多人。城市职工工资低，购买力不足，对农副产品的需求有限，带动不了农业商品化的发展。当某一种或几种农副产品丰收，往往出现这些农产品的低水平过剩，国家和地方政府又无充足财力实行农产品保护价，造成农产品价格大跌，农民只好削减生产。所以常常出现某些农产品的大起大落。

城乡社会二元结构的格局已到了该反思，该研究，该解决的时候了！

二是体制性矛盾。全国 9 亿农民（农业人口）组织在 4.8 万多个乡镇和 100.4 万个村级组织里，分散居住在大约 340 多万个自然村。每人平均拥有约 1.5 亩耕地的生产经营权（这个份额随着人口增多而越来越少），同时负有向国家纳农业税和向村集体缴纳提留义务。这种格局的好处是人人有田种，绝大多数人有饭吃，这是农村社会基本稳定的基础。随着农村生产力发展，矛盾日益增多。最大的问题是限制了农村生产要素的流动，阻碍了农村市场经济的发展，阻碍了农村社会主义市场经济体制的形成。实际上是维护目前城乡二元结构的组织基础。

三　解决农村诸多问题的办法

农村中诸多问题可以采取迂回战术或者叫"反弹琵琶"的方式来解决。

（一）反弹琵琶第一策

要使农业持续稳定地发展，就要着力去抓乡镇企业的发展。这个经验在苏南、珠江三角洲等沿海经济发达地区已经为实践证实。被誉为"华夏第一县"的江苏省无锡县是发展乡镇企业较早的县，也是主要依靠乡镇企业的发展争得全国百强县的首位。农民人均纯收入 1978 年为 210 元，1990 年达到 1564 元。就经济上说已提前达到了小康生活水平。苏南地区，上海郊区，杭嘉湖宁绍地区，胶东青岛、烟台地区，辽东、大连地区，广东珠江三角洲，闽东南泉州、厦门地区等沿海经济发达地区农村也都是靠调整产业结构，发展乡镇企业，把大量农村劳动力转移到二三产业，从而使当地经济繁荣起来，农民群众富裕起来，农业也实现了持续稳定的发展。但是，多数中西部省区乡镇企业的发展还不理想。这里有两个问题，一是全国各地农村都发展乡镇企业行不行？二是怎样才能使中西部大多数地区的乡镇企业发展起来？

事实上，现在有相当多的中西部省区和经济欠发达地区和贫困山区的农村青年，纷纷向城市，向沿海经济发达地区寻找谋生致富的出路。相当一批地方领导干部已意识到，这是一条使本地群众致富，改善本地贫困的途径。这是近几年民工潮越来越热的重要原因。

有人算过一笔细账：一个中等县有 50 万农业人口，10 万农户，25 万农村劳动力，75 万亩耕地，农村社会总产值为 5 亿元，农民人均纯收入为 600 元，劳均年收入 1200 元，户均年收入 3000 元；农村二三产业、乡镇企业很不发达，人均 1.5 亩、劳均 3 亩耕地，劳动力大量剩余，属中等偏下经济水平。经过几年组织，每年有 10 万青壮年劳动力外出打工。其结果是：

本县还有 15 万劳动力，劳均耕种 5 亩地，按现有农业生产水平，劳动力仍有富余，农业产量产值不受影响，县内农村社会总产值仍为 5 亿元；原来分配结构不变，15 万劳动力劳均收入 2000 元，比原来的 1200 元提高了 67%。

10 万劳动力外出打工一年，人均收入 3000 元，扣除各种费用，包括路费和生活费 1000 元，劳均年纯收入 2000 元。假定 10 万人为每户一人，每户年收入就是 5000 元，人均年纯收入就是 1000 元，比原来的 600 元增加 2/3。

全县送出 10 万劳动力，占农村总劳动力的 40%，原来的 5 亿元产值不变，外出劳动力每人创造 3000 元收入，全县增加 3 亿元收入，按 1∶1 折合成产值，农村社会总产值为 8 亿元，增加了 60%。

就用工地区来说，这 10 万劳动力都到城镇的工业部门，按 1991 年乡镇企业的全员劳动生产率 12691 元计，一年创造产值 12.691 亿元。扣除各种物质投入，每个劳动力按年纯增加价值 6000 元，10 万人是 6 亿元。以工资收入每人得 3000 元，共 3 亿元，另外 3 亿元新创的财富就留在用工地了。这是这几年沿海发达地区和一些城市经济腾飞的原因之一。

就国家而言，这 10 万剩余劳动力边际效益等于零。但到了用工的客地，一年就可增加产值 12.691 亿元，新创造财富 6 亿元。1991 年全国乡镇企业上交国家税金 454.6 亿元，按每个乡镇企业职工平均上交国家税金 473 元计，国家可以增加 4730 万元税收。同时使原来处于贫困的中等偏下县，变为人均收入超过全国平均水平的中等偏上县，使用工的县市经济更加发达，财富积累更加迅速。

从上述情况看出，这是一件对国家、对输出劳动力的县、对使用劳动力的地区和企业、对外出劳动者个人和家庭都有利的好事，可谓一举五得。但因为落不下户口等原因，农民不能安居乐业。有些农民已进了城，仍没有安身立命之地，翘首盼着改变城乡分隔的政策。

（二）反弹琵琶第二策

要使农业、农村经济持续稳定发展，就要大力加速城市化的进程。现在有两个问题：第一，光办乡镇企业还不够，容纳不了农业大量剩余劳动力。有相当一部分地区乡镇企业迟迟办不起来，勉强办起来效果也不好，这些地区的农民要求另找出路；第二，乡镇企业发展起来后，遇到种种矛盾。据报道，目前江苏省已有10多万家乡镇企业，720万职工，占全省职工总数的80%，创造的总产值占全省60%，发展呈现大型化、国际化和技术进步态势。这表明乡镇容纳不了乡镇企业已经形成的生产力，要求国家的经济资源和社会资源进一步向农民开放。目前最迫切的是开放城镇，让一部分农民到城镇来。这是几亿农民的迫切要求，是乡镇企业发展的要求，是城市发展的要求，也是当前我国经济社会发展的要求。

国内外专家普遍认为，我国城市化发展严重滞后。1991年全国工农业总产值中，工业占77.6%，农业占22.4%，但按国家统计局统计，1991年我国城镇人口为3.0543亿，只占总人口的26.4%，而农村总人口为8.5280亿，占73.6%。就城市化水平而言，比同类发展中国家如印度（36%）、印度尼西亚（35%）、泰国（42%）等要低。目前发展中国家城市化平均水平是40%，经济发达国家为70%、80%甚至高达90%。

城市化发展滞后，已经制约了经济发展。第一，同社会主义市场经济发展的要求不适应。建立社会主义经济体制，要求建立各类商品和生产要素市场。而城市发展很慢，城市分布很不合理，妨碍社会主义市场经济的发展。全国30个省市自治区中，除了京、津、沪、辽、吉、黑六省市外，24个省区城市人口都不超过16%，还有11个省区城市人口不超过10%。有不少400万到1000万人口的大专区，[①] 连中等城市也没有。1991年全国有151个地区191个地级市，地区市级行政单位共342个，其中人口在20万以上的中等城市有170个，还不足50%。第二、第三产业发展不起来。我国第三产业到1991年只占26.8%。与第一、第二产业发展很不适应，已影响经济的健康发展，使人民群众的生产、生活很不方便。第三，社会各项事业的发展也受限制。科技、教育文化、艺术、体育、医疗、卫生、社

---

① 专区是新中国成立后设置的一种介于省和县之间的行政区划，20世纪六七十年代陆续改为地区，管理地区的机构叫地区行政公署。——编者注

会保障、社会服务等方面都得不到应有的发展。第四，农村许多问题自身解决不了。中西部诸省乡镇企业多数发展得不理想，缺少大中城市的带动是主要原因之一。

城市本身也有内在发展的强烈要求。1980 年我国只有 223 个城市，其中省级 3 个、地级 107 个、县级 113 个。1992 年底全国已有各类城市 517 个，其中省级 3 个、地级 191 个、县级 323 个。1980 年有乡镇 2874 个，1992 年已有 10587 个，12 年里增加了几倍，但仍不能满足发展要求。经过 40 年的经济建设，特别是 1978 年以后实行改革开放以来，经济发展已经有了相当规模，农业有了较大发展，主要农产品统购统销制度已经终结，各种票证已经取消，城市建设、城市管理也积累了丰富经验，加快城市进程具备了条件，有了发展的客观基础。现在是我们改变思路，打开城门，欢迎农民进城的时候了！

四　加快城市发展要解决的若干问题

要换脑筋，确立城乡改革和发展的新思路，要建立社会主义市场经济体系。城乡分治，分成两个市场是不行的，城乡必须融合。要城乡一体，必须建立统一的国内市场体系。要实现现代化，不能总保持目前城乡 2：8 的人口格局。现在的乡（镇）、村、队、户的组织结构不变，9 亿农民耕种 15 亿亩土地的格局不变，农村要实现现代化是不可能的。

最终解决农村问题，要靠城镇的发展。几千万乃至几亿农民转到二、三产业，进入城镇，成为城镇的新居民，交出原来承包的耕地，农业才能比较普遍地实行规模经营，使用现代生产工具，提高劳动生产率，逐步实现农业现代化。

今后农村工作的重点，亦即农村深化改革的方向是，在保证农业生产持续稳定发展的情况下，调整产业结构，大力发展非农产业，改变 9 亿农民搞农业的格局。调整城乡结构，加快城市化的进程，创造各种形式，引导、帮助农民移居城镇，成为城镇的新居民，改变目前城乡分割的社会结构，实现城乡一体化。

充分认识城市在现代化中的地位、作用，加强城镇建设。要打开城门，让几千万乃至几亿农民进城，成为非农居民。有些同志还有种种顾虑，他们担心农村出来这么多劳动力，农业能否稳定持续地发展。实践证明，农村劳动力太多了。现在农村有 4 亿多劳动力，耕地只有 14.5 亿亩。劳均耕种 3.6 亩地。有关专家测定，不同地区不同情况，有区别地调出 2 亿农业劳动力，从事非农产业，不会影响农业生产。有同志顾虑：现在 2 亿多非农人口，财政负担已经很重，再大量增加城市人口，国家背不起。原来对非农户口的各种补贴是由于各种历史原因在计划经济体制下逐步形成的，是不合理的。现在正在进行价格等一系列改革，财政负担正在减轻，以至最后卸掉这个包袱。

新进城居民可采用新办法，不用国家负担。现在有些城市的实践证明，新居民不仅不会造成财政负担，而且增加了税源，成了增加财政收入的来源。

城市是现代文明的摇篮，所有经济发达国家都经历农村人口城镇化的过程。建设好现有的 500 多座城市和 1 万多个镇，并且还要新建一大批新的城市和集镇，使大多数人口都生活在城镇里，这是我们要完成的历史使命。

全面规划，确定好城市发展的新方针。改变以农为本的战略，改变城乡分割的社会结构，实现区域现代化。所谓区域现代化，是指在一个由自然资源、地理、经济、社会、文化、历史传统形成的较大地区内，由某个特大或大城市为中心，以中小城市为中介，与地区内的城镇和农村形成网络、辐射、带动本地区经济社会的持续发展，实现整个区域的工业化、城市化、现代化。我国的京津唐地区，沪宁杭地区，广州、深圳、珠海地区，沈阳、大连地区，青岛、烟台、潍坊地区，福州、泉州、厦门地区等都在逐步成为我国第一批实现区域现代化的地区。

实现区域现代化，应该有明确的指导思想，逐个进行科学规划，引导区域内经济社会各项事业持续协调发展。我国经济进入高速增长时期，各个经济区域正在逐步形成，有关部门更应该抓紧时间做好规划，指导实践，避免发展的自发性和盲目性，避免不必要的损失。从 1987 年到 1990 年，上海郊区农村有 110 多万农户造了新房，建房总面积为 1.2 亿多平方米，人均住房从 17 平方米提高到 37 平方米，90% 都是二、三层的楼房，分散在原来的自然村里。按最低标准每平方米造价 200 元计，这 11 年农民建房投入总计为 250 亿元（现在上海郊区多数村队的全部集体固定资产原值只有 200 亿元）。这些住房至少可用三四十年。可是近几年上海郊区有 40% 的农民要求移居到镇上，到镇上购买商品房成为农村的热点，仅嘉定县马陆镇已有 800 户农民在镇上买了商品房。各镇新建的商品房出现供不应求的状况。农民辛劳多年造的新房，住不几年就弃之不用，这对个人对社会都是极大的浪费。

从这里看到，目前的城乡结构，乡、村、组、户的管理格局到非改不可的地步了。及早地制定城市发展的新方针，制定区域现代化的发展规则已是迫切需要。这对国家有利，对区域发展有利，特别是对广大农民群众有利。

创造多种形式，逐步改革城乡分治的户籍管理制度。农民创造了很多进城就业、事实已成为城镇居民的形式，为改革户籍政策打开了道路。

1. 城市一些劳动条件比较艰苦的行业，本市、镇的劳动力不愿意就业，于是有大量农村劳动力进来，如建筑业、环卫业、饮食、旅店服务业，等等。如北京建筑业农民工约有40万人，在旅店、饮食店服务的工人近10万人，保姆三四万人，其中有相当一部分在北京居住、劳动了近10年。

2. 自筹资金、自建或租赁房屋在城市务工经商。有的已形成自发的组织和社区，如北京的浙江村、河南村、安徽村、新疆村等。据测算，仅北京的浙江村就有11万~12万人（主要是温州地区乐清、永嘉等地的农民）。

3. 自带资金、自理口粮到小城镇开店办厂，创办二、三产业。有的还雇用相当数量的学徒和帮工。在经济发达地区繁荣起来的小城镇，这部分人已成为很大的经济力量和社会力量，全国估计有500万人以上。

4. 在政府引导下农民自筹资金建农民城。浙江省温州龙港镇现在已发展成13万人口、8亿元产值的小城市，主要靠农民自己组织力量建起的。除农民自建城镇外，更多的是依托原有集镇，建农民一条街等形式。

5. 农民用土地换户口。深圳市政府适应经济开发需要，权衡利弊、审时度势，作出对市区农业人口全部实行农转非的决定，现在已经把特区边界线以内的农民户口都转为居民户口，成立了居委会。土地则转为由政府统一规划、开发、利用。

6. 由政府部门建设大批商品房出售，购买商品房者可转入户口。一般是买一间转一个户口，如买三间一单元的可转三个户口，取得永久居住权。当地政府部门可从出售房屋中得到一笔可观的资金，另外也招进一批有一定素质的劳动力。

7. 农民通过买户口进城。1992年约有近300万农民转为居民，后有关部门明令禁止，而实际是禁而未止。

农民通过种种形式进到城镇，推动了整个经济社会事业的发展。这实际上是农民群众的一种创造。但这些进城农民并未取得现行体制的合法承认，由此引发了诸如计划生育失控、子女入托入学困难、犯罪问题增多、社会治安不好等很多社会问题，这表明，现行的户籍管理体制已到了非改不可的时候。群众的实践为改革创造了条件，现在的问题是要着手研究改革户籍管理体制的目标、阶段和具体实施的步骤。

县域经济与乡村治理

搞活县经济是我国经济工作的一项重大任务[*]

一 县经济在国民经济中的地位和作用

县经济是整个国民经济大系统中的一个小系统，是整个以大城市为中心的经济大网络中的小网络。它是以县城为中心、乡镇为纽带、广大农村为基础的区域性经济网络。搞活县经济对促进国民经济持续、稳定、协调发展具有十分重大的意义，它是促进城乡一体、工农结合，实现农村经济现代化的必由之路。

（一）县经济是国民经济的基本支柱，县经济发展的好坏直接关系到我国的社会稳定、经济稳定和社会主义现代化事业的发展

1. 县域面积广阔，人口众多，劳动力资源丰富。1990 年，我国共设置 2182 个县（市）和 467 个城市。城市建设面积仅 1.3 万平方公里，[①] 占国土面积的 0.135%；而农村范围的面积却占国土总面积的 99.865%，县域面积非常广阔，经济发展潜力很大。

1990 年底，我国大陆人口 11.4 亿，其中城市人口为 2.14 亿，占全国总人口的 18.77%；居住在县域内的人口有 9.26 亿，占全国总人口的 81.23%。若按户籍计，则城镇人口 3 亿多，占总人口的 26.41%，农村人

* 本文原载中国社会科学院科研局编内部资料《学术动态》1992 年第 10 期（总第 660 期），发表日期：1992 年 2 月 24 日。本文作者为县经济社会协调发展研究课题组成员：陆学艺、徐逢贤、张其仔、茅志冲、袁菊英。——编者注

① 国家统计局编《中国统计年鉴 1991》，北京：中国统计出版社，1991 年 8 月，第 3 页、第 656 页（城市包含直辖市、地级市和县级市，县市包含县和县级市，城市建设面积此处指城市建成土地面积——编者注）。

口约 8.4 亿，占总人口的 73.59%。① 在如此众多的农村人口中，蕴藏着丰富的劳动力资源：15～60 岁的农村劳动人口约 4.25 亿，其中有 1 亿多劳动力剩余。

2. 县经济实力雄厚，其产值超过了全国全民所有制工业企业产值。1990 年，全国工业产值为 23851 亿元，其中全民所有制工业产值（含县属全民企业）为 13008 亿元。在全民所有制工业产值中，国营大中型企业产值为 10145 亿元，国营小型工业企业产值为 2863 亿元。而同期县经济产值约为 19743 亿元。其中：农业产值 7662 亿元，乡镇企业产值 9581 亿元，县属国营、集体企业产值约 2500 亿元。② 县经济产值超过了全国全民所有制工业企业产值 51.8%，是全国国营大中型企业产值的近 2 倍。

3. 县经济的产业基础是农业。农业在国民经济中的基础地位，绝不能因为经济发展阶段不同或者农业产值占国民经济总产值的比重逐步缩小而改变。切实加强农业在国民经济中的基础地位，是我国一项极其重要的战略决策。而这项战略决策的实施离不开县。县是实施该项战略决策的最重要的一个层次，离开了县，农业发展也就失去了依托。

4. 县经济中的支柱产业——乡镇企业，已成为整个国民经济的重要组成部分，是实现农村工业化、农业现代化和农民由穷至富的必由之路。1990 年，乡镇企业已达 1850.4 万家，吸纳了 9265 万个农村劳动力，相当于同年国营企业职工总数的 89% 以上，占农村劳动力总数的 22.1%，③ 从而减轻了国家的就业压力，避免了农村劳动力大量流入城市而带来的社会问题。

"七五" 期间乡镇企业安置了 2220 多万个农村剩余劳动力就业，占同期全国安置就业人数的 57.6%。总产值由 1985 年的 2752 亿元上升到 1990 年的 9581 亿元，占全国社会总产值的 1/4，占农村社会总产值的 59.1%，其中乡镇工业产值达 7097 亿元，占全国工业产值的 1/3。乡镇企业产值的净增量占全国社会总产值净增量的 34.2%，占农村社会总产值净增量的 84.9%；乡镇工业产值的净增量占全国工业产值净增数的 57.4%；乡镇企

---

① 国家统计局编《中国统计年鉴 1991》，北京：中国统计出版社，1991 年 8 月，第 79 页（其中县域人口为除城市人口以外的人口，城市人口参考第四次人口普查中的市人口加上现役军人数，参见《中国 1990 年人口普查资料》第 1 册，中国统计出版社，1993 年 4 月，第 2 页，第 16～19 页——编者注）。

② 国家统计局编《中国统计摘要·1991》，北京：中国统计出版社，1991 年 5 月，第 68、52、65 页。

③ 国家统计局编《中国统计年鉴 1991》，北京：中国统计出版社，第 95、377 页。

业税收净增量占全国税收增量的 50%；乡镇企业出口创汇 130 亿美元，占全国出口创汇净增量的 30%。目前乡镇企业固定资产原值已达 2800 多亿元，占农村集体经济固定资产的 80% 以上；由乡镇企业的发展而给农民带来的人均纯收入净增量占全国农民人均纯收入净增量的 50% 左右；"七五"期间，乡镇企业支援农村建设资金 540 亿元，而同期国家用于农村基本建设的资金 218 亿元，乡镇企业支农基金是国家农业投资的 2.5 倍。[①] 乡镇企业的发展已经成为我国经济发展的重要推动力量。

5. 县域，包括广大农村，是国内外最有潜力的市场。

6. 县经济是国家财政收入的重要来源，有很大的潜力可挖。1990 年我国财政收入超亿元的县（市）有 100 多个，财政收入累计达 195 亿元，约占全国县财政收入的 25%，比全国县财政收入平均水平高出近 5 倍。最高的上海市嘉定县年财政收入达 4.48 亿元；无锡县财政收入也达 4.25 亿元。这表明县级财政发展的潜力很大。

（二）县经济是一个相对独立的经济单元

1. 县经济具有一定的自我组织、自我协调和自我发展的能力。县经济具有国民经济大系统、大网络的综合性特点。既包括农、林、牧、副、渔，工、商、建、运、服等产业部门，还包括计划、财政、税收、金融、物价和工商管理部门，包括各种经济和社会管理机构，是集政治、经济和社会功能于一身的国民经济的基本单位。县级政府拥有因地制宜的决策权和灵活的指挥调节权，具有组织和协调县范围内的各项经济、政治和社会活动的能力。同时，县经济作为国民经济的一个层次，本身又包括了县城经济、乡镇经济、村级经济和农户经济四个层次，有一定的经济实力，能筹集和集中到一定数量的发展经济的资金，在生产力的布局上也有一定的合理配置空间，发展经济的回旋余地比较大。同时，县城可以成为全县的政治、经济、文化和教育中心，可以作为县经济的枢纽。且随着农村的发展和县城建设的发展，县城必将成为消灭城乡差别、工农差别的基本支柱，必将发展成为现代化的城市。因此，搞活县经济是实现农村现代化的起点。

2. 县级政府是国民经济宏观管理的一个重要层次。它是国家宏观管理部门下伸到地方的一个基础性层次，上承中央和省市，下启乡镇和农村，

---

① 农业部乡镇企业局组编《中国乡镇企业统计资料（1978～2002 年）》，北京：中国农业出版社，2003 年 8 月，第 3～18 页。

是具有双重职能的一个层次。一方面，国家的基本国策及重大的方针政策和国家宏观调控目标的实现，有相当一部分要经过县一级来完成；宏观调控的效应，执行政策的效果等信息，也需要经过县级来反馈。从这个意义上说，县一级是贯彻中央和省（市）方针政策的执行者。另一方面，县政府有一定的自主权，能结合本县的实际进行决策、指挥和调度，从这个意义上说，县又是一个决策机构，是个经济社会协调发展的指挥部。县级政府的上述双重性，宏观上能保证把县作为一个经济单元来建设，不会产生"活"而"乱"的局面。

3. 县级政权机构担负着教育农民、组织农民、改造小农、提高农民素质的重任。在工人阶级的领导下，充分发挥知识分子的作用，充分激发被组织起来的、提高了素质的广大农民的热情，共同为建设社会主义新农村而努力工作。

（三）县是新旧体制矛盾的集中点，是城乡体制改革的汇合点和突破口

一方面，它要反映城市的情况，接受条条下达的指令，并组织人民去贯彻实施；另一方面，面对农村改革和发展的新情况、新问题，要积极反映广大农民的要求。县级具有一定的决策自主权，本身的经济功能又比较完整，改革经受的风险较小。如果县级领导改革开放意识和开拓进取精神较强，就能勇于面对新旧体制的矛盾，大胆改革，取得经验，重点突破。

（四）从发展角度看，县经济是实现农业现代化的桥头堡

农业现代化、农村工业化、城市化和奔小康，不仅是我国农村经济发展的战略目标，也是我国工业和整个国民经济现代化的重要方面，这个经济发展的大趋势是不可逆转的。实现这些目标，只有县这一层次便于规划部署、组织实施、配套协调。所以说，抓住了县经济的发展，就抓住了国民经济发展的牛鼻子。

二 搞活县经济，促进县经济与社会协调发展的对策措施

第一，高度重视发展县经济的工作，把搞活县经济当作经济工作的一件大事来抓。

第二，在向县适度放权的同时，抓好县级领导班子的建设。

第三，稳定政策，深化改革，努力开创农业和农村工作的新局面，把农业是国民经济的基础的思想提高到新水平。

要巩固农业这个基础，让农业上一个新的台阶，需要抓好以下几项工作：一是全国各地要坚定不移地深化农村改革，深化县级改革，促进农村经济全面发展。20世纪90年代深化农村改革的重点是：建立健全农村集体经济组织，继续稳定家庭联产承包责任制，不断完善统分结合的农业双层经营体制，积极发展社会化服务体系，逐步壮大集体经济实力，引导农民走共同富裕的道路。二是要搞好农业综合开发。三是要坚持"科技兴农"的方针。四是要增加农业投入。抓紧进行大江大河的治理，尽快消除旱涝灾害；抓紧抓好农田水利基础设施建设，建设高产稳产农田；抓紧抓实农用工业的发展，以加速农业机械化的进程。

第四，积极创造条件，促进乡镇企业的健康发展。

第五，要把搞活农村流通放在搞活县经济的关键环节上考虑。

第六，改革财政税收体制，建立稳定、规范化的财政税收制度。

第七，严格控制人口增长，提高人口素质。

第八，加强农村乡村组织建设。

第九，坚持不懈地抓好农村社会主义思想教育，不断巩固农村社会主义阵地，坚持物质文明和精神文明一起抓的方针。

第十，中央重视，统一规划，统一部署，上下配套，加快县级综合改革的试点步伐。

建设有中国特色的社会主义
在农村怎样实现？*

　　在肇东 3 天时间，走了走，也看了看绥化地区在肇东召开"龙虎战略启动现场会"的材料。我觉得肇东这两年迈的步子还是很大的，经济发展很快，工农业总产值加起来已经是 30 亿元了，财政收入 7000 多万元。肇东在省委、市委领导下工作成绩还是很大的。实验区有了很大进展，社会发展方面搞得也不错，我看市容也不错了，这几年盖了不少大楼。特别是那天看了"利民城"，这个速度是深圳速度了。所以这几年肇东有了很大成就。李振东书记让我讲一讲，我就介绍点情况吧。

　　建设有中国特色的社会主义在农村怎样实现，我想讲点意见。从社会学的角度讲，现在我们的国家，依我看正处在两个转变过程中。一个是从传统社会向现代社会转变，总的大框架就是这样一个过程。原来我们的农业、农村、农民，就是传统农业，传统经济，传统文化。那么要向现代文化，现代社会，现代农业，现代经济转变。集中在我们中国来说，就是由农业国变为工业国，从农村社会转为城市社会。从社会科学上说还有一句话，就是从"同质社会"向多样化社会转化，核心就是从农业社会向工业社会转化，从农村社会向城市社会转化。另一个是党的十四大讲的，我们要由原来的计划经济体制向市场经济体制转化。这个转化主要包括经济，计划经济转向市场经济体制，同时包括政治、文化、思想，要适应这个变化。实际上，建设有中国特色的社会主义这个过程，都处在这两个转变之中。都在转，有的转得快一点，有的转得慢一点，这就是我们这个时代、

---

　　* 本文原载黑龙江省肇东经济与社会协调发展试验区领导小组办公室主办的内部资料《工作与研究》1993 年第 1 期（总第 25 期）。该文系陆学艺 1993 年 2 月 12 日在肇东考察时的讲话录音摘要稿。原稿无题，现标题为本书编者根据录音稿内容所拟定。本文涉及的相关地区农村经济社会发展数据源自作者调查过程中获得的资料。——编者注

社会的背景。

农业社会怎样变为工业社会，我们的农民（大部分）怎样变为工人，变为城市居民？国外叫作工业化、城市化，我们这"两化"要走有中国特色的道路。这个不可能像欧洲的英国那样，把地圈起来，不让农民种了，都养羊，人都被赶到城里边去；也不像美国、日本那样，大量的农民进城，形成特大城市，或者是农村两极分化，好多人把地卖掉，变成一无所有的劳动者，进城来当工人。不会走那个路。同时，也不可能走那些发展中国家的路，它们没有户口限制，也没有农业户口、城市户口差别。如果到东南亚，你会看到那些地方，特别突出的大概是拉丁美洲，那些国家资本主义走的道路，是大量的农民不种地进城，进城来工业又容纳不了，二、三产业容纳不了，形成了很多贫民窟。印度这个问题很突出，比如孟买呀，比解放前上海的那个贫民窟还要糟，引来了大量的社会问题，如要饭、吸毒、卖淫、黑社会等。我们不会走那个路。但是我们也不可能走苏联的那个路，也就是20世纪50年代那个路，城市办工业，办完工业进一部分人，逐步进来。20世纪50年代每年大概有二三百万农民进来，这个路后来由于1958年、1959年、1960年三年困难之后被打断了。接着是调整、整顿，接着是"文化大革命"。这个时间一过去，我们二、三产业没有发展起来，可是城里人口变成两亿了。现在我们城市的大中型国营，集体工业，二、三产业，也容纳不了城里边的待业青年。非农业户口现在可能也是两亿五六千万到两亿七八千万，超过美国。这一部分人，我们的工业要容纳也很困难。所以，我们中国严格地加了一条线，有一个户口制度，严格的限制农转非。但发展下去总不能是20%的人搞二、三产业，80%的人搞农业。全国来说是人均1.5亩地，肇东得天独厚，现在是人均4亩地。4亩地也不能完全发挥劳动力的作用。一家一户也是一坰地，这一坰地在有了机械化的条件下，能干三个月的活。没事就挣不到钱，挣不到钱就富不起来。世界上的道路已经清楚了。光靠农业，一家一户、一村一镇就富不起来，一县一市也富不起来。所以要走工业化、城市化的道路。这几年已经看出路子了。

上次我在这里讲了三步，这次可以讲第四步了。第一步，就是包产到户，就是家庭联产承包责任制，把地的经营权交给农民，由农民来耕种，由农民自己做主。包产到户一步棋走下去，就解决了农民的温饱问题，全国的温饱问题。现在发愁的是粮食、棉花将怎么卖出去。你要动摇包产到户、动摇家庭联产承包责任制，你就要准备有饿肚子的时候。再把地收回来，像生产队那样，又要没饭吃。这已成为大家的共识了。

我现在强调说的是第二步，农村路子的第二步，关键的一步，这就是要搞乡镇企业。农村要现代化，农业要现代化，要解决这两个问题。现代化是要钱的，农田基本建设、机械、化肥、良种，都是要钱的。那么这钱从哪里来？人到哪里去？1978 年以前，我们有个误解，总认为农业的劳动力少了，所以种的粮食不够吃。到了 1977 年还有那个话，叫作"人心向农，劳力归田"。包产到户后，不仅是粮食出来了，劳动力也出来了，剩余了。这说明中国的农民也和美国一样，他也会种地。原来万里同志在总结联产承包责任制的好处时概括为四个字："自主，实惠"，去年田纪云同志在讲话中加了两个字，叫"自由"。现在的农民够自由的了，但农转非还不行，别的大概都行啦。可以搞买卖，可以搞运输，可以办工业，也可以当老板。我们这些人铁饭碗舍不得丢，说是下海，真正下海的没几个。农民没有这个铁饭碗，所以胆子最大；没有包袱，所以走得最快。党的十四大文件中说了，农民又创造个乡镇企业。"乡镇企业"这个词在 20 世纪 70 年代的词典里是查不到的，所以一些老外不懂其含义，得和他们解释半天。乡镇企业就是中国特色。搞乡镇企业的好处就是两点，人有地方去了，到乡镇企业里边去了；钱有地方来了，从乡镇企业中赚回来了。乡镇企业的最早发源地之一，就是我们无锡。我回去，他们对我说的最形象了：办乡镇企业，农民也卖工业品，就把剪刀差给"差"回来了。现在农村的差别，不在农业上，不在产量上，就是有吨粮田的地方也不富，而在乡镇企业上。现在已有 5 个省超过 1000 亿元了，江苏省大概超过 3000 亿元了。富就富在这。要办乡镇企业，而在乡镇企业办起来后，它有个规模效益的问题。我看你们这里"工业小区"的提法非常好。根据苏南的经验，村村办厂、屯屯办厂，不是四个轮子一起转，而是五个轮子一起转。前四个轮子都是一样的，乡办、村办、联户办、户办、组办。南方的村子不大，三四十户就是一个村子。村办后，现在觉得麻烦了。每个村要通电、通路、通气、通电话，这就不得了。苏南现在在镇上搞工业小区，把它规划起来了。像搞商业那样，东一个小店，西一个小店不行，得集中。我们搞社会发展，社会发展方面更需要办医院、邮电、办学校，包括开个电影院，不能层层去开。

第三步，我们的路子就是把小城镇建设起来。我们后起来的地方要接受它们的经验、教训，不要弄得遍地开花，要集中。这不但是办工业的需要，而且是提高人的素质和人们生活水平及社会发展的需要。农村和城市的差别，差就差在看病、上学、打电话方面。特别是像你们这个市，3900平方公里，一次都铺开了，人住得那么分散，你要搞现代化，要享受现代化生活是不可能的。发展社会事业也需要小城镇。人们的分工将越来越细。不能白天务工，晚上回去种地，这样地种不好，工也做不好，技术也学不好。将来，相当一部分居民要住到镇上来。住到镇上来以后就可以享受到现代化的生活。江苏吴江市盛泽镇党委书记是吴海标。这个镇是全国第一镇，前年的产值为29亿元，镇所在地比市政府所在地要好一个档次。这里是费孝通的老家。他回去时不住在市里而住在镇上。这个镇宾馆的水平很高，在这个宾馆里，当天可吃到广东运来的活虾。那么，达到这个程度，他还要到上海去？还要到县城去？还要农转非？不需要了。肇东可以规划一下，这80万人，县城住30万人，四大镇住七八万人，然后地就腾出来了，规模经营就可以搞了。

第四步，就是你们这里提的，搞县级综合改革，搞城乡一体化。我们总说，县是城乡结合部，是宏观、微观调节的结合部。所谓结合部，就是两个天下，这边是工业，那边是农业。现在北京用"体制内、体制外"来区别。将来农村的经济搞起来以后，它应该是一致的，城乡一体了，一些问题也解决了。盛泽镇也遇到问题了，那个地方参军困难了，招工困难了，招干部也不乐意上来了，倒过来了。全国第二镇的桂州镇，那里的村干部往镇里调，镇里的干部往县里调，不来。桂州镇的镇长是个大学生，他搞得很好了，去年①产值近20亿元。上级调这个镇长到某个厅任副厅长，他不去。那个副厅长不过是五六把手，而他在那里是老大。他有大哥大，有汽车，有别墅，又管20亿元的产业。广东那里有个口号：不在官场里面争级别，在市场里面争高低。我们的干部值得流向市场。到了那个时候，收入也就高了。我到三峡的宜昌待过一个礼拜。这个县也是3900平方公里，但都是大山。它由穷变富了，财政收入超过1亿元。县委书记对我说，他在这里干了30多年了，还有30来个村没通电、通路。他算了一下，一个村子架高压线得三十几万元。我说：你惦记老百姓，是应该的，给架电线是个好事，可你想到没有，通电后他们哪用得起。我给他出了个主意，让山上的人搬下来，那里让它长树，让猴子上山。把人们相对地集中到镇上来，规模经营业搞好了。我想，走这条路可以解决农村的农转非问题、城乡差别问题，剪刀差问题。我讲坚持中国特色的社会主义道路，就是坚持公有

① 此处指1992年。——编者注

化、城市化道路。西方发达国家的学者对这个非常关心。这不是凭空想出来的，在发达地区，这个模型已经看出来了。

黑龙江是个资源大省、农业大省，是个老工业基地。现在要实行两个转化，特别是农业向工业的转化，农村向城市的转化。肇东在黑龙江中是前几名，所以我们搞经济发展要兼顾社会发展。社会发展显然还不能拿到第一和关键的地位，现在还不是那个时候。中心还是中心，别的还要围绕着它，但要提到日程上来了。现在我们在苏南发现，还是以经济为中心。只要是抓这个，别的就不管了。刚才我问了政法系统的同志，我们那边别看富了，富了照样作案率可能高。我们那里钱赌得真是不得了，一个晚上可能输三万、两万的，输了后甚至有绑票的。苏南的污染很厉害，河里的水有的比浓茶还要黑，鱼米之乡的米吃不得了。太湖还可以，我们吃太湖的鱼还行。在同时起步的时候，我们要接受它们的经验，向工业转化，向城市转化。搞小城镇建设这一条要学。只要兼顾社会发展，我们后来者可以居上。我们把实验区办好，对黑龙江是个贡献，在全国也有重大意义。李振东书记讲，抓经济要以抓工业为主，农村经济要以乡镇企业为主，我完全同意。乡镇企业达不到一定规模，柏油马路就修不起。南方修桥用的都是乡镇企业的钱。我觉得我们肇东的工作，应以发展乡镇企业为主，要把发展乡镇企业放在前。有的同志讲，也要兼顾第三产业的发展，但我看在你们这里，还是要办工业。工业怎么办？这要根据肇东的具体情况来办了。还是中央的提法，大中小一起上。

现在有个问题，就是乡镇企业怎么办？我认为主要是人的问题。要出一批企业家，要从官员里边、农村里边、城市里边、知识分子里边，出一批企业家。在你这个市里搞经济为中心，要出一个厂长、经理阶层。这个阶层起来了，你这个地方就行啦。咱们市委市政府机关窝了一大批人，现在可以号召有志的、有本事的，让他下海，到主战场上去，主要干部、好干部都要上前线，号召这么一大批人出来办厂。我跟李振东书记说，你现在正处于爬坡的时候，这个坡要爬上来，要办几个像样的厂，各行各业都要办厂。像我们无锡，连小学都在办厂。可以把离退休的老干部请出来办厂，都办乡镇企业。无锡 300 亿元投资中，本地只有二三十亿元，其他全是借来的。好像都是借咱们穷地方的钱，什么新疆、西藏啊，也借了陕西、甘肃的钱。他们有专人住在北京的宾馆里，今天借了这里的，还了那里的，来回这么倒。不借债，是自然经济那套。不借钱，只靠那点，怎么能翻过来呢？那是不行的。

最后，我对实验区的工作提几点意见。我认为这个实验区已有这么几年的基础，在李书记及其他领导同志的努力下，实验区已经搞得相当不错了。在北京那边，我尽力，使实验区能被批下来。但你们还得努力，争取到 1993 年我们把它办成。工作还是要你们来做，就像北京申办奥运会那样。经济和社会发展实验区，目前全国才只有 3 个。你们能把它争取下来，这个还是有意义的。争取在 15 个中把它批下来。这是第一。第二，从长远来说，我建议：搞一个肇东乡镇企业学院，这个我看是个创造性的。马老和其他几老帮助在省里批一下，要是办成了，功德无量，在市志上是要给你们留下一笔的。一个地方办个大学，现在正是时机。开始就是几百万元钱，这个于秘书长他们会帮忙的。我建议市委要下这个决心。这是我这次提的一个建议。第三，昨天我去看了八里城。遗址保存得十分完整，是个好地方，可以研究办一个旅游点。另外，建议你们，每个月确定两个不接待日，一切电话不接，就是看文件，思考问题。在这一点上，实验区也带个头，衷心希望你们把实验区办好。

发展型式的转换：从非均衡到均衡[*]

——县经济社会协调发展研究

中国的现代化离不开县经济社会的现代化。在中华人民共和国成立后的近三十年的时间里，县经济社会的发展支撑着城市的现代化和现代化工业体系的建立，是城市现代化和工业发展的基础。十一届三中全会以后，开展了经济体制的改革，完全集中的计划经济体制逐步为市场经济体制所替换，县经济社会的发展逐步成为中国现代化的最重要的推动力量；随着时间的推移，县终将成为中国现代化的主战场。正确认识县经济社会发展的新变化，抓住时机，实现县经济社会发展的型式转换，合理地组织、正确地引导和积极推进县经济社会的现代化，是加快我国改革开放和经济建设的步伐，加快社会主义现代化建设事业进程的关键环节。

第一部分　正确认识和充分发挥县在国民经济和社会协调发展中的地位和作用

县是一个"小社会"，集政治、经济和社会功能于一身；同时兼有大社会的综合性特点，是社会大系统中的"小系统"；是以县城为中心，集镇为纽带，广大农村为基础的经济、社会区位；在整个国民经济和社会协调发展中处于基础地位，具有战略作用，是聚集农村各种资源，组织实现农村现代化的最基本和最有效的单位。

---

* 本文原载《县级综合改革与经济社会的协调发展》（陆学艺主编，北京：中国社会科学出版社，1993 年 7 月）第 3~94 页，系该书的总报告，作者署名：县经济社会发展研究课题组，由陆学艺、徐逢贤、张其仔、崔力群、冉隆清执笔。本文涉及的相关省市农村经济社会数据源自作者调查过程中获得的资料。——编者注

一 县是国民经济的基本支柱

1. 县域面积广阔，人口众多，劳动力资源丰富

1990 年，在我国 960 万平方公里的国土上，共设 467 个城市和 2182 个县（其中县级市 279 个）。城市面积约 1.3 万平方公里，[①] 占国土面积的 0.135%，而农村范围的面积约占国土面积的 99.865%，县域面积非常广阔。

1990 年，我国大陆人口约 11.4 亿，其中城市人口为 2.14 亿，占全国总人口的 18.77%，而居住在县域内的人口约 9.26 亿，占全国总人口的 81.23%。若按户籍计算，则城镇人口约 3 亿，占总人口的 26.41%；农村人口为 8.4 亿，占总人口的 73.59%。[②]

在如此众多的人口中，劳动力资源丰富：15～60 岁的劳动年龄人口约 7.26 亿。在业人口约 5.75 亿，不在业人口约 1.5 亿（包括在校学生等）。而农村劳动力约占 4.25 亿，其中约 1 亿劳动力剩余。如此众多的农民是世界上最大的社会群体；充分发挥他们的作用，将是一支强大的社会生产力。

2. 县经济实力雄厚，包括农业经济、乡镇企业经济、县属国有企业经济、县属集体企业经济和外资企业等，县经济总产值远远超过了全国全民所有制工业企业产值，成为国民经济的两大组成部门之一

据 1990 年国家统计局提供的数据：1990 年全国工业总产值达 23851 亿元，其中全民所有制工业企业产值（包括县属全民企业）为 13008 亿元，乡镇工业产值 7097 亿元，其他所有制企业产值约 3746 亿元。在全民所有制企业产值中，大中型企业产值为 10145 亿元，小型工业企业产值为 2863 亿元（大部分为县属国营企业）。而同期县经济产值为 20347 亿元，其中农业产值为 7662 亿元，乡镇企业产值为 9581 亿元，县属工业企业产值 3104 亿元。这就是说，县经济产值超过全国全民所有制工业产值 56.42%，接近全国国营大中型企业产值的 2 倍。县经济有着巨大的经济实力。[③]

---

① 国家统计局编《中国统计年鉴 1991》，北京：中国统计出版社，1991 年 8 月，第 3 页、第 656 页。城市包括直辖市、地级市和县级市，县包括县级市。城市建设面积此处指城市建成土地面积。——编者注

② 国家统计局编《中国统计年鉴 1991》，北京：中国统计出版社，1991 年 8 月，第 79 页（其中县城人口为除城市人口以外的人口，城市人口参考第四次人口普查中的"市人口"加上现役军人数，参见《中国 1990 年人口普查资料》（第 1 册），北京：中国统计出版社，1993 年 4 月，第 2 页、第 16～19 页——编者注）。

③ 国家统计局编《中国统计摘要 1991》，北京：中国统计出版社，1991 年 5 月，第 68、52、65 页。

从一个省来看，县经济总产值占全省工农业总产值的比重则更大：发达地区的省约占 70% 左右；经济不发达地区的省占 80% ~ 90% 左右。值得注意的是，随着农村经济，包括大城市郊区经济的发展，原来的"大城市、小郊区"的"一头沉"格局也将迅速改变，大城市郊区县的工农业总产值占整个城市的比重将迅速提高。如 1990 年北京郊区县的工农业总产值约占全市工农业总产值的 40% 以上，上海郊区县的产值也占市区的 42% 左右。需要指出的是，城区对郊区的依赖性将进一步增大，城区不仅要依靠郊区提供副食品供应，而且城区经济的发展也离不开郊区。

3. 一般地说，县经济的产业基础是农业

农业在国民经济中的基础地位，决不因为经济发展阶段的不同或者农业占国民经济生产总值的比重逐步缩小而改变。农业发展状况如何，直接影响着国民经济的增长，直接或间接地影响国家财政收入的状况。农业，特别是粮食和肉、蛋、奶、菜等副食品，是关系到国计民生的不可替代的基础产业。全国 11 亿多人口的吃饭、穿衣及副食品供应主要依靠农业，发展轻工业所需的原材料大部分来自农业，扩大出口及繁荣市场有赖于农业。稳定发达的农业是整个国民经济稳定发展的根本保证，也是全国人民安居乐业、国家长治久安的基本保证。因此，切实加强农业在国民经济中的基础地位，是我国一项极其重要的战略决策。

4. 县经济中的支柱产业——乡镇企业，是实现农村工业化、农业现代化、农民由穷至富的必由之路

具有中国特色的乡镇企业是农村剩余劳动力转移的重要渠道，到 1990 年止，已吸纳了 9264.8 万农村劳动力，相当于同年国营企业职工总数的 89% 以上，占农村劳动力的 22.1%。[1] 乡镇企业总产值达 9581.1 亿元，占全国社会总产值的 1/4，占农村社会总产值的 59.1%。乡镇工业产值达 7097 亿元，约占全国工业总产值的 1/3。1990 年，乡镇企业已达 1850.4 万家，企业利税总额达 1012 亿元，上交国家税金 420 亿元；企业利润 588 亿元[2]，出口创汇达 130 亿美元。同时，乡镇企业用于支援农村各项建设资金为 105 亿元，以工补农资金为 77.8 亿元。企业工资总额达 1129.6 亿元，约占全国农民人均纯收入的 1/4。目前，乡镇企业固定资产原值已达 2857 亿元，增

---

[1]　国家统计局编《中国统计年鉴 1991》，北京：中国统计出版社，1991 年 8 月，第 377 页，第 95 页。

[2]　中国农业年鉴编辑委员会编《中国农业年鉴 1991》，北京：农业出版社，1991 年 12 月，第 359 页。

强了农村集体经济的实力。如今，乡镇企业对于保证我国工业增长速度和效率，活跃城乡经济，加速小城镇建设，发展对外贸易，提高农民生活水平，走共同富裕的道路，都具有举足轻重的地位。

"七五"期间，乡镇企业产值净增量占全国社会总产值净增量的34.2%，占全国税收净增量的50%；占全国出口创汇净增量的30%；占农村社会总产值的净增量的67%；占全国农民人均纯收入净增量的50%左右。年平均增长速度20%以上，照此速度，可以预测，20世纪90年代乡镇企业产值将突破2.3万亿元大关；2000年乡镇企业产值将超过城市工业产值。

5. 县域包括广大农村9亿多人口，是国内外最广大的市场

在我国县域范围内有6万多个小城镇和集镇，集中了我国相当部分的购买力和交换市场，约占全国商品零售总额的50%以上，加上农民从城市购买的部分，农村商品零售总额约占全国商品零售总额的65%～70%，集中了货币流通量的60%以上。1990年农民储蓄约2600亿元，手持现金近千亿元；这样大量的货币，无论对于农用生产资料还是对于生活消费资料，都是一个巨大的潜在市场。9亿多县域居民的消费需求乃是工业生产的巨大推动力，是工业品的主要消费市场。1990年起出现的市场疲软现象，与县域市场，特别是农村市场未开拓有很大关系。

总之，我国大陆11.4亿人口，9亿多分布在县域范围内，经济、社会发展的许多总量指标都要在县域内实现。振兴经济、安定社会，关键在县。县域经济发展了，县域社会安定了，全国大局就基本上安定了，国民经济也就能稳定发展了。因此，县经济是国民经济的区域基础和基本支柱。

二 县级政权是县域经济的组织者和管理者，是国家政权下伸到地方的一个基础性层次

据1990年统计，全国2182个县（包括279个县级市、1903个县）管辖着全国98%以上的国土和80%以上的人口；管辖着44446个乡政府和11392个镇政府，以及743278个村民委员会和500多万个村民小组。它们把广阔的农村社会经济管理起来，把8亿多农民，22237.2万农户，42009.5亿农村劳动力组织起来，进行经济建设。[①] 不同类型的县虽然经济发展水平不同，但是每个县都是功能较全、具有一定职权和自主决策回旋余地较大的一级地方政府，并且大体上同中央、省（市）一样，县经济都有内容较齐

---

① 国家统计局编《中国统计年鉴1991》，北京：中国统计出版社，1991年5月，第1、311页。

全的产业、行业和功能较完备的职能部门，因而县级是国家各种经济管理部门下伸到地方的基础性层次，县级政权是县经济的组织者、管理者和调节者，这就决定了县级政权及其经济管理部门在整个城乡经济中的特殊地位。

县级政府拥有因地制宜的决策权和灵活的指挥调节权，从而使县级成为国民经济宏观管理调控的重要层次。国家的基本国策及重大的方针政策，国家的宏观管理调控，包括宏观调控目标的下达、市场经济体制的发育和完善、调控手段与措施的落实、监督与检查，如国土管理、计划生育、扫除文盲、环境保护、粮棉征购等基本国策，几乎都必须经过县一级来实现；再如振兴农村经济的有关工程，如"星火计划""燎原计划""丰收计划""米袋子工程""菜篮子工程""温饱工程"等，都要靠县根据实际情况具体组织实施并保证完成；宏观管理调控的效应，也需要通过县经济来反馈。所以县级管理调控就成为宏观管理调控的一个关键层次。离开了县，宏观调控就难以奏效。

县级政权机构承担教育农民、组织农民、改造小农、提高农民素质的重任，充分发挥知识分子的作用并把他们组织成为建设社会主义的主力军。因此，在新的历史条件下，县成为城乡关系的连接点、工农联盟的结合点，是调节工农利益、城乡利益、脑力劳动与体力劳动利益的调节者；担负着巩固工农联盟、巩固农村社会主义阵地，富国富民、稳定社会秩序的重任。

县级是具体实施中央和国家指导性计划的前沿指挥所。县作为城乡结合部和工农业结合体，使得县一级能够上承中央和省（市），下启乡镇和农村，联结第一、二、三产业，是具有双重职能的一个重要层次。它一方面贯彻执行中央和省（市）的方针政策，从这个意义上说，它是执行单位；另一方面，在上级总方针、总政策的指引下，结合本县的实际进行决策和指挥，从这个意义上说，县又是决策机构，是个指挥所。县领导很善于吃透两头，既能正确领会中央政策，又能根据本县情况，制定出符合政策精神的灵活变通的实施性决策；从而做到上情下达、下情上传，上下贯通，协调运行，成为搞活县经济、稳定县社会的桥头堡。

三　县域是城乡体制改革的汇合点和突破口

县一层体制改革之所以极为重要，不仅因为它是国民经济体制改革的重要组成部分，而且因为它是城乡经济体制改革的汇合点。从多年的实践来看，许多改革，首先从下而突破，而后由上级规范。某些带有风险性的改革新事物，往往在初始阶段由县里予以保护，方能得以发育成长，然后逐步推开。例如：在集体经济组织内部实行家庭联产承包责任制，本来是农民的创造，而后得到县里的支持，反映到上面，经过深入调查研究，再由中央变成规范性的政策，成为推动农村经济发展和社会进步的动力，使改革逐步推向城市。

城市和农村的经济体制改革，各有各的特点，具有相对独立性，但又有密切的相互联系。要使城乡体制改革按照国民经济体制改革总体部署进行，使这两方面的改革有机地结合起来。

第二部分 县正处于向现代化社会转化的加速期，已进入经济社会现代化发展的一个新阶段

十一届三中全会以后，我国对政治、经济和社会等方面都实行了一系列的改革。这场涉及面广、影响深刻的变革，促使县经济由计划经济向社会主义市场经济转换，由以农业生产、农村社会为主的区位向以乡镇企业、城镇社会为主的区位转换。县经济社会的发展逐步摆脱依附地位，由依附性发展转向自主性发展，出现了明显的加速趋势，社会分化的趋势也日益明显。县区位已经进入和正处于向现代化社会转化的加速期。县经济社会发展已经进入和正处于一个现代化的新阶段。

一 县经济社会的发展日益摆脱其依附性，由依附性发展转向自主性发展

从中华人民共和国成立到 20 世纪 70 年代末这一段近 30 年的时间里，我国的社会主义现代化建设事业取得了辉煌的成就，基本建成了一个比较完整和独立的现代工业体系和国民经济体系，奠定了进一步现代化的基础。由于这个时期的现代化是在工业和农业经济不发达、生产力水平十分落后的基础上进行的，存在较严重的工农产品价格剪刀差，农村实际上为国家现代化承担了提供资金的重任，加上极"左"思想路线下产业政策的偏差，县经济社会的发展十分缓慢，处于从属于县以上城市的现代化、为城市提供农产品和提供资金的从属地位，结果是形成了一个现代化的城市同落后的农村相并存的二元格局。城市几乎垄断了所有的现代化工业，集中了全国绝大部分先进的生产力，而县域内的经济社会发展水平却非常低下，生产力水平十分落后，绝大多数人口没有卷入到新中国成立以后近 30 年的现

代化的中心过程中去，没有从中得到实惠。1978 年，全国 30637.8 万农村劳动力中，89.7% 仍然从事第一产业，农村社会总产值中农业产值占 68.6%。县作为一个以农业为主、以农业劳动者为主的区位没有根本性的变化，甚至变化的势头极其微弱。县范围内的工业化、城市化趋势不仅没有把县从农业社会中拉出来，反而为农业社会所淹没，落入一个为农业社会服务和维护县作为一个农业社会及农村社会畸形发展的范畴。

县作为一个极其重要的区位，县域内居住的人口总合起来规模庞大，占全国总人口的比重在 80% 以上；县区位面积，总合起来也极其辽阔，约占国土面积的 98% 以上。这么一支规模巨大的人口队伍和这么广阔的土地，如果不能实现现代化，继续停留在农业社会和农村社会中，要实现我国的现代化，是不可思议的。完全可以说，没有县经济社会的现代化，就不可能有中国的现代化，没有县经济社会的繁荣昌盛，就不可能有中国经济社会的繁荣昌盛。实现县经济社会的发展，实现县经济社会的现代化，是摆在全党全国各族人民面前的一个重大课题，是全党和全国各族人民所面临的一项重大任务。如何解决这个问题，如何实现县经济社会的现代化？从理论上说，可以有两种选择：一种选择是继续保持县经济社会发展的从属地位，依靠城市的发展逐步带动县经济社会的发展，并最终实现现代化的目标。一种选择就是把县经济社会发展从依附于城市现代化的地位中解放出来，走一条自我发展的道路。选择第一条途径，需要完全集中的计划经济体制作为支撑。由于十一届三中全会以后的改革，逐步扩大了市场作用的比重和范围，逐步扩大了地方、企业和个人的自主权，县经济社会的现代化实际上已经由过去的依附性发展转向了自主性发展，也就是由第一条途径转向了第二条途径，突出表现为：县主要依赖于本区域内的乡镇企业发展和城镇的发展，吸收和转化农业剩余劳动力，吸收和转化农业人口。如果说，十一届三中全会以前中国的社会主义现代化是继鸦片战争以来中国现代化的基础，把前现代化的城市转向现代化的城市，那么，县经济社会发展由依附性发展转向自主性发展，则是中国现代化的第二次高潮。这次现代化高潮就是要在发挥原有现代化城市功能的基础上，在县域内建设和发展一批新型城市，这是实现中国现代化的必由之路。走这样的一条道路，依靠现有城市的经济实力，把资金从城市部分转移到农村中，支持县区域内的现代化建设事业，有相当的难度；即使能转移，其数量也极其有限，因而，县经济社会的现代化将主要依赖于县域内自身的积累，主要依赖于县域内自身的力量，依赖于县发挥其主动性、积极性和创造性，充分发掘其潜能，努力汇聚各方的力量，走一条自力更生、改革开放、发展经济之路。

二　县经济更快地向社会主义市场经济转化，县经济活动中市场调节的作用日益扩大，成为优化资源配置的基础性手段

1. 澄清一个概念

自然经济即自给自足经济，自然经济并不完全排斥商品交换，但自然经济条件下的交换却不同于商品经济条件下的交换。只要存在超过自给需求的剩余产品，就会出现商品交换。在我国市场产生极早，先秦时代就已经出现"以有易无"的原始市场。汉代城市市场已相当发达，从事经商的人叫"商贾"，并已出现农产品集散地。到了宋代，商业得到飞跃发展，形成了包括地方小市场、城市市场、区域市场和突破区域范围的大市场等。但这些市场与现代商品经济高度发达的市场不同。自然经济时期的市场交换，主要是小生产者间的品种调剂和余缺调剂，是属于自给自足经济范畴的交换，它发展的结果起到了巩固地方自给自足经济的作用。明清时期自给自足经济达到了鼎盛时期，商品交换也更加频繁。

我国封建社会的城市往往是各级政权统治的中心，集中了大量消费人口，城市手工业生产的产品也主要是满足城市居民的消费。城市市场上的交换主要不是生产者间的交换，而主要是以官府和私人的货币收入为交换对象。而这种货币收入是封建地租的转化形态，所以这时市场的繁荣主要反映封建经济的成熟，并不代表商品经济的发展。而近、现代商品经济的发展是生产力高度发展的产物，生产者间的商品交换是为了获取最大利润，消费者与商品生产者间的交换除满足需要外，更主要的目的是为了促进社会生产力发展。资本主义经济的发展是为了剥削剩余劳动价值的最大实现。社会主义市场经济发展的目的是为了高效率地创造社会财富，以满足人民日益增长的物质、文化生活的需要。

2. 商品经济的加速发展不仅表现为商品交换数量的增加，同时体现着交换平等性的发展和为交换而生产的市场经济的发展

马克思、恩格斯根据商品生产发展的历史以及资本主义社会的历史条件，深刻地分析了私有制条件下的商品经济产生和发展的两个条件：一是社会分工，二是生产资料和产品属于不同的私人所有者。当社会发展到出现社会分工后，不同生产者分别生产具有不同使用价值的产品，才有了交换的必要。因此，社会分工是产品交换的前提，它构成了一切商品生产的

基础。但是仅有社会分工还不够，只有独立的互不依赖的私人劳动的产品，才作为商品而互相对立。因此，马克思把不同的私有者的存在视为商品生产和商品交换的必要条件。根据这一判断，马、恩曾预言，社会主义革命胜利后，全部生产资料将归整个社会所有，社会生产与分配将按计划进行，每个生产者的劳动将直接成为社会总劳动的一部分。那时耗费在生产上的劳动不再表现为价值，产品不再作为商品生产了。但后来社会主义的实践超越了马、恩的预言，社会主义不是首先在高度发达的资本主义国家取得胜利，而是"在帝国主义最薄弱的环节"取得胜利。中国的社会主义是在半殖民地、半封建社会基础上诞生的。在社会主义改造基本完成时，我国的生产力水平仍然很低，产品严重缺乏，这就决定了建立在公有制基础上的社会主义经济内部还不能实现按需分配，社会分工的发达和各种所有制并存，社会成员间还必须采取商品交换的形式来满足生产、生活的需要。

从 1979 年起，在党的基本路线方针指导下，我们党开始一步一步地纠正过去我们在商品经济发展问题上的某些错误，改革和开放加快了由自然经济向社会主义市场经济发展的步伐。

3. 20 世纪 80 年代，我国农村经济—社会面貌发生了历史性的变化，社会主义市场经济体制初步形成

为了逐步建立社会主义商品经济体制，20 世纪 80 年代，我国广大农民在中国共产党的领导下，表现了可贵的创业革新精神，农村改革和建设取得了巨大成就。农村普遍实行了以家庭联产承包为主的责任制形式，逐步建立起统分结合的农业双层经营体制，有利于集体经济组织统一经营的优越性和农户承包经营的积极性都得到发挥；在发展集体经济的同时，个体经济、私营经济和"三资"企业经济也有了较大发展，以集体经济为主体的多种经济并存的格局已经形成；逐步调整了农产品价格和购销政策，发展了多渠道流通，农村流通体制改革有了良好的开端；科技兴农、教育兴农和农业综合开发取得了新的进展，粮食产量连续登上两个台阶，农林牧副渔各业都有了较快发展，长期困扰我们的农产品供给不足的状况有了明显改善；乡镇企业异军突起，非农产业产值超过了农业产值，农村工业产值已占全国工业产值的 1/3，在国民经济中发挥了越来越大的作用，从而使我国的农村工业化、农业现代化迈出了一大步；农民人均纯收入成倍增长，已由 1978 年的 133.57 元上升到 1990 年的 630 元，[①] 扶贫工作取得了显著成

①　国家统计局编《中国统计年鉴1991》，北京：中国统计出版社，1991 年 5 月，第 48 页。

效，绝大多数农民的温饱问题已基本解决，正在向小康水平发展；干部和群众的科学文化水平有了较大提高，商品经济意识日益增强，使农村经济日益朝向市场经济发展，精神面貌发生了新的变化；在农村地区，建立在社会主义公有制基础上的社会主义市场经济体制已具雏形。我国农村的改革和发展，有力地带动和支持了城市的改革和整个国民经济的发展，促进了社会的安定团结。实践证明，党的十一届三中全会以来，农村改革和发展的方向与基本政策是正确的，从而加快了我国农村由自然经济向社会主义市场经济发展的步伐。主要表现在：

（1）个体经济、私营经济和"三资"企业的出现和发展，增加了进入市场的商品数量，同时也创造出一种以私有制为基础的利益主体。

（2）商品经济发展的一个基本特征是商品交换在等价的原则下进行，这就为消除工农产品"剪刀差"提供了前提。

（3）农民在经济运行调节机制中引入了市场，农民为自觉利用价值规律而促进了农村集市的发展，至 1990 年全国共有集市 59473 处[①]，贸易成交额达 1330.4 亿元。

（4）农产品商品流通量迅速增加，1990 年农民向城市居民提供的农副产品零售总额达 773.3 亿元，比 1980 年的 69 亿元增加了 704.3 亿元，增加了10 倍多。农副产品的商品率由 1980 年的 49.6% 上升到 1990 年的 60.8%，全国农村工农业产品商品率由 56.9% 上升到 70.2%。农民越来越多地依赖商品市场的交换来进行生产和生活。1990 年农业生产资料零售额为 1049.8 亿元，[②] 比 1980 年增加 703.8 亿元，年均增长 70 多亿元；农民的生活消费品中的商品性支出由 1980 年的人均 79.62 元上升到 1990 年的 343.24 元，商品性支出占消费品支出的比重由 49.1% 上升到 65.1%。

4. 县经济虽然在 20 世纪 80 年代出现了商品经济发展的迅猛势头，但自给自足经济仍在经济生活中占举足轻重的地位

目前，我国农民的需求结构是由两部分组成的，即自给性需求，如农民家庭生产的自用粮食、蔬菜等，这是实物需求；另一种是通过市场交换的货币需求，这是价值性需求。根据这种需求结构，大致可把农民分为三类：一类是完全以交换为目标的农户，即"离农户"；二类是已解决温饱的农户（占农户的绝大多数）；第三类是还没有解决温饱的农户。这三类农户

---

① 国家统计局编《中国统计年鉴 1991》，北京：中国统计出版社，1991 年 5 月，第 94 页。

② 国家统计局编《中国统计年鉴 1991》，北京：中国统计出版社，1991 年 5 月，第 90 页。

在经济发达不同程度的县其比重不同。一般而言沿海的发达县（市）第一类农户数量较多，贫困县则以第三类农户为多。也就是说，对于贫困县食物需求居重要地位。但无论是经济发达县还是贫困县农民的自给自足率还是相当高的。造成这一现象的原因是农村市场发育还不够完善，货币收入较少，农民种粮主要为了满足自己需要。

5. 建立社会主义市场经济体制是县级经济体制改革的目标模式，也是实现农村经济社会现代化的必由之路

在建设有中国特色社会主义理论指导下，我国的农村改革，不仅取得了巨大的物质成果，而且在经济体制上，也开始了从自给半自给的传统的计划经济模式，逐步向开放型的市场经济模式发展。

我国农村实行改革开放以来，不断探索农村经济体制的目标模式，其核心问题是如何正确认识和处理计划与市场的关系问题。在过去很长一段时间里认为，以公有制为基础的社会主义经济只能是计划经济，不能是商品经济，更不能搞市场经济。随着20世纪80年代改革开放的发展，逐步确立了社会主义商品经济、市场经济的思想。1984年十二大指出计划经济为主、市场调节为辅；十二届三中全会通过的《中共中央关于经济体制改革的决定》指出，我国社会主义经济是公有制基础上的有计划的商品经济；十三大提出，社会主义有计划商品经济的体制应该是计划与市场内在统一的体制；十三届四中全会后提出，要建立适应有计划商品经济发展的计划经济与市场调节相结合的经济体制和运行机制。县级经济体制改革和农村经济发展也是沿着这条路子走过来的。改革十多年来，县级经济改革带来的变化是很大的，包括农村所有制结构的多元化，经济主体，特别是乡镇企业经营的市场化，市场机制与市场体系的培育，政府对经济管理的逐步间接化，放开了农产品价格等。实践表明：凡是市场作用发挥比较充分的地方、部门和企业，那里的经济活力就大，发展速度就快，人民得到的实惠就多，从而使国家的整体经济实力大大增强了，市场物资空前丰富，人民生活水平空前提高，各项事业欣欣向荣，使20世纪80年代我国经济跨上了一个大台阶。20世纪90年代，我们要抓紧有利时机，在优化产业结构、提高质量效益和保持县域经济社会协调发展的基础上，加快改革步伐，加快经济发展，还要更多地走向国际市场，参与国际竞争。所有这些，都迫切要求我们更加重视和发挥市场在资源配置中的基础作用，使经济活动遵循价值规律的要求，适应供求关系的变化，使我国的经济跨上一个更新的台阶，为实现国民经济发展第二步战略目标、为21世纪我国经济跨上先进

发达国家的水平奠定坚实的基础。为此，20世纪90年代我国县域经济改革必须坚定不移地向社会主义市场经济体制目标推进。这样的经济体制是实现我国国民经济现代化的必要条件。这是经过我国社会主义建设的长期实践、付出了重大代价而得出的科学结论。它启迪了人们的思路，开阔了人们的眼界，给农村经济和整个国民经济开动了新的运行机制，注入了新的活力。农业是国民经济的基础，过去却长期处于自给半自给状态，现在把商品经济和市场体系引入农村经济，使其转移到市场经济运行的轨道上来，势必促进农村的政治、经济、思想、文化、社会等广泛领域的深刻变化。这对于加速我国农村经济和整个国民经济和社会发展的现代化，具有十分重要的意义。

第一，发展社会主义市场经济有利于发挥农业是国民经济基础的作用。马克思说："超越劳动者个人需要的农业劳动生产率，是一切社会的基础。"在社会主义条件下，超越劳动者个人需要的农业劳动生产率，首先表现为农产品的商品率。农业劳动生产率越高，进入市场交换的农产品就越多，商品化程度也就越高。只有这样，才能不断满足国民经济建设和改善人民生活对农产品的需求，同时使农民的货币收入有较大幅度的增加，为工业品扩大市场，从而促进工业和整个国民经济的持续发展。

第二，发展社会主义市场经济有利于农村分工分业的发展，促进专业化生产和社会化生产的发展。商品经济发展的历史，就是社会分工与协作不断发展与深化的历史，是生产日益社会化的历史，也是市场不断发育的历史。农村商品经济的发展，不仅从根本上改变了8亿多农民搞饭吃的传统格局，有效地推动了农村生产的专业化分工与协作的发展，使一大批农村富余劳动力转向非农产业，而且也促进了农村各业生产同城市工业的协作与联合，从而强化了整个社会生产各领域、各环节之间的有机联系，使生产社会化的程度日益向纵深推进。

第三，发展社会主义市场经济有利于开发利用农村的多种生产资料，发展多种经营，改变农村单一化的经济结构和只生产原料及初级产品的状况，实行农、林、牧、副、渔全面发展和工、商、建、运、服务业综合经营，有利于农业向高产、优质、高效农业转化。

第四，有利于扩大横向经济联系，打破地区封锁、部门分割，并在生产、流通、科技等领域之间实行广泛的、多层次、多形式的横向经济联系，促进生产要素的合理流动和重新组合，从而实现经济结构和地区布局的合理化。

第五，有利于活跃城乡经济，促进国内外统一市场体系的形成。商品经济总是同市场联系在一起的。有了商品就要寻求和拓展市场，就会有竞争，这种竞争势必冲破人为设置的种种障碍，依商品经济的内在要求逐步形成国内国际统一的市场网络，使商品流通渠道畅通，促进城乡经济进一步活跃。

第六，发展市场经济有利于提高经济效益，使农民尽快富裕起来。农民作为商品的生产者和经营者，为了自身的经济利益，必然要求增强自己所生产的产品的竞争能力，也就千方百计降低消耗，提高效率，改善经营，努力增收节支，在生产适销对路产品、满足社会需求时，增加收入，使自己尽快富裕起来。

第七，发展市场经济有利于促进农业技术进步，使农业逐步转到以先进科学技术装备的现代化农业的基础上来，重视和加强智力开发，进而改变农村的经济、文化、社会结构，缩小工农差别、城乡差别，巩固工农联盟。

总之，社会主义市场经济的发展推动了农村生产力的发展。生产力发展了，就能进一步完善和促进农村集体经济的发展，为实现农村现代化奠定坚实的物质技术基础，是实现农村现代化的必由之路。

三 农业改革取得了极大的成就，农业发展登上了一个新台阶，为县经济社会的稳定和发展奠定了基础

农业是县经济中的一个基础部门，农业发展的好坏直接关系到县经济社会发展的快慢和稳定。农业跨上一个新的台阶，既是县经济社会发展转入一个新阶段的标志之一，也是县经济社会发展转入一个新阶段的基础，是县经济社会发展由依附性发展转向自主性发展的基础和条件，是农村经济和社会出现全面协调发展的基础和条件。

1979 年以来，党中央颁布了一系列的加强和发展农业的重要文件，坚持实事求是的思想路线，纠正"左"的错误，从发展农村生产力的实际需要出发，制定了一系列振兴农村经济的方针政策，从根本上变革了长期形成的农村经济低水平的经营管理模式。主要有：恢复和扩大农村合作经济组织和农民的经营自主权，普遍实行了以家庭联产承包为主的责任制形式；实行多种所有制形式和经营方式并存；鼓励农民发展家庭副业，恢复农村集市贸易和城市建立农副产品批发市场；提高粮食、棉花、油料等主要农产品的收购价格；坚持"决不放松粮食生产，积极开展多种经营"的方针，调整农村产业结构；允许和鼓励农业剩余劳动力向非农产业转移，积极发

展乡镇企业；变革农产品购销制度，由统购统销改革为合同定购制；放手发展农村商品生产，鼓励一部分地区和农民通过勤奋劳动和合法经营先富起来；同时构造了农村合作经济组织的新的组织形式——"统""分"结合的双层经营体制，积极发展农村社会化服务体系建设，并与多年积累形成的生产物质基础设施和技术条件相结合，迸发出巨大的经济能量和增产潜力，取得了令人振奋的经济效果。

20 世纪 80 年代改革开放后的中国农业，是我国历史上最好的时期，中国农业的发展已成为世界农产品增长的主要推动力量，为世界农业的发展作出了贡献。

我国农业在 1952~1980 年的 28 年间，年均增产粮食 57 亿公斤，棉花 5 万吨，肉类 31 万吨；而 1980~1990 年的 10 年间年均增产粮食 100 亿公斤，棉花 16 万吨，肉类 118 万吨，增长速度分别是前 28 年的 0.9 倍、3.2 倍、3.8 倍。正是这种高速增长，导致了我国农产品在世界上的位次大踏步跃迁。目前，我国农业占世界第一位的有：粮食、棉花、肉类、蛋类、油料和烟叶等，淡水鱼类的产量也接近世界前列。主要农产品产量的大幅度增长已成为我国综合国力显著增强的重要标志。

把我国主要农产品的产量放在世界农业发展格局中来做一个横比，就可以看到，我国农业不仅在发展速度上名列前茅，而且在世界粮、棉、肉的增量中，一半左右是由于中国的增长而取得的。1978~1989 年世界粮食产量增加了 2578.6 亿公斤，同期中国粮食增加了 1045.5 亿公斤，占世界粮食增量的 40.5%；世界棉花增加了 398 万吨，中国增加了 162 万吨，中国占世界棉花增量的 40.7%；世界肉类（猪牛羊肉）产量增加了 2070 万吨，中国增加了 1469.7 万吨，占世界肉类增量的 71%。这些数字说明：中国是世界农产品增长的主要推动力量，中国农业作出了世界性的巨大贡献。

如果把我国现在的农业发展状况与 20 世纪 50 年代初期相比，成就显得更为巨大。在 1949 年新中国刚诞生时，我国的粮食生产基础非常脆弱，产量很低，粮食总产只有 1131.8 亿公斤。当时美国国务卿艾奇逊在给杜鲁门总统的信中写道："中国人民的吃饭问题，是每个中国政府必须碰到的第一个问题，一直到现在没有一个政府使这个问题得到解决。"

解决这个吃饭问题，除了原有的生产力水平极度低下外，还有两个特殊困难：首先，我国是世界上人口最多的国家，1949 年人口基数达 5.41 亿，1990 年大陆人口达 11.4 亿，人口增长率年均达 18.2‰，人口的增长对粮食供给产生了巨大的压力。其次，我国国土面积虽然很大，但耕地面积较少，而且人均耕地面积呈不断减少趋势，由 1949 年的 2.71 亩下降到 1990 年的 1.32 亩，减少一半多。就是在这种人增地减的背景下，我国的粮食生产的总产量和单位面积产量却不断增长，由 1949 年的 1131.8 亿公斤增加到 1990 年的 4350 亿公斤，增长了 3.8 倍，年均增长率达 3.28%，远远超过了人口的增长率。1949 年人均占有粮食 208 公斤，1990 年达 385 公斤。经过几十年的努力，我国粮食总产量已跃居世界首位，粮食的增长速度不仅超过世界平均增长速度，而且还快于美、日、法等国。1949 年，我国粮食单产低于世界平均水平 8.4 公斤，到 1978 年已高出平均水平 38 公斤，1990 年高出世界平均水平 78 公斤。

在中国共产党的领导下，依靠社会主义制度的优越性，我们在只占世界 7% 的耕地上，解决了占世界人口 22% 以上人口的吃饭问题，这是一个了不起的成就，是世界农业发展史上的一个奇迹。

农业的发展是农村由传统社会向现代社会转化的物质基础。首先，农业发展是社会分工分业的前提。从人类发展历史看：从采集、狩猎发展到原始农业和养畜业，随着生产工具的改进和农畜产品的剩余，逐步发展到种植业和畜牧业分工，农业与手工业、商业的分离。人类社会分工的每一次发展，都是以农业的不断发展和农业劳动生产率的不断提高为前提的。只有在农业生产发展到一定水平，其他部门才可能从农业中分离出来，成为独立的生产部门。其次，农业生产的发展是国民经济各部门进一步发展的基础。马克思曾指出，社会用于生产小麦和牲畜等所需要的时间越少，用在进行其他生产——物质和精神生产的时间越多，社会就能够把更多的劳动力用来发展工业、商业、文化教育事业等。第三，对中国这个具有特殊发展条件的国家来说，农业的发展将使农村逐步摆脱对城市的依附地位，为加速农业现代化的进程提供了物质基础。

四　乡镇企业异军突起，成为振兴农村经济的必由之路，是县经济社会发展的基本推动力

伴随着改革开放大潮而"异军突起"的乡镇企业，现已在我国的政治、经济和社会生活中占有了重要地位，并对中国经济社会的协调发展发挥着越来越大的作用。"七五"期间，乡镇企业得到了蓬勃发展。即使在 20 世纪 80 年代后期严峻的市场环境下，乡镇企业也没有停步，再次显示出其顽强的生命力。

1990 年，全国有乡镇企业 1850.4 万家，企业职工达 9264.8 万人，占全

国社会劳动力的 16.4%，占农村劳动力的 22.1%。乡镇企业总产值达9581.1 亿元，占社会总产值的 24.6%，占农村社会总产值的 59.1%。出口产品总额达 485.6 亿元，占全国出口总额的 23.7%。乡镇企业实现利税总额 1012.1 亿元，其中上交国家税金 391.6 亿元，占国家税金总额的 14%，企业利润 588 亿元。乡镇企业固定资产原值达 2857.1 亿元，定额流动资金为 1684 亿元，支付工资总额 1129.6 亿元，[①] 平均每个职工年工资 1100 多元。

"七五"期间，乡镇企业进入了一个发展新阶段，为国民经济发展作出了巨大贡献。通过贯彻国家对乡镇企业"积极扶持、合理规划、正确引导、加强管理"和"调整、整顿、改造、提高"的方针，乡镇企业充分发挥了机动灵活的优势，克服了资金、原材料紧缺及市场疲软等困难，进入了一个全面提高的发展新阶段，显示出以下五个特点：

一是自觉适应国民经济和社会发展总体规划以及国家产业政策的要求，积极调整、优化结构，保持了持续健康的发展。"七五"期间，乡镇企业安置了 2220 多万个农村剩余劳动力就业，占同期全国安置就业人数的57.6%。总产值由 1985 年的 2752 亿元增加到 1990 年的 9581.1 亿元，新增产值占同期全国社会总产值净增数的 38%，占农村社会总产值净增部分的84.9%。其中乡镇工业产值净增部分占全国工业产值净增数的 57.4%。集体企业固定资产由 770 亿元增加到 2220 亿元，增长 2 倍多，占农村集体经济固定资产的 80% 以上。特别是乡镇企业经过多年的结构和布局调整，85% 以上的企业和产品符合国家产业政策的要求，初步走上了结构优化、布局合理的发展轨道。

二是乡镇企业市场经济的运行机制逐步完善，灵活优势进一步发挥。乡镇企业自觉"上规模、上速度、上质量、上水平"，向社会化、专业化生产和经营迈进，由过去"船小调头快"的优势，逐渐向"船大抗风险"的方向发展。"七五"期间，乡镇企业进一步通过横向联合和兼并，使生产要素合理流动和优化组合，目前已建立起一大批企业集团或企业群体。年产值在 500 万元以上的企业有 1.5 万家以上，而且出现了一批年产值超亿元的乡镇企业。

三是出口创汇企业发展迅速。"七五"末，全国乡镇出口企业发展到 5万余家，出口创汇达 130 亿美元，比"六五"期末创汇 50 亿元增长了 1.6

---

① 中国农业年鉴编辑委员会编《中国农业年鉴1991》，北京：农业出版社，1991 年 12 月版，第 359 页。

倍，占全国出口创汇总额的 1/4。目前全国已拥有贸工农基地企业近 200家，机电出口基地企业和扩大外贸自主权企业 150 多家，使乡镇企业成为出口创汇的重要力量。

四是自觉摆正国家、农业、农村经济发展的关系，积极作出新贡献。"七五"期间，乡镇企业上交国家税收净增部分相当于国营企业、城市集体企业、私人企业等税收净增额的一半以上。乡镇企业利润用于补农、建农资金 216 亿元，用于农村各项事业建设资金 324 亿元。

五是自觉地推进科技进步，强化企业管理，产品质量和企业素质进一步提高。全国乡镇、村两级企业标准化覆盖率已由"六五"末的 50%以下，提高到 1990 年的 85%以上。乡镇企业在"七五"期间获科技进步奖 139项，并有 36 个产品获国家优质产品称号，获国际金奖 15 个。获国家二级企业称号的有 117 家，获省级先进企业称号的逾千家。乡镇企业拥有的科技人员占企业职工总数的 2.75%。

总之，乡镇企业的发展对中国经济—社会的发展将产生巨大的影响。具体表现在以下几方面：

1. 乡镇企业是农民就业的重要渠道

20 世纪 80 年代，乡镇企业对经济发展和改革的最大贡献在于为国家减轻了就业压力：9264.8 万多农村剩余劳动力在乡镇企业找到了出路。据测算，20 世纪 90 年代，我国还将有 1.6 亿农村剩余劳动力需转移出来。这么庞大的就业压力，无疑是世界上罕见的经济问题。把这个问题解决好，有利于促进 20 世纪 90 年代中国经济的腾飞。而要解决这一问题，乡镇企业是重要渠道之一。

2. 加速了农村现代化的进程

乡镇企业的发展，结束了中国农村社会的封闭状态。纵观历史，中国农民从未有过像今天这样从事如此广泛的社会生产和经济社会交往，从未有过像今天这样良好的、与现代文明相结合的机会：农民办工厂、办商店、买轮船、购飞机、装电话、用电脑等等。乡镇企业成为农民通向现代化的金桥，而乡镇企业的现代化又有助于加速中国现代化的进程。

3. 优化农村经济结构

单一的以农业为主的农村经济结构，是农民贫困的重要原因之一，也是农业发展缓慢的原因之一。乡镇企业的崛起，使农村经济结构发生了巨变，非农产业比重由 1980 年的 31.1%提高到 1990 年的 51.6%，一个农、林、牧、副、渔全面发展，农、工、商、运、建综合经营的经济结构已在中国农村大地基本形成，并已构成未来中国农业现代化的基础。

4. 提高了中国农民的素质

乡镇企业崛起，把现代工业文明带入比较封闭、落后的农村和乡镇，开阔了农民的眼界，扩大了农民的社会交往，启发了农民的求富欲望，提供了农民发挥创造力的场所。乡镇企业与城市工业和科技人才有广泛的联系，有些产品本身就是城市工业的辐射产品或协作产品，他们与城市工人阶级有千丝万缕的联系，学习工人阶级和科技人员的先进经验和技术，学习工人阶级的优秀品质，造就了上百万个农民企业家、经济师、工程师、会计师和供销人员，使亿万农民的素质得到了提高。

5. 促进我国经济体制改革的深化

乡镇企业从一开始就逐步形成以市场为导向的调节机制，以厂长经理为主的集体承包制取得了显著的成绩，实行自负盈亏、优胜劣汰、多种经营形式并存的发展机制，为城市企业改革提供了丰富的经验和启示。

乡镇企业已成为农村公有制经济的主体产业，成为国民经济的重要组成部分，在工业上已形成"三分天下有其一"的格局，而且乡镇企业发展的势头方兴未艾，后劲很足。其根本原因是在发展社会主义市场经济过程中，自觉地实行在宏观调控下让市场充分运转的经济体制，从而形成了一套具有中国特色的自主经营、自负盈亏、自我积累、自我发展、自我调节、自我约束的机制。这种机制具体表现在以下几方面：一是经营目标上，有顽强的改变自身贫困面貌的动力，有危机感、紧迫感，只能开拓前进，没有老路可走；二是在决策上，"婆婆少"，厂长、经理自主权大，实行的是厂长、经理负责制，职责明确，没有"球"可踢，很少有"皮"扯；三是在经营形式上，自负盈亏、独立核算，没有"大锅饭"可吃；四是在分配上，真正实行多劳多得，分配与利益挂钩，职工没有"铁饭碗"可端；五是在用人制度上，平等竞争，五湖四海选能人，委以重任后有职有权，能者上、庸者下，没有"铁椅子"可坐，决不搞"南郭先生"那样的"滥竽充数"混饭吃；六是在生产上，靠市场调节为主，适应市场需求，以销定产，以产促销，随机应变，没有"铁拐棍"可拄；七是在管理上，机构精简，管理人员少，办事效率高；八是在领导体制上，实行党委领导下的厂长负责、集体承包制，坚持社会主义方向，走共同富裕的道路。

上述八条运行机制适合乡镇企业的具体情况，且被改革开放十二年来的实践所证明是富有生命力的灵活机制。这些成功的经验和做法，激发了乡镇企业9260多万名职工的艰苦创业精神。这种机制是在改革开放中形成的，是改革开放的产物，也是千百年来我国农民勤劳俭朴传统的继承和发扬，我们应该充分肯定它，并在实践中不断完善它，以促进乡镇企业进一步持续、协调、健康地发展，并为深化改革、搞活经济作出更大贡献。

6. 缩小了城乡差别

乡镇企业的崛起，彻底改变了农村农业、城市工业的经济格局，并成为城乡交流的"桥梁"。据调查，目前已有上百万城市里来的技术员、工程师、科研人员和各种经营管理人才在为乡镇企业服务。这种正在向深度和广度发展的城乡交流，对于缩小城乡间存在的经济落差、科技落差、文化落差、市场落差和人才落差，有着难以估量的深远意义。

7. 促进生产要素市场的发育

尽快发展生产要素市场，完善宏观调控下市场经济的运行机制，是经济体制改革的重大课题之一。乡镇企业从诞生之日起，就是对传统城乡资源分配体制的一个挑战。20 世纪 80 年代，乡镇企业不断地冲击着原有的工农业资源分配体制，不断地扩大市场调节部分的资源比重，促进了生产要素市场的发育，加快了改革旧体制的步伐。

8. 冲破了传统农业社会关系

乡镇企业造就了近一亿农民的产业大军。这些农民在冲破传统农业束缚之后，用新的头脑、新的眼光、新的观念、新的行为冲击着传统农业社会关系的樊篱，寻求新的适应商品经济发展的社会关系。而商品经济的价值观念又改变了农民的生产、生活、交换、分配习惯，从而不断推动农村商品经济的发展。

9. 加快了中国农村城市化的进程

家庭联产承包责任制的推行，改变了土地的经营方式，促进了农业生产的发展和农村经济的繁荣。农业劳动生产率提高了，农村出现大量剩余劳动力。农业剩余劳动力必然要向非农产业寻找出路，从而促进了乡镇企业的迅速发展，初步形成了具有相当实力的产业系统。随着商品生产的发展，农民依靠自己的力量，汇入到商品经济的洪流中去，形成了农村商品流通体系的新格局，而非农产业的出现又促进了我国农村产业结构的变革，二、三产业的发展出现了勃勃生机。二、三产业的发展、劳动力的转移，必然促进农民生存空间的扩大，从而促进了区域性非农产业聚集中心的出现，农村小城镇建设的步伐加快。这一切都显示出：乡镇企业犹如神奇的"造城能手"，促进了中国小城镇的空前繁荣。20 世纪 80 年代末，中国已有

11392 个建制镇和 44446 个乡镇以及数万个集镇因乡镇企业的发展而崛起，并不断地兴旺繁荣起来，形成了农村金融、贸易、法律、通讯、运输、经济、文化交流、教育等服务中心。乡镇企业的发展，加速了中国农村城市化的进程，从而为农村现代化的实现奠定了基础。

10. 乡镇企业的发展，促进了中国亿万农民由温饱奔向小康的实现进程

在乡镇企业这根支柱上，如今活跃着 1850.4 万个大、中、小型企业，年创产值 9581.1 亿元，年创汇 130 多亿美元，年上缴税金近 400 亿元，年创企业纯利 588 亿元。已拥有各类专业技术人才 130 多万人。固定资产纯值已达 2250 亿元，企业职工工资总额达 1129.6 亿多元，[①] 人均 1300 多元，在全国农民人均收入 630 元中，其中从乡镇企业收入的就占 140 元左右。据我们测算，按"七五"期间的平均速度发展，到 2000 年，乡镇企业将占有"半壁河山"，与国有企业"平分秋色"，甚至有可能略为超过。在未来我国由温饱型社会向小康型社会转变过程中，乡镇企业将居举足轻重的地位。

总之，中国现在还是一个农业大国，农业和农村经济是整个国民经济发展的基础，乡镇企业现已成为振兴农村经济的必由之路，成为农村经济的支柱产业，成为农村剩余劳动力就业的主要出路。20 世纪 90 年代，将是我国现代化建设的一个关键时期，从发展趋势看，乡镇企业必将在我国经济建设的全局中发挥更加重要的作用。在农业发展和农村各方面的建设中，尤其是在增加农业投入，加强农业的基础设施和完善社会化服务体系建设方面，乡镇企业将成为重要的力量。乡镇企业在全国社会总产值中所占的份额将进一步扩大，它与城市大工业开始形成的互补互促关系，将进一步促进资源优化配置和有效利用，促进城乡经济的合理分工和协调发展。目前，乡镇企业总产值的 85% 是依据市场导向来弥补城市工业的不足。在很多地方，特别是东部发达地区，正在出现乡镇企业与城市工业直接联姻，互为依托，互为市场，相互取长补短，形成比翼齐飞的新趋势。此外，乡镇企业在优化农村产业结构、为国家增加财政收入、扩大外贸出口、安置剩余劳动力就业、促进城镇发展、推动农村精神文明建设、巩固工农联盟和加强基层政权建设、缩小城乡差别等方面，都将会发挥越来越大的作用。这对我国国民经济和社会发展必将产生深远影响。

---

① 中国农业年鉴编辑委员会编《中国农业年鉴 1991》，北京：农业出版社，1991 年版 12 月，第 359 页。

因此，20 世纪 90 年代应更加重视我国乡镇企业的发展。乡镇企业应走内涵发展与外延发展并重的路子，进入一个以深化改革和促进增长为基本特征的发展新阶段。为此，宜采取以下对策措施：

（1）积极贯彻"因地制宜、合理规划、分类指导、稳步推进、加速发展"的原则。乡镇企业要在保护自然资源、合理利用资源的前提下，不断提高经济效益；在保证质量、讲求实效的前提下，保持适当的发展速度。根据多年的经验，发展速度控制在 15% ~20% 以内为宜。对乡镇企业起步较晚的"老、少、边、穷"地区及中西部经济欠发达地区，尽可能给予扶持，有计划地加速发展；对沿海经济发达地区及城市郊区，要立足原有基础，加快技术改造，致力于发展高新技术产品，加快步子向外向型经济发展，鼓励其参与国际竞争；对中部地区应发挥本地资源优势，实行经济综合开发，提高发展水平；西部地区应积极引进人才、技术，发展横向联合，选准经济发展的生长点，带动经济全面发展，以缩小不同地区经济发展的差距。无论哪类地区，都应根据条件，利用优势，合理规划，加快开放步伐，使整个经济在全方位开放的基础上，跨上新的台阶。

（2）深化企业改革，增强企业活力。在继续保持和发挥乡镇企业机动灵活机制的前提下，集体乡镇企业要不断完善厂长、经理负责下的集体承包经营责任制，引导乡镇企业参加或组建企业集团，形成新的整体优势。国家计划内物资供应可留出一块指标，纳入市场调节范围，使乡镇企业的原材料、能源、电力等紧缺状态有所缓和，从而也能使乡镇企业的发展逐步纳入国家宏观调控机制内。对个体私营企业鼓励其走股份合作制道路，联合起来，增强规模效益。应加强对个体私营企业的管理和监督，避免假冒伪劣商品充塞市场而危害消费者的利益，用经济杠杆调节其过高的非劳动收入，坚决取缔其非法、违法收入。深化流通体制的改革，在市场经济运行机制下，对乡镇企业的产品销售，国家有责任为其疏通渠道、提供信息、引导销售，以保证再生产的顺利进行。

（3）增强企业素质，提高经济效益、生态效益和社会效益。乡镇企业的发展必须走依靠科技进步的路子，以提高产品质量、提高劳动生产率、提高企业经济效益、提高在国内外市场的竞争力。要加强对企业职工的技术培训和岗位培训，以提高企业的整体素质。对污染环境的企业和产品，要统筹规划，抓紧治理，保护良好的生态环境。

（4）按照国家产业政策，有步骤地调整产业结构和产品结构，搞好技术改造。今后兴建农产品加工业应主要放在农村，适合农村加工的工业品也应向农村扩散。为国有大中型企业配套的产品、出口创汇产品和劳动密集型企业，要优先进行扶持。不断开拓市场，促进乡镇企业创优、创新、创汇、创效，使企业走上水平、上质量、上管理、上等级的路子，促进乡镇企业持续、稳定、健康地发展。

我们可以确信，乡镇企业在其自身发展过程中，定将对中国农村经济的振兴、进而为全国的经济、政治、社会的稳定，为实现国民经济发展第二步战略目标作出新的更大的贡献。

五　县域内出现了一批沟通城乡、作为中介的新城镇，越来越多的农村人口卷入城镇生活

我国工业化在过程中，前期由于国家采取了优先发展重工业的方针，难以吸纳很多劳动力，连城市自然增长的人口都难以安置，更不可能吸收农村劳动力了。新中国成立后，我国的城市化虽有一定的发展，但却是低速的。1950 年的城市化率为 11.2%，到 20 世纪 70 年代末约 20%，30 年间城镇人口仅增加 6000 余万人，且这种增长有 2/3 属城镇人口的自然增长，由农村转入城镇的只有 2000 万人左右。在 1949～1980 年的 30 多年间，我国城市数目由 69 个增加到 233 个，年均增加 4.6 个。

作为中国现代化的一个最大难点就是提高城市人口的比重。作为现代社会主要基础的现代城市，难以在既有规模基础上吸收大量人口，因此，城市数量的增加和新城市的兴起是我国工业化过程中所必然会出现的一种趋势。进入 20 世纪 80 年代，我国的城市化速度明显加快了。在 1980～1990 年的 10 年间，城市数目由 233 个增加到 467 个，增加了 234 个，年均增加 23.4 个，是前 30 年增长速度的 5.1 倍。20 世纪 90 年代，我国城市化的速度将进一步加快。

20 世纪 80 年代以来，中国城市化的一个最显著的特征是小城镇的发展。1990 年我国的建制镇增加到 11392 个，比 1980 年的 2600 个增加 8792 个，增长 4.8 倍，建制镇人口由 5800 多万增加到 24300 万。此外，还有 44446 个乡镇和 279 个县升格而成的市，1903 个县城和 651 个郊区，越来越多的人口卷入城镇生活，中国的城市化出现了一个新的局面。

乡镇作为城乡的中介，有较强的可塑性。特别是随着政府对经济活动的干预由直接转为间接，乡镇及小城镇的发展将更多地在经济规律作用下实现较大范围内的自我调节。这样，就不可避免地会出现两种逆向变动趋势：一些结构功能健全、发展层次较高、布局合理、具有地理优势和交通

优势的乡镇，将随着一定区域内城乡商品经济的发展而走向更高层次的集中，成长为农村中更大区域内的经济、文化、教育中心；一些结构层次低、服务功能差、规模小、布局不合理、交通地理位置不便的乡镇，随着区域流动政策的进一步放活，本地区域内农业劳动力乃至农业人口的减少，加上规模较大的城市不断扩张而形成推动力，其发展必然逐渐衰落下去。这是农村城市化起步阶段的一种规律。我们难以抑制它，但却能据此进行积极引导，合理规划，尽可能减少不必要的社会震荡。

因此，20 世纪 90 年代乃至 2000 年后的相当长时期内，中国乡镇发展的主题应是在 20 世纪 80 年代分散发展的基础上，实行适度集中的方针，重点培育出一批已具规模，经济结构合理，聚集效应好，交通地理位置较好的农村乡镇，以增强它们的扩散能力，带动农村以较快的步伐向现代化迈进。

乡镇适度集中发展受到以下三个规律的作用：（1）集聚规律。农村不同产业为了追求"城市化经济"利益而集中于一定小区的内在发展规律；（2）规模规律。乡镇规模的扩大会在公共设施的建设和利用上节省投资，取得社会、经济、生态三位一体的规模效应；（3）生产力制约规律。一定时期的生产力发展水平就有与之相适应的城市化规模和现代化形式。

研究与现实表明，我国目前的乡镇体系尚处于分散、低质状态。而体系结构的调整、城市功能的改善及质与量的提高都有待于集中程度的适当提高。

乡镇的最大特点是各种产业活动在时间和空间上并存，形成一个综合性的产业系统：包括乡镇工业、乡镇农业和乡镇服务业。乡镇产业的综合性决定了其区位的特殊性，即在这个区位内部既要解决农作物生产的合理布局问题，又要解决市场的分级配置问题，还要解决乡镇工业的选址问题。根据农作物布局、工业选址、市场配置等各自最优化配置原则必然会形成一个最优化的中心。这个中心的经济实力越强、规模越大，对促进市场繁荣、工业发展、农业资源的合理利用都起积极作用，且可以辐射到各个分支集镇，形成乡镇的网络结构。

一般来说，乡镇首先是农村工业的中心。农村工业中心的合理定位，必然带动农业和商业服务业的发展。而市场体系的建立和工厂位置的确定反过来又影响农作物的布局，用经济力量改变着农村经济的发展，从而推动农民进入乡镇从事非农产业。

上述情况给我们如下启示：（1）发展乡镇工业，合理确定工业定位，是乡镇发展和农村城市化发展最主要的经济动因；（2）乡镇若以农产品为其生产原料而积极发展加工业，既可促进农业发展，又可降低工业成本；（3）在乡镇范围内工业和农业的协调发展是可能的，从而促使县经济—社会的协调发展；（4）建立乡镇区域的中心市场，既有利于扩大农业生产规模，又有利于沟通乡镇同农村，实现城乡一体化。

六　农村社会的现代化——农村社会结构的多元化和进一步开放、文明化

农村社会的现代化较之农村经济发展现代化滞后，直到80年代农村社会现代化因素的成长才日益显露出来，进入了加速发展期。

1. 农村社会结构的多元化

在生产力水平不高、社会化程度较低的社会里，由于分工不发达，人们的生产、生活、经历、活动内容等大体相同，社会成员的同质性很高。这不仅表现在物质生活方面，而且还表现在精神生活方面，社会成员几乎具有同样的价值观念，接受同样的规范模式，持有简明的道德标准以及相似的情感表现等。但在生产力水平较高、科学技术发达、社会分工较细、社会化程度较高的社会中，社会结构则呈现出多元化趋势，社会成员之间出现较大的差异，思想意识及道德规范也不完全一致，这就需要国家权力部门不断加以指导和组织协调，才能促进社会进步和形成合力。

中华人民共和国成立前，中国农村社会的分化，主要表现为生产资料占有方式不同，形成了不同的阶级，主要分化成地主阶级和农民阶级两大阶级，以及知识分子阶层。在农民阶级内部又根据土地的多少和受地主阶级剥削量的多少，分为中农、贫农、雇农等阶层。富农则属于剥削阶级。

经过社会主义改造和土地改革，在经济地位上的阶级对抗消失了，但在思想意识、经济、政治等领域方面的矛盾乃至对抗还会长时期存在。在社会主义改造后，经过农业合作化、人民公社化运动，农民基本上形成两大阶层，即农村干部管理者阶层和农民社员阶层，共同在社会主义集体化道路上前进，走共同富裕的道路。这是中国农村社会的历史性进步。但在这个过程中，由于经验缺乏，人民公社内部实行了过分集中、统得过死、一大二公的管理体制，影响了集体经济优越性的发挥和农业生产力的进一步发展，造成产业结构过于单一，这是一些弊端。

党的十一届三中全会以后，农村改革从一个高度同质性的社会逐步推向了多质性的社会，出现了农民阶层多元化的状态。目前的农村社会农民

阶级分化为以下 8 个阶层，即农村管理者阶层、农业劳动者阶层、乡镇企业管理者阶层、乡镇企业工人阶层、农村知识技术阶层、个体劳动和手工业者阶层、私营企业主阶层和雇工阶层。农村社会的多元化主要表现在以下几方面：

（1）在集体劳动者之外，出现了以生产资料私人占有的个体经济和私营经济，以及利益对立的雇工阶层。据统计：1990 年个体经营企业有 1328 万家，人数达 2092 万人。全国登记注册的私营企业有 9.8 万家，雇工总数近 147.8 万人。此外还有本是私营企业而以集体经济名义登记注册的约 16 万多家，约 200 万人，约 70% 在农村。

（2）农民从事的职业呈多元化趋势。农村的非农产业发展迅速，农村除出现大量的专业户外，兼业户也大量涌现。很多农民除从事种植业外，还经营其他非农产业。据中国社科院农村发展所《中国农业剩余劳动力利用与转移》课题组对 222 个村的调查，1988 年东部地区的农业剩余劳动力，全年性转移的占 53%，季节性转移的占 47%；中部地区全年性转移的占 47.1%，季节性转移的占 52.9%；西部地区全年性转移的占 29.4%，季节性转移的占 70.6%。数字表明：农民兼业是一种普遍现象，而且经济越发达，兼业就减少；反之，兼业现象越普遍。

（3）组织功能的分化。在人民公社化时期，党政经是合一的，政企职责不分。1982 年后，这种状况已基本改变。一般农村基层都有三套班子：村党支部为领导核心，农村合作经济组织为地区性集体经济组织，村民委员会是村民自治组织。班子分设，人员可以兼职，职能相对独立，但相互配合协作。相应的乡镇级也是三套班子，上下配合。

2. 农村经济活动的开放化

农村社会的开放性表现在两个方面：一是阶层间的垂直流动，任何人根据其才能和社会的需要，经过努力可以在阶层间流动和变化；二是经济活动的横向流动，既可以在区域内同一地位间不同职业间流动，也可在同一地位上不同区域间流动。社会流动给现代社会的人力资源充分发挥作用提供了条件。

我国在人民公社的管理体制下，农村人口的流动性较少。农村虽然从总体上说剥削阶级消灭了，但农民间的地位差别还是存在的。在一个县范围内，居民至少分为两个地位差别群体，即农业人口和非农业人口。要突破这两者间的界线难度很大，也就是说农业人口往非农业人口流动难度很大。但是，农业与工业、农民和工人之间的联系还是非常密切的，具体表现在三方面：第一，他们都是国家的主人，政治地位平等；第二，农业是基础，工业是主导，是国民经济的两大支柱产业，农业为国家的工业建设积累资金，提供农副产品原料，为城市居民提供粮食及蔬菜、肉类等副食品；工业为农业提供农机、化肥、农药等生产资料，工农业相互支援；第三，工农联盟巩固并不断发展壮大，成为国家稳定的基本力量。

农村改革后，农民的横向流动增加，农民交往范围扩展。农村改革扩大了农民的经营自主权，农民从土地的束缚下解脱出来。一般来说，政策允许农民在地区间、城乡间流动，也可以在职业间流动，扩大了农民在城市就业的机会。虽然农民仍然依恋着土地，与土地的联系还非常密切，甚至把土地作为农村社会保障的一种手段。但农民可以在农业耕作以外的时间和空间流动，寻求发展，取得新的经济来源，并在解决温饱问题后，向小康水平前进。市场经济的发展，打破了原来农村的地域封闭性，农民的活动范围也突破了地域界限，与社会的联系密切了，交往也频繁了，而且正逐步成为整个经济—社会协调发展中的积极因素。

第三部分　县经济社会发展面临的主要矛盾和问题：发展的不平衡性

20 世纪 70 年代末期开始的改革是一个新旧体制转换的过程，这对于县经济社会的现代化具有深远的意义。它把县经济社会的现代化推进到一个新的阶段，使县经济社会的发展进入了加速时期。但在肯定成绩的同时必须清醒地看到，县经济和社会的发展还存在着不少问题和诸多制约因素。县经济社会发展同其外部环境之间、构成经济系统各因素之间、社会发展的诸方面以及经济发展和社会发展之间存在着不同步和不协调性。县经济社会的加速发展仍然处于一种不平衡发展状态。

一　城乡矛盾影响了县的自我积累和自我发展能力——工农产品"剪刀差"的存在和财政困难对县经济社会发展的影响，以及农村剩余劳动力的大量流动对城市的冲击

城市和农村两个相互区别而又相互联结的区域在发展过程中可能出现三种状况：第一种是城乡之间彼此配合，共同促进，协调发展；第二种是城市处于支配地位，农村处于从属地位，发展滞后；第三种是城乡之间处于矛盾状态，发展过程中相互制约。20 世纪 80 年代由于改革，新旧体制处

于交织状态，我国城乡发展正处于这个阶段。在此之前，我国城乡关系属于第二种状态，城乡间处于不平等交换。在不平等交换情况下，城乡间之所以能维持有序状态，原因在于城乡关系被行政制度规定了下来，国民经济发展在高度集中的计划指导下进行，宏观调控功能强化，主要措施包括：（1）产品价格由国家规定；（2）户籍制度将农民和城市居民固定在既定的区位上；（3）实行单一的公有制，农民在集体经济组织内从事经济活动；（4）思想教育使农民形成一个共同的目标。在上述措施综合作用下，城乡关系处于有序状态，它们之间的矛盾处于潜在状态。

然而，20 世纪 80 年代的改革，在某种程度上冲击了上述措施和制度，使原有的潜在矛盾逐渐显示出来，从而影响了城乡关系的稳定和发展。

1. 交换的不平等

农村改革后，随着农产品价格的提高，工农产品"剪刀差"现象一度曾趋缩小，但随着物价的大部分放开和大幅度提价，工农产品"剪刀差"很快又拉大了，使农业生产的比较利益处于谷底，严重影响农业生产的发展，1985 年后连续五年出现徘徊。

工农产品比值"剪刀差"的存在，严重影响了农村资金的积累，从而影响了农村进行现代化建设积聚资金的能力，也影响了农民的农业生产积极性，削弱了农业的抗灾能力和农业发展后劲。

2. 财政支出严重向城市和工业倾斜，农村大量资金外流，影响了县经济社会协调发展

20 世纪 80 年代，国家财政收入有了比较快的增长。1990 年，国家财政收入达 3244.8 亿元，比 1980 年的 1085.2 亿元增长 2 倍，平均每年增长10%。与此同时，财政支出也大幅度地增长。在国民经济建设方面，10 年来国家财政支出累计达 9397 亿元，占财政总支出的 45%，这些资金大部分投入到了城市经济建设中去了，对于增强国民经济实力起了积极作用，但农业投资却严重不足，10 年累计投资 374.5 亿元，仅占基建投资总额的3.2%，占财政总支出的 1.5%。1990 年农业基建投资仅 36 亿元，占基建投资的比重不足 3%。对农用工业的基建投资比重，1952～1980 年平均为4.2%，"六五"时期降到 1.3%，"七五"期间继续下降，不足 1%。

与此同时，农村部分资金还通过信贷渠道流向城市。1980～1989 年，农村信用社存差累计 3514.8 亿元，占农村信用社存款累计额的 43.5%。1980～1986 年农村资金在国家银行也有存差，累计 397 亿元，占农村银行存款的 12.2%。1986 年后，国家银行对农村信贷出现贷差，但同信用社的

存差相抵，四年中仍有 1519.8 亿元的资金未用在农村。

3. 农村劳动力大量剩余，城市吸纳劳动力的能力极为有限

按照发达国家的一般规律，工业化程度与农业劳动力向工业和第三产业转移是同步的，农业产值下降与农业劳动力比重下降也是同步进行的。可是我国在工业产值比重大幅度上升的时候，农业劳动力的剩余却没有出现相应下降的趋势，直至 1980 年仍有大量劳动力滞留在农业生产领域。1980 年同 1952 年相比，我国工业产值占工农业产值的比重由 43% 上升到72.8%，上升了 29.8 个百分点，而城镇人口仅上升 7.5 个百分点。至 1990年，工业产值已占全国工农业总产值的 75.7%，农业产值已下降到 24.3%，但城镇人口占全国总人口的 26.23%，农村人口仍占 73.77%。虽然自 1978年以来乡镇企业发展很快，至 1990 年，已从农业中转移出 9260 万剩余劳动力，城乡开通，城镇又从农村吸纳了近 4400 万劳动力，合计转移出 1.3 亿多劳动力，但农业剩余劳动力仍然极为庞大，约 1 亿左右人口滞留在农村。这就给城市产生了很大的压力。1988 年和 1989 年春曾出现大批民工流向城市的浪潮，而城市的就业容量十分有限，结果农民进城遇到了极大的障碍；与此同时农民又不愿放弃进入城市的机会，造成了至今城市还有一支相当可观的劳动力流动大军，据统计约 5000 万～6000 万人。

20 世纪 90 年代，我国就业工作的大背景是劳动力总供给大于总需求，劳动就业工作中一些深层次的矛盾也更加突出：首先是城乡劳动力双过剩。在城镇，大批的社会待业人员与企业推向市场经济后隐性待业人员并存；在农村，剩余劳动力不断增加。其次是就业不平衡性加剧。大中城市、沿海地区就业压力开始趋缓，县镇、边缘地区、矿区、林区、军工三线地区、铁路沿线待业率居高不下，社会不安定因素渐趋增加。第三是结构性待业问题日益突出，一些苦脏累工种后继乏人，就业难与招工难并存。第四是城市待业职工数量增加，劳动者流动就业和转换职业的现象增多。特别是把提高经济效益作为全部经济工作的中心后，对劳动就业工作提出了更高的要求，劳动就业工作既要通过合理开发利用劳动力资源，促进经济发展，又要同劳动制度改革紧密结合，为提高企业经济效益创造良好的外部条件。按照这一任务的要求，城市劳动力就业的难度将增加，城市吸纳农村劳动力的难度将更大。这一矛盾将成为 20 世纪 90 年代城乡协调发展的一大难题。

二　区域矛盾——区域间经济社会发展的不平衡形成了地区间的封闭性

在农村改革前，县经济实行的是计划经济，缺乏自主权，县与县之间的联系极少，各县经济发展的差别不大，区域间的关系比较融洽。20 世纪 80 年代起，农村商品经济逐步得到发展。县与县之间或同一县不同地区间，由于历史起点、经济发展水平、自然资源状况、地理位置等的差别，经济发展的差距明显地扩大了，突出表现在乡镇企业的发展水平和各地财政收入水平的差距上。就全国而言，基本上可划分为三个类型：即东部沿海各省为经济发达地区（包括广东、福建、浙江、江苏、上海市、山东、天津市、北京市、辽宁九个省市），面积占国土总面积的 1/10，农业人口仅占 1/3，而乡镇企业创造的产值却占全国的 70% 以上，其人均乡镇企业产值是中部地区的 4.2 倍，是西部地区的 13.2 倍，尤其是辽东半岛、山东半岛、京津塘地区、沪宁杭长江三角洲、珠江三角洲地区的乡镇工业更为发达。中部地区为经济中等发达区，西部地区为经济不发达地区。再从县（市）财政状况看，在 2182 个县（市）中，财政收入前百名的县（市）平均每县 1.7 亿元，其中：上海的嘉定县，江苏的无锡县、川沙县、江阴市，以及上海县、南海县、南汇县等十大"财神"县，财政收入均超过 3 亿元，是全国平均水平的 12 倍，其工农业总产值合计为 450 多亿元，相当于一个中等发达水平省的生产规模。与此同时，却有占全国县总数 55% 的县（市）财政出现赤字，全国一年定额财政补贴达 55 亿元，占县级财政收入的 31.2%。

县与县之间经济发展的不平衡所引起的矛盾，表现在不发达县（市）在同发达县（市）的经济交往中处于劣势。一般来说，经济不发达地区提供的商品以初级产品为主，而经济发达县提供的商品以加工产品为主，增值率远远高于初级产品，因而在商品交换中处于有利地位。与此同时，一些县（市）随着非农产业的发展，种植业的地位被削弱，出现了土地撂荒或变相抛荒现象，使一些省原来粮食自给有余变为现在自给不足，所需粮食从其他产粮县（市）获取；在粮价严重不合理的情况下，这就造成了粮食调出地与调入地区的经济差额，出现种粮"吃亏"的现象。地区间的矛盾加剧，特别是在粮食生产出现歉收时，地区间的矛盾更为尖锐，引起各种农产品"大战"。

农村改革使县级有了一定的自主权，加上 1985 年后实行财政包干体制，使得地方利益变得日益占据重要地位。原来生产布局上的全国一盘棋被打乱了，代之而起的是为了本地本县的利益，各自为政的问题越来越突出：一是对于利润较大的农业生产项目各地一哄而起，出现"卖难"；二是农业紧俏产品，为争夺原料和市场而出现"大战"，越演越烈，屡禁不止，严重影响农村市场的稳定和农业生产的均衡发展。

三　生产和流通的矛盾，严重影响了县经济社会的稳定发展

生产和流通的矛盾是引起农业生产大幅度波动的重要原因。在实行完全计划经济的情况下，农民生产的产品由国家统购包销，农民的生产受国家计划的直接控制，因而基本上不存在生产和流通的矛盾。十一届三中全会以后，农村逐步推行了家庭联产承包责任制，过去的集中统一经营改为农户分散经营，农民有了自主权，生产积极性勃发，农副产品产量大幅度增加。1984 年全国一改长期农副产品供给不足的局面，出现了"卖难"局面，严重挫伤了农民的生产积极性，是我国改革开放以来生产和流通矛盾的第一次大爆发。1985 年，农村改革转入第二步，沿袭三十多年的统购制度被取消，大量农副产品的价格放开，由市场调节农业，形势急转直下，农产品产量大幅度下降，从此农业生产转入 5 年徘徊。造成这次徘徊的原因很多，重要的一条就是生产和流通存在矛盾，流通的格局不能适应以家庭为单位的分散经营、分散生产的局面，不能把小生产和大市场有机地联结起来。造成这种尖锐矛盾的原因主要有以下几个方面：

第一，完全的计划经济被逐步改革后，指导性计划体制的建设没有相应地跟上来。在新的形势下，政府难以有效地协调和指导一家一户的生产经营活动，该做的不能做或没有做好，大量的生产经营活动盲目受市场摆布，大涨大落，发展极不稳定。

第二，流通领域的国家干预大大高于生产领域，部分产品的价格和销售权没有还给生产经营者，价格难以反映供求关系和产品的价值。国有商业和集体商业由于多年实行统购统销所形成的僵化状态没有彻底改变，经营不灵活，利益关系不明确，政企不分的现象仍然比较严重，流通企业与生产者的利益相异，难以发挥流通中的主渠道作用。

第三，市场体系不完善。各地区依靠行政力，各自独立地设计市场培育方案和规划，地区和地区之间缺乏协调和统一，往往从各自的利益出发，设计人为的流通障碍，分割市场。市场本身的构成也不完整，批发市场和各类专业市场发育迟缓，大量分散的集贸市场难以形成贯通一体的网络，增加了交易费用，影响了专业化生产和规模经营。

四 县级管理体制及功能与发展社会主义市场经济的要求不相适应，影响农村经济改革和现代化的进程

农村改革前的县级经济体制的形成与整个国民经济体制的形成，有着共同的社会历史条件，这就是在"一五"期间，随着对农业、手工业和资本主义工商业的社会主义改造及社会主义建设的进行，逐步形成了高度集中统一的县经济管理体制。这种经济管理体制具有以下特征：第一，以行政命令实行单一的计划调节，忽视并排斥市场调节作用。早在1953年，国家就对粮食和油料实行统购统销；1954年国家又对棉花和牲猪实行计划收购和派购制度，随之派购农产品的种类不断增加，达132种之多。长期以来，国家靠行政力量，以较低的价格收购农产品，以供应城市工业生产的原材料需要和职工生活的需要。在这期间，完全的真正意义上的市场关系是不存在的。从整体上说，工农业产品也通过市场进行交换，但这种交换只是按照指令性计划进行的。而全民所有制企业由国家通过行政管理机构直接经营，企业不是自主经营、自负盈亏的社会主义商品生产者和经营者，企业之间的生产资料实行调拨，企业再生产的物质补偿由国家安排，企业再生产的价值补偿也由国家包下来，企业的生产经营活动按照国家的指令性计划有序进行，这是一种行政管理、直接控制的体制。第二，我国在社会主义改造基本完成后，在所有制关系方面不断升级、过渡，片面追求"一大二公"，连农民的家庭副业也被取消了，把县域内的所有制结构搞成单一的"公有制"，即全民所有制和集体所有制。第三，农民没有参与流通的自由，没有支配自己劳动和劳动产品的自由，其生产劳动通过干部系统自上而下地统一安排、统一指挥，农民也没有生产决策权和产品经营权。

建立在上述特征基础上的县经济管理体制是属"行政型"的。农村实行经济体制改革后，市场被引入，实行家庭承包经营，逐步形成了以公有制为主体的多种所有制并存的格局，于是"行政型"体制发生了某些变化，但从整体来看还处于新旧两种体制的转换过程中，原有经济管理体制的弊端还明显存在：

（1）管理机构过于庞大，管理人员队伍膨胀，人浮于事现象极为严重

湖南省安化县1950年有局级机构19个，国家干部601人，其中副局级以上干部51人。从1951至1976年期间，国家干部逐渐增加到3639人，副局级以上干部198人。人员增加了6倍。1977～1983年干部增加到7099人，

其中副县长以上干部 10 人。从 1983 年起进行县级体制改革，到 1990 年国家干部增加到 9400 人，副局长以上干部 1633 人，副县长以上干部 68 人。①

据江苏省射阳县调查：1966 年县级机构 45 个，447 人，到 1982 年县级管理机构进行改革前，机构发展到 65 个，1203 人。1983 年开始机构改革，机构降至 49 个，1107 人（不含人武部干部 22 人）。此后不久，机构、人员又膨胀，至 1989 年机构上升到 78 个，人员上升至 1731 人。

机构膨胀引起的弊端很多。首先，增加了财政负担。据江苏省射阳县财政部门测算：1984 年行政人员人均年支出 2470 元，到 1989 年上升到 4740 元，以此推算，1989 年比 1984 年增加 625 人，一年就多开支 296.25 万元。全国 2182 个县（市）一年增加的财政支出数字十分惊人。其次，易产生本位主义和官僚主义作风。从横向看，同级机构林立，各为本部门本系统的利益着想，遇事相互推诿，遇利相互争夺，扯不完的皮；从纵向看，机构重叠，大小官员多，摆架子的多，下指示的多，深入实际的少，办实事的少，增加了办事程序，必然产生官僚主义。再次，副职多、闲职多，相互间矛盾多，动辄开会、讨论、研究、发文，造成文山会海，县级政府难以有效地发挥作用。

（2）县委、县政府决策选择重政治倾向

县级机关作为地方一级政权，在计划体制下，其基本功能是接受上级下达的任务，完成统派购指标，主动性、自主性较少，一般是按上级权力机关的指示布置工作，完成任务，政治倾向性较重。目前这种情况没有根本转变，政府的职能转换迟缓。县域各级政府和组织是"行政型"与"经济型"的混合体。农民的身份变了，地位变了、独立自主权多了，可是县级管理方式和领导方式却仍停留在原来的"行政型"水平上，用老办法进行领导，满足于对农民发布指令，领导者整天忙于开会、发文件，而很少考虑广大农民的接受程度。相当多的县级机关在改革开放新的历史时期，在由行政型转变为行政服务型，为广大农民提供系统服务以发展市场经济方面行动滞缓，很不得力，领导效率低下，群众意见很大。

（3）部门间矛盾增多

随着大部分农产品价格放开后，各部门原有的业务范围打破了，出现了对己有利的事抢着干，无利的事大家都不干，部门间常为争夺原料、市场、产品和利润而争执不下，纠纷和矛盾比较大。

---

① 参见《决策与信息》1990 年第 2 期。

（4）乡（镇）政府机构不健全，功能弱化，条块矛盾突出

乡（镇）政府是我国广大农村的基层政权机关，是联系县域经济和农村经济的纽带，也是农村政治、经济、科技、文化、教育的中心。作为行政区域的一级基层政权机构，它是农村商品经济的组织者、协调者，是广大农村社会发展的管理者、调节者。但由于现行条块分割的体制，影响了乡镇政府的职能发挥，束缚了乡（镇）政府的手脚，原本应由乡（镇）政府办的事也由上面条条在统着，县级在乡里设有很多分支机构，使乡（镇）政府难以统一组织、统一管理本行政区域内的事务，严重影响了工作效率的发挥和经济、政治工作的组织和协调，影响农村市场经济的发展。

总的说来，县级管理机构由于存在着上述弊端，严重地阻碍了社会主义市场经济的发展，不适应社会生产力进一步发展的要求，也严重影响了县经济社会协调发展的进程，已到了非进行全面综合改革不可的时候了。

五　农村社会的分化与整合的矛盾

由传统社会向现代社会发展的进程中，原有的整合机制会发生瓦解，新的整合机制将会逐渐建立，但在交叉运行过程中在一定程度上会出现某种无序状态。

在计划经济体制下，农民的价值观就是按计划下达的任务执行，在执行过程中服从干部的安排，这种服从是建立在公有制和集体劳动基础上的。因为只有通过服从，所取得的经济效果、社会效果才是最好的，这也是一种组织纪律性强的表现。"步调一致才能得胜利"，就是这种整合机制的确切注释。

农业实行家庭联产承包责任制后，农民有了经营的自主权，有权支配自己的劳动时间和劳动产品，有权决定资金的投向和活动场所，因此，农村干部的管理权力受到了削弱，其对于农村社会的整合力也开始下降。

在农村社会整合力削弱之后，社会成员间的互动增加。这时互动双方的关系决定于共同的价值观。这种共同价值观为社会关系提供了一种秩序基础。然而这种共同价值观的形成在现代化过程中有一定的难度，因为伴随着现代化而来的是社会的分化。这种分化从垂直角度来看，就是人民在社会中的地位差别日益扩大，这给共同价值观的形成造成了困难；从水平角度而言，就是人们从事的活动差别越来越大，农民选择职业的自由度增加。农村改革以后出现的情况就是这样。这种分化使任何一种价值体系与各个群体的利益差异越来越大，故难以在共同价值体系上实现具体而详尽

的对个人行为的规定。不同的群体从各自的利益出发，形成了关于自己行为的看法和对其他群体的看法。由于群体间利益的不一致性，使得这种看法在不同的群体间产生完全不同的理解和相互冲突的价值观，这种矛盾的价值观体系在行为上表现为互动双方都对彼此的行为产生不满。

农村的分化和开放性同社会整合的矛盾不仅表现为对权力秩序的冲击以及对共同价值观的形成造成困难，同时也表明为使社会有序发展需要对人们的行为进行"法律型"的规定。

在一个封闭的社会中，人与人之间的互动发生在彼此熟悉的人们之中，因而人与人进行交往时所遵循的是"人际关系原则"，彼此间的相互交往都是建立在相互信任的基础上。

当社会走向开放时，随着农村人口社会交往范围的扩大，人们交往的对象很多是不熟悉的，为了使交往有效，就不得不需要向"法制型社会"过渡。表现为：在现代社会中社会分工比较发达，人们之间相互依赖性增强，与此同时人们从事的职业差异性也扩大，其原有的经验和共同意识也逐渐消失，这时人们间的交往仅依赖情感显然不行了，必须以契约形式对交往行为规范化。另一方面，人们交往的范围也扩大了，增加了交往中的风险性和不确定性，为使交往具有可靠性，制定必要的行为规范就显得非常必要。因此，可以这样说，随着商品经济的发展，向"法制型"社会转化是必然趋势。然而，由于历史的原因，农村社会的"法"是极不完善的，人们的法制观念非常淡薄，这不仅表现为农民行为"无法可依"，同时也表现为"有法不依、执法不严"。

六 社会保障和社会福利事业发展滞缓，难以适应市场经济发展和农村现代化的要求，严重影响了人民生活质量的提高

1978 年以前，我国实行的是完全的计划经济，社会保障和社会福利制度也与此相适应。1978 年以后，随着市场机制的导入，改革原有社会保障和社会福利制度的要求日高。1984 年国务院发布《城镇集体所有制企业、事业单位职工养老保险暂行条例》，国营企业和城镇集体企业逐渐开始实行职工退休费用市县范围内的统筹。1986 年国务院发布《国营企业职工待业保险暂行条例》，开始从工资中提取待业保险基金，对失业的国有企业职工实行救济。与此同时，农村的一些地区也开始探索和建设新型的社会保障和社会福利制度。这些改革已经在县经济和社会发展中发挥了积极作用。但是，目前的社会保障和社会福利制度仍不适应商品经济发展的要求，存

在着很多问题和弊端，主要有：

第一，社会化程度低，大部分社会保障和社会福利开支要由企业自行负担。国有企业和县属集体企业实质上是一个小社会，自办各种生活服务和福利设施，管职工的生、老、病、死、衣、食、住、行，乃至小孩入托、上学和就业，功能齐全，机构和设施齐备，严重影响了企业的经济效率，增加了企业的负担和把企业推向市场的难度，不利于企业轻装上阵参与市场经济的竞争，使政府难以转变职能，任企业自荣自衰，影响了政企分开。

第二，覆盖面少，一体化程度低。县域内的社会保障和社会福利制度以城乡居民存在巨大差异为其突出特征。在城镇居民一端，国有企业和县属企业职工可以享受诸如劳动保险、公费医疗、住房供给、价格补贴等各种社会保障和社会福利；在农村一端，农民基本上既无劳动保险、公费医疗，又无价格补贴和养老退休金，社会保障基本上是救济型的。此外，即使是城镇居民，所享受的社会保障和社会福利也是不同的。作为私营企业和个体企业职工，也难以享受各种社会保障和社会福利，基本生活在社会安全网之外；城镇集体单位职工和全民所有制单位职工所享受的社会保障和社会福利水平也有明显的差异，如1989年全民单位职工的人均劳保福利费用为621.4元，城镇集体单位为361.1元，全民单位离退休、退职费人均1593元，城镇集体单位人均1046元。社会保障和社会福利水平在不同类型的企业和城乡之间的区别和差异，妨碍了人口在城乡之间和不同类型企业之间的流动，影响了城乡一体化的进程。

第三，县域内各种公共福利设施和公共福利事业，以及文化教育、医疗保健事业等发展迟缓，落后于经济发展。很多地方之所以经济上去了，人均收入水平有了极大的提高，而人们的整体生活质量却提高缓慢，根本的原因就是公共福利设施建设和公共福利事业发展迟缓，阻碍了生活质量的提高。一些地区农民的人均收入水平和衣、食、住、行比起城镇居民并不逊色，但都愿意进入城镇，成为城镇居民，原因也就在于此。

上述问题和矛盾的存在，严重影响了县经济社会协调发展的进程，也是造成地区间、城乡居民间发展不平衡的原因。推进县域综合改革已经到了急切需要解决的时候了。

第四部分　积极推进县经济社会综合改革，促使县经济社会发展由不平衡发展向平衡发展转化

1978 年后，县经济社会发展取得了很大的成就，县域内的经济实力、农村的生产力和农民的生活水平都有了很大的提高。但由于社会的复杂性、改革的探索性和艰巨性，县经济社会发展中各方面所取得的成就是极不相同的：有的方面取得的成就大一些，有的方面取得的成就少一些或成就甚微。县域内的各个因素出现了部分脱节和不相配套、不相协调的现象，也就是县经济社会发展存在不平衡性。这种不平衡性不仅影响了经济的发展和社会的进步，同时影响了农民的生活质量，成为在未来的县经济社会发展中需要解决的一个难题。对于如何解决县经济社会发展中的不平衡、不协调问题，以实现县经济社会由不平衡发展向平衡发展转化，总的来说可以从三方面入手，一是要为县经济社会发展创造良好的外部环境；二是要积极推进县级综合改革；三是继续深化农村改革。

一　改善宏观环境，为县经济社会发展和县综合改革创造良好的外部条件

重视县经济社会综合改革，一方面因为县是一个小社会，功能齐全，县政权组织有一定的自主权，权力结构比较完整，可以相对独立地推进，可以走在整个改革的前面；另一方面，是因为县是国民经济大系统中的小系统：从经济上说，县是国民经济的重要组成部分，从行政上说，县是国家行政系统中的一个基础层次；从社会上说，县是社会的有机组成部分。县综合改革不能不受外部环境的影响。外部环境的好坏，直接影响县综合改革能不能完成解决农村现代化过程中所遇到的各种矛盾的任务，直接影响到县综合改革的动力、广度、深度和县综合改革的效果。因此，改善宏观环境，为县综合改革创造一个宽松的环境，对县综合改革具有十分重要的意义。

1. 重视和支持县综合改革，把县综合改革作为改革的重要组成部分来抓

县级改革是在 20 世纪 80 年代初期提出来的。1981 年 3 月四川省首先确定在广汉、新都、邛崃三县进行县级改革试点，当时搞的是财政、粮食征购、农副产品上调任务等三大包干。1984 年，湖北、辽宁等 11 个省都先

后确定了一批综合改革试点县。1985 年 12 月，万里同志在中央农村工作会议上提出，要把县级综合改革再推进一步。此后，四川、广东、辽宁、河南、山东、山西等省先后作出了向试点县放权的若干规定。由于中央对县综合改革缺乏一个统一的部署和安排，加上各省的领导对县综合改革的重视和支持程度不一，县综合改革的实际步伐和所取得的成就在各地良莠不齐。重视县综合改革的地方，步子迈得大一些，重视不够或不重视的地方，县综合改革的步子迈得很小，有的甚至只走走形式。就全国总的形势看，1991 年春季以前，县综合改革迈的步子不大，所取得的成就有限，没有像农村实行家庭联产承包责任制那样形成了一股声势，这跟没有下大力气抓紧县综合改革有很大的关系。农村发展过程中所产生的各种矛盾和问题也跟我们没有及时地把农村改革上升为县综合改革有很大的关系。

抓县综合改革，是解决好农村各种矛盾和问题的主要途径，是农村改革向纵深发展的必然要求，是解放和发展农村生产力的强大动力。可以这样说，县综合改革的好坏将关系到农村经济发展的快慢，关系到农村现代化的进程和农村社会的稳定乃至整个国民经济发展的稳定和整个社会形势的稳定。中央和各省（市）都要抓住有利时机，推进县综合改革，重视和支持县综合改革，支持各县大胆探索，勇于改革创新。

推进、重视和支持县综合改革，一方面要鼓励县级领导大胆探索适合本县实际的综合改革路子，另一方而中央和各省（市）对县综合改革要有个统一的部署。我国的县综合改革试点工作已经有了 10 多年的时间，在县综合改革试点工作中，各地都不同程度地取得了一些经验和教训。对于这些经验和教训要认真进行总结，并在总结的基础上对县综合改革作出个统一的部署，中央制定出一个县综合改革方案，一个基本的框架。各省（市）根据中央的精神，结合本省的具体情况也制定一个县综合改革方案。这个方案不能违背中央方案的基本原则，要求对县综合改革的目标、内容、方法和步骤等作出具体规定。总的看起来，由于县的主体是农村和农民，县经济体制和政治体制改革跟我国改革的总体目标模式的距离相对要小一些，利益调整的艰巨性和复杂性、改革的艰巨性复杂性也都要小一些。县综合改革的步伐可以迈得比城市改革大一些，可以走在改革的前面。这样，县综合改革既可以为我国的全面改革提供经验和借鉴，也可以对我国经济体制和政治体制的进一步改革起推动作用。

2. 转变上级政府的职能，充分发挥市场调节的作用

这是上层建筑适应经济基础和促进经济发展的大问题。不在这方面取

得实质性进展，县综合改革就难以深化，社会主义市场经济体制也难以建立。转变的根本途径是政企分开。凡是国家法令规定属于企业行使的职权，各级政府都不要干预。下放给企业的权利，中央政府部门和地方政府都不要截留。政府的职能，主要是统筹规划、掌握政策、信息引导、组织协调、提供服务和检查监督。但是，过去的传统经济体制和政治体制是一种中央高度集权的体制。在上级统得过多、过死的情况下，县处于无权、无活力的僵化、呆滞状态，严重压抑了县的主动性和积极性，使县综合改革难以进行。因此，给县放权，给县应有的自主权，是县综合改革顺利进行的重要保证。在中央和省（市）政府的职能未转变的情况下，县级政府的职能转变了，行政系统的连续性就会被打破，中央和省（市）政府的有关职能就难以履行好，转变职能的县就有可能在和上级政府部门打交道时因缺乏职能对口部门而发生一些摩擦，给县本身的利益造成损害。我国已经实行机构改革的县都在不同程度上遇到了上级主管部门的干预。这些主管部门利用手中掌握的分钱、分物、批项目、定指标的权力，干预县里的机构设置及人员配备，强求上下对口。要克服这种现象，只有转变中央和省（市）政府的职能，使政府对经济生活的干预由直接干预变为间接干预，在市场调节的作用发挥得不好或不能达到的领域和范围内发挥作用。

我国经济体制改革的目标，是建立社会主义市场经济体制，就是要使市场在社会主义国家宏观调控下对资源配置起基础性作用，使经济活动遵循价值规律的要求，适应供求关系的变化；通过价格杠杆和竞争机制的功能，把资源配置到效益较好的部门、企业、生产环节中去，并给企业以压力和动力，实现优胜劣汰；运用市场对各种经济信号反映比较灵敏的优点，促进生产和需求的及时调整。政治体制的改革也应以此为原则，把大量的直接管理经济活动的职能从政府部门分离出去，政府主要采用财政、税收、利率、汇率等经济杠杆调节和干预经济运行，改变以行政命令和运用行政手段干预经济的传统做法，把企业能做好、市场能做好的事情交给企业和市场去做。即使是在宏观调控范围内，也要按价值规律办事，充分发挥价值规律的作用。只要中央和省（市）政府的职能实现了上述转变，县级领导机构的职能转变就有了一个比较宽松的环境，就可以把步子迈得大一些。上述职能转变后，由于政府管的事少了，县级所接受的各种各样的命令和指示也就会相应减少。这样，县级的权限就会扩大，就会有更多的自主权和灵活性。

通过十多年的改革开放，我国政府的职能已经发生了一些变化，但是，政企分开、政经分开的问题没有完全解决，经济生活中仍然存在大量的政府直接干预的现象，存在着以行政手段、行政命令办经济的做法。对于这个问题，要下大力气解决。首先而且最重要的是在观念上要改变，即在观念上明确，政府利用计划直接干预经济活动的程度不是资本主义和社会主义的根本区别标志，市场不等于资本主义，市场调节比重和地位的提高不是资本主义化。要对市场有信心，相信它能在一定的条件下和范围内能办好许多计划不能办好的事情。市场在资本主义国家长期存在和发挥调节经济的作用，尽管也存在一些问题和弊端，但总的看来，它对经济活动的调节具有一定的能力，对经济活动能进行比较灵活的调节，对资本主义经济发展起了很大作用。我国在改革开放之后，市场调节的比重和地位也是在不断增加的。市场调节尽管由于市场结构仍然存在很多问题而不能充分发挥作用，但它的积极作用是非常明显的。要在观念上打破过去的那种认为计划调节是一种比市场调节更优越的经济调节形式的老观念，克服各种各样的对市场调节的模糊认识和对社会主义的模糊认识。只有实现了上述观念上的转变，政府转变职能的步子才可能迈得大一些，各级领导才有可能下大力气去抓政府职能的转变。

3. 进一步打破城市壁垒，理顺城乡关系，实现城乡开通

工业化国家是经历了一二百年的漫长积累过程，才逐步改造了传统农业部门，缩小了农业与非农业之间的劳动生产率及其收入水平差距。对于一个人口众多、以自给半自给经济为主的农业大国——中国，在它的工业化起步阶段，没有足够的积累支持和推动工业化，只有借助国家政权的力量，动员并运用全社会的各种资源，在传统农业部门没有得到根本改造的前提下，依靠农业提供大量的原始积累来推行工业化。在工业化的进程中，工业化不仅没有促使农村剩余劳动力向非农产业转化，反因人口膨胀和实行重工业化的战略，造成了城乡二元结构的历史格局，社会被分割成城市和农村两个半封闭的独立系统，各自都有其相对独立的运行体系和运行规则。两种不同的运行体系和运行规则，反映了城乡关系的不平等。这种不平等主要表现在工农产品交换的不等价和市民、农民就业的不平等以及政府对城乡经济和社会发展的重视程度各异等方面。农村改革和发展中的不少问题和矛盾都或多或少与此有关。城乡关系的变化将直接影响县综合改革的结构和效果。

（1）改善和理顺城乡关系首先要在政策上把倾斜过头的政策逐步端正过来，把农村发展和城市发展放在同等重要的地位来考虑。40 多年来，我

国一直把城市发展作为我国经济发展的重心，农村发展基本上处于一种从属地位，处于一种服务于城市发展的地位，经济发展的各方面的政策都以城市利益为中心，严重向城市倾斜。这样的一种政策，如果说，在我国的城市由传统型城市向现代型城市转化的过程中还有其合理性的话，那么，在城市的现代化基本完成之后，其合理性也就不复存在。应该说，从 20 世纪 70 年代末期开始，我国的现代化就开始进入到了一个新的阶段。作为这个阶段的最显著的标志就是农村经济的发展已经成为我国经济增长的最重要的源泉。据测算，1952 ~ 1978 年，中国农村国民收入的比重是下降的，相反，1978 ~ 1988 年农村国民收入的比重却上升了 11 个百分点左右（见表1）。1952 年到 1978 年间，国民收入的年递增率为 5.98%，其中源于城市的为 3.91%，源于农村的为 2.07%。1978 ~ 1988 年，国民收入的年递增率为 9.22%，其中农村的贡献为 5.48%，城市的贡献为 3.74%，农村国民收入增长的贡献高于城市国民收入增长的贡献（根据表 1 计算）。1978 ~ 1988 年的国民收入增长率比起 1952 ~ 1978 年的国民收入年增长率要高 3.24 个百分点，1978 ~ 1988 年的农村国民收入增长对国民收入增长的贡献比 1952 ~ 1978 年高 3.31 个百分点。这说明国民经济增长的加速度几乎全部来自农村。[①] 这说明我国的现代化重心在客观上已经逐渐移到了农村。因而，我国的经济发展政策的重心也应根据新的形势作出必要的调整，在经济政策上要由过度向城市倾斜转为适度向农村倾斜。这并不取决于是否对农村偏爱，完全是出于加快我国现代化建设步伐的需要。

表 1　国民收入及其结构

年份	国民收入（亿元）	城市国民收入		农村国民收入	
		绝对额（亿元）	比重（%）	绝对额（亿元）	比重（%）
1952	589	224.10	38.0	364.90	62.0
1978	3010	1785.16	59.3	1224.84	40.7
1988	11770	5690.98	48.4	6079.42	51.6

资料来源：邓英淘、谭向东：《中国城乡经济增长对国民经济增长的影响》，载《中国农村经济》1991 年第 12 期，第 30 ~ 32 页。

（2）逐步理顺工农产品价格关系，改变工农产品"剪刀差"的状况。

---

① 邓英淘、谭向东：《中国城乡经济增长对国民经济增长的影响》，《中国农村经济》1991 年第 12 期，第 28 ~ 31 页。

工农产品"剪刀差"不是我国经济政策的本意，但客观上成为积累工业化资金的一种十分重要的手段。它一方面为中国的工业化作出了贡献，另一方面却严重影响了农业生产经营活动的收益水平，影响了农民从事农业生产的积极性，削弱了农业扩大而生产的能力，是造成先进的城市、落后的农村这种二元结构的重要经济根源之一。

影响工农产品"剪刀差"的诸因子可以具体化为工业产品价格、农业产品价格、工业劳动生产率和农业劳动生产率等四大因素。由此可推导出解决工农产品"剪刀差"无非是提高农业劳动生产率，使之快于工业劳动生产率的提高或提高农产品的价格等。对于前者，人为可调节的能力非常有限，农业劳动生产率要高于工业劳动生产率也不具备现实可能性。根据预测，1985～2000 年的工业劳动生产率的年增长幅度为 5.6%，同期农业劳动生产率的年增长幅度为 4.5%，比前者要低 1.1 个百分点。因此，解决工农产品"剪刀差"的问题，只有靠提高农产品价格这种方法。

提高农产品价格的方法之一就是行政性提价。根据有关的测算，在工农业劳动生产率的年增长幅度分别为 5.6% 和 4.5% 的情况下，农产品价格相对工业品价格每年多提 2.5%，到 20 世纪末就能基本解决工农产品价格"剪刀差"问题。农业就不再无偿地向非农业部门流出资金，税后农业收入不仅可以保证最低限度的积累和消费资金需要，而且还有 234 亿元的资金剩余。农产品价格相对工业品价格每年多提 2.5%，消费者和工业部门是有能力承受的。只要消费基金每年增加 5%，在 2/3 用于购买农产品及其加工品的情况下，农产品多提 2.5%，职工的实际生活水平仍然是可以提高的。从工业部门对农产品的调价能力分析，工业部门消化 2.5% 的农产品提价是完全可能的。[①]

靠行政性提价解决工农产品"剪刀差"的好处是能避免价格的大幅度波动，但其局限性却也是极其明显的。首先，行政性提价以政府直接干预经济为前提，这和我国经济体制改革的总目标存在矛盾。其次，在市场调节作用日益扩大的情况下，行政性提价容易产生比价复归，因而能否靠它解决工农产品"剪刀差"是值得怀疑的。对县综合改革来说，对农产品价格的控制将严重妨碍县级政府和乡（镇）政府的职能转换。因此，我们主张在适当时间把农产品推向市场，特别是放开粮、棉、油价格，通过市场

---

① 严瑞珍、龚道广、周志祥、毕宝德：《中国工农产品剪刀差的现状、发展趋势及对策》，载《经济研究》1990 年第 1 期，第 69～70 页。

来解决工农产品"剪刀差"的问题。这可能在一个时期内会引起农产品价格上涨，但只要处理得好，就不会出什么大问题（目前，粮食连年丰收，农民手中有粮，就是很好的机会）。我国部分农产品放开的实践证明了这一点。

（3）打破城市壁垒，逐步实现市民和农民在诸多方面的平等问题。从20世纪80年代中期开始，我国在政策上已经倾向于允许农民进入城市，但在体制上并没有解决这个问题，仍然是城乡隔离的体制。首先，政府对城市居民实行的是高补贴、高福利制度，市民和农民所受的待遇是不平等的。这一方面妨碍了市民流出城市，从而也妨碍了农民进入城市，另一方面使进入城市的农民也只能被打入"另册"，在"体外运转"；其次，城市目前的就业制度基本上还没有打破"铁饭碗"，在用人方面也没有完全实行择优录用制度。城市在招工方面首先考虑的是城市居民。这就严格限制了农民进城就业的机会。农民所能找的工作往往是城市居民不愿意干的苦活、脏活、累活和险活；第三，目前的户籍制度具有一种把人口固定在一定区位上的功能，限制了人口流动。

对城市的户籍制度、高福利和高补贴制度以及就业制度，必须进行改革。在补贴制度上，要把对城市居民的各种补贴纳入工资范围，改暗补为明补。城市就业一律采用聘任制，市民和农民通过劳动力市场平等竞争。在户籍制度没有根本改变的情况下，要适时地改变户籍制度。大中城市允许农民申报临时户口，进城从事各种经营活动。

二 积极推进县级综合改革，促进县经济社会协调发展

县级综合改革包括县域经济改革、政治改革和社会改革三方面的内容。这三个方面，县经济改革是中心，县政治改革、社会改革必须服务于这个中心。同时，这三个方面的改革又是紧密相连的：一方面的改革往往要触动另一方面，或要求另一方面的改革与之相适应。县综合改革就是要使县政治、经济和社会改革相互配套，相互适应和相互推进，使县政治体制、经济体制和社会体制适应生产力发展的要求，以此推动县经济社会协调发展。

1. 在分解和转变政府职能的基础上，推进县、乡两级机构改革，加强农村基层组织建设

分解和转变政府的职能是县综合改革的中心内容之一。传统体制下的政府集四种职能于一身：作为所有者代表，行使所有者的职权；作为宏观

经济管理者，行使调节和控制职能；作为企业生产的组织者和决策者，直接组织企业的产、供、销；作为社会生活的组织者，承担着发展公共福利事业、进行各项基础设施建设的任务。[①] 这样的一种四合一体制，目前虽然在深度上有所变化，但还没有实现彻底的转换，显示出了较大的弊端：第一，政府机构臃肿，层次过多。由于政府直接组织企业的产、供、销，对企业实行直接控制，直接干预经济，不得不组织庞大的组织机构去处理本应属于企业职权范围内的业务，事事请示，层层审批，这严重影响办事效率。这是一些地方机构减而复增和简政放权难以实行的十分重要的原因。第二，"四合一"的体制是建立在产品经济基础上的一种体制，对市场经济的发展具有排斥力。它严重妨碍了企业成为独立自主、自主经营、自负盈亏的经济实体的进程。在这种体制下，政府往往以行政的手段干扰市场的运行，妨碍了市场作用的发挥。一些地方不顾市场经济和市场运行的规律，运用行政手段搞地区封锁，严重妨碍了全国统一市场的形成。

所以，无论是要精简机构，还是建立宏观调控下的社会主义市场经济体制，都离不开政府职能的分解和转变。分解和转变职能是县政治体制改革的中心环节。按照新经济体制的目标模式，分解和转变政府的职能，势在必行。

转变和分解政府的职能从根本上说就是政企分开，要把政府对经济的直接干预变为间接调控，把企业决策权还给企业，把所有者的职能分离出来。政府的职能，主要是统筹规划、掌握政策、信息引导、组织协调、提供服务和对企业进行检查监督。为了执行上述经济职能，政府主要抓两方面的事，一是作为社会生活的组织者，发展公用事业，进行基础设施建设，发展公共福利事业。二是通过经济手段调节经济运行，用法律手段和行政手段维护市场秩序，保护市场竞争。为此，必须进一步改革计划、投资、财政、金融和一些专业部门的管理体制，同时强化审计和经济监督，健全科学的宏观管理体制和方法。合理划分中央与省、自治区、直辖市的经济管理权限，充分发挥中央和地方两个积极性。政府的经济管理职能只有实现了上述转变，机构改革才不会减而复增，经济体制改革才会有更快的步伐。否则，改革将会限于"增—减—增"和"集权—放权—集权"的循环之中。

---

① 刘国光主编《中国经济体制改革的模式研究》，北京：中国社会科学出版社，1988 年，第 625 页。

政府职能的分解和转换以及社会主义市场经济体制的建立，总的看来，是政府管的事少了。与此相对应，政府机构也要裁并和精简。县、乡两级政府机构臃肿，人员多，是目前县政治体制中的一大问题。它不仅影响工作效率，增加了办事手续，而且增加了财政负担和农民负担，妨碍了政府职能的转换。积极推进县乡两级机构改革，精简机构和人员，是转变和分解政府职能的需要和巩固职能转变、分解的成果的重要保证。

政府机构如何精简，各地在试点中创造了一些经验。总的办法是三个：（1）把县、乡两级经济技术部门从政府序列中分离出来，变为经济实体，逐步做到自给自足，与财政脱钩，最后转化为企业；（2）裁减经济专业管理部门，将企业应有的自主权交给企业。过去由经济专业管理部门执行的职能同时移入政府综合职能部门；（3）对于需要加强的市场管理、经济监督等部门，不一定非增设机构和人员不可，可以通过扩大现有机构的权限，理顺部门间的关系和进一步提高人员素质来解决。

从各地机构改革的试点情况看，妥善安置富余人员是机构改革能否取得成效的基本保证。对现有机关干部可以采取先给出路后精简的办法，让机关干部自觉自愿流向经济实体和其他用人单位或寻找别的出路：（1）符合条件的，可以充实到其他政府部门；（2）鼓励干部承包企业和应聘到经济实体工作。有条件的单位，按政企分开原则，可以兴办经济实体，实行自负盈亏，独立核算，让机关干部流入经济实体，参与到市场经济洪流中去；（3）允许机关干部自谋职业；（4）允许干部退职，付给一定数额的一次性资金；（5）年龄较大、身体不好的干部可提前办理离退休手续；（6）允许干部待业，实行失业救济。

加强农村基层组织建设是机构改革的重要内容。

县经济社会协调发展需要建立一个健全的、能起到基层作用的村组织和能起到上联县委、县府，下联村级组织的乡镇党委和政府，需要一支廉洁奉公、德才兼备和办事效率高、农民信得过的干部队伍，需要加强农村基层组织建设。

加强农村基层组织建设，一是要健全村级组织。健全村级组织的基本要求是：要有一个能发挥核心作用的党支部，有一个能履行自治职能的村民委员会，有一个能履行统一经营职能的乡村集体经济组织和能发挥作用的团支部、妇代会和民兵等群众组织。在缺少这四大组织的地方要及时地把这四大组织建设起来，充实力量，开展工作。要重点抓好党支部的建设。各地的实践已反复证明，哪个村有一个好的、强有力的党支部，哪个村的基层组织就比较健全，经济发展就搞得好。党支部也要积极参与到经济建设工作中去，坚持贯彻党的基本路线和农村经济工作的各项行之有效的方针政策，重视和发展集体经济组织。如果缺乏集体经济组织作为依托，党支部的工作就难做和难开展，村组织就缺乏对农民的吸引力和凝聚力。

加强农村基层组织建设，二是要加强乡镇党委和政府的建设，健全其职能。建设的重点要放在理顺条条和块块的关系上。要学习山东莱芜经验，对县有关部门设在乡镇的机构，除少数不宜下放的要实行双重领导外，能下放的要一律下放到乡镇，由乡镇管理。实行双重领导的机构，干部的调动、任免、奖惩应征得乡镇党委的同意。要坚决克服乡镇各部门之间、条条和块块之间的矛盾和相互扯皮的现象，克服乡镇对条条和县设在乡镇的部门和机构管不了、管不好的状况，使之相互协作，共同为农村经济社会的发展服务。

加强农村基层组织建设，三是要加强农村干部队伍的建设。对村支部选配一个好的支部书记，建设一个强有力的领导班子。县委、县政府要以党校为阵地，培训乡村干部，提高他们的思想、政策和业务水平。村干部的报酬要同工作实绩挂钩。要充分发扬村干部选举中的民主选举法，保证农民有选举和罢免村干部的权力。乡镇补充党政干部，可从村干部中择优聘用和录用，要注意从特别优秀的村干部和乡镇企业干部中选拔县级领导干部。县委和县政府要热情支持他们的工作，帮助他们解决工作、生活方面的困难。乡村干部要树立全心全意为人民服务的精神，接受群众监督，廉洁奉公，认真听取群众的意见，密切联系群众，为农民多办实事，多办好事。

2. 改革流通体制，充分发挥市场调节作用

流通体制的改革对于经济的稳定发展和市场经济体制的形成具有十分重要的意义，是县经济体制改革的中心环节。改革流通体制总的方向是：建立社会主义市场经济体制，进一步放开价格，充分发挥市场调节价格的机制。具体内容包括以下几个方面：

（1）改革县经济计划体制，把县经济计划从指令性计划转变为指导性计划。传统的县经济计划体制同整个国民经济计划体制一样，是在社会主义经济是产品经济这样一个理论认识前提下建立起来的，是一种以指令性计划为主的体制，其基本特征是：计划部门把计划任务规定的实物指标直接分解下达到基本生产单位，直接控制企业的产、供、销；国家物资部门和商业部门对基本生产单位生产的产品实行统一调拨和统购包销，对主要

产品实行统一价格。这种体制同县域内的所有制结构和社会主义市场经济存在尖锐矛盾：第一，对大量的集体企业直接实行指令性计划调节，意味着国家政权机构依靠超经济力量直接干预属于劳动者集体所有的财产关系，而且国家对这种干预的后果不承担任何经济责任，这严重损害劳动者集体的权力。第二，国家直接管理和支配企业的产供销、人财物，使国有企业失去了作为相对独立的商品生产经营者的性质，变成行政的附属物，缺乏动力和激励机制。第三，计划往往受领导人的某种政治或社会的偏好所左右，不是以满足人民的需要为出发点。而企业只有承担完成上级机关下达的计划任务的义务，不对消费者承担责任，不必面向市场，以需定产，保证质量。生产在一定时期可以不顾及需求而按计划进行，消费却无法实行指令性计划，强制人们按计划消费，造成生产与需求的脱节和大量资源的浪费。第四，指令性计划使货币成为单纯的计算符号，价格严重背离其价值，也不反映供求关系，失去了它对经济的调节作用。而且在这种情况下，经济信息失真，信息传输渠道受到阻碍，计划的制定和修改都失去了客观的依据。第五，指令性计划体制使企业的贡献和收入脱钩、劳动贡献和劳动报酬脱钩，严重影响企业的生产积极性和劳动者的积极性。

由于指令性计划体制具有上述弊端，和社会主义的所有制结构、社会主义市场经济体制的要求存在尖锐的矛盾，必须对指令性计划体制实行根本的改革，把指令性计划体制改变为适应市场经济需要的宏观调控体制。

指导性计划体制就是一种运用指导性计划调节资源配置的一种计划体制。这种体制的基本特点是：第一，指导性计划的任务是为微观经济活动创造必要的宏观经济环境和条件。指导性计划的重点不是着眼于企业具体的产供销活动，而是着重经济总量的平衡和计划期内经济发展的战略任务，以及重大的项目决策和投资。第二，指导性计划是以企业的相对独立的商品生产者的地位为前提和根据的，对企业不具有强制的约束力。企业的亏损由企业自己负担。不把生产的实物目标分解到企业，不对企业实行包购包销。第三，指导性计划的实施不是依靠行政手段强制进行的，而主要是建立在价值规律的基础上，运用经济手段、经济杠杆，通过利益机制调节收益分配来诱导资源流向。第四，指导性计划不像指令性计划那样直接作用于企业或生产经营单位，它是面向市场，直接作用于市场，再通过市场作用于企业的。在这种体制下，企业不是对上级政府机关负责，而是面对市场，其生存和发展都依赖于企业在市场中的竞争能力。

计划体制改革的目标是建立在宏观调控下的市场经济体制，而不是自发的市场调节，这是因为尽管市场自发调节有利于发挥微观经济的活力和生机，有利于以需定产、产销结合和有利于企业面向市场，但自发的市场调节有其局限性：自发的市场调节往往伴随着经济的周期波动和通货膨胀；在自由市场条件下，供求之间的自动均衡时间过长；市场能很好地反映过去和现在的经济动向，但对未来技术进步的趋势及其对价格的影响，对长期的供求动向和由此引起的价格变化，市场都提供不了什么重要的情况；市场对长期发展领域的反应迟缓或根本没有反应，在存在外部效应时市场机制也无法起到调节作用。由于市场存在上述局限性，县经济发展需要计划的指导，需要建立一个在宏观调控下的市场经济体制。它的存在，将调整和平衡经济波动的幅度和降低通货膨胀率，减少经济波动和通货膨胀对经济单位的影响，减少市场的不确定性，缩短市场供求达到均衡的时间。

把指令性计划体制改变为市场经济体制，也是允许指令性计划在一定的范围内存在的，但它只是作为调节经济运行和优化资源配置的一种手段，而不是一种体制，它无须计划价格与物资统配相配套，主要服务于政府实现某项经济政策或目标的战略性需要。指令性计划的形式最常用的将是重点建设投资项目的安排和一些社会性基础设施的建设项目。

我国目前的县计划体制已经不是完全的指令性计划体制。农业生产的指令性计划、统购统销体制已有了极大的改变。指令性计划的范围和物资调拨的品种和数量都缩小了。经济运行中注入了市场因素。现在的问题是指令性计划似乎有限了，但仍然起着重要作用，而指导性计划却若隐若现，若有若无。政府对经济活动的干预主要还是运用行政的手段而非法律的手段和经济手段。用行政的手段干预经济运行很容易把计划体制拉回到指令性计划体制中去，无法发挥市场的作用，使生产、经营单位难以面向市场，活力难以发挥，还保留了指令性计划体制的一些弊端。因此，要进一步推动计划体制的改革，实现政府对经济的管理由直接管理向间接管理转化，最终实现在宏观调控下的社会主义市场经济体制。

（2）改革县价格体制。我国目前的县价格体制是一种比例双轨制，就是同一种产品或生产资料，有一部分实行的是计划价格，有一部分实行的是市场价格。这种比例双轨制在农村不仅存在于生产资料上，也存在于生活资料上。形成比例双轨制的原因，从表面上看，是采取渐进式价格改革所引起的体制现象，是计划价格体制向市场价格体制模式转化过程中采取的一种过渡形式。从深层看，如果生产力水平很高，商品丰富，存在买方市场，完全可以放开价格。但我国改革之初的现实条件是，商品不仅还不丰富，有些品种还很短缺，不少商品供不应求。在这种情况下，完全放弃计划价格，全部实行市场价格，必然出现价格总水平的全面持续大幅度上升。双轨制的实施和存在，客观上稳定了物价。但价格双轨制的局限性是极其明显的：一是在同一种产品内部，计划价和市场价各自占多大比重，缺乏客观标准；二是实行计划价格的部分和不实行计划价格的部分没有固定的界限，容易发生将计划内部分转为计划外部分的串换现象。最根本上说，双轨价格不适应社会主义市场经济的要求。具有中国特色的价格模式应当是一种宏观调控下的市场价格模式。在这种模式中，价格由买卖双方在市场上协商议定，一种商品或劳务不能有两种性质不同的价格。双轨价格的存在也妨碍了政企分离，使政府仍然握有直接管理和干预经济的权力。因此，双轨制必须并轨，但向什么方向并？是不是要向计划价格并呢？当然不是，如果向计划价格并轨，实际上就是一种倒退，客观上也将否定我们前几年的改革成果，从根本上将否定价格改革的成就。并轨是指把产品推向市场，按价值规律和供求变化运动。

县价格体制改革可以先行一步，在整个国民经济中还存在双轨制的情况下，县以下先行取消计划价格，全部产品放开经营，价格由市场决定。在县经济范围内，县从价格双轨中得到的益处已经微乎其微，县范围内的实行计划价格的生产资料数量和比例都已经降到了极低的数额。因此，县经济运行所需要的各种物资完全可以以市场价格进行购买，不会对整个国民经济和县经济造成严重的影响。取消县价格双轨制同样也包括取消农产品价格双轨制。这是一个大家很疑虑的问题。应该说，取消农产品价格双轨制对我国的经济运行是有影响的。但其影响不会像改革初期就放开农产品价格的影响那样严重，因为经过改革和发展，我国的农产品已经丰富多了，粮食问题在目前的消费结构和消费水平下，由于连年丰收，已经基本解决了。城镇居民的生活水平和收入水平都已经有了很大的提高，对物价的上涨承受力比过去也相对增强了。从我国一些放开农产品的实践看，农产品价格放开不会出现什么严重的经济问题，而且一些产品只要放开了价格，短缺现象也就会随之消失。目前，有的地方也进行了一些放开粮价的试验。试验的结果表明，只要处理得好，粮价放开不会出什么乱子。应该说，放开农产品价格之后，我们所真正忧虑的不是消费者的一方，而是生产者的一方。我国农产品市场的真正问题就是有可能挫伤农民的农业生产积极性。只要农民有生产积极性，我国农业生产的潜力还是比较大的。但农民的生产积极性不高，农业就会出问题。价格放开后，我们要采取保护政策保护农民的利益，使农民不至于受到农产品价格过低和卖难的伤害，为农业生产者提供一个比较稳定的最低收益界线。

（3）改革县国有商业体制。国有商业是一个多部门多层次的大系统，它包括商业、粮食、物资、医药、出版、旅游、部队后勤等系统及国有工厂、矿山、国有农场办的商业，是县经济流通领域的一支十分重要的力量，拥有强大的经济实力，经营服务设施比较齐全。近年来，随着城乡经济体制改革的深入，流通体制发生了深刻的变化，商品实行了多渠道流通，国有商业独家经营的格局被打破了。在多渠道流通和多种经济成分并存的新形势下，由于旧的商业体制的束缚，国有商业难以发挥应有的作用，国有商业企业缺乏生机与活力，经营的灵活性差，市场的竞争力弱。因此，对国有商业体制要认真进行改革。

第一，扩大商业企业的经营自主权，使国有商业企业成为自主经营、有负盈亏的经济实体。长期以来，县商业企业是商业行政部门的附属物，缺乏经营自主权，企业缺乏生机与活力，经营呆滞，价格缺乏弹性，官商作风十分严重。这种状况，目前仍没有多少改变，商业主管部门仍习惯于对国有商业企业实行过多的行政干预，负有市场管理职能的部门习惯于对国有商业企业管得过多过死，企业负盈不负亏的现象十分严重，从而严重削弱了国有商业企业的市场竞争力，影响国有商业企业经济效益的提高，因此必须认真进行改革。对实行承包制的国有企业要实行"四放开"：放开品种、放开价格、放开分配和放开用人制度，充分扩大其自主权，增加其经营的灵活性。有些中小型企业可以实行租赁经营，可以租给集体或个人，国有商业部门只收取租赁费。

第二，对部分经营效益差的国有商业企业进行所有制改造。把部分企业改革成股份制企业，由多方认股筹资改建。有些小型商业企业可以转化为集体所有或个体商业。经过这种所有制改革，使这批企业更具有自主经营的灵活性。

第三，增加商业网点，合理布局，扩大经营服务范围。从方便群众着想，在县城，农村乡镇和居民集中区增设商业网点。这些基层店、站，应该又购又销，成为综合商业。商业企业应扩大服务范围，为农村发展商品生产提供产前、产中、产后服务。发展信息服务，组织生产资料供应，提供生产技术指导，设备维修服务，为产后提供加工、运输、销售等服务。

第四，大力发展横向经济联合。要在企业之间、城乡之间、地区之间、部门之间、不同所有制之间，按商品流通的客观规律，在自愿互利、共同发展的原则上，发展工商、商商、农工商等多种形式的联合，逐步形成利益共同体，既提高国有商业企业的经济效益，也提高社会效益。

（4）改革供销社体制。供销合作社是我国农村流通领域的一支十分重要的力量，是农业社会化服务体系建设中可以依托的一支十分重要的力量。它具有广泛的服务网络，在农村有 80 万个网点，加上"双代店"达 100 万个，它在 80% 的行政村有服务网点，在县以上城市有 20 万个网点。供销社有 470 万名职工，有比较齐全的加工储藏和运输设施，有比较雄厚的服务实力。近年来，供销社为农村发展作出了积极的贡献。它培养了土生土长的、为农民服务的技术员 300 多万。在开展农业社会化服务中，供销社也创造了不少新的服务经验和服务形式。1986 年以来，以供销合作社系统为主体扶持建起商品生产基地县 743 个，年产蔬菜超过 5000 万斤以上的基地县 196 个，年产肉鸡 100 万只以上的县 82 个，年产牛羊 10 万头以上的 65 个。这充分说明，供销合作社是我国县经济发展中的一支十分重要的生力军。

我国的供销社体制随着农村经济的发展和改革事业的深入已经发生了很多的变化，但是，仍存在着很多问题需要解决。在新的形势下，供销合作社体制仍然存在着不适应的问题，其作用还远远发挥得不够。为了充分发挥其对农村经济发展的促进作用，对供销社体制必须进行改革。首先，要真正恢复供销社的集体所有制性质，恢复农民在供销社的主人翁地位，赋予农民管理供销社的权力，打破供销社端铁饭碗的现象，使其成为一个自主经营、自负盈亏的经济实体；其次，供销社要面向市场，经营的品种、经营的范围和经营价格完全放开；第三，供销社应在满足本地市场的同时，大力开拓外地市场，在大城市和一些生产厂家、一些地区要建立购销联络点，不断扩大就厂进货、深购远销的辐射面，使购销业务逐步覆盖全国。同时，大力开展跨地区的横向经济联合；第四，扩展服务功能。要从信息、技术、良种、物资、资金等多方面为农民提供服务，要为农民提供产品推销和增值、加工服务。建立和完善以科技为先导的农资系列化服务体系。建立和完善以大宗农副产品为龙头的农村商品生产服务体系。加强同农民的合作和联合，开展各种形式的商商、商工、商农和商工农联合，充分发挥其优势，推动生产的繁荣和发展。

（5）推进市场建设，积极培育市场体系。完善和培育市场体系是流通体制改革的重要一环。流通体制改革的最终目的是要建立以市场为基础调节形式的经济机制。离开了市场的完善和培育，流通体制改革就不可能取得成功。

培育和完善市场体系，首先在指导思想上要明确，市场的组织和规划要根据当地的生产力发展水平，不能片面追求形式，搞"一刀切"，不顾实际和需要地一哄而起。

培育和完善市场体系要认真抓好广大农村星罗棋布的集贸市场，它是县市场体系的基础，是商品流通的一条重要渠道。与此同时，要积极发展批发市场和各类专业市场，这类市场对于降低流通费用，促进生产的专业化、集体化和规模化有非常重要的促进作用，是当前市场建设的重点。

在培育和完善市场体系的过程中，要避免各自为政、过多地依靠行政力量来组建市场的现象。解除区域间的政治、经济和自然色彩的封锁，建立区域间的生产要素流通渠道。形成国内统一市场，是培育和完善市场体系所面临的重大课题。要限制目前市场建设中的以条块分割为特征的盲目性，从全国合理布局的角度对各县的市场建设予以必要的指导和协调。

3. 改革县级财政体制

传统的社会主义理论模式和实践模式要求国家财政成为包揽一切的分配的主体，几乎所有的收支都纳入国家预算系统内，从这个大财政模式出发，原有的财政管理体制实行高度集中的统收统支是必然的。在这种体制下，县级预算几乎形同虚设。1980 年始，我国对这种大一统财政体制进行改革，在一部分省市实行"划分收支、分级包干"的财政管理办法，以后各地也陆续对县实行了财政包干。这种办法有其优越性。它对县级财政具有"量入为出"的性质，能把县的物质利益与县的预算收支紧密结合，在旧的统收统支的体制上打开了一个缺口，使县财政有了一定的自主权，调动了县增收节支的积极性。但是，由于财政包干没有抓住转变财政职能这个环节，从整体上说，财政包干仍没有能摆脱旧的体制。在各地的财政包干中，包干的实质仍是"以支定收"。这是和市场经济发展的要求不相适应的，也不利于政府职能的转变和政企分开、机构精简。

财政管理体制的改革是要根据发展市场经济的要求，转换财政职能。首先是要把国有企业财务从政府预算中彻底分离出去，建立独立的国有企业财务管理体制，让国有企业自筹资金、自我积累和自我发展；其次，要把社会积累职能基本从财政管理中独立出来，由专门的投资机构来承担。把社会积累职能完全从财政管理中独立出去是不行的，因为财政还要肩负起必要的基础设施建设、新领域的开发和公共投资的职能。这种职能是企业和个人没有能力履行或不愿意履行的。财政职能实行上述转换后，预算管理职能基本上就仅剩下社会消费和极少量的社会积累职能，即负责行政管理、文教科技卫生、抚恤救济和企业与个人无能力或执行不好的建设性支出等方面的开支。财政预算实行复式预算制，把经常性预算和建设性预算分开。各级财政的资金来源可采取分税制，设立地方税种和中央援助相结合的办法。在这里，划分地方税的依据不再是企业的隶属关系，而是按企业的地域分布划分。企业为所在地政府提供地方税，政府为本地企业提供社会服务。

三　深化农村改革，逐步实现农业现代化

1. 稳定以家庭联产承包为主的责任制，稳定和完善统分结合的双层经营体制，积极发展社会化服务体系，逐步扩大集体经济实力

到 20 世纪 70 年代末期，农村人民公社体制因生产上的"大呼隆"和分配上的平均主义，严重抑制了生产潜力的发挥，影响了农民生产积极性的发挥，如何把这种被抑制的生产潜力发挥出来，是农村改革初期所面临的基本任务。在实践中，农民创造了一种把家庭承包经营引入集体经济，形成统一经营和分散经营相结合的双层经营体制，使农户有了生产经营的自主权，具有广泛的适应性和生命力。对此，一定要作为一项基本制度长期坚持，并随着生产力的发展逐步加以完善。

完善双层经营体制，首先是要稳定家庭联产承包责任制。家庭联产承包制适合我国农村的生产力发展水平和农业生产的特点，受到广大农民的欢迎。家庭承包经营有其自身的优点和长处：（1）它坚持了土地为集体所有的所有制特征，故与个体经济有着根本区别；（2）家庭承包经营把收益和投入相结合，建立了二者之间的一种非常简捷的关系，有助于农民积极性的发挥；（3）家庭经营因其具有以情感为基础、等级结构和对外界影响的独立性而具有管理成本低和合作效率高的优势。

在集体经济组织内部实行家庭联产承包经营，不是"分田单干"。完善农业双层经营体制，包括了完善家庭承包经营和集体经济组织统一经营这两个方面。既要稳定和完善土地等基本生产资料的承包关系，又要充分发挥合作经济组织的统的职能作用，为家庭承包经营提供必要的服务。家庭联产承包如果离开了集体经济组织，离开了统的功能的发挥，家庭承包就失去了主体；离开了集体经济组织的发包方，也就失去了家庭经营这个承包方。这样的家庭经营，无论从生产规模、经济活动内容或是经济活动方式看，实质上就成了个体经济，双层经营也就名存实亡。

从 1990 年前的情况来看，多数地方集体统一经营这个层次还比较薄弱，

统的功能和集体经济的优越性远远发挥得不够。完善双层经营体制，要在稳定家庭承包经营的基础上，逐步充实集体统一经营的内容，主要抓好以下几项工作：（1）统一组织和规划农田基本建设；（2）合理规划生产布局，组织集体资源和农业的综合开发；（3）开展对农户家庭分散经营的统一服务工作；（4）因地制宜地发展乡村企业和集体事业；（5）加强集体资产的管理，防止集体资产流失；（6）加强农村社会主义思想教育。总之，逐步充实集体统一经营的内容，就是要求乡村集体经济组织根据群众要求，努力办好一家一户办不了、办不好、办起来不合算的事；就是要做到集体财产有人管理，各种利益关系有人协调；生产服务、集体资源开发、农田基本建设有人组织。这不仅不会影响家庭经营的稳定，而且更有利于家庭经营积极性的发挥，更有利于家庭经营的稳定。

逐步壮大集体经济实力，增加集体可支配的财力和物力，是完善双层经营、强化集体经济组织服务功能的物质基础，是增强集体的凝聚力、巩固农村社会主义阵地的最重要的途径。壮大集体经济实力，不是要走过去的"一平二调""归大堆"的老路，不是要否定家庭经营这一双层经营体制中的一个层次，实行过去人民公社化时期的集中统一经营。壮大集体经济实力，主要利用当地资源进行开发性生产，兴办集体企业，增加统一经营收入。壮大集体经济实力要搞好土地和其他集体资产的经营管理，按合同规定收取集体提留和承包金，充分利用现有的集体资金，提高其使用效果，防止闲置和资产流失。同时，还可以发展服务事业，合理地收取服务费用。总之，应当从实际出发，在稳定家庭联产承包经营的基础上。依靠集体生产事业的发展和自身的积累，而不是靠挖农民、卡农民、对农民的财产实行无偿平调来壮大集体经济实力。逐步壮大集体经济是和完善双层经营体制相联系的。完善双层经营体制的过程就是一个集体经济发展的过程，发展集体经济的过程必须是一个完善双层经营体制的过程。因此，壮大集体经济实力不是要脱离双层经营体制另搞一套。

发展农业社会化服务，是我国农村社会生产力和市场经济发展的要求，也是稳定和完善以家庭联产承包责任制为基础的农业双层经营体制的要求。在农村集体经济组织建立和健全的地方，一定要把加强农业社会化服务体系建设当作稳定和完善农业双层经营的一项重要任务来抓。

集体经济组织是农业社会化服务的载体，没有这一载体，社会化服务是无法顺利实现的。农业社会化服务体系，包括乡、村集体经济组织内部的服务、国家经济技术部门为农业提供的服务和农村各种服务性经济实体提供的服务等。在这多层次、多形式的社会化服务体系中，农村集体经济组织提供的服务是主体，它在社会化服务体系中起桥梁和纽带作用。国家经济技术部门的服务也是极其重要的，在农机、农业技术推广、保证农业生产资料供应、农业信贷发放和农副产品购销等方面起着重要作用，但他们的服务项目不可能直接落实到千家万户，很多项目要通过乡、村集体经济组织来实施。那些专业性经济服务组织提供的服务也是有效的，但他们的服务是以盈利为主要目的。根据目前农村生产力发展水平和农户的经济能力，以及农事活动季节性强的特点来看，完全依靠这类专业性经济服务组织的服务，农民负担不起，也不利于抓紧农时，并且这类专业组织也代替不了乡、村集体经济组织的功能。从总体来看，农民究竟选择何种形式的服务，要由他们自己选择。从事农业社会化服务的各类组织，都要面向市场，在市场经济中平等竞争。服务的形式可以多种多样，既可通过市场向农民提供服务，也可通过合同为农户提供服务。在双方自愿互利的原则下，也可结成利益共同体，有组织、有计划、有安排地提供服务。

各级党委和政府，特别是县、乡两级政府应积极做好发展社会化服务体系的组织协调工作，为稳定和完善农业双层经营体制提供良好的宏观环境，建立以农村集体经济组织的"统"层服务为主体、以国家经济技术部门的服务为依托、其他社会服务力量为补充的社会化服务体系，根据各部门的需要和可能，帮助和引导承包农户搞好经营。要积极帮助农村集体经济组织把农民急需的服务项目搞起来，并随着集体经济实力的增强，逐步扩大服务内容，发挥其内联广大农户、外联国家经济技术部门和社会上各种专业性服务组织的纽带作用。

2. 大力发展乡镇企业，推动县经济由农业型经济向工业型经济转化，实现农村工业化

新中国成立后，我国经济现代化的过程大致可以分为两个阶段。第一阶段是从新中国成立初期到20世纪70年代末期。这个阶段的经济现代化实质上是一次城市的现代化，把前现代化城市转变为现代化城市，占人口绝大多数的农民被排斥在这个过程外，这次现代化的后果是形成了一个二元结构。在这个阶段，县经济发展的主要目标是农业发展目标，其中尤以粮食生产最为重要。在计划经济体制下，这些目标是由上级制定的，基本上是产量指标。

到20世纪70年代末期之后，我国的现代化进程发生了一个新的转折，现代化的主战场实际上逐步从城市移到了农村。农村逐渐打破了单纯经营

农业的格局。乡镇企业异军突起，成为农村发展、经济增长和出口创汇的十分重要的力量。"七五"期间，全国社会总产值的净增量中，乡镇企业占31.5%；工业产值净增量中，乡镇企业占37.3%；农村社会总产值净增量中，乡镇企业占67%；出口创汇净增量中，乡镇企业占28%。"七五"期间乡镇企业新增就业人口2200万，占新增就业人数的57.6%左右。在乡镇企业的发展过程中，1987年具有标志性的意义：这一年乡镇企业产值比重首次超过了农业产值。它标志着我国农村发展开始由以农业发展为主的时期逐步转向了以非农业发展为主的时期。随着这种转化的到来，县经济发展的目标也要作相应的调整，把单纯的农业发展目标转换为农业发展和非农业发展的双重目标。在重视农业发展的同时，也要重视非农业的发展，两者不可偏废。农业发展是社会稳定、国家稳定和国民经济稳定发展的基础，是县经济现代化和县非农业发展的基础，但仅有农业发展，没有非农产业的发展，县经济就难以现代化，农民的生活水平就难以提高。乡镇企业的发展对于我国实现第二步战略目标，对实现国家工业化、农业现代化乃至全国的社会主义的现代化，对广大农民逐步实现生活上的小康，都具有极其重大的意义。

对于县来说，县的经济发展当然要根据本地的情况，确定各自不同的发展目标。但是，在我国目前的情况下，任何一个县都不能只发展农业。只搞农业的县，县经济的水平难以上去，县经济的现代化难以实现。如果把经济发展的重心放在农业上，对非农业的发展不给予重视，只会延缓县经济的发展。根据1987年的资料排序，农村社会总产值位居前150名的县中，农业总产值的比重绝大多数都在50%以下，超过50%的只有31个县；在前100名中只有9个；在前50名中，只有1个县的农业产值超过了50%（见表2）。由此，可以看出，我国的经济大县，其经济重心绝大多数是非农业，而不是农业。1987年农业总产值处于前150名的县，其农业总产值的比重没有一个超过90%，有55个县的农业总产值的比重在50%以下（见表3）。这说明，即使是农业大县，也不可能只一味地抓农业。仅仅依靠农业，就不能把农民的生活水平大幅度提上去，就不能解决农村剩余劳动力的转移问题。我们这里强调县经济发展的重心要逐渐由农业移向非农业，不是说不要抓农业生产，农业生产可以忽视，或农业问题已经解决了。我们只是指出，要在重视农业发展的基础上把经济重心转移到非农产业的发展上来，这两者并没有什么矛盾。我国的经济大县就有相当一部分是农业大县。我国的部分工业大县（工业产值居前150位）同时也是农业大县。如果从每个农业劳动力创造的农业总产值看，农业总产值占农村社会总产值比重高的县，人均农业劳动力创造的农业总产值不一定比农业产值比重低的县高。同样，工业大县单位农业劳动力创造的农业产值也不比农业大县低（见表4）。因此，农业和非农业不存在完全的互相排斥、互相矛盾的关系，在现实生活中，我们完全有条件把两者的关系处理好，实现在农业发展的同时使非农产业迅猛发展的局面。

表2　农村社会总产值居前150名的县的农业产值比重分布（1987）

比重 ＼ 县数（个）序次	前25名	26～50	51～75	76～100	101～125	126～150
农业产值比重超过80%（含80%）	0	0	0	0	0	0
农业产值比重在50%～80%（含50%）	0	1	3	5	12	11
农业产值比重在20%～50%（含20%）	10	19	20	19	10	13
农业产值比重在20%以下	15	5	2	1	3	1

资料来源：据《中国县镇年鉴》（1919～1988），第395～396页的有关资料整理。

表3　农业总产值居前150名的县的农业产值比重分（1987）

比重 ＼ 县数（个）序次	0～50	50～100	101～150
农业产值比重在80%～85%间	1	2	1
农业产值比重在50%～79%间	24	31	39
农业产值比重在50%以下	25	15	10

资料来源：据《中国县镇年鉴》（1919～1988），第401～403页的有关资料整理。

表4　农村工业产值居前150名的县和农业产值居前150名的县的单位农业劳动力创农业产值比较

农业产值 ＼ 县数（个）序次	1～100		101～150	
	农业大县	工业大县	农业大县	工业大县
10000元以上	0	1	1	1

续表

序次 县数（个） 农业产值	1～100		101～150	
	农业大县	工业大县	农业大县	工业大县
5000～10000元	3	11	3	1
4000～5000元	6	10	2	2
3000～4000元	21	23	2	6
2000～3000元	31	32	18	21
1000～2000元	39	18	23	18
1000元以下	0	2	1	1

资料来源：据《中国县镇年鉴》（1919～1988），第400～403、407～410页的有关资料整理。

发展乡镇企业是党中央、国务院根据我国国情作出的战略决策，是建设有中国特色的社会主义的重要组成部分。现在，乡镇企业已经成为农村经济发展的重要支持力量，工业的重要组成部分，市场商品的重要供应者，财政收入和外汇收入的重要来源，是国民经济中不可替代的组成部分。从长远看，乡镇企业对增加农民收入、繁荣农村经济，实现小康目标，实现农业现代化，推进国家工业化进程，以及缩小城乡差别、工农差别等方面都具有重要而深远的意义。我们一定要在搞好国有大中型企业的同时，采取积极方针，坚持不懈地抓好乡镇企业，任何时候都不要摇摆。要保持乡镇企业有一定的发展速度，使之持续保持着旺盛的发展势头。这是社会主义建设和人民生活的需要，是亿万农民群众摆脱贫穷，迈向“小康”的必由之路。

目前，我国农村有一亿多剩余劳动力，据我们测算，到20世纪末农村劳动力将有1.5亿要转移，相当于目前全国城镇职工的总数。解决农村剩余劳动力的出路，主要靠发展乡镇企业，靠实现农村工业化。发展乡镇企业将是吸纳农村剩余劳动力的主要渠道，而且是最根本的渠道。实践证明：乡镇企业发展了，就可以稳定农业，就可以增加农村就业人口，提高农民的收入水平。可以这样说，要实现我国经济发展的第二步战略目标，20世纪90年代使国民生产总值再翻一番以上，人民生活达到小康水平，没有乡镇企业的继续发展是绝对办不到的。没有乡镇企业的大发展，就没有农村的小康，没有农村8亿人口的小康，就很难实现全国11.4亿人口的小康。

当然，在实现农村工业化过程中，乡镇企业还处于开拓阶段，在发展过程中不可避免地会有这样那样的问题。“七五”期间，特别是治理整顿期间，乡镇企业根据国家产业政策进行了调整，产业结构渐趋合理。今后我们对乡镇企业仍要继续按照"积极扶持、合理规划、正确引导、加强管理"的方针，特别是那些乡镇企业起步较晚、发展较慢的地区，更要适当加快步伐。在发展农村工业化过程中应注意以下几个问题：

一是农村工业的布局问题。在"八五"规划中已明确提出城乡工业要合理布局，防止重复建设。今后新建的以农产品为原料的加工业，主要应放在农村，使之接近原料产地，这就需要很好规划。在一个地区农村工业如何布局也需要很好规划，防止一哄而起，盲目发展，重复建设。因此，加强发展农村工业的规划指导，是今后农村现代化建设中的一项重要任务。

二是农村工业结构问题。由于农村有巨大的劳动力优势，农村工业应以轻型为主，主要是与城市工业挂钩的工业，以农产品为原料的加工工业，劳动密集型工业，出口创汇工业，能源原材料工业，为农业服务的工业等。就一个地区来说，工业项目的选定要根据当地的自然资源和市场需求来确定，不要"一刀切"。特别要注意充分发挥本地的资源优势，形成有特色的并在市场上有竞争能力的工业产品结构。

三是适当注意建立工业小区的问题。工业的发展与农业不同。工业要相对集中，有较好的交通、通讯、能源等条件才能发挥聚集效益。过于分散，不仅浪费资源，而且形不成规模效益。因此，一般应以乡镇为中心，建立工业小区，建设标准厂房，逐步形成小城镇，以加速农村城市化的进程。当然以乡镇为中心建立工业小区，并不是说在村里或农民家庭不能再办工业，一些以手工操作为主的"无烟工业"仍然应由村和户来办，以壮大村级集体经济，安排剩余劳动力，增加农民收入，繁荣市场经济。

四是环境污染问题。随着农村工业化带来的"三废"对环境的污染，要进一步引起重视。要严格执行有关法规规定，防止环境污染，不能再走"先污染、后治理"的路子了。在解决城市工业污染时，要防止把污染工业迁移到农村的现象发生。

五是企业改革问题。乡、村两级农村工业都是集体所有制，产供销基本上是市场调节。改革的重点应放在宏观环境的改善和企业内部管理方面来，放在提高企业效益方面来以及放在产业结构、产品结构的调整上来，使其健康协调发展。

六是企业负担问题。农村工业承受着双重负担。一方面，要按规定给国家纳税；另一方面，按规定在税前列支10%的利润用于乡村的社会性支出，还要以工补农、以工建农。"七五"期间，乡镇企业用于支农基金达

500 多亿元，超过同期国家用于农业的投资 216 亿元的 1.5 倍。在这种双重负担下，影响了不少企业的扩大再生产能力。因此，在深化改革过程中，要统筹解决乡镇企业的负担问题，使各类企业能在平等条件下参与竞争。

七是城乡工业的联合发展问题。城市工业有技术、资金、设备、管理的优势，农村工业有资源与劳动力的优势。如何使两个优势结合起来，是需要研究解决的问题。近年来，沿海一些城市工业企业与内地农村工业实行联营，取得了很好的效益，也积累了一些经验，有利于农村工业的发展。实行这种联营，可以促进东西部之间的资源替代，带动西部经济的发展。

3. 积极发展小城镇，促进县域社会由农村社会向城市社会转化，实现城乡一体化

随着乡镇工业的进一步发展，乡镇的规模将逐渐扩大；乡镇规模的扩大必将加速农村城市化的进程；而县域综合规划是实现乡镇布局合理的主要手段。因此，我们在推进农村城市化过程中，应该集中有限的资金，重点发展一批农村中心城镇。同样，从全国范围来看，城市中心体系的形成是分层次的，一般讲来，大城市是整个国家经济活动的中心；中等城市是省级区域经济成长的中心；中小城市是县域经济成长的中心；乡镇是农村经济成长的中心；集镇是方便农村居民从事商业、商品集散的场所。

为了更好地推动农村城市化的进程，促进县经济社会协调发展，需注意以下几点：

一要认真总结由农民建立小城镇的经验。农村改革以来，一大批小城镇星罗棋布地发展起来，成为农村政治、经济、文化的中心。而这些小城镇居住的人绝大多数仍然是农民，即农村户口，吃自产或议价粮。这些小城镇是依靠农民自身的力量投资建设，自己管理自己，形成一种崭新的建设城市和管理城市的机制。对于这方面的经验我们应认真总结。

二要把推进农村城市化的重点放在县城，转移农村劳动力的着力点放在乡镇。县城是城乡的结合部，在这里既有城市居民（吃商品粮），又有大量的农民从事二、三产业。有的县城居住的农民已经超过城市居民。县城的工商企业一般有三类：县属国有企业、县属集体企业和农民进县城办的企业。从长远来看实现农村工业化，推进农村城市化，转移农业剩余劳动力，县城是一条途径。

据测算，至 2000 年我国农村将转移富余劳动力 1.5 亿，相当于目前职工的总数。如此众多的农村富余劳动力往大中城市转移显然是不现实的，最有效的途径是推进农村城市化的进程。城市规模的大小与经济社会协调

发展影响很大。根据我们调查研究的结论来看：到 2000 年，一般县城的人口平均以 4 万～6 万为宜，乡镇人口以 1.5 万～2 万为宜，集镇人口以 0.8 万人左右为宜。如果这一目标能实现，则 2182 个县城就能吸纳人口 0.9 亿～1.2 亿；5.5 万多个乡镇吸纳人口约 7.5 亿～8 亿；近万个集镇吸纳人口约 0.8 亿～1 亿；加上 180 多个大中城市由目前的 1.6 亿人增加到 2 亿人，则到 2000 年或更长的一段时期内，在全国 12.8 亿～13 亿人口中，城镇人口将达到 8 亿～9 亿，占全国人口总数的 70% 左右，农村人口约占 30% 左右，农村城市化的目标就基本能实现。因此，我们认为具有中国特色的城市化道路应把重点放在县城，而着眼点在乡镇，要盯着乡镇，因为乡镇级人口目标的实现难度较大。

三是在不发达地区有计划地输出劳动力到发达地区，从事非农产业，并参加城镇建设。目前，沿海地区的一些县城、乡镇以至村，由于二、三产业很发达，本地劳动力已不能满足需要了，需要从外地吸收劳动力。广东、福建、山东、江苏、浙江、辽宁等省的部分经济发达县都出现了这种情况，从外地吸收的劳动力一般占本地劳动力总数的 20%～30%。这种劳动力的有组织流动有巨大的社会意义和经济意义，是打破几千年来中国农村封闭状态的有力措施，不仅为输入地区补充了劳动力，促进了经济的发展，而且也给输出地区培养了人才，积累了资金，学会了技术，有利于输出地区经济的发展，同时也为城镇建设作出了贡献。

四要依靠大城市的功能辐射来加速县城建设。目前，有许多大城市带一部分县，有不少地区在建市后变成市管县。出发点在于依靠大城市的辐射功能，加速县经济的发展。实践证明，不少地方这样做的结果起到了城市带动农村经济发展的作用。但也有少数地方变成了"市刮县"，不仅没有带动农村经济的发展，相反削弱了对农村和农业的领导，把农村变成了农副产品的供应地，这应引起我们的重视。在工业布局上应该城乡统筹兼顾，逐步改变"一头沉"的状况，做到城乡一体化、工农协调发展。通过市带县、市管县推进农村城市化的进程。

五要有组织地吸收农民进城，增加城市的新鲜血液，促进城市的改革。目前，在城市干活的农民约有 1000 万，流动人口约 5000 万，这对城市的繁荣是个重要力量，但也带来了一些不安定因素。因此，我们对农民进城应持积极态度，但要加强引导和管理，不能因为看到进城后出现的一些问题就因噎废食，采取堵截的办法。进城的农民不享受城市居民的福利待遇，这有助于推进城市的改革。

4. 改革和完善社会保障体系与社会福利制度，加强公共福利设施建设，发展社会福利事业，提高人民的生活质量

社会保障体系和社会福利制度的完善与发达程度，直接影响经济的发展和社会的稳定。改革和完善社会保障与社会福利制度是发展市场经济、建立新型的经济运行机制和稳定社会的需要，是提高人民生活质量的必然要求。

根据目前我国的经济实力和发展市场经济、提高人民生活质量的要求，改革和完善县域内的社会保障体系和社会福利制度应主要抓好以下几件工作：

第一，把社会保障和社会福利的职能从企业中分离出来，使国有企业和县属集体企业由一个社会单位变为一个经济单位，社会保障和社会福利开支改由国家、企业和个人三方共同负担，实行社会保障和社会福利基金制度，对社会保障和社会福利基金实行统筹，提高社会化程度。

第二，扩大社会保障的覆盖面，主要是要扩大养老保险和待业保险的覆盖面。城镇企业，无论是集体、国营还是个体、私营企业，都应交纳养老保险金和待业保险金。对于乡镇企业，目前可以先实行交纳待业保险金一项，使职工也能获得失业保障。对于实力雄厚、经济条件比较好的地区，乡镇企业可以试行同国有企业、城镇集体企业相同的社会保障制度，消除不同类型企业职工所享受的社会保障水平不平等的现象，将社会保障纳入统一的体系。要在农村逐步实行养老保险基金制，逐步改变家庭养老的局面，由家庭养老过渡到家庭养老和社会养老相并存和最后实现社会养老和养老保险费由国家、集体和个人三方共同负担。

第三，加强公共福利设施建设，大力发展社会福利事业，重点是发展文化教育事业和农村的合作医疗保险事业。

结束语

十一届三中全会后，县经济社会的发展逐步摆脱了从属和依附的地位，获得了相当的自主性和独立性，出现了加速发展时期。但这种发展是一种不平衡发展，县经济社会发展同其外部环境间、构成经济系统的因素间、社会发展的诸方面、经济发展和社会发展间存在不协调性。社会系统各构成因素之间的变迁不同步，具体表现为六大矛盾，即城乡矛盾、区域矛盾、生产和流通的矛盾、分化与整合的矛盾、经济基础同上层建筑的矛盾及社

会保障制度同经济发展的矛盾。这六大矛盾有碍于县经济社会现代化步伐的加快，有碍于迅速提高人民的生活质量和新的经济体制的建立。解决这六大矛盾，实现县经济社会协调发展，把县经济社会发展模式由不均衡发展转向均衡发展，是加快县经济社会发展所面临的一个重大课题。

要把县经济社会发展模式从非均衡发展转向均衡发展，当前的重点是要抓好以下几项工作：（1）加快县级政治体制改革步伐，转变政府职能，完成向"小政府大服务"的目标转化；（2）加快发展乡镇企业，完善双层经营体制，发展社会化服务体系；（3）深化流通体制改革，重点是要搞活国有商业，完善市场体系，搞活流通，以流通促生产；（4）发展社会保障事业，逐步实现社会保障制度的城乡一体化；（5）实现城乡开通，打破城乡隔离，使农村人口和城镇人口在就业等多方面逐渐实现平等；（6）实现县级综合改革的总目标，必须逐步建立社会主义市场经济新体制。

乡镇企业与小城镇建设

乡镇企业是中国农民的一个伟大创举[*]

经历了 11 年改革，我国农村经济发生了巨大变化。1978 年时，农村社会总产值为 2037.54 亿元，只占全社会总产值 6846 亿元的 29.8%，到 1988 年，农村社会总产值达到 12534.69 亿元，占全社会总产值的 42%，[①] 农村经济的发展速度超过了城市。农村经济发展这么快，一是改革前六年主要靠包产到户，发挥了农民的积极性；二是 1985 年以后，举办乡镇企业推动了农村经济的发展。这是当代农民在中国共产党领导下的又一个伟大创举。

20 世纪 50 年代以来，我国社会逐渐形成二元结构，城市为一块，农村为一块。城市户口吃平价商品粮，干部职工享有国家的社会保障；农业户口吃议价粮，没有国家的社会保障；城乡差别很大。农村人口向城市移动的路基本都堵死了，仅有一架独木桥，即农村青年念好书，考上中专以上的学校可以实现农转非。控制农转非的数额为 1.5‰，而农村人口每年的增长率为 1.2%，照这样下去，农民无论在绝对数还是相对数上都会越来越多；农民的政治、经济地位会相对越来越低，农民在文化上也会相对越来越落后，还有农民在组织上将会越来越涣散。

农民兴办乡镇企业后，情况就大不一样了。农民自己可以实现农转非，建工厂、开商店、办教育、兴福利，现在乡镇企业职工有近一亿人，按户算约有两亿人从农业上转了出来。农民人均净增的收入一半以上来自乡镇企业。在农村，工、农、商、学都有，发达地区农业劳动力占比仅为 20%～30%，农村社会结构大大优化了。在苏南、浙江等地区，农民已开始自己集

---

* 本文源自《民主》1990 年第 7 期专栏《乡镇企业的整顿与发展问题》，发表日期：1990 年 7 月 10 日。该文系作者 1990 年春在民进中央举办的"我国乡镇企业的整顿与发展问题"专题研讨会上的发言摘要。——编者注

① 国家统计局编《中国统计年鉴·1989》，北京：中国统计出版社，1989，第 44、164 页；国家统计局农业统计司编《中国农村统计年鉴 1985》，北京：中国统计出版社，1986，第 11 页。

资兴建集镇。在乡镇企业发达的地区，已经可以看到农产品生产专业化、商品化、社会化的前景。国家每年对农业的投入不足 40 亿元，1989 年，全国乡镇企业以工补农资金达 60 亿元，预计上交国家税金 360 亿元，比上年净增 50 亿元。因此，可以说，乡镇企业是解决中国农民问题、实现农业现代化、振兴我国经济的一条必由之路。

当前农村改革与发展的新任务[*]

——主谈乡镇企业发展与小城镇建设

一

从 1980 年开始，我国将用 70 年的时间实现"三步走"战略，建设有中国特色的社会主义。经过 10 年的发展，我们已经实现了第一步的奋斗目标，经济翻了一番多。第二步发展目标正在实施，从目前情况看，城市发展形势比较乐观，到 20 世纪末实现人均收入 800 美元，达到小康水平是有把握的。那么，有 8.7 亿农民的农村如何在人均只有 1.5 亩的土地上实现小康社会，过上现代化生活？这是我们面临的一个亟待解决的重要问题。

我们是否可以走世界上已经实现了现代化的国家所走过的路呢？一般来说，这些国家实现现代化首先是把农村发展起来，这样农村就可以给城市经济发展提供农产品，提供资金。城市实现了工业化、现代化之后，又反过来支援农村，给农村提供现代化的生产、生活用品，扶植农村实现现代化。但是，这里有个问题值得注意：在这些国家实现城市工业化、现代化的过程中，当它们从农村拿走农产品、拿走资金的同时，把农村的剩余劳动力也带进了城市，使一些农民从农业转入非农业，成为城市居民。而在我国情况就不一样了，从 20 世纪 50 年代起，我们开始进行工业化建设，那时，每年有二三十万农村劳动力转入城市。但是，由于我国经济状况及

---

* 本文原载迁西县业余理论研究协会主办的内部刊物《迁西调研》1992 年第 3 期，刊发日期：1992 年 9 月。该文系陆学艺 1992 年 8 月 15 日应邀为迁西县五套领导班子、各乡镇领导、县直机关干部及业余理论研究会会员所作的报告（根据录音整理，未经作者审阅）。本文涉及的相关地区农村经济社会数据源自作者调查过程中获得的资料。——编者注

人口增长等诸多原因，在 1960 年之后，农民进城的大门就被关闭了，尽管农村继续为城市提供农副产品、提供资金等，但劳动力却被留下了。不仅如此，2000 万城市待业青年还被下放到农村来，使本来劳动力就充裕的农村又背上了一个沉重的包袱。所以，要使我国 8.7 亿农民在人均 1.5 亩土地上富裕起来，实现现代化，走一些发达国家所走的路是不行的。

那么，我们可否像一些国家那样，放开户口让农民自由进城？显然，这条路也是行不通的。一是现在城里还有大量的待业青年需要安置，如果再让农民自由进城，城市实在无法容纳。二是国家财力有限，无力提供更多的就业机会。20 世纪 50 年代国家安置一个劳动力就业只需几千元的投入，而现在不行了，电子等知识高度密集型设备的使用，使得劳动力就业的费用已是过去的几倍或十几倍了。因此靠国家的投资不能安排自由进城的农民就业。三是我国人口增长过多。每年全国净增人口达 1500～1600 万人，相当于澳大利亚人口，尤其是广大的农村人口增加的幅度更大，成为我国经济迅速发展的严重障碍。沉重的人口压力，只靠放开城市户口是无法解决的，是不能实现工业化和现代化的。

路在哪里？马克思主义认为，人民群众是真正的英雄，是创造历史的主人，他们是可以自己解放自己的。这条路，我国农民在党的领导下已逐渐走出来了，特别是沿海地区的农民已经走出了具有中国特色的农村现代化道路。总结农村发展经验，我们可以把它概括为"三步走"的策略。

第一步是包产到户，即家庭联产承包责任制。这是中国农民在共产党的领导下的伟大创造。它打破了"三级所有、队为基础"的旧机制，充分调动了广大农民的生产积极性，农民有了很大经营自主权，生产力有了迅速发展，经过短短的几年时间，农村就解决了温饱问题。大家知道，从新中国成立到 1978 年，我们始终为解决温饱问题所困惑，8 亿农民搞饭吃，饭还是不够吃，直到 1980 年为解决农副产品供应紧张的问题，我们每年还要进口一些粮食、棉花、油料、糖等农产品。可实行包产到户之后，我们的粮食、棉花、油料、糖等农副产品不仅略有剩余，而且还有些出口。

第二步是大力发展乡镇企业。包产到户不仅解决了农村温饱问题，而且也解放了大量的农村劳动力。1978 年以前，我们的口号是"人心向农，劳力归田"，认为粮食之所以产得少、不够吃，是因为投入的劳动力少。所以，拼命卡住农民进城的各个关口，不允许农民经商做买卖，不允许农民从事工副业生产，否则就是走资本主义道路。可实行包产到户后，田却不够种了，多数农民一年中三个月种田，一个月过年，八个月无事可干。农民产的粮食多了，吃得好了，可钱却不够用，生活仍不富足。怎么办？进城不允许，农转非办不到。所以，解决农村剩余劳动力的问题就提到了日程上来。1980年以后，我们开始放宽政策，允许农民搞多种经营，搞工副业生产。于是，在这种情况下，乡镇企业就应运而生了。农民自己筹资办厂，进厂做工，就地消化剩余劳动力。到现在，仅仅十几年工夫，乡镇企业异军突起，迅速成为农村经济发展的支柱，在实现农村现代化中发挥着举足轻重的作用。1991年，全国乡镇企业1907万个，职工9609万人，总产值11621亿元；超过了农业的总产值，占农村社会总产值的59.2%，出口产品总值达669亿元，每年上缴利税1188亿元，乡镇企业自留687亿元，支农160亿元，用于搞小城镇建设6.1亿元。

随着乡镇企业的发展，地区与地区、村与村间的收入差别逐渐拉大。1980年前，各地之间的收入只是产粮多点与少点、吃饱与吃不饱的差别问题，大家基本上都在一个生活水平线上，而现在不同了，收入差别拉大到几倍、十几倍。从全国看，哪里办好了乡镇企业哪里就会富裕，哪里没办或办不了乡镇企业哪里就会贫困。乡镇企业是我国农民的第二个伟大创造，是农民走向现代化的第二步。

靠近上海市的昆山县，1978年全县工农业总产值是4.5亿元，到1984年实现10.6亿元，6年翻了一番。在没有大办乡镇企业之前，这里发展速度为全国的平均数。1984年以后，该县的情况就不同了。1985年工农业总产值达到14亿元，到1991年实现了85.7亿元，7年翻了三番。其中粮食生产只略有增长，关键是他们抓住机遇，大力发展了乡镇企业。今年该县工农业总产值有把握超过100亿元。

江苏省的太仓县，在1984年前，他们不搞工业，并错误地认为，不能跟上海人打交道，说上海人太精，怕吃亏。1985年以后，他们转变了思想，充分发挥靠近上海市的优势，搞联营、搞合作，大力发展工业，使广大农村迅速富裕起来。全县工农业总产值从1984年的9.5亿元增长到1991年68.5亿元。现在人均存款2200元，有90%的人住上楼房，过上现代化的生活。

广东省的顺德有93万人口，土地面积为806平方公里，11个乡镇220个村，1991年工农业总产值为119亿元，比1978年增长了8.3倍，在全国位居第二。其中超千万元产值的村有154个，超千万元产值的工厂有262家，超亿元产值的有18家。全县人均存款5000元，财政收入4.58亿元，居全国县域经济排名的第一位。这个县的经济发展有三个显著特点：一是以集体为主；二是以工业为主；三是以大中型企业为主。这里的乡镇企业规模大，现代化水平高，可以同一流国营企业相媲美。一些农民的生活水平也已远远超过城市居民的生活水平。乡镇企业的发展，不仅使农民在经济上发生了变化，思想观念、生活方式也都发生了很大改变。另外，农村的教育、文化、卫生事业也得到迅速发展，农村各项工作顺利开展。

随着乡镇企业的发展，人们对它的认识正逐步趋于一致，社会上对它的种种非难少了，其外部环境不断改善，乡镇企业本身存在的问题也在逐步得到解决。从经济意义上讲，将来的乡镇企业要同大中型企业对接。第一，从生产规模上说，现在的乡镇企业已不是原来的小打小闹水平。在苏南、广州等地，乡镇企业的规模大、设备好、人员多，同国营大中型企业不分上下，是全国第一流的企业，如顺德的容声电冰箱厂，年产量为七八万台，全国第一。第二，在生产技术上，也不是过去的敲敲打打的水平了。生产技术的有机构成很高，企业有一支庞大的技术队伍，产品的科技含量越来越高。许多乡镇企业也是高投入、高产出、高效益。第三，在产业结构上，也不是当年的"三就地"（即就地取材、就地加工、就地销售）了。第四，乡镇企业是多项联合，跟国营大中型企业联合，跟大学联合，跟科研机关联合，跟外商联合。第五，在经营管理上，涌现出一批企业家，企业管理得井井有条。第六，在流通上，现在已建立起较大的市场，有比较稳定的供销网络。因此，乡镇企业的发展形势喜人，前景乐观。据有关权威部门预测，按现在乡镇企业每年年增长率为 10% 的发展速度计算，到 2000 年全国乡镇企业的总产值要超过国营大中型企业的总产值。广东、江苏、浙江等发达地区已经率先做到了这一点。

第三步，推进小城镇建设。实现农村现代化，仅仅办厂还不行，农民的理想是进城。当他们手里有了钱，生活富裕起来之后，必然要求改善生活环境，提高生活质量，追求同城里人无差别的生活。可是，全部进城是不能的，城市容纳不了，从战略上来说农民虽进不了城，但可以进镇，所以，小城镇必须建设起来。乡镇企业发展起来之后，在客观上也要求企业集中、经济集中、人口集中。因此，在乡镇企业大发展时期要接受过去一些地方村村点火、处处冒烟的教训，克服遍地开花的做法，这样，不仅有利于实现工业、商业的规模效益，也有利于节约土地、节约资金，有利于基础公用设施的配套建设和利用。促进各生产要素的合理配置；有利于政府对企业的监督与管理，并为企业间的合作和交流提供方便；有利于推动社会其他各项事业的发展，也有利于缩小城乡差别。所以，从某种意义上说，小城镇的形成和建设是乡镇企业发展到一定阶段的必然结果，是当前农村改革发展的一项新任务，今后我国将把小城镇建设作为一项重点工作去抓。

小城镇应是本区、乡的政治、经济、文化、教育、交通的中心，它与城市的功能和作用应该是一样的。现在全国已有一些地方建起了小城镇，南方经济发达地区的一些乡镇所在地已经向县城方向发展，有的已超过县城的规模，人口达到七八万人，在这里城市化生活已经实现。迁西县也要搞，要趁乡镇企业第二个大发展之机，由县委、县政府在全县布几个点，并请一些专家作出具体规划，然后有计划、有步骤、有部署地去做。滦阳乡已有意识地这样做了。随着小城镇的建设，农民可以陆续来镇上做工、经商、居住，自己实现农转非的愿望。这是我们将来要走的路。要引导和鼓励更多的农民向小城镇转移，向第二、三产业转移。这样，农村剩下的那部分人，就可以搞土地规模经营，取得规模效益，生活的环境和质量就会得到改善和提高，就可以达到城市居民的生活水平。这样，在人均土地1.5亩的农村实现现代化的问题就可以解决了。

所以，从当前农村改革发展的趋势看，中国农村实现现代化的道路要走这"三步"。南方发达地区的实践证明，通过"三步走"，我们是可以实现有中国特色的社会主义现代化的。

二

农村改革的形势给我们提出了新任务，那么，如何抓住目前良好的发展机遇，解放思想，加快发展的步伐，顺利完成我们的发展任务呢？对此，我想借此机会，对迁西县今后的发展提出几点意见。

第一条意见是，要进一步解放思想，大力发展县办工业。总的来说，经过这些年的发展，迁西县已经具备了很好的继续发展的基础。因此，我认为在目前全国这样一个大好形势下，你们的步子应该在现有的基础上迈得更大一些，看准了的项目就早上、快上。听陈县长讲，你们要在"八五"期间大力发展铸造、食品加工、非金属矿开发、建材业等"四大产业"，我认为这是很好的发展构想。你们有自己的优势和特点，山上有这么多的资源，靠资源起家可以，但不能仅仅停留在出卖初级产品上，无论是铁矿资源还是林果资源都必须搞深加工，增加其附加值。现在你们全县有10亿元产值，并准备用3年左右的时间翻一番，那么光靠县里办几个企业是办不到的，还必须是"四轮齐转"，即县办、联办、村办、户办一齐上。因此，政策上要放开些。

就产品开发来说，既要从资源优势出发，又要集思广益。某种产品一下子在市场上打响，不一定是大的产品或电子产品，也不一定就出在实力很强的大企业，小厂、小单位照样可以做大文章。广东健力宝公司已是四五亿元产值的大公司了，过去那里只是一个酒厂，因水质差，酒的质量不好，产品没有销路，厂子亏损严重。后来，该厂厂长从省体委那里弄来一个饮料配方，于是开始转产，生产"健力宝"，结果一炮就打响了，现在该企业已发展成为一个现代化的大型企业。再比如，"娃哈哈口服液"是杭州的一个小学校办工厂生产的。开始他们找了一位专家，有了一个配方，看准了就干了起来。今年这个校办工厂兼并了一个国营大厂，仅上半年产值就达到 3 亿元，实现利润 4700 万元。还有北京的白浪矿泉水厂，在北京也把钱赚多了。这些产品都是国营大厂想不到或不去想的。由此想到，你们这里盛产安梨、板栗，这些都是保健产品，都是赚钱的好东西。你们一定要想办法搞好深加工，因为卖原产品太吃亏了。我们这里辛辛苦苦多少年把它种出来，卖给人家才两元钱一斤。日本人会发财，他们把我们生产的栗子用个盒子包装起来，写上"天津甘栗"字样，每斤卖到 2400 日元，折合人民币 100 元。当然，这里有个问题值得我们注意，那就是现在无论搞什么产品，起点一定要高，要争天下第一，千万不能像以前那样凑凑合合。产品不怕它价贵，就怕它不好。因此，对产品各方面的要求要高。现在你们的安梨汁饮料，恐怕需要有一个好的包装，这很重要，包装好就可以成倍地赚钱。

第二条意见是，迁西的旅游业要有个大发展。你们县是山区县，发展旅游业将来有两件事情可以做。一件是要充分开发和利用现有的旅游资源。现在北京正讨论五天半工作制问题，这是将来的发展趋势，美国等一些国家已经实行了。你们这儿离北京、天津较近，这是个优势，将来可以给北京人、天津人提供一个很好的旅游场所。当然现在条件还不够，主要是汽车等交通工具问题不好解决。但是，据经济学家们估算，前十年人们消费的主攻方向是把家底铺实，买彩电、冰箱等家电用品，下一步消费的目标只能有两个——买房子或买汽车。现在，我国对汽车采取限制进口政策，限制消费，买一辆汽车 20 万元左右，一般家庭是买不起的。但是，汽车工业也在不断朝着适用一般家庭使用的方向发展。家庭用车不必要求太高太好了，有个"夏利"牌的汽车也就可以了，合人民币二三万元，这样的价钱，许多人是买得起的。有了车、修了路那就方便了。你们这儿离北京180公里、离天津200公里，如果是高速公路，只需2个小时就行了。城里人不能每星期日都去北戴河。你们这里就是一个点，如果你们再把喜峰口、戚继光府等这些古迹利用起来，把那些名山庙宇加以修复，这山、这水、这森林，不是很好的旅游资源吗？这里的空气新鲜、纯净，北京、天津是没有的，别的东西他们都可以买得到，这空气是买不到的。如果每星期日他们来我们这里住上两天，我们就把钱挣了。旅游业是无烟工业，是无本买卖，切不能忽视。

另外，我建议你们要对房地产业予以重视。你们这里发展旅游业可以跟北京、天津等大城市的一些单位或个人搞联合，划出一片环境好的地皮来，优惠卖出，他们可以来盖房子、建别墅、建疗养院。你们这里有150多万亩山地，这样做完全是有条件的。山地不太值钱，可一旦你们把水、电、路修好，它的价钱就增加了。比如广东省珠海市，他们那里没有地，于是他们便把山包往海里一填，山包平了，海里的地也垫出来了，这样每平方米卖到3600元钱。现在，一些作家、音乐家等是有钱的，你们划出一片地、盖上房子，他们是会来的。北京、深圳就这样做，房子盖好了，可按照规格一个单元一个单元地卖。深圳、珠海赚香港人的钱，你们这里可以赚北京人、天津人的钱。他们到这里来住，房子可以归他，可地皮是带不走的。因此，我建议你们对房地产业好好研究一下。

第三条意见是，关于建设商品市场问题。现在你们有些乡镇已开始建设市场了。建市场与交通有关系，与这一地方的产品有关系。交通一定要便利，同时还必须有一项拳头产品。吴江县的盛泽镇，号称华夏第一镇。1991年该镇工农业总产值为29亿元，主要生产丝绸，出口量占全国的十分之一，因此，那里有专门的丝绸市场，吸引了全国各地的商人。此外，温州的纽扣市场、白沟的箱包市场都是这样发展起来的。所以，一个市场的兴起始终与那里的产品有关，与交通、旅游有关，这是建设市场不可忽视的因素。

第四条意见是，关于引进人才和资金问题。发展经济有两个条件不可缺少：一是人才，二是资金。我们乡镇企业要发展还得靠人才。引进一个人才或几个人才，就可能开发出一种新产品或办好一个企业。如果我们仍采用原来的办法，靠分配来几个大学生是不行的。现在是引进人才的很好时机，机构正在改革，人员流动性大，特别是有些国营大中型企业亏损严重，职工的工资、奖金难以支付，一些技术人员是很想来乡镇企业的。所以，我们可以去北京、天津等的一些大中型企业、科研单位、大学里，用高薪、优惠条件聘请一些人。这项工作比过去阻力要小得多，容易得多了。目前，山东省的几个县都已在《人民日报》《光明日报》上刊登了招聘人才的广告，条件很优惠。看来，人才争夺战将越来越激烈。

在引进资金方面，现在你们这里还没有大的项目，没有特殊的矿产，引进外资比较困难，关卡也比较多，不过，引进些本省、外省、外县的大企业以及个体工商户、乡镇企业到这里来是有条件的。湖北省黄石市搞了一个开发区，它不是叫外资开发区，而是叫私营企业开发区，外国资本家不来，这里都是中国的老板。现在我们国内手里有钱的人不少，只要给他们一些优惠条件，如买地、建房、办厂、落户口等方面提供有利条件，他们是会来的。北京、天津等地把国外资金引去了，我们迁西县可以把国内企业家引来。外国资金是钱，中国资金也是钱，资金是一样的。因此，我们可以多想点办法、多出点主意。但是，这主意要比人家出得早，晚了就不行了。如果把人才、资金引进来了，我们就可以把工厂办起来，把小城镇迅速建设起来。

三

总结我们 40 年的经验，中国革命依靠农民取得了胜利，中国的社会主义建设也必须依靠农民才能成功，我国现有 74% 的人口是农业户口，不依靠这些人什么事情也办不了。中国共产党同农民建立了很好的关系，中国农民几千年想得到土地、不受地主的剥削，能够有自由的生活，是中国共产党帮助他们实现了理想，所以，他们对共产党有着深厚的感情。尽管我们在新中国成立后的合作化、"大跃进"、人民公社、"文化大革命"等时期有不少得罪农民的地方，政策上很"左"，让农民饿肚皮 20 多年，但广大农村还是稳定的。1978 年以后，我们调整了政策，农村形势发展很快，这与农民的拥护和支持是分不开的。20 世纪 80 年代初，我们把土地又给了农民，农民是满意的。我们说几十年不变，又给他们吃了定心丸，农村经济巩固住了，所以，我们奠定了很好的发展基础。但是有这样一个问题，土地真正到了农民手里以后，他们发现在 1.5 亩地上富不起来，便向往当工人，想进城，农转非。这些年，我们没有满足他们的这种愿望。因粮食问题、农村问题，我们一直把农转非划了一条大沟，农转非比登天还难，一般农民只能想象而已，没有希望，条条路被堵死。我这里讲这样一件事，在安徽省一位老农民去世了，他生前几十年的愿望是进城当工人，可是一直未能如愿。他的儿女知道老人的这一心愿，所以在给他送终的时候，用纸糊了轿车、彩电、录音机、洗衣机等现代化用具，但更为新鲜的还有两件东西：一是红纸做成的工作证书，画有当地某大厂的大公章，了却了老人一辈子想当工人的心愿；二是红纸做成的由公安局签发的户口准迁证。两件东西同其他东西一起化为灰烬。这样，老人在阳间没有能够农转非当工人，只能到阴间去如愿了。这件小事反映出，农转非进城当工人是农民的历史要求，这是进步的。报上把一些农民进城称为"盲流"这是不对的，农民进城这是进步的表现，符合历史的要求。所以，1983 年以后，允许农民办厂搞企业，建小城镇，实现"三步走"，符合农民的要求，农民可以通过自己努力解决当工人进城镇的要求。当大部分农民进城镇搞企业，小部分人搞农业，那时农村才会真正富裕起来、现代化起来。所以，我们要创造条件，发展乡镇企业，发展第二、三产业，发展小城镇，发展县城，实现现代化。

进一步认识乡镇企业在中国现代化
过程中的地位与作用[*]

中国的基本国情是 11 亿人口，8 亿多在农村。1980 年，全国工业总产值已占工农业总产值的 72.8%，可以说已经实现了工业化，但同年我国农村人口仍占 80.6%，在农村的劳动力仍占 75.2%。^① 这显然不符合现代化的要求。要实现农村的现代化，这 8 亿多农民，单靠种 15 亿多亩的耕地，是实现不了的，需要有大量的农业劳动力，转到第二、第三产业，需要有大量的农民进城。

我国原有的经济，社会体制，城乡是分割的。城市已有 3 亿多人口，^②城市已有的第二、三产业正常发展，也只能消化容纳城市每年新增的劳动力。所以农民要进城，要变为工人，只能另辟新路。

农民办乡镇企业，是农民要求致富、要求转化为工人、要求进城开创的一条新路。这完全符合中国国情，符合商品经济发展的要求，符合历史规律，是实现农村现代化的一种经济形式。乡镇企业在我社会主义现代化中发挥了独特的作用。

第一，有了乡镇企业，农民本身发生了变化。十几年的工夫，几千万农民已不再是"日出而作，日落而息"的农业劳动者，而是与机器打交道，在流水线上作业的企业职工。农民的生活方式、思维方式也随之发生了变

---

* 本文源自作者手稿。该文稿系陆学艺 1992 年 9 月 7 日在江苏"红豆"针纺集团公司太湖针织制衣总厂与《光明日报》理论部联合主办的"乡镇企业发展战略研讨会"上的发言稿，《光明日报》1992 年 9 月 26 日第 3 版以《发挥市场机制作用加快乡镇企业发展——"乡镇企业发展战略研讨会"发言摘登》为题刊登了陆学艺等专家的发言摘要。——编者注

① 国家统计局编《中国统计摘要·1991》，北京：中国统计出版社，1991 年 5 月，第 10、14、15 页。

② 国家统计局编《中国统计摘要·1991》，北京：中国统计出版社，1991 年 5 月，第 14 页。

化。时间观念、经营观念、效益观念、竞争观念也逐渐建立起来。带有乡土气息的新一代工人阶级已经成长起来，还涌现了一个很有朝气的农民企业家群体。

第二，农民家庭的结构和功能变了，男耕女织是中国农村家庭的传统。乡镇企业发达的地方，农民几乎家家有务工的劳动力，有相当一部分家庭的年轻夫妇一心务工。他们的生产和生活同城市职工家庭已没有多少不一样的地方。

第三，农村的社会传统变了，有了乡镇企业，农村的经济结构变了。各个行业都发展起来了，农村的社会传统也相应地变了，在乡镇企业发达的地区，原来意义上的农民已经很少了。

第四，有了乡镇企业，农村的人际关系变了。原来农村的人际关系是比较单纯的，主要是家庭关系、邻里关系、宗族关系，人与人之间的交往很少，办了乡镇企业，搞工业、商业经营，人际关系就复杂了，血缘关系之外，更多的是业务关系，人员也流动起来了。

农村调查

毛泽东与农村调查

——纪念中国共产党诞生 70 周年 *

一 毛泽东农村调查研究的光辉实践

毛泽东同志是我们党从事农村调查研究的开拓者，他所进行的农村社会调查，其内容之广泛，时间之长久，规模之宏大，思想之深刻，在我党历史上是空前的。他不但自己坚持做农村调查，身体力行，为广大党员和干部作表率，而且一贯倡导和组织全党大兴调查研究之风，并形成工作制度。他既注重调查研究的实践活动，又重视对调查成果和实践经验进行理论研究和概括。他不仅写了许多具有重要科学价值的农村调查材料，为研究和认识我国半殖民地、半封建社会的国情，为马克思主义在中国的发展提供了有益的启示和指导，而且全面系统地论述了农村调查研究的意义、目的、方法和态度，给人们留下了关于农村调查研究的极为宝贵和丰富的理论财富。

（一）青年时期毛泽东的农村调查活动

1917 年暑假，青年毛泽东在湖南第一师范学校读书时，就采用"游学"的方式，到长沙、宁乡、安化、益阳、沅江五个县的农村计时一个多月，行程九百多华里，进行了广泛的农村社会调查，向农民宣传民主革命的道理。

1918 年夏，毛泽东与蔡和森一起，在洞庭湖边的浏阳、沅江等县农村

---

* 本文原载《社会学研究》1991 年第 5 期，发表时间：1991 年 10 月 28 日，作者：陆学艺、徐逢贤。该文还发表于《东岳论丛》1991 年第 6 期，内容有删改。——编者注

进行了半个多月的调查，并在调查过程中鼓励农民联合起来同地主豪绅作斗争，摆脱贫困的处境。

参加革命后，毛泽东更是把农村调查作为了解国情的重要途径。1920年，他在深入农村调查后指出："吾人如果要在现今的世界稍为尽一点力，当然脱不开'中国'这个地盘。关于这个地盘内的情形，似不可不加以实地的调查，及研究。"① 这对于毛泽东接受马克思主义，实现从革命民主主义者到马克思主义者的转变起了促进作用，同时也为他创立农村调查的科学理论作了必要准备。在他仔细研读了《共产党宣言》《社会主义从空想到科学的发展》等马克思主义的经典著作后，确立了他对马克思主义的信仰。从而为他在工人、农民、知识分子中传播马克思主义并为建立无产阶级的政党——中国共产党作了思想准备和组织准备。

（二）北伐战争时期和土地革命时期的农村调查活动

从中国共产党成立到土地革命时期，毛泽东作为一个马克思主义者，作为党和军队的缔造者之一，自觉地运用马克思主义的基本观点，对中国社会的政治、经济、阶级状况等进行了广泛的调查研究，写出了许多重要的农村调查报告及论著。

北伐战争期间，他经常深入农村、城镇、工矿，考察农民和工人的劳动、生活状况。毛泽东在深入农村调查后指出：农民在中国民主革命中"特别重要"，中国共产党和工人阶级要领导中国革命达到胜利，"必须尽可能地系统地鼓动并组织各地农民从事经济的和政治的斗争"，否则"我们希望中国革命成功以及在民族运动中取得领导地位，都是不可能的"。② 特别是 1927 年，毛泽东亲自深入湖南的长沙、湘潭、衡山、湘乡、醴陵五县农村，步行 1400 余里，作了长达 32 天的实地调查，在全面调查研究中国社会各阶级状况的基础上，写了《湖南农民运动考察报告》这篇光辉著作。这是毛泽东运用马克思主义的观点和方法调查农村、研究农民运动的开端。

北伐战争失败后，毛泽东领导秋收起义部队，开辟了井冈山红色革命根据地，中国革命走上了工农武装割据的正确道路。随后，毛泽东率领红军部队对罗霄山脉的自然条件、经济、政治等情况进行了详细的调查研究

---

① 毛泽东：《致周世钊信（1920 年 3 月 14 日）》，中共中央文献研究室、中共湖南省委《毛泽东早期文稿》编辑组编，《毛泽东早期文稿》，长沙：湖南出版社，1990 年 7 月，第 474 页。

② 参见中共中央党史研究室编《中国共产党第四次全国代表大会档案文献选编》，北京：中共党史出版社，2014 年 7 月，第 18 页。——编者注

工作，搜集了大量第一手材料，总结了根据地的斗争经验，于 1928 年写了《中国的红色政权为什么能够存在?》《星星之火，可以燎原》和《井冈山的斗争》，分析了中国红色政权能够存在的主客观因素，又强调红色政权能够存在的客观物质基础，是旧中国特殊的经济政治发展的不平衡性。文章强调要研究中国革命斗争的特殊规律，要注意国家和民族的特点。

在土地革命过程中，红军所到之处，普遍燃起了土地革命的烈火，创建了兴国、于都、宁都、寻乌等县的革命政权，建立了赤卫队。毛泽东对革命根据地的经济状况和阶级状况作了细致的调查，通过解剖农村各个阶级，得出了正确的阶级估量，提出了划分阶级的标准，从而推动了革命根据地的发展和土地革命的正确进行。

为了同党内把马克思主义教条化、把共产国际指导神圣化的错误倾向进行坚决的斗争，从思想理论上进一步宣传调查研究的重要意义，毛泽东于 1930 年 5 月写了《反对本本主义》。这是毛泽东和我们党多年从事和提倡调查研究工作的实践经验的高度概括，是党内两条思想路线斗争的历史总结。毛泽东从认识论的高度提出了"没有调查，没有发言权"的著名论断，指出了"离开实际调查就要产生唯心的阶级估量和唯心的工作指导"，"社会经济调查，是为了得到正确的阶级估量，接着定出正确的斗争策略"，进而指出："中国革命斗争的胜利要靠中国同志了解中国情况"，"马克思主义的'本本'是要学习的，但是必须同我国的实际情况相结合"。[①] 在这里，毛泽东已把认清国情和革命胜利问题联系起来了，批判了党内和红军中严重存在着的教条主义倾向，并阐明了调查工作的目的、对象、内容和方法。这篇文章是毛泽东调查研究理论创立的标志。

继之，毛泽东在中央苏区进行了寻乌调查、兴国调查、长冈乡调查、才溪乡调查等一系列的调查研究活动。通过农村调查，他得出结论：要消灭旧的人剥削人、人压迫人的"吃人制度"，无产阶级只有同广大的农民群众结成联盟，"进行革命"，并在调查研究的基础上，掌握中国国情，制定一系列的正确的战略决策及各项方针，引导革命取得一个又一个胜利，为中国工农革命战争打开一个新局面。

在革命战争蓬勃发展的形势下，以王明为代表的"左"倾错误领导者，不从中国的国情和中国革命战争的特点出发，全盘否定毛泽东关于中国革

---

① 毛泽东：《反对本本主义》，中共中央文献研究室编，《毛泽东著作选读》（上），北京：人民出版社，1986 年 8 月，第 48～54 页。

命走"以农村包围城市"的道路的正确理论，否定毛泽东关于建设人民军队的思想和灵活机动的战略战术，实行一条完全脱离中国实际的所谓组织城市武装暴动的"新原则"，导致红军第五次反围剿的失败，主力红军被迫突围长征。在长征途中，党中央于 1935 年 1 月在遵义召开了政治局扩大会议，结束了王明"左"倾冒险主义的错误领导，确立了以毛泽东为代表的正确路线在党内的领导地位。这是中国共产党和革命战争历史上具有重大意义的第二次伟大转折，从此，中国共产党获得了马克思列宁主义的正确领导，坚持一切从实际出发，走实事求是的思想路线，奠定了中国革命转危为安、走向胜利的基础，开创了中国革命的崭新局面。

　　红军到达陕北以后，毛泽东一面指导中国革命战争，一面从事大量理论研究工作，在以往调查研究获得资料的基础上，提出党在新时期的方针和任务。1936 年 12 月，毛泽东发表了《中国革命战争的战略问题》一文，科学地总结了土地革命战争的主要经验，特别是反"围剿"作战的经验，阐明了中国革命战争的规律，使之上升为系统的理论。这篇文章是马克思主义普遍真理同中国革命战争实践相结合的又一光辉文献，标志着毛泽东军事思想已形成了科学的体系。

（三）抗日战争时期毛泽东的农村调查活动

　　陕北抗日革命根据地建立以后，毛泽东为了取得抗日战争和解放战争的胜利，彻底清算王明"左"倾教条主义思想的影响，端正党的实事求是的思想路线，使全党同志充分认识调查研究在马列主义普遍真理同中国革命实践相结合中的地位和作用，以加强党的思想建设，对我党自成立以来，特别是在大革命时期和土地革命时期农村调查的实践活动和理论研究进行了全面的系统的总结，于 1941 年正式出版了《农村调查》一书，并写了《〈农村调查〉的序言和跋》，以及《改造我们的学习》《整顿党的作风》《反对党八股》等著作，并领导起草了《中共中央关于调查研究的决定》和《中共中央关于实施调查研究的决定》等中央文件。毛泽东从马列主义普遍真理同中国革命实践相结合的高度，从转变党的思想作风，加强党的思想建设的高度，系统地阐述了调查研究的重要性和迫切性，并把农村调查研究的经验体会和具体方法从理论上加以科学的概括，使调查研究同马克思主义的辩证唯物论和历史唯物论有机地统一起来，从而使我党的调查研究理论更加完备和系统。

　　1937 年发表的《论持久战》就是毛泽东对抗战初期中国国情的一次深

入具体的历史的辩证剖析。在《中国革命和中国共产党》《新民主主义论》等著作中，毛泽东不仅在科学的历史性分析基础上制定了我国的新民主主义革命的总路线，而且以历史实践为证据，论证了农村调查研究，对于认识国情和取得革命成功的内在的必然联系。

为此，毛泽东同志领导了延安整风运动，在全党范围内大兴调查研究之风，开展了一次马克思主义的思想教育运动，以克服党内存在的"主观主义、宗派主义、党八股"这三股不正之风，推动了革命事业的蓬勃发展。

毛泽东对陕甘宁边区的经济问题和财政问题进行了深入细致的调查研究后指出"发展经济、保障供给"这一财政经济工作的总方针[①]，并号召解放区人民"组织起来"，走集体化道路，认为这是人民群众取得解放和由穷变富的必由之路。

1945 年 4 月 24 日，毛泽东在中国共产党第七次全国代表大会上作了《论联合政府》的报告。毛泽东根据革命实践和农村调查掌握的各种情况，论述了关于新民主主义的经济制度及相应的经济政策，阐明了中国抗日战争中的两条路线斗争和中国人民建立联合政府的要求，这为取得抗日战争胜利，解决当时的中国问题指明了前途。

（四）解放战争时期毛泽东的农村调查实践

解放战争时期，以毛泽东为首的党中央领导中国人民同帝国主义、封建主义和官僚资本主义进行了战略决战。在延安整风运动中兴起的调查研究之风又进一步得到了推广和深化。毛泽东深入农村进行调查研究，先后发表了《目前形势和我们的任务》《关于目前党的政策中的几个重要问题》《在晋绥干部会议上的讲话》《必须学会做经济工作》等重要著作，进一步阐明了新民主主义革命时期的经济纲领和解放战争时期的战略战术及根本方针。

1949 年 3 月 13 日，毛泽东在《党委会的工作方法》一文中，提出了党委会必须做到"胸中有'数'"[②]的思想，使毛泽东的调查研究理论更为精确化了。对客观事物的数量界限没有基本的统计、没有主要的百分比、就没有科学的分析，这样的调查研究也就不可能做到实事求是，就不可能把

---

① 毛泽东：《抗日时期的经济问题和财政问题》，《毛泽东选集》第 3 卷，北京：人民出版社，1991 年 6 月第 2 版，第 891 页。

② 《毛泽东选集》第 4 卷，北京：人民出版社，1991 年 6 月第 2 版，第 1442 页。

握客观事物内部的规律性，也就没有正确的政策。

1949 年 3 月，毛泽东在全国胜利前夕召开的党的七届二次会议上作了报告，他在长期深入农村调查研究的基础上，全面分析了中国国情，提出了新中国成立后的基本方针，为中国的民主革命向社会主义革命的转变，新民主主义社会向社会主义社会的转变，农业国向工业国的转变指明了基本方向和主要途径。

（五）中华人民共和国成立后毛泽东的农村调查研究活动

新中国成立后，毛泽东的农村调查实践，总的来说经历了一个曲折的发展过程。在新中国成立初期和对生产资料私有制的社会主义改造过程中，以及在 1961 年前后的一段时间里，毛泽东和党中央曾多次提出和阐述了调查研究对执政党的极端重要性，反复号召全党，特别是各级领导干部，继承和发扬调查研究、实事求是的优良传统。毛泽东作为党和国家的主要领导人，多次巡视大江南北、黄河上下，调查了解各地农村的情况，倾听广大干部和农民群众的意见，并领导和组织了全党同志在各条战线上进行了许多卓有成效的调查研究工作，制定了一系列正确的方针政策，纠正了实际工作中出现的一些失误，克服困难，取得了各方面的伟大成就。

毛泽东根据我们党在社会主义改造和建设事业中的实际情况，对农村调查研究过程中出现的新情况，从理论上加以概括和总结，进一步强调了调查研究必须坚持群众路线和实事求是的科学态度，深刻阐述了调查研究、群众路线和民主集中制三者间的关系，反对各种脱离实际、脱离群众的主观主义的调查研究，从而深化、丰富和发展了他的调查研究理论。令人惋惜的是，在毛泽东晚年的实践活动中，他的这些正确的理论和方法未能贯彻到底，在某些方面偏离了实事求是的思想路线，导致毛泽东对某些问题（如"文化大革命"）作出了错误的判断和决策，党在指导方针上发生了某些重大失误。这一情况一直延续到 1978 年底，党中央召开的具有伟大历史意义的十一届三中全会，才真正开始扭转。此后，毛泽东生前倡导的调查研究的优良的传统作风重又得到了恢复和发扬。

毛泽东为在社会主义革命和社会主义建设时期，寻求如何建立社会主义经济制度并走出一条适合中国国情的社会主义建设道路作出了不可磨灭的历史性贡献。

二 毛泽东农村调查的实践对革命和建设
事业作出的历史性贡献

毛泽东的农村调查研究实践，对开创中国共产党人调查研究的一代新风，确立和贯彻党的实事求是的思想路线，对毛泽东思想的形成和发展，对中国革命和社会主义建设事业的胜利等方面，都作出了重要的历史性贡献。历史表明，毛泽东和其他老一辈无产阶级革命家在农村革命根据地的建设、走农村包围城市武装夺取政权的革命道路、农村阶级分析和土地革命、农民问题、对资产阶级两面性的分析和革命统一战线的建立，以及我国民主革命、社会主义改造和社会主义建设的道路等方面提出的重要理论和方针政策，都是建立在对农村社会进行系统周密的调查研究基础上的。毛泽东思想及其毛泽东农村调查研究的理论等也都是在马列主义基本原理指导下，通过对农村社会实际进行系统周密调查研究而概括总结出来的。没有深入中国农村社会的调查研究，就谈不上马列主义普遍真理同中国革命具体实践相结合，就不可能形成和发展关于中国革命和建设的一系列正确的理论和政策，也就没有中国革命和建设事业的伟大胜利。因为中国是个农业大国，旧中国农村人口占全国人口的 90% 以上，农村社会的生产关系决定了中国社会的性质，封建的土地私有制关系是中国半封建半殖民地社会的基础。因此，农村调查的实质就是整个中国社会调查的缩影，了解了中国农村，也就了解了中国社会的本质。

毛泽东指出："只有认清中国社会的性质，才能认清中国革命的对象、中国革命的任务、中国革命的动力、中国革命的性质、中国革命的前途和转变。所以，认清中国社会的性质，就是说，认清中国的国情，乃是认清一切革命问题的基本的根据。"[①] 同样，这也是进行社会主义现代化建设的根本依据。为此，毛泽东农村调查研究的实践活动也是从认清中国社会的性质开始的，其作出的历史性贡献主要有以下几方面：

① 毛泽东：《中国革命和中国共产党》，《毛泽东选集》第 2 卷，北京：人民出版社，1991 年6 月第 2 版，第 633 页

（一）在总结与概括了国际国内无产阶级革命理论与实践的基础上，进一步系统地完整地指明了中国社会的性质，提出了近代革命的根本任务是反帝反封建，阐明了中国革命的对象、革命的动力、革命的同盟军以及革命的前途等问题

1840 年鸦片战争，打开了中国的大门，中国逐步沦为半殖民地半封建社会。反对帝国主义和封建主义在中国的反动统治，就成为近代中国革命的根本任务。1919 年五四运动标志着中国反帝反封建的资产阶级革命已经发展到了一个新的阶段，成为中国新民主主义革命的开始。①

中国革命是在一个半殖民地半封建社会的东方大国中进行的，这里是各种矛盾的焦点。在 1921 年中国共产党成立后，毛泽东等同志深入农村进行调查研究，组织领导了初期的农民运动，开展了轰轰烈烈的反帝反封建的斗争。虽然这些运动不断地受到军阀、地主的摧残和镇压，但是，由于有了共产党的领导，农民运动就逐渐成为一支巨大的力量。

在全国革命高涨和农民运动普遍兴起的情况下，帝国主义和国民党反动派加紧了对革命的进攻。革命队伍内部，资产阶级和无产阶级争夺革命领导权的斗争也日益尖锐起来。在中国革命的第一个紧要关头，毛泽东在农村调查的基础上，于 1925 年 12 月发表了《中国社会各阶级分析》一文，代表了中国共产党的马克思列宁主义的路线。毛泽东同志指出："谁是我们的敌人？谁是我们的朋友？这个问题是革命的首要问题。中国过去一切革命斗争成效甚少，其基本原因就是因为不能团结真正的朋友，以攻击真正的敌人。"他明确指出："一切勾结帝国主义的军阀、官僚、买办阶级、大地主阶级以及附属于他们的一部分反动知识界，是我们的敌人。"毛泽东经过对各阶级的具体分析，阐明了中国革命的基本问题："工业无产阶级是我们革命的领导力量。一切半无产阶级、小资产阶级，是我们最接近的朋友。那些动摇不定的中产阶级，其右翼可能是我们的敌人，其左翼可能是我们的朋友——但我们要时常提防他们，不要让他们扰乱了我们的阵线。"②

在这里，毛泽东在总结建党以来中国共产党的历史经验和理论成果的基础上，进一步具体论证了中国民主革命必须由无产阶级领导才能取得胜

---

① 本文中着重号为作者所加，下同。——编者注
② 毛泽东：《中国社会各阶级的分析》，《毛泽东选集》第 1 卷，北京：人民出版社，1991 年 6 月第 2 版，第 3 页、第 9 页。

利的马克思列宁主义思想，揭示了由贫农、雇农、中农所构成的农民阶级是中国革命队伍中的伟大力量，是中国无产阶级最广大的最忠实的可靠同盟军。这就使无产阶级找到了能够支持自己革命的一种伟大力量，有了农民这个同盟军，也就从根本上解决了无产阶级的领导权问题，表明了毛泽东关于结成工农联盟的伟大思想。同时也指出了民族资产阶级的两面性，我们党必须采取又联合又斗争的策略思想。

（二）指明了中国革命的发展前途只能是在无产阶级领导下，走社会主义的道路

毛泽东在批驳以戴季陶主义为代表的民族资产阶级的政治主张时指出："这个阶级的企图——实现民族资产阶级统治的国家，是完全行不通的，因为现在世界上的局面，是革命和反革命两大势力作最后斗争的局面，……中国的中产阶级，以其本阶级为主体的独立革命思想，仅仅是一个幻想。"①

在这里，毛泽东指明了在十月革命后的世界局面下，中国革命已是世界无产阶级社会主义革命的一部分，中国革命在无产阶级领导下必然是社会主义的前途，而不是资产阶级统治的资本主义前途。毛泽东还从分析中国历史发展来说明这个问题，指出：在近代中国许多爱国的志士仁人曾经企图实行资本主义制度，以促进中国的进步，摆脱贫穷落后挨打的局面。可是，在近代中国历史条件下，资本主义制度行不通。因为，在近代中国的广大农村中，封建的土地关系一直占绝对的统治地位，先后相继的统治政权无不以封建地主阶级为其主要基础，并极力维护封建土地关系。在帝国主义入侵后，中国社会虽然已经有了资本主义，但占统治地位的仍是封建主义。帝国主义绞尽脑汁要使中国沦为殖民地，但终究没有实现这个梦想，这是因为在广大中国人民中蕴藏着反抗帝国主义侵略的强大力量，这个力量是任何势力都摧不垮的；另外，帝国主义想独占或几国"瓜分"中国，势必引起帝国主义列强之间的激烈冲突。因此，各帝国主义国家宁愿保持中国的现状，各自按照自己的需要在中国划分势力范围，利益均沾，共同主宰中国的命运，并在中国造成一个为他们服务的官僚买办阶级，实行半殖民地半封建的统治。近代中国之所以贫穷落后、被动挨打，之所以不能从封建制度发展到资本主义制度，其基本原因就在于有帝国主义的侵略和压迫。历史经验表明，要改变中国的面貌和命运，争取民族独立和解

---

① 《毛泽东选集》第1卷，北京：人民出版社，1991年6月第2版，第4页。

放，根本的问题在于要有无产阶级政党——共产党的领导，把中国一切反帝反封建的力量动员和团结起来，经过长期的艰苦奋斗，取得民主革命的胜利，走社会主义发展道路，并为中国的现代化开辟广阔的道路。

毛泽东的上述理论是符合中国国情的，是符合中国革命发展规律的，是被后来中国革命的实践一再证明为颠扑不破的真理，从而为进一步丰富和发展科学社会主义作出了新贡献。

（三）指明了“农民问题是我国革命和建设的根本问题”

毛泽东在《新民主主义论》一文中指出：“中国有百分之八十的人口是农民，这是小学生的常识。因此农民问题，就成了中国革命的基本问题，农民的力量，是中国革命的主要力量。”[①]

毛泽东非常重视农民问题，早在第一次国内革命战争时期就指出：“国民革命的中心问题是农民问题，无论是打倒帝国主义、军阀、土豪劣绅，或者是发展工商业和教育事业，都要靠农民问题的解决。”[②] 1927 年 3 月，毛泽东总结了自党成立以来各地农民运动的经验和教训，在《湖南农民运动考察报告》一文中指出：广大农民是中国革命的主要力量，农民反封建的土地革命是中国民主革命的主要内容，没有农民起来在乡村中打翻封建势力的革命斗争，中国民主革命就不会成功。

毛泽东在分析了农民各个阶层后指出：占中国人口大多数的贫农是农民中最革命的力量。“乡村中一向苦战奋斗的主要力量是贫农。他们最听共产党的领导。……这个贫农大群众，合共占乡村人口的百分之七十，乃是农民协会的中坚，打倒封建势力的先锋，成就那多年未曾成就的革命大业的元勋。”他热情地指出：“没有贫农，便没有革命。若否认他们，便是否认革命。若打击他们，便是打击革命。”[③] 对于农民革命的态度如何，是区别革命和反革命的试金石，也是党内马列主义和右倾机会主义的分水岭。号召中国无产阶级及其政党中国共产党，必须站在农民运动的前头去领导农民。只有这样，无产阶级才能取得农民这一最广大最可靠的同盟军，无产阶级的领导权才不致落空，中国革命也才有胜利的可能。

---

① 《毛泽东选集》第 2 卷，北京：人民出版社，1991 年 6 月第 2 版，第 663、692 页。

② 毛泽东：《在湖南省第一次农民大会上的讲话》，《简明中共党史辞典》，济南：山东人民出版社，1986 年 12 月，第 238～239 页。

③ 毛泽东：《湖南农民运动考察报告》，《毛泽东选集》第 1 卷，北京：人民出版社，1991 年 6 月第 2 版，第 20～21 页。

毛泽东还指出，农民问题实质上是农民同盟军问题，就是无产阶级和农民之间的关系问题。从根本上说，也就是实现巩固和发展工农联盟的问题。无产阶级的革命事业是广大劳动人民的共同事业，只有同广大劳动人民——首先是农民——结成联盟，团结一切可以团结的力量，才能取得胜利，而农民也只有在无产阶级领导下，才能解放自己。因此，农民问题的实质是无产阶级如何领导农民以调动他们的积极性的问题。是如何引导，联合和依靠农民同盟军这一伟大力量进行革命和建设，并不断改造农民，使其逐步提高到无产阶级觉悟水平，为逐步消灭工农差别，最终实现共产主义创造条件的问题。是无产阶级从领导民主革命起，到消灭功能差别、城乡差别，实现共产主义这一历史过程中具有头等重要意义的问题。

（四）提出了"土地革命是中国民主革命的重要内容"的正确论断，并制定了正确的土地革命路线

农民问题，是无产阶级进行革命、夺取国家政权中的同盟军问题。无产阶级为了取得革命的胜利，必须深入农村、深入农民群众中去领导他们进行土地革命斗争，从而建立起巩固的工农联盟。

在民主革命时期，"农民问题的中心是土地问题"。毛泽东在《对农民的宣言》中指出：农民问题的内容就是贫农问题，贫农的中心问题就是土地问题。当时农民参加革命的迫切要求就是打倒地主阶级，消灭封建剥削制度。① 因此，党的第五次全国代表大会提出了"现阶段革命的主要任务是彻底解决土地问题和建立农村的革命民主政权"，指出"土地革命是巩固工农联盟所必需的"。② 因此，无产阶级要领导革命，就必须提出彻底的土地纲领，并引导农民为实现这一纲领而斗争。

土地革命的根本目的是要消灭封建的土地剥削制度，实现"耕者有其田"，借以解放农村生产力，发展农业生产，为实现国家工业化开辟道路。为了实现这一目的，毛泽东在深入农村调查研究和对农村各阶级进行分析后，制定了一条"依靠贫农和雇农，团结中农，中立富农，有步骤、有分别地消灭封建剥削制度，发展农业生产"的土地革命路线。

---

① 浙江省中共党史学会编印《中国国民党历次会议宣言决议案汇编》（第一分册），第168～171页。
② 胡华主编《中国革命史讲义（二）》（校内用书），1978年10月，第130页。

这条正确的土地革命路线，为党在当时和整个新民主主义革命时期胜利地领导农民进行反帝反封建的斗争，提供了可靠的保证。

（五）找到了一条"以农村包围城市，最后夺取城市，从而取得革命在全国胜利"的武装革命道路

毛泽东建立井冈山革命根据地的行动和他在 1928～1930 年所做的农村调查的理论研究，深刻地说明了建立和发展红色政权——农村革命根据地的可能性和重要性，说明在新的历史时期，在中国的条件下，革命发展的道路乃是建立农村革命根据地和工农红军，经过长期的革命战争，逐步地扩大和发展农村革命根据地和红军，走"以农村包围城市，最后夺取城市，从而取得革命在全国的胜利"的道路。

1928 年以后，中国南部各个农村革命根据地的建立，红军运动的迅速发展，国民党反动派"围剿"的连续粉碎，大大地扩大了红色区域在全国和全世界的影响，并使红色区域成为全国政治生活的中心，推动了全国革命走向高潮。所有这一切，生动地证明了毛泽东关于在民主革命时期建立农村革命根据地，走农村包围城市最后夺取城市、走武装革命道路理论的正确性。毛泽东关于土地革命路线和军事路线的正确理论，奠定了党正确地领导土地革命和武装斗争的完整的理论基础。

（六）毛泽东揭示了"农业是国民经济发展的基础"这一科学规律

1934 年 1 月 24 日，毛泽东在《我们的经济政策》一文中指出：根据地"经济建设的中心是发展农业生产，发展工业生产，发展对外贸易和发展合作社"。必须把组织农业生产放在经济工作的第一位，以解决根据地最主要的粮食问题和日用品的原料问题。[①]

在抗日战争时期，由于日寇残酷进攻、国民党严密封锁，解放区的财政经济遇到极大的困难。党中央和毛泽东在号召实行"精兵简政"，开展大生产运动中，坚持了以发展农业生产为主的方针。广大农民在这一号召下，组织起来发展农业及其他生产，彻底粉碎了反动派的经济封锁。在解放战争时期，毛泽东在《在晋绥干部会议上的讲话》中明确提出了："农业是基

---

① 《毛泽东选集》第 1 卷，北京：人民出版社，1991 年 6 月第 2 版，第 130～131 页。

础"的命题。他说："消灭封建制度，发展农业生产，就给发展工业生产，变农业国为工业国的任务奠定了基础。"①

新中国成立后，根据我国革命和建设的实践经验，毛泽东关于农业问题的思想又有了光辉的发展。在《论十大关系》报告中指出了农业在国民经济发展中的重要地位，以后又提出发展国民经济要"按农、轻、重次序安排"。② 1959 年，毛泽东又进一步对无产阶级领导社会主义经济建设作了马克思主义的总结，提出了"以农业为基础、以工业为主导的发展国民经济总方针"，③ 提出了"加速发展农业是高速度按比例发展我国社会主义经济建设的中心环节"，并提出了"加速农业技术改造"的任务。

"以农业为基础，以工业为主导，使优先发展重工业和迅速发展农业相结合"，④ 这是毛泽东根据我国的建设经验所提出的社会主义经济建设的一条根本方针，这一方针符合马克思主义的扩大再生产原理，正确地反映了国民经济两个最重要部门之间最本质的内在联系，这一方针正确地反映了国民经济发展的客观规律，所以它在我国社会主义经济建设中发挥了巨大作用。"农业是国民经济的基础"这一客观经济规律，被越来越多的人所认识、所掌握，从而成为保持国民经济持续、稳定、协调发展的一条重要方针。

（七）毛泽东指明了"社会主义的首要任务是发展生产力"

1956 年 1 月 5 日，毛泽东在最高国务会议第六次会议的讲话中指出："社会主义革命的目的是为了解放生产力"，也只有社会主义革命才能解放生产力。他说："农业和手工业由个体的所有制变为社会主义的集体所有制，私营工商业由资本主义所有制变为社会主义所有制，必然使生产力大大地获得解放。这样就为大大地发展工业和农业的生产创造了社会条件。"⑤ 从而回答了"中国必须走社会主义道路"这个根本问题。毛泽东还指出，

---

① 《毛泽东选集》第 4 卷，北京：人民出版社，1991 年 6 月第 2 版，第 1316 页。

② 参见毛泽东《庐山会议讨论的十八个问题》，《毛泽东文集》第 8 卷，北京：人民出版社，1999 年 6 月，第 78 页。——编者注

③ 参见《毛泽东年谱》（1949～1976）第 5 卷，北京：中央文献出版社，2013 年 12 月，第 150 页。——编者注

④ 转引自谭震林《在第二节全国人民代表大会第二次会议上的报告》，黄道霞等主编《建国以来农业合作化史料汇编》，北京：中共党史出版社，1992 年 3 月，第 605 页。——编者注

⑤ 毛泽东：《社会主义革命的目的是解放生产力》，《毛泽东著作选读（下）》，北京：人民出版社，1986 年 8 月，第 717 页。

社会主义制度的优越性，要体现在发展生产、提高经济效益和富裕人民生活上。也就是社会主义必须以促进生产力发展为标准，而生产力发展又要体现在实际经济效益的提高上。1963 年 9 月，毛泽东号召全党全国人民"力求在一个不太长久的时间内改变我国社会经济、技术方面的落后状态，否则我们就要犯错误"。1964 年 12 月，毛泽东又教导全党全国人民："我们不能走世界各国技术发展的老路，跟在别人后面一步一步地爬行。我们必须打破常规，尽量采用先进技术，在一个不太长的历史时期内，把我国建设成为一个社会主义的现代化的强国。"要想从根本上彻底改变我国经济技术落后的状况，大力发展生产力，"至少需要几十年时间"。①

（八）毛泽东在总结农村调查情况的基础上指出"在社会主义社会中，基本的矛盾仍然是生产关系和生产力之间的矛盾，上层建筑和经济基础之间的矛盾"②

1956 年 11 月，毛泽东在八届二中全会小组长会议上说："国内阶级矛盾已经基本解决"。③ 1957 年 3 月 18 日，毛泽东在济南党员干部会议的讲话中指出："两种制度作斗争，就是社会主义同资本主义这两种制度作斗争，谁胜谁负，这个问题解决了没有呢？按照我们八大所说的，应该说基本上分了胜负，就是资本主义失败了，社会主义基本上胜利了。""阶级斗争基本结束，我们的任务转到什么地方？就是要转到搞建设，率领整个社会，率领六亿人口，同自然界作斗争，把中国兴盛起来，变为一个工业国。"④

毛泽东不仅对社会主义社会主要矛盾作了正确的分析和判断，而且运用马克思主义辩证法教育广大干部，要正确认识社会主义，不要把社会主义想象得那么好，变成不切合实际的空想。1957 年 3 月 20 日，他在南京党员干部会议上说："有人讲，到了社会主义大概是要过好生活了"，"这就是不懂得什么叫社会主义，作为社会主义制度，就是生产关系，用这样一种

① 毛泽东：《把我国建设成为社会主义的现代化的强国》，《毛泽东著作选读（下）》，北京：人民出版社，1986 年 8 月，第 848 页、第 849 页。
② 毛泽东：《关于正确处理人民内部矛盾的问题》，《毛泽东著作选读（下）》，北京：人民出版社，1986 年 8 月，第 767 页。
③ 参见毛泽东《在中共八届二中全会小组长会议上的发言》，《建国以来毛泽东文稿》，第 6 册，北京：中央文献出版社，1992 年 1 月，第 245 页。——编者注
④ 参见《毛泽东年谱》（1949～1976）第 3 卷，北京：中央文献出版社，2013 年 12 月，第 116～117 页。——编者注

相互关系去进行生产。没有生产就没有生活，没有多的生产就没有好的生活。好起来要多少年呢？我看大概要一百年"。① 1961 年，毛泽东在同来华访问的英国朋友蒙哥马利谈话时指出："社会主义和资本主义比较，有许多优越性，我们国家经济的发展，会比资本主义国家快得多。可是，中国的人口多、底子薄，经济落后，要使生产力很大地发展起来，没有一百多年的时间，我看是不行的。""至于建设强大的社会主义经济，在中国，五十年不行，会要一百年，或者更多的时间。"② 这些论述都说明，毛泽东对社会主义是十分清醒的，他要求人们也要正确地、客观地认识和分析我国社会主义社会的基本矛盾和基本国情。

（九）毛泽东在深入农村调查、总结农民群众生产经验的基础上，系统提出了"土肥水种密保工管"的"农业八字宪法"，号召中国农业走"科技兴农、集约经营"的路子

1956 年，在农业合作化高潮中毛泽东指出："我国按人口平均耕地面积较少，但已耕地的增产潜力很大。"号召全党在抓农业问题时，应"十分重视提高农业集约化水平和提高农作物单位面积产量"，并把这一精神贯彻于《1956～1967 年全国农业发展纲要》中去。

1958 年毛泽东在江苏南京、浙江杭州、辽宁沈阳、吉林长春、河南封丘应举农业生产社和新乡县七里营人民公社、长葛县③"五四"农业社等地，同广大农民群众和农业科技工作者调查研究后，系统总结了农民增产的经验，提出了"土、肥、水、种、密、保、工、管"的"农业八字宪法"，指明了提高农业集约化水平的基本途径和前提条件是不断地、逐步采用先进的农业生产技术，深刻揭示了我国农业"走集约经营"的路子的道理。为了正确贯彻"农业八字宪法"，毛泽东为此作了科学的说明，指出"农业八字宪法"中的各项措施是一个相互联系、相互制约的整体，孤立地采取其中任何一项都不能收到应有的增产效果，必须根据"农业八字宪法"的内在联系，全面贯彻、统筹兼顾、合理安排，使得各项措施都能协调发

① 参见《毛泽东年谱》（1949～1976）第 3 卷，北京：中央文献出版社，2013 年 12 月，第 119 页。——编者注

② 毛泽东：《在扩大的中央工作会议上的讲话》，《毛泽东著作选读（下）》，北京：人民出版社，1986 年 8 月，第 828 页、第 827 页（毛泽东在扩大的中央工作会议讲话中复述了他1961 年 9 月和 1960 年同来华访问的蒙哥马利的谈话内容）。——编者注

③ 1993 年长葛撤县为市，隶属许昌市。——编者注

挥作用，起到综合增产效果，提高劳动生产率。

我国农业发展的实践证明，毛泽东提出的"农业八字宪法"，走依靠科技、集约经营的道路是完全正确的。通过广大农民和农业科技工作者的努力，使我国占世界耕地 7% 的条件下，解决了占世界人口 22% 以上的中国人民的吃饭问题。这是世界农业发展史上的奇迹，是毛泽东"以农业为基础"思想的又一胜利。

（十）指明了中国农民走集体化道路的历史必然性，并为之而奋斗到生命的最后时刻

毛泽东早在 1933 年的长冈乡调查和才溪乡调查时就发现，农民"成立了劳动互助社和耕田队，使劳动力有组织地调剂，这种生产形式，受到了群众的欢迎"。[①] 同时，他称赞他们是"两个模范乡"，号召农民"要学习长冈乡和才溪乡"。[②]

抗日战争时期，毛泽东发出了把农民"组织起来"的号召，使抗日革命根据地的互助合作化运动更加广泛地发展起来。1943 年，毛泽东指出："在农民群众方面，几千年来都是个体经济，一家一户就是一个生产单位，这种分散的个体生产，就是封建统治的经济基础，而使农民自己陷于永远的穷苦。克服这种状况的唯一办法，就是逐渐地集体化；而达到集体化的唯一道路，依据列宁所说，就是经过合作社。"[③]

中华人民共和国成立后，中国共产党立即在各解放区开展了土地革命运动，土地改革废除了封建土地所有制，建立了农民土地所有制，解放了农村生产力，使农业生产有了发展。但是农民的小私有土地所有制经济，对进一步发展农村生产力有极大的局限性，决定了中国农业发展必须把分散的小农经济逐步联合成为合作经济。

以毛泽东为首的党中央，根据农村调查的实践，在领导农业社会主义改造过程中，明确地提出自愿互利原则，采取了三个互相衔接的步骤：第

---

① 毛泽东：《我们的经济政策》，《毛泽东选集》第 1 卷，北京：人民出版社，1991 年 6 月第 2 版，第 131 页；毛泽东《长冈乡调查》，《毛泽东农村调查文集》，北京：人民出版社，1982 年 12 月，第 309 ~ 312 页。

② 毛泽东：《关心群众生活，注意工作方法》，《毛泽东选集》第 1 卷，北京：人民出版社，1991 年 6 月第 2 版，第 137 ~ 138 页。

③ 毛泽东：《组织起来》，《毛泽东选集》第 3 卷，北京：人民出版社，1991 年 6 月第 2 版，第 931 页。

一步组织带有社会主义萌芽性质的互助组；第二步在互助组的基础上组织
以土地入股和统一经营为特点的半社会主义性质的初级农业生产合作社；
第三步组织完全社会主义性质的高级农业生产合作社。通过这些步骤和形
式，使农民逐渐走上了集体化的道路，后来，又逐步发展成人民公社这种
组织形式。由于人民公社集体经济组织形式内实行了"一大二公""统的过
死""一平二调"等经营管理形式，一定程度上影响了农民生产积极性的进
一步发挥，农业生产发展速度渐趋缓慢。党的十一届三中全会以来，农村
首先实行改革，在农业集体经济组织内部实行了以家庭联产承包为主的责
任制形式，实行统分结合的农业双层经营体制，找到了适合生产力发展水
平的合作制经营形式，大大促进了农业生产的发展。

毛泽东指引的中国农业走社会主义集体化道路的方向是正确的，毛泽
东为之实践并不断探索到生命的最后时刻。

（十一）毛泽东谆谆教导我们：没有对中国农村的调查研究，就没有我党正确的路线、方针、政策，也就没有我们正确的战略战术，也就没有中国革命的胜利

毛泽东在《反对本本主义》一文中指出："没有调查，没有发言权"，
"中国革命的胜利要靠中国同志了解中国情况"。[①] 他以极其尖锐泼辣的笔调
和鲜明的战斗风格，深刻揭露了教条主义的唯心主义实质及其对革命的危
害性，批评了党内一部分人安于现状、不求甚解、墨守成规、迷信"本
本"，不深入农村社会实际调查研究的倾向。

毛泽东把深入农村社会实际进行调查研究工作同党的思想路线问题联
系起来，这就是要使马克思主义理论同中国实际相结合，实事求是的思想
路线。毛泽东在中国革命斗争中，在同形形色色的主观主义的斗争中，始
终坚持了这条思想路线，深入农村调查研究，了解中国的历史和现状，具
体分析中国的国情，制定出正确的路线、正确的战略策略和方针政策，从
而解决了中国革命和建设中的许多重大而复杂的问题，不断地把革命和建
设事业引向胜利。

---

① 《毛泽东著作选读（上）》，北京：人民出版社，1986年8月，第48页、第54页。

三　毛泽东调查研究理论在认识论和方法论 方面的历史性贡献

毛泽东在深入农村调查基础上建立起来的关于调查研究的理论体系和方法，是对马克思列宁主义理论宝库的重大贡献，是党和人民的宝贵的精神财富。今天，我们学习毛泽东调查研究理论，仍感到十分新鲜和解渴。这些理论著作所体现的马克思列宁主义的方法论和工作作风，是永放光辉的，仍然是指导我们进行农村调查研究实践的指南。

毛泽东对于调查研究理论的历史性贡献主要表现在以下几方面：

（一）调查研究是认识世界和了解中国国情的基本方法，是理论与实践相结合的桥梁，了解情况是正确领导的基础，是党制定正确政策的依据

毛泽东指出，真正好的领导，必须经常地、周密地进行调查研究，"对于中国各个社会阶级的实际情况，没有真正具体的了解，真正好的领导是不会有的"。① 我们党制定正确的政策，需要以事实作为依据，同样在执行党的政策时，也要以所了解的实际情况作为立足点。毛泽东指出："共产党领导机关的基本任务，就在于了解情况和掌握政策两件大事，前一件事就是所谓认识世界，后一件事就是所谓改造世界。"② 只有认识世界，才能改造世界，而要认识世界，调查研究乃是最基本的方法。

为了正确地认识世界，毛泽东强调要做到"胸中有'数'"，要"注意决定事物质量的数量界限""不可无根据地、主观地决定问题"。③ 毛泽东把调查研究引向更为广阔的社会实践领域，作为指导无产阶级政党进行改造世界的革命斗争的重要方法，从认识论的高度论证了调查研究是取得正确认识的基础，是形成我们党的正确的思想路线的前提，指出了"没有调查

---

① 毛泽东：《〈农村调查〉的序言和跋》，《毛泽东选集》第 3 卷，北京：人民出版社，1991年 6 月第 2 版，第 802 页。

② 毛泽东：《改造我们的学习》，《毛泽东选集》第 3 卷，北京：人民出版社，1991 年 6 月第 2 版，第 789 页。

③ 毛泽东：《党委会的工作方法》，《毛泽东选集》第 4 卷，北京：人民出版社，1991 年 6 月第 2 版，第 1442 ~ 1443 页。

就没有发言权"① 的著名论断,这是他多年从事和倡导的实际调查工作的深切体会和理论概括,以后又提出"不做正确的调查同样没有发言权"② 的论断。这是对马克思主义认识论的生动表述,说明调查研究已不仅仅是工作方法问题,而且是马克思主义认识论的基本问题。1941 年,毛泽东在关于农村调查的几篇文章中,进一步从认识论的角度强调了调查研究的重要作用,明确指出:"要了解情况,唯一的方法是向社会作调查",用马克思主义的基本观点作几次周密的调查,"乃是了解情况的最基本的方法"。③ 1963年 5 月,毛泽东在《人的正确思想是从哪里来的》一文中指出:"用马克思主义的科学方法进行调查研究",是坚持"马克思主义的科学的革命的认识论"的问题。④ 这些论述把调查研究的意义提高到过去从未有过的理论高度。

毛泽东之所以努力向全党号召把调查研究作为了解下层情况和研究问题的方法,其原因在于我们党担负着如何把马克思主义普遍真理同中国革命具体实践相结合的历史任务。要胜利完成这一任务,就要求全党必须了解基本国情,掌握社会发展的基本态势,这就需要我们深入农村、深入社会进行持久的调查研究。只有掌握了实际情况的第一手材料,才能使党制定出正确的政策和策略。调查研究是理论联系实际的桥梁或中介,是领导方法和工作方法的首要环节。毛泽东正是从这个高度确立了调查研究在贯彻辩证唯物主义认识论路线中的重要地位;这是他在总结中国革命历史经验基础上,对调查研究理论的深化作出的贡献。

(二) 指导调查研究的方法是马克思主义的阶级分析方法和群众路线方法

把阶级分析方法和群众路线方法运用于调查研究实践,是毛泽东历史

---

① 毛泽东:《改造我们的学习》,《毛泽东选集》第 3 卷,北京:人民出版社,1991 年 6 月第 2 版,第 802 页。

② 参见毛泽东《总政治部关于调查人口和土地状况的通知》,《毛泽东文集》第 1 卷,北京:人民出版社,1993 年 12 月,第 268 页。——编者注

③ 毛泽东:《〈农村调查〉的序言和跋》,《毛泽东选集》第 3 卷,北京:人民出版社,1991 年 6 月第 2 版,第 789 页。

④ 参见毛泽东《对〈中共中央关于目前农村工作中若干问题的决定(草案)〉稿的修改》,中共中央文献研究室编《建国以来毛泽东文稿》第 10 册,北京:中央文献出版社,1996 年 8 月,第 305 页,以及第 306 页注释 [1]。该修改稿前面加写的一段文字经节编后以《人的正确思想是从哪里来的?》为题公开出版。——编者注

唯物主义观点的根本特征之一。毛泽东强调了阶级分析方法在调查研究中的意义时指出：对立统一、阶级斗争是我们办事的两个出发点。"对于担负指导工作的人来说，有计划地抓住几个城市、几个乡村，用马克思主义的基本观点，即阶级分析的方法，作几次周密的调查，乃是了解情况的最基本的方法。"① 可以这样说，阶级分析方法贯穿于毛泽东革命生涯的始终。尽管他在晚年陷入了"阶级斗争绝对化"的失误，但阶级分析方法作为马克思主义的一个基本观点，在目前仍然是我们党考察国际国内形势而制定基本国策的指导原则之一。只要世界上存在着阶级对立，阶级分析方法将永远放射着它的光辉。

同阶级分析方法相联系，毛泽东反复强调要以群众路线的方法来进行调查研究。这既是思想方法，也是工作方法，也是考察干部对调查研究工作态度的一个重要标准。毛泽东认为，"从群众中来，到群众中去"的领导方法，从认识论上说，实际上是进行调查研究的过程。这样，就进一步明确了调查研究和党的群众路线在认识论基本上的一致性。这是毛泽东运用马克思主义认识论原理指导党的具体工作，使调查研究成为群众路线的认识论基础的光辉典范。

（三）搞好调查研究工作的正确态度是实事求是和甘当小学生，虚心向群众学习的态度

为了在全党大兴调查研究之风，毛泽东首先要求党的各级领导干部要进一步端正调查研究工作的态度：一是要有实事求是的科学态度，通过系统周密的调查找出事物内部的规律性；二是要有甘当小学生，虚心向群众学习的态度，要有"眼睛向下"的决心和兴趣，而不是"昂首望天"。因为只有深入农村、深入基层、深入群众，才有可能了解到真实的情况，"没有眼睛向下的兴趣和决心，是一辈子也不会真正懂得中国的事情的"。其次要求各级领导干部要有"放下臭架子，甘当小学生的精神"，要采取"恭谨勤劳"的态度和工农群众交朋友，群众才能讲真话，进而才能掌握真实情况。否则，难免会陷入"走马观花"、一知半解、粗枝大叶的境地。② 我们党的

① 毛泽东：《〈农村调查〉的序言和跋》，《毛泽东选集》第 3 卷，北京：人民出版社，1991年 6 月第 2 版，第 789 页。

② 毛泽东：《〈农村调查〉的序言和跋》，《毛泽东选集》第 3 卷，北京：人民出版社，1991年 6 月第 2 版，第 789～791 页。

历史，中国革命和建设的历史经验表明，我们党和国家的干部什么时候能密切联系群众，深入农村社会调查研究，什么时候就呈现党群关系、干群关系和谐融洽，党在群众中的威信就高，党所制定的方针政策就具有感召力，我们国家就会出现生动活泼的政治局面。一旦我们党和干部脱离了群众，脱离了实际，脱离了农村调查研究，就会发生失误，腐败现象就会滋生，革命和建设事业必然受挫，党的凝聚力就会减弱。

（四）调查研究是转变党的作风的重要环节，也是党的建设的重要内容，是改造人的世界观的基本途径

中国共产党是从一个半殖民地半封建的落后的东方大国里成长起来的马克思主义的无产阶级政党。中国共产党的领导是否正确，关键在于能不能制定和执行实事求是的马克思主义的思想路线，能否将马克思主义普遍真理同中国革命具体实践相结合。因此，加强党的思想建设，端正党的思想路线，是确保党的正确领导，引导革命取得胜利的先决条件。调查研究既是党的思想路线问题，也是党的作风问题。毛泽东不仅充分肯定调查研究在认识社会、改造客观世界中的重要作用，而且还从改造共产党人的主观世界，增强党性，转变党的作风加强党的思想路线的高度，去充分肯定调查研究的重要作用。这样就从改造客观世界和改造主观世界两个方面，十分鲜明地、具体地阐明了调查研究的重要性，肯定了调查研究在认识论中的地位，这在马克思主义发展史上还是第一次，这表明毛泽东的调查研究理论达到更系统、成熟的新高度。

（五）丰富了调查研究方法的内容，指明了调查研究的基本形式是开调查会，基本方法是"典型调查"

毛泽东指出："开调查会，是最简单易行又最忠实可靠的方法，我用这个方法得了很大的益处，这是比较什么大学还要高明的学校。"[①] 在毛泽东的农村调查实践活动中，他很善于开调查会，且总结出带规律性的理论。在1935年《反对本本主义》一文中，他就以调查的技术为题，对如何开调查会讲了七点。其基本思想可概括为：开调查会要亲自拟定调查提纲，深入到一个地方就一个问题找熟悉明了社会经济状况的人，进行讨论式调查。

---

① 毛泽东：《〈农村调查〉的序言和跋》，《毛泽东选集》第3卷，北京：人民出版社，1991年6月第2版，第790页。

要亲自做记录，"假手于人是不行的"①。这是毛泽东对调查研究经验的第一次总结。到 1941 年写《农村调查》的序言和跋时，进一步概括为："开调查会每次人不必多，三五个七八个即够。必须给予时间，必须有调查纲目，必须自己口问手写，并同到会人展开讨论。"② 在《关于农村调查》一文中，毛泽东则从搜集材料的方法角度强调开调查会的几个关键环节：调查会不仅要提出问题，而且要有解决问题的方法；调查的典型可分为三种：即先进的、中间的、落后的，亲自收集和整理材料，抓住重点。材料要搜集得愈多愈好，但一定要抓住要点或特点（即矛盾的主要方面）。③ 毛泽东在这里提出了利用典型材料分析问题的具体方法，形成了一整套开调查会的程序、内容和方法。在今天仍不失为各级干部进行调查研究的基本形式。随着科学技术的发展，获取信息资料的手段日益现代化，调查研究已具有广泛的意义。但是，作为各级领导干部，要达到科学决策的水平，要实现密切同群众联系，改造自己的主观世界的目的，学会开调查会仍然是必不可少的手段和形式。

进行调查研究，了解实际情况，有很多方法，但是最基本的还是作典型调查。毛泽东农村调查中，很多就是运用典型调查。1962 年，毛泽东在扩大的中央工作会议上讲话时号召全党各级领导干部，为了了解农业问题，掌握规律，以便制定正确的农村政策，"一定要下一番苦功，要切切实实地去调查它，研究它。要下去蹲点，到生产大队、生产队，到工厂，到商店，去蹲点"，去"好好地总结经验，制定一整套的方针、政策和办法，使它们在正确的轨道上前进"。④

毛泽东十分强调"下马观花"，深入基层蹲点。《寻乌调查》《长冈乡调查》《才溪乡调查》等都是采用典型调查这种方法。他说："拼着精力把一个地方研究透彻，然后于研究别的地方，于明了一般情况，便都很容易了。"⑤ 他把这种调查方法，形象地比喻为"解剖麻雀"。解剖透了一个麻雀，去了解其他麻雀，甚至了解其他鸟类也就容易了。

① 《毛泽东著作选读（上）》，北京：人民出版社，1986 年 8 月，第 57～48 页。
② 毛泽东：《〈农村调查〉的序言和跋》，《毛泽东选集》第 3 卷，北京：人民出版社，1991 年 6 月第 2 版，第 790 页。
③ 参见毛泽东，《关于农村调查》（1941 年 9 月 13 日），《毛泽东文集》第 2 卷，北京：人民出版社，1993 年 12 月，第 383 页。——编者注
④ 《毛泽东著作选读（下）》，北京：人民出版社，1986 年 8 月，第 829～830 页。
⑤ 《毛泽东农村调查文集》，北京：人民出版社，1982 年 12 月，第 56 页。

四　毛泽东农村调查的实践及理论在社会主义
现代化建设时期的指导意义

1978 年 12 月，中国共产党召开了十一届三中全会，实现了拨乱反正、把工作重点转移到社会主义现代化建设上来的历史性转变。为了把我国建设成为具有高度物质文明和精神文明的社会主义强国，党又重新恢复和发扬了深入农村、深入社会调查研究的优良传统和作风，在贯彻党的实事求是的思想路线，探索适合中国国情的社会主义现代化建设道路，制定新时期各项重大方针政策的过程中，进一步坚持和发展了毛泽东的农村调查理论。

在新的历史时期，我们党仍然需要像毛泽东同志那样深入农村进行调查研究，不断深化农村改革，探索具有中国特色的社会主义农业发展道路，以开创社会主义农业现代化建设的新局面。

（一）目前我国正处在社会主义初级阶段

这是我们党在新中国成立后，经过长期的革命和建设实践得出的一个极其重要的科学论断，它指明了我国已经进入社会主义社会，但还处于初级阶段。社会主义初级阶段特指我国在生产力落后、商品经济不发达条件下建设社会主义必然要经历的特定阶段。这个阶段，既不同于社会主义经济基础尚未奠定的过渡时期，又不同于已经实现社会主义现代化的阶段。它具有以下特征：

一是逐步摆脱贫穷、摆脱落后的阶段。

二是由农业人口占多数的手工劳动为基础的农业国，逐步变为非农产业人口占多数的现代化工业国的阶段。

三是由自然经济半自然经济占很大比重变为商品经济高度发展的阶段。

四是通过不断改革和探索，建立和发展充满活力的社会主义的有计划商品经济体制的阶段。

五是全国人民奋起艰苦创业，逐步实现社会主义现代化的阶段。

这就从历史任务、历史地位、发展方向说明了我国社会主义初级阶段农业发展的性质和特征，从而也决定了我国农村经济方面的特点是：以集体经济为主体的多种经济成分并存，以按劳分配为基本原则的多种分配形式并存，在共同富裕前提下，允许一部分人通过勤奋劳动、合法经营先富起来；有计划的商品经济还不发达，等等。

上述特征决定了在社会主义初级阶段，我国所要解决的主要矛盾，是人民日益增长的物质文化需要同落后的社会生产之间的矛盾。这里所说的落后，并不是一般意义上的落后，而是有特定历史内容的落后，就是生产力不发达，没有实现现代化。这个落后，是从半殖民地半封建社会带来的，在社会主义条件下正在逐步摆脱，但不可能在短期内迅速摆脱的落后。

为了改变这一状态，社会主义初级阶段的最根本任务就是发展社会生产力。这就必须把工作的重点转移到以经济建设为中心的社会主义现代化建设上来，大力发展生产力。而在解决发展生产力这个根本任务过程中必须采取一系列的正确的方针和政策。改革开放是我国生产力发展的必由之路。

我们党为了发展生产力，改变我国落后的面貌，坚持社会主义制度，先后在农村和城市开展了经济体制改革，解放思想，从中国国情出发，发展有计划的商品经济，取得了显著成就。这些成就的取得，都是坚持深入农村、深入社会调查研究，坚持实事求是原则，在农村改革与农业发展的前提下取得的，是坚持社会主义方向的前提下取得的，是坚持四项基本原则的前提下取得的。离开了这点，改革就失去了方向，失去了目标。我国正处在社会主义初级阶段，这就是我国现阶段社会的性质，是我国的基本国情，是我们要建设有中国特色的社会主义，坚持十一届三中全会以来的基本路线和两个基本点，并为此制定各种具体的方针政策、战略战术的最基本的根据和出发点。

（二）农民问题仍然是我国社会主义现代化建设事业的重要问题

农民问题不仅是革命的根本问题，而且也是社会主义建设的根本问题。毛泽东教导我们"农民的情况如何，对于我国经济的发展和政权的巩固，关系极大"。[①] "中国的主要人口是农民，革命靠农民的援助才取得了胜利，国家工业化又要靠农民的援助才能成功"。[②]

"摸清摸准国情"首先要深入农村调查研究，摸清中国农村的情况、中国农民的情况、中国农业的情况，这是制定我们国策的基本出发点。党的

---

① 毛泽东：《关于正确处理人民内部矛盾的问题》，《毛泽东选集》第 5 卷，北京：人民出版社，1977 年 4 月，第 379 页。

② 毛泽东：《做一个完全的革命派》，《毛泽东选集》第 5 卷，北京：人民出版社，1977 年 4 月，第 26 页。

十一届三中全会以来，在我国农业集体经济组织内部实行了以家庭联产承包为主的责任制，建立了统分结合的双层经营体制，我国农村的面貌发生了深刻的变化，取得了举世瞩目的成就。但是我国的基本国情仍然是十一亿多人口，八亿多农民，生产力水平较低，农业综合生产能力不高，资源相对缺乏。在这样一个农业大国中搞社会主义现代化建设，情况复杂，困难很多。"农业是国民经济的基础"这一经济规律比以往任何时候都显得重要。要解决十一亿多人口的吃饭问题是中国农业的头等大事，是经济发展、社会安定、国家自立、政治稳定的基础。而要解决这个问题，八亿多农民是一支最伟大的力量。因此我们制定基本国策的着眼点，都必须考虑到调动这八亿多农民的积极性，正确处理好城乡关系、工农关系，以保证农业生产，特别是粮食生产的稳定增长。离开了农业、离开了农民积极性的充分发挥，社会主义现代化建设是不可能顺利发展的，新时期的工农联盟也是不会巩固和发展的，我们的政策就必然会发生失误，整个国民经济的持续、稳定、协调发展就不可能实现。

（三）要学习毛泽东深入农村、深入农民群众的实践中去作周密细致调查研究的作风，并将其应用到社会主义农业现代化建设中去

历史事实表明，什么时候我们坚持了深入农村社会作调查研究，对农村的情况明确，党制定的方针政策、战略战术就正确，我们的革命和建设事业就顺利发展；反之，不作农村调查，不分析中国国情，而从抽象的原则和教条出发，对农业形势判断失误，制定出的政策就必然失误，社会主义革命和建设事业就要受挫折、受损失，甚至遭到失败。

近年来，我们一些搞农村工作的同志，深入农村搞调查的意识淡薄了。有些人整天坐在机关，苦思冥想出主意；有些人蹲在城市里东游西逛搞"采访"；有的虽然下"农村"，却整天蹲在县委招待所听汇报、看材料；有的坐着汽车，这儿停停，那儿跑跑，如蜻蜓点水，一天跑上几个县，就是不向农民群众作调查，不对农村实际作调查。粗枝大叶，不求甚解，自以为是，主观主义，形式主义的作风严重存在。

为了正确地指导我国农村经济的发展，我们一定要认真学习毛泽东同志的调查研究思想。只有深入农村实际、深入农民群众中去调查研究，详细地掌握各种必要的材料，弄清问题的来龙去脉，才能取得正确的认识，从而制定出正确的方针政策，去指导农村，指导农业，从而找到解决问题

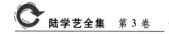

的方法和措施，夺取社会主义农业现代化建设的新胜利。

（四）学习毛泽东蹲点作典型调查，用"解剖麻雀"的方法深入农村调查研究，继续发扬党的实事求是的优良作风

深入农村调查研究，了解农村的实际情况有很多方法，但是在目前的中国农村最基本、最可靠的还是蹲点作典型调查。蹲点典型调查是由马克思主义认识论中引申出来的一种科学方法，同时也是党和毛泽东在长期革命和建设事业中积累下来的、行之有效的调查方法之一，是党的实事求是优良作风的体现，在社会主义农业现代化建设事业中仍然是一种了解农村，了解农民的最好的方法。

蹲点典型调查能做到深入农村实际，深入农民群众中去进行调查研究，并能亲身体验农村的实际生活，和农民群众打成一片，获得真实可靠的材料。它既可以研究物，也可以研究人，可以将人与物、经济与技术、生产力与生产关系、经济基础和上层建筑等结合起来进行综合调查研究，也就是毛泽东提倡的用"解剖麻雀"的方法来进行农村调查研究。那种认为蹲点进行典型调查的方法已经过时的说法，显然是非常错误的。当然，随着科学技术的进步和农村调查研究的环境、任务、目的、内容的变化，我们也不能只局限于典型调查一种方法，而应当根据调查任务和要求的不同，分别采取或同时并用其他调查方法，如抽样调查、重点调查、普查、问卷调查等。把微观调查和宏观调查结合起来，把定性分析和定量分析结合起来，并充分利用现代化的信息手段，以便更广泛、更迅速、更准确地收集和整理各种事实材料和统计数据。同时还应当吸取现代自然科学和社会科学提供的研究成果，加强对调查研究项目和内容的科学论证，使农村调查进行得更为周密和完备。近年来，农村调查研究的实践表明，随着社会主义农业现代化建设的深入发展，农村调查的社会化、现代化、精确化等方面的要求也日益明显，这是在新的历史条件下农村调查研究工作出现的新情况、新经验、新特点、新趋势。我们应当根据新时期的特点和要求，用新的实践经验和理论总结，来充实和发展毛泽东的调查研究理论，以便更好地发挥农村调查在社会主义现代化建设中的作用。

（五）在社会主义农业现代化建设事业中，更要深入农村、深入农民中去，"大兴调查研究之风"

农村改革十多年来，农村发生了深刻的变化，八亿多中国农民也发生

了深刻变化，而且还在继续迅速地发生着变化。随着有计划商品经济的发展，农村出现了许多新情况、新问题，迫切需要我们去研究解决。如：农业实行家庭联产承包责任制以来，在集体经济组织系统的服务功能薄弱的地区，农户分散经营对外部环境变化的承受能力极为有限，农民的利益得不到有效保护。近年来，农户不断受到市场波动的影响，农副产品多了就出现"卖难"，少了就发生"大战"的局面始终没有改变，农民在商品经济中仍然处于一种完全被动的状态，随市场变化调节农业生产的经营能力极其脆弱。又如，单纯家庭经营还给国家计划管理造成困难，我国人口多、耕地少，大宗农产品将会长期处于短缺状态，通过价值规律调节供求的余地十分狭小。还有，如私营企业的出现，一方面起拾遗补阙的作用，对发展商品经济有利；另一方面私营企业主剥削雇工阶层创造的剩余价值量越来越大，社会矛盾渐趋尖锐。即使在农民阶级内部分配不公的现象也日益明显。农民负担过重，"打白条"或变相"打白条"现象屡禁不止，农村社会化服务体系如何建立等问题，都需要我们像毛泽东当年所要求的那样深入调查研究，从实际情况出发，从中引出固有的而不是臆造的规律性，即找出农村经济社会协调发展的内在联系，作为我们制定方针、政策的依据，作为我们指导农村工作的依据。只有在全党继续大兴调查研究之风，深入农村实际，深入八亿农民群众中去，摸清国情，我们才能在以江泽民为核心的党中央领导下，共同做好具有中国特色的社会主义农业现代化建设的这篇大文章，进而将我国的社会主义现代化建设事业不断推向前进。

（六）在农村调查基础上做到"情况明、决心大、方法对"，认真解决农业现代化过程中出现的新问题

学习毛泽东的农村调查研究理论，就要继续发扬毛泽东亲自倡导的有的放矢的马克思主义的学风，杜绝形形色色的主观唯心主义的学风。深入农村、深入农民调查研究，就是为了下决心解决社会主义现代化建设过程中出现的新问题。应当看到，党的十一届三中全会以来，特别是党的十三届四中全会以来，通过党中央的反复倡导和教育，在领导干部中，深入农村，运用马克思主义、毛泽东思想调查研究农村现实问题的同志越来越多了，并且已经取得了显著的成绩。例如，在党中央的领导组织下，通过农村调查比较圆满地解决了在集体经济组织内部实行家庭联产承包责任制，建立统分结合的农业双层经营体制。正确地提出了"20世纪90年代深化农村改革的重点是：健全农村集体经济组织，稳定和完善统分结合的双层经

营体制，逐步壮大集体经济力量，积极发展社会化服务体系"的方针政策。

但是，由于前几年资产阶级自由化思潮的严重泛滥，一些人提出了在农村实行"私有化"的错误主张。这些人确实沾染了不少坏习气，弄虚作假，主观主义学风横行，照搬西方资产阶级理论，狂热鼓吹私有化，给农村经济的发展带来了极坏影响。这种主观主义的学风、这种资产阶级自由化思潮，是有害于党的社会主义现代化建设事业的。当年毛泽东曾将那种无的放矢的主观主义学风斥为共产党的"大敌"、人民的"大敌"。今天，对于这些不良学风，我们同样应当如此看待。

总之，中国共产党七十年来的历史经验告诉我们，我们党之所以能够领导中国人民在革命和建设中取得一个又一个的伟大胜利，从根本上说，就在于毛泽东同志等无产阶级革命家把马克思列宁主义的普遍真理同中国的具体实践结合起来，走自己的道路，建设有中国特色的社会主义。而要成功地实现这种结合，关键在于深入农村、深入社会进行周密系统的调查研究，掌握中国的国情与中国革命和建设的历史的特点，从而制定出党在各个历史时期的正确路线、方针和政策。反之，如果忽视或离开农村和社会的调查研究，或者没有进行认真正确的调查研究，就会在党的工作指导上发生失误，使革命和建设遭到挫折和失败。今天，我们重温党的历史，重新学习毛泽东的农村调查实践及其理论，对于建设有中国特色的社会主义，无疑具有重要的现实指导意义。我们深信，在党中央的正确领导下，继续深入农村、深入社会进行调查研究，了解国情，并按照党的十三届七中全会指出的"十二条"基本原则深化农村改革，进一步探索和掌握我国社会主义现代化建设的客观规律及其具体表现，用以指导我们的思想和行动，就一定能够顺利地完成历史赋予我们的建设有中国特色的社会主义这一光荣而艰巨的任务，马列主义、毛泽东思想及其调查研究理论也必将随着新的实践的发展而不断推向前进，放射出更加灿烂的光辉。这就是我们的基本结论。

实证方法：十年团队型综合参与调查[*]

常去农村。感触最深的是种籽播入土地，摄天津地露，采日月风华，终而化作秋天的收获。农人的艰辛在此，欢乐亦在此。

编《传统农业县的社会转型》这本书也有同样的感觉。从课题设计、组织调查到写作成稿不过十个月，但主题孕育却历经十年。借这个机会，追述一下陵县调查的来龙去脉是有意义的。

陵县调查，要从1983年说起。中共十一届三中全会以后，农村率先改革，党和政府尊重农民群众的伟大创造。在农村普遍推广家庭联产承包责任制，受到了广大农村干部和群众的热烈拥护。到1982年全国已有85%的生产队实行了以包干到户为主要形式的责任制，农民得到了生产经营的自主权，生产积极性空前高涨，农业生产连年大幅度增长，农村发生了巨大的历史性变化。亲身参与和目睹了我国农村这场伟大变革的我，心情是非常兴奋的。1982年秋，我和中国社会科学院当时的科研局局长王焕宇同志和科研局负责经济学科片的学术秘书李兰亭同志在北戴河休假，我们在一起讨论，一致认为农村普遍实行家庭联产承包责任制之后，农村的经济基础已经发生了重大变化，"三级所有，队为基础"的人民公社体制必然要彻底改革，作为整个上层建筑一部分的县级经济政治社会体制也一定要改革，才能适应新的经济形势发展的要求，才能领导农村各项事业更好地向前发展。考虑到农村改革发展的这种新的趋势，中国社会科学院作为党和国家的咨询机构，应该组织力量，深入农村改革和发展的主战场，调查新情况，总结新经验，研究新问题，特别是要对县级经济政治社会体制的现状和改

＊ 本文源自《传统农业县的社会转型》（陆学艺主编，北京：北京农业大学出版社，1993年10月），第459～473页。该文系陆学艺撰写的该书第29章，原稿写于1993年3月，曾以《陵县调查十年》为题，收录于《中国国情丛书——百县市经济社会调查 陵县卷》（陆学艺主编，北京：中国大百科全书出版社，1993年9月）。——编者注

革的后果进行研究。一方面可以为党和国家深化农村改革，进行县级政治经济社会体制改革提供可靠的信息、资料和可行的政策建议，另一方面这也是培养、锻炼、提高科研人员，特别是中青年干部的好形式，使他们走出书斋到生动活泼的实践中去，使理论结合实际，改变学风，得到更好的成长。

这个设想，经过反复酝酿，在 1983 年春形成了《关于建立农村体制改革试验县的建议》（以下简称"建议"）。《建议》得到中国社会科学院党组和领导的赞同和支持。当时任中国社会科学院院长的马洪同志还提出，办体制改革试点县要同中央书记处农村政策研究室商量，取得他们的支持。《建议》转报到农村政策研究室，很快得到农村政策研究室主任杜润生同志的重视和热情支持，并专门派王岐山同志进行联络，提出基地县由中国社会科学院主办，农村政策研究室全力支持。

1983 年 6 月，杜润生同志与山东省委书记苏毅然商谈在山东建点的问题。苏毅然同志欣然同意，表示欢迎。8 月，中国社会科学院派出选点小组，山东省委副书记李振、副省长卢洪接见了选点小组，亲自安排确定德州地区陵县为试点基地县。所以选点定在陵县，当时有两方面的考虑，第一，陵县地处黄淮海平原，1982 年全县 53.6 万人，农业人口占 96%，3.88 亿元工农业总产值中，农业产值占 64.5%，是华北典型的农村地区，经济社会发展状况在全国属中等略偏下水平，在这里试点很有代表意义。第二，陵县在 1978 年前是个生产靠贷款、吃粮靠返销、生活靠救济的贫困县，中共十一届三中全会后，率先实行"五统一"大包干等生产责任制，农业发展很快，农村变化很大，工作有基础。另外，中国社会科学院领导曾提出，基地县离北京不能太远。陵县距离德州火车站 30 公里，距北京 400 公里，交通比较方便。

1983 年 10 月，陵县农村发展研究组建立，成员由三部分人组成。中国社会科学院有我、孙越生（情报研究所）、李兰亭（院科研局）、张晓山（农村经济所）、张晓明（哲学所）、刘曙光（法学所），山东省社会科学院有刘荣勤、王训礼、张凯旋、郭爱民，德州地区和陵县有任义清、郭金祥、郭富强、曲可臣、王胜利、张吉杰、潘秀丽、韩宪平，共 18 人。由我担任研究组组长，孙越生为副组长。为便于开展试点工作，经中国社会科学院党组建议，中共山东省委组织部行文，任命我为陵县县委副书记。

1983 年 10 月 25 日，研究组正式进点，受到了中共德州地委、行署和中共陵县县委、县政府领导和干部的热情欢迎。在他们的直接帮助和支持下，研究组在进点后，就很顺利地开展了调查研究工作，我们首先对当时全县66个部、委、局、办中的农业局、工业局、计委、科发、组织部、宣传部、人民银行、农业银行等31个主要部局进行了逐个调查、访问，听取了负责人的介绍，查阅了这些局委的文献档案资料，从而对全县的基本情况有了概括了解。随后，我们又选择了袁桥乡和城关镇的3个不同类型的村，进行蹲点调查（直接住到村里），对其中153个农户进行了生产、生活等方面的详细调查。由此取得了大量第一手的数据和资料。

研究组进点的时候，农村正面临着实行家庭联产承包责任制后的第一步改革。一方面，农村要按照社会需求调整产业结构，促进农村经济的繁荣；另一方面，"三级所有，队为基础"的人民公社体制以及县级体制需要改革，经济发展和体制改革交织在一起。1984年4月，陵县按照国家的统一部署，把全县24个公社改为6个镇、18个乡，把1128个生产队改为1128个行政村。1984年6月，山东省委确定黄县、昌邑、陵县为省直接领导的三个农村综合改革试点县，派山东省委农工部副部长金石开同志率试点工作组到陵县，同研究组一起共同调查研究，协助陵县进行县级综合体制改革。经过几个月的工作，在调查研究的基础上，和县委一起形成了陵县综合体制改革的设想。从实际出发，当时主要是就农村产业结构调整、建立农业社会化服务、改革统收统支的财政体制、实行财政包干等方面进行了初步改革。

1985年5月18~23日，国务院农村发展研究中心在陵县召开了华东地区经济体制改革试点县讨论会。华东六省一市有关部门的负责同志和16个试点县的代表，辽宁省海城县、山西省原平县、河北省正定县，以及四川、广东也都派代表出席，北京有关部门的同志和理论工作者共50多人出席了会议。国务院农村发展研究中心副主任吴象同志在会上作了讲话，会议交流了各地县级体制综合改革的情况和经验，对在改革中遇到的主要问题进行了讨论。当时讨论的重点是，县级财政包干、县党政机构设置和政府职能转换等问题，这反映了县级体制改革初期的状况。这是讨论关于县级体制改革后较早的一次会议，会议形成了华东地区综合体制改革试点县讨论会纪要，报送中央有关部门，之后又在刊物上发表，对推动县级体制改革起了一定的作用。

1984年和1985年，中国社会科学院的经济所、哲学所、社会学所、政治学所、财贸所和农经所相继派出滕颖、杨雅彬、赵龙、喻锫丹、林祥金、刘政、樊平等同志到陵县蹲点调查，就农村教育、农村文化、专业户、畜牧业等经济社会问题进行了广泛深入的调查和研究。1985 年 7 月，中国社会科学院任命我为农村发展研究所（原农业经济研究所）副所长。原来，陵县调查研究基地挂靠在哲学研究所，至此改为挂靠在农村发展研究所。1985 年秋，农村发展研究所的顾秀林、张军、王华民、尹晓青、佟绍伟、王学东和北京师范大学的曹和平到陵县蹲点。他们去后不久就到陵县土桥镇，对镇级机构和实行了家庭联产承包责任制后的乡、村、户关系进行了深入调查。1986 年春，部分同志提出，应该对陵县的经济发展作一个综合的研究，这个提议得到了农村发展研究所领导的重视，作为重点课题列入当年的科研计划。夏天，农村发展研究所所长王贵宸同志和《中国农村经济》编辑部副主任张庆忠等同志到陵县，和蹲点的同志在一起，详细讨论了这一课题的调查和写作提纲，在已有调查研究资料的基础上，对陵县经济发展的历史和现状作了补充调查。经过多次集体讨论，大家分章写作，到 1986 年底，写成了《农村经济典型调查》一书，1989 年在北京由社会科学文献出版社出版。

从 1983 年秋到 1986 年底，我和研究组的同志长期在陵县蹲点作调查，住在县委招待所的西小院里。这小院共 10 间平房，6 间卧室，中间一个大阅览室，存放各种图书、报刊资料，兼做会议室用，在这里请人来座谈、开会、研究问题。县委还专门为我们安装了电话，买了彩电。有一段时间，小院里还专门盖了个厨房，单独起伙。那时，我们研究组的同志，白天各自到县里各部局，或到乡里进行访问、调查，晚上回到由招待所蒙万俊同志为我们收拾得干净整洁的西小院，一起讨论总结，一起整理材料，筹划第二天的活动。

在陵县调查的第一阶段，中国社会科学院先后有五批共 32 位同志到陵县长期蹲点调查研究，有 100 多位老干部和科研人员，到陵县参观访问和做短期调查，有 6 名研究生在陵县基地调查和撰写硕士论文。另外，还有北京大学哲学系，北京师范大学哲学系、经济系，山东大学经济系的 200 多位同学，在他们的老师带领下在陵县做毕业实习调查。这 300 多位同志，他们在陵县基地调查访问的时间有长有短，但都从不同的角度和侧面对陵县的改革和发展有了认识，都从陵县这个典型看到了十一届三中全会以后，农村经历着一场前所未有的社会变迁，从中受到了启发和鼓舞。

研究组在陵县就农村实行家庭联产承包责任制后的县、乡、村、户这四个层次分别做了较为全面深入系统的调查和研究，汇集很多反映农村实况的资料。研究组的同志进行了初步的分析研究。所有这些调查研究资料，经过孙越生、喻锫丹、顾秀林等同志的精心加工、整理，编印成 3 本《农村发展研究》，共 110 万字。第一本主要是汇集了前述反映陵县经济发展水平，三种不同村，153 户的经济社会状况的全部资料和初步分析。第二本的主要内容是陵县县级机构的状况和全县的基本数字和概况。第三本则是上述华东地区县级体制改革讨论会的一批报告和探讨县级改革的文章，还有陵县乡、村、户情的调查。这三本调查报告汇编，可以说是研究组在陵县蹲点调查三年的结晶。另外，研究组的同志在实地调查研究的基础上，写出了《关于棉花政策的报告》《县级机构改革问题》《陵县五年棉花增产 22 倍的经验和农村实行生产责任制后必须加强领导》等一批研究报告和专题论文，这些文章上报或发表后，受到社会和有关部门的重视和好评。1986 年 5 月，我根据在农村基层的感受，写了《农业面临比较严峻的形势》一文，文章发表以后，引起决策层注意，但反映不一。6 月 10 日，邓小平同志说："农业上如有一个曲折，三五年转不过来。……有位专家说，农田基本建设投资少，农业生产水平降低，中国农业将进入新的徘徊时期。这是值得注意的。"① 也有同志批评此文，认为是散布农业悲观论的代表。我随后又写了几篇关于农业形势争论的文章。所有这些，不深入农村基层，不到社会实践的第一线，对农村发展的脉搏没有切肤的感受，是写不出来的。有同志说，搞研究工作要吃透两头。我体会，一头是马克思主义，是基本理论，是中央决策的精神，这是方向，要吃透；另一头是农村、城市发展变化中的真实可靠的状况，是你要研究的地区、行业以及具体对象的纷繁复杂的详细资料，这是要研究解决的实际问题，也就是实事求是中的"实事"，是客观存在着运动着的一切事物，更要吃透。这两头都吃透了，研究的结果才扎实，有价值，即使发生大的争论，也会心中有底，胸中有数，不至于随风飘。

我们在陵县农村的调查，是典型调查的方法，即通常所说解剖麻雀式的调查。这种调查方法是中国共产党历来提倡并取得了成功的方法。毛泽东同志在《寻乌调查》中指出："我们研究城市问题也是和研究农村问题一样，要拼着精力把一个地方研究透彻，然后于研究别个地方，于明了一般情况，便都很容易了。倘若走马看花，如某同志所谓'到处只问一下子'，

---

① 邓小平：《建设有中国特色的社会主义（增订本）》，北京：人民出版社，1987 年 3 月第 2 版，第 132 页。

那便是一辈子也不能了解问题的深处。"① 这种解剖麻雀的调查方法符合我国的具体情况，曾经屡试不爽。我在陵县蹲点三年，就着力调查研究了这个县的政治、经济社会的情况。在那里，我同基层干部、群众朝夕相处，一起工作，一起讨论研究问题，从中学到了、懂得了许多在机关大院里、在书本文件上学不到的东西。一个县是一个完整的政治实体，它既是执行机构，同时也是一级决策机构，真的参与进去，才能真正了解中国农村社会的政治、经济、社会结构是怎样的，这个庞大的机构是由哪些部分组成的？运行机制是什么？它们又是如何运转的？农村干部、农民群众的真实生活怎么样？他们的心态如何。这些都要靠深入进去，同他们打成一片，才能逐渐体知的。这 3 年的经历对我后来的研究工作，以及对农村问题的判断有着重要的意义，我对农村、农业、农民问题有点认识，有一点发言权，可以说主要是从陵县 3 年蹲点调查得来的。

1986 年底，我回到北京，准备着手总结我在陵县蹲点当县委副书记 3 年的经历，总结所收集、积累大量的第一手资料，并进一步系统研究农民问题，写些东西。但在 1987 年 2 月，组织上又调我到社会学研究所任副所长，从此我进入了中国社会学界。中国社会科学院领导在安排我工作时，曾指出，你到社会学所，要协助所长做好社会学研究所的工作，至于你自己的业务研究，仍可以发挥自己的专长，继续研究农村问题。这些年我在社会学研究所的工作，主要是两个方面，一是大量的行政和科研组织工作。社会学是重建不久的学科，社会学所是新建的研究所（1980 年），经过费孝通教授和何建章研究员两位前任所长的开拓努力，已经有了一定的基础。但学科建设、研究所建设的任务还很艰巨，要继续做很多组织和管理的工作。二是进行社会学基础理论和农村社会学的研究。我仍比较关心农村事业的发展，有机会还是常到各地农村基层去作调查，运用社会学的理论和方法，从新的角度来观察分析农村和农民问题。陵县还是我常去的调查基地，不过不能像以前那样长期蹲在那里了。

从 1987 年 2 月以后，陵县调查基地挂靠在社会学研究所。当年春天就有社会学研究所的于晓、李国庆、樊平等同志到陵县长期蹲点调查，我的研究生张其仔同志也随同到陵县，就农村社会分层等问题进行了比较深入的调查。

---

① 中共中央文献研究室编《毛泽东农村调查文集》，北京：人民出版社，1982 年 12 月，第 56 页。

1987 年秋，中国共产党召开第十三次代表大会，会上提出了社会主义初级阶段的理论。1987 年底，中共中央宣传理论领导小组在 1988 年的工作要点中提出，为了拓展、深化对于社会主义初级阶段的理论和认识，要开展国情的调查研究，要求中国社会科学院、中央党校和上海社会科学院组织实施这项调查。任务下达到中国社会科学院后，当时负责社科院科研工作的副秘书长丁伟志同志、科研局长王焕宇同志找我们商量，如何具体实施国情调查的问题。大家一致认为，这项国情调查很重要，具体的实施办法可先调查若干个不同类型的县和城市，再在这个基础上做综合研究，概括出符合当代实际的国情报告来。院里接受了我们的意见，分工财贸所、马列所的同志拟定城市调查提纲，分工社会学所拟定农村调查提纲，并初步确定山东省陵县、福建省晋江、陕西省商州（以后又加河南安阳市）为社科院直接组织力量进行国情调查的点。

1988 年 3 月，我、李兰亭、张雨林、王庆基、杨雅彬、樊平、郑莹、张其仔、曹贵根等 10 多位同志到陵县，开展国情调查的准备工作，得到了陵县县委和县府的热情支持和配合。我们先在县里作了短期的调查，接着就到边临镇住下，开展了对镇的调查和 3 个村的逐户调查。部署了这次对乡、村、户的调查工作以后，我和李兰亭同志一起，住在边临镇的供销社招待所里，着手拟定国情调查农村部分的提纲，并代起草在全国开展县情、市情调查的工作计划的初稿。在起草这两个文件过程中，前些年陵县调查的成果和经历帮了我们很大的忙。因为事实上，如前面讲到的，我们研究组在陵县对全县范围的综合调查已经进行过两次，而且都写出了反映全县情况的县情报告，所以起草县情调查提纲和工作计划进展就比较顺利。

1988 年 4 月，在全国社会科学院院长联席会议上，中国社会科学院向全国社会科学界发出了"关于开展县情市情调查"的倡议，王焕宇同志和我还在小组会上，对倡议书、调查提纲、调查工作初步计划作了说明。倡议书发出之后，得到了全国各省市自治区社会科学院和部分高校党校及政府部门、研究部门的积极响应和支持，上海、江苏、河北省社科院很快就组织力量，下到松江、常熟、定县进行调查。经过同各地协商选择，最后确定 41 个县市作为第一批调查点，分布在全国 30 个省市自治区里。1988 年 8 月，中国社会科学院在河南郑州召开了国情调查第一次协调会议，各省市、自治区的调查点都派代表出席，会上就这次国情调查的意义、目的、调查队伍的组成、调查的方式和调查什么、怎么调查等问题进行了讨论，并对拟定的县、市情调查提纲，村民、居民问卷作了修改，最后确定成为各地统一的调查提纲。会上，根据大家的意见初步提出了要调查 100 个县市的目标，各个省、市、自治区，要调查上中下三个县和一个中等城市，这样可以全面反映当代中国经济社会情况的国情。

郑州会议以后，由社会学研究所为主，又重新组成了国情丛书陵县卷的调查研究组。由我牵头任组长，徐逢贤、李培林为副组长，成员有王震宇、张其仔、王新玲、曹贵根、赵克斌、覃方明、樊平、郭笑文和陵县原农工部副部长邓丛海和刘卫国等同志。国情调查组从 1988 年 9 月开始调查，召开各种座谈会和进行访问，收集各方面的资料，汇集各种数据，并对一些全县性的重大问题进行分析研究，到 1989 年 5 月，写出了陵县县情的初稿。1989 年 5 月下旬，中国社会科学院在南京召开国情丛书第二次协调会议，会上就县市情写什么和怎么写进行了讨论。当时中国社会科学院分工主管这套国情丛书的副院长郑必坚同志到会并讲了话。经过大家热烈的讨论，会议决定国情丛书的编写方针是以描述一个县或市的发展状况为主的学术资料性专著，要具有科学研究价值、实用价值和保存价值。会议还决定，丛书定名为《中国国情丛书——百县市经济社会调查》。

根据这次会议的精神，陵县课题组的同志回到陵县，一方面作进一步的补充调查，另一方面对"初稿"作较大的修改，因为"初稿"既描述了陵县 40 年来的发展状况，也有相当多的篇幅是对陵县发展经验的评论和发展战略等方面的讨论。修改时，删掉了评论议论性内容，后来改写成一批这方面的文章和报告，分别在报刊上发表了，受到了党中央决策层的重视并采纳。修改稿更加强调了对县情的描述。第二稿形成后，请县委书记周庆芳、副书记田凤梅、研究室主任赵传杰等县委县政府和县直各部门负责同志对书稿进行评审、核实和修改。

陵县县情的书稿完成后，1990 年丛书编辑委员会请特约编审孙越生和李凌两位同志分别进行审阅，他们提出很重要的修改意见。课题组的徐逢贤、李培林等同志在 1990 年和 1991 年又数次回陵县做了调查，对书稿进行了再三再四的修改。最后由我定稿，由丛书编委何秉孟同志终审。

1991 年冬天，中国社会科学院决定一部分青年社会科学研究人员要到陵县挂职锻炼。1992 年 3 月，由民族研究所张虹同志为组长，社会学所的葛道顺、朱炎，经济研究所的张凡、魏众、罗德明，亚太所的钱益兵，法学研究所的王晓燕等 20 位同志到陵县，张虹同志兼任县委副书记，其他同志分别到县直机关和乡镇，有的还任副镇（乡）长。他们在陵县近一年的时间，除了在各单位和乡镇参加实际工作外，还进行了大量的经济社会调查。社会学研究所农村社会学研究室的张厚义、樊平同志在 1992 年也数次到陵县，同他们一起，就深入调查研究陵县农村情况进行了讨论，合作编写了这本书，从社会学的视角探讨研究陵县目前正处在由农业社会向工业社会、由农村社会向城市社会转型过程中的问题。

到 1993 年 10 月，我们到陵县进行经济社会调查已十个年头了。回顾陵县调查十年，我有以下几点想法。

第一，中国社会科学院作为我国哲学社会科学的学术研究中心，作为党中央和国务院的参谋，需要有一个乃至几个像陵县这样的理论联系实际的调查研究基地，以利于社会科学工作者与城市、农村建立直接的联系，运用哲学社会科学的理论和知识支持我国城乡正在进行的改革和建设事业，并在实践中发展社会科学。自然科学要实验，社会科学也可以实验，这就是各种形式的调查研究和试点。我们可以把调查基地作为一个窗口，对这个点的生产实践、社会变迁作全面的调查，并确定若干项目进行追踪调查，长期观察，对比研究，从中获取各种全面准确的信息。经过分析研究，对决策部门把握准确的信息，提供符合实际的经济形势、社会形势的分析并提供解决问题的办法和对策建议。当然，经过长期对实践的调查，各种资料的系统的积累，也可以从中概括出新的观点、新的认识、新的理论和方法，从某个方面发展社会科学本身。

第二，建立调查研究基地，也是培养社会科学研究人才和干部的一个好形式。科委、中科院、农科院等自然科学技术研究系统，向各县派出了一大批科技副县、市长、科技副镇（乡）长，经过这几年实践证明效果是很好的，一方面，对当地的生产提高，经济发展起了作用；另一方面，一批科技成果得到了应用、推广，同时也锻炼提高了这批干部本身。社会科学系统也应该派一批懂经济、社会、政法的副县（市）长、副镇（乡）长。这是当前经济社会实践发展的需要，同时也是社会科学本身发展的要求。随着经济建设、改革开放的发展，我国城乡正在发生急速的变化，经历着从计划经济向社会主义市场经济新体制，从传统社会向现代社会转化的社会变迁，社会科学应该适应这种变化。向基地县相对集中地派送干部，一部分可以挂职锻炼，一部分可以主要搞调查研究，便于互相结合，工作和调查研究有连续性，有利于出成果和培养人才，对当地工作也有帮助。从1987 年以后，中国社会科学院分批去陵县调查和锻炼的有 40 多人，加上前几年去的，前后在陵县作较长期蹲点调查的约 80 人。他们回到社科院后，有的晋升为研究员、副研究员，有的被任命为所长、副所长，成了科研骨干，有 6 人现在国外读博士学位，2 人在国内读博士学位，还有一批同志到中央和省的部门工作，有一位同志在广东担任县委书记。他们在各自不同的岗位上，都作出了相当的成绩，而在陵县调查基地的锻炼，是他们成长过程中的一个重要阶段。

值得指出的是，山东社会科学院从陵县调查基地成立时，他们就派出干部和我们一起共同建设这个基地。1988 年以后，他们每年派出科研人员到陵县挂职锻炼，有的担任县委副书记，有的担任副镇（乡）长、镇（乡）党委会的副书记，作较长期的蹲点调查工作，为陵县基地的建设作出了贡献。

第三，社会科学研究工作者应该向社会作调查。如果说生活是文艺创作的源泉，那么，生活也是社会科学得以发展的源泉。书当然是要念的，社会科学工作者应该博览群书，应该有丰富的理论、历史、文化知识，但是光有书本知识是不够的。当代中国社会正在发生日新月异的变化，新事物、新经验、新问题层出不穷。社会科学工作者应该深入到经济建设、社会发展的第一线去认识国情，了解社会变迁、社会发展的大趋势，参与本人所从事的专业相关的社会实践，掌握第一手的信息和资料。到陵县这样的调查基地作一年左右的蹲点调查，则是一种比较好的形式。县（或县级市）是一个比较完整的政治、经济、社会、文化的实体，是国家的一个缩影。熟悉了一个县（或市）的政治经济的结构和整体，大致就能了解国家的概况。就我多年做农村调查的体会，蹲点、作解剖麻雀式的调查，乃是认识社会的最好的形式，因为这种方法符合目前我国的国情。

第四，在社会主义制度下，我们国家目前正处在社会转型的时期，正由农业社会向工业社会转化，由乡村社会向城市社会转化，由传统社会向现代社会转化。国家在发展，陵县在变化。1978 年陵县工农业总产值为16665 万元，其中工业产值 4668 万元，占 28%；农业产值 11997 万元，占72%，是一个典型的农业县。1983 年陵县工农业总产值 52884 万元，其中工业 19749 万元，占 37.3%；农业产值 33135 万元，占 62.7%，还是以农业生产为主的县。1990 年陵县工农业总产值 10.64 亿元，其中工业 68400万元，占 64.3%，农业产值 38024 万元，占 35.7%，已经是工业产值为主了（以上均为当年价格，按可比价格计算，陵县 1990 年的工农业总产值比1978 年增长 207.4%，平均每年递增 9.8%）。

我们正是在陵县由农业社会向工业社会转化的时期作的调查。整个陵县正在发生着历史性的变化，经济结构在变，社会结构也在变，人民生活也在变。我们去的时候，农民的住房基本是土房草房，到 20 世纪 80 年代末期，已基本上都是红砖瓦房了。我们初到陵县时，还能看到身穿对襟青布袄，下穿灯笼式棉裤，一身黑色头戴白色毛巾的鲁西北老农，现在到村里看不到这种装束了。

我们的调查，我们写的调查报告和文章正是记录了陵县农村历史性转变埋藏的过程。包括这本《传统农业县的社会转型》，对陵县作全县性描述的书共有 4 本，这是前后花了近十年功夫分别写成的，一方面反映了陵县这十年的变化，另一方面也反映了我们对陵县认识的深化的过程。另外还有一大批调查报告资料和论文，都是从某一角度、某一方面反映陵县县情的，总共已有 300 多万字。这些专著、论文、研究报告发表后，引起了社会和有关部门的关注，已经起到了一定的作用。但是，我想这些成果，将来正是研究中国农村社会变迁的好材料，年代越久远，这些资料就越有价值。

第五，我们原本设想，要在调查研究的基础上，准备在陵县作县级政治经济体制改革的试点。这项工作在中共山东省委、省府和德州地委、行署的领导和支持下，1984 年同省委派到陵县的县级改革试点工作组一起，制定了县级改革的初步方案，在财政体制、流通体制等方面进行了改革，也取得了一些进展。但是县级体制改革，涉及整个上层建筑，牵涉到各方面的利益关系，是一项庞大的系统工程，每一个重大的改革和调整，都要权衡轻重，选择时机由国家通盘安排和部署。所以，1985 年以后，我们的试点工作主要是摸清情况，为此进行了大量的调查研究工作。另外，研究组在陵县还为当地做了一些其他方面的工作，如帮助办学校，培训人才，聘请北京、天津、济南，以及国际上日本、澳大利亚的专家教授到陵县讲课，介绍外地的工作经验，传递信息，乃至代为聘请北京的技术人员和老师傅，协助一些乡镇办乡镇企业，等等。

当然，研究组做的这些工作，比起当地的干部和群众对研究组每一位同志的关心、支持、爱护、帮助，真可说是微不足道了。近 10 年来，从山东省委、省政府和德州地委、行署的领导，至陵县县委、县政府和各部、委、局办的领导和同志，对我们社科院研究组的同志都是十分关心和爱护的。研究组的成员轮换多次，但每次去，当地的同志都是热情接待，介绍情况，提供各种有关的资料。陪我们下乡，陪我们访问调查，一起讨论，推心置腹地探讨问题。在生活上关心照顾我们，从食宿到出行，提供各种方便，冬天问暖，夏天防暑，待我们如家人，使我们的调查无后顾之忧。前面说过，十年来，中国社会科学院前后到陵县的有 200 多人（还有 200 多位高校师生），在陵县受到教育、锻炼和提高，研究组能够不断地有调查研究成果问世，应该说这都是当地的领导和群众对我们的爱护和支持的结果。想起这些，我是十分感激的。在这里我要特别感谢原中共山东省委副书记李振同志，副省长卢洪同志，原中共德州地委书记王殿臣同志，原中共陵县县委书记李宝善同志，周庆芳同志和副书记田风梅同志，研究室主任赵传杰等同志。他们从一开始就是研究组的支持者、帮助者。没有他们以及其他许许多多同志的热心支持，无私帮助，研究组的工作是不能顺利开展的。我和他们后来都成了好朋友，他们是中国社会科学院研究部门和陵县之间的桥梁。愿我们陵县调查研究基地长期办下去，愿我们同山东、德州、陵县的友谊与合作发扬光大。

继续努力，在国情调查和研究方面
作出更大的贡献[*]

经过一年多酝酿和筹备，中国社会科学院国情调查与研究中心（以下简称"中心"）今天正式成立了，这个中心是在中国社会科学院国情调查研究课题组基础上建立起来的。中心的成立，标志着国情调查进入了一个新的阶段。

一　成立中心的意义和过程

我院的国情调查研究课题组从开展工作以来，至今已 5 年多了。经中央批准的 1988 年的宣传工作要点中提出："1988 年要组织力量，有计划地开展对社会主义初级阶段的经济、政治、文化、党的建设、统一战线等方面状况系统调查研究。通过对国情的调查和深入探讨，使社会主义初级阶段的理论能够拓展、深化和完善"，并说，"请中共中央党校、中国社会科学院、上海社会科学院提出调研的规划和课题，组织足够的力量积极发展横向联系，做好这一调研工作"。

中国社会科学院根据这一指示，开始组织了力量，拟订了县情、市情调查提纲，并组织力量对三县一市进行调查。但同时也感到，要充分反映国情，3～4 个点的调查是不够的，最好能组织更广泛的力量，在全国范围内开展对约 100 个县市的调查，才能做系统综合的分析。所以，在 1988 年 4 月全国社会科学院院长联席会议上，提出了关于开展县情、市情调查的倡

* 本文源自作者手稿。该文稿写于 1993 年 6 月 5 日，系陆学艺 1993 年 7 月在中共中央党校举办的"中国社会科学院国情调查与研究中心"成立大会上的发言提纲。原稿无题，现标题为本书编者根据发言稿内容所拟定。——编者注

议。7月，中宣部转发了这一倡议，并指出："进行这样的调查，对于进一步认识国情、拓展和深化社会主义初级阶段的理论研究以及形成科学决策都有重要意义。"

这项倡议得到全国社会科学界的积极响应，1988年8月确定了第1批调查点，共41个，有1000多名社科工作者参加了这项规模宏大的国情调查。1990年又部署了第2批21个点的调查。1991年，再次部署了27个点调查。前后部署了89个点。前次会议，国家社会科学基金又批准了增补11个点的报告。这次会将确定11个点和计划外的一批点，总共约108个点。1990年，我们陆续收到各地的稿本，1991年出版了第1本《定县卷》，至1992年共出版20本，今年计划能出版20～25本。至今已完成整部稿子的有将近50%。

中心的成立，标志着国情调查进入了一个新的阶段。1991年国情调查课题组的一部分同志提出，我们这个国情调查经过几年工作，事实上已经形成了一个科研共同体，是由课题组、协调小组、各地的调查组的专家、出版社的同志三结合地组成的，为完成这个任务结合起来的。这是一项宏大的科研任务，已经作出了一定的成绩，产生了一定的影响，还有更多工作要做，会产生更大的社会影响。认识国情是长期的任务，调查研究是长期的任务，中心的形式可以使这种组织形式固定下来，使这支队伍能更发展、更壮大，发挥更大的作用。所以，有的同志建议，为了完成这项任务，在课题组的基础上更进一步结合起来，建立一个国情调研中心。这个建议得到了课题常务编委同志的认同，认为是个好主意。课题组向院领导、院科研局、总编委等部门汇报，都得到了他们的支持和帮助，认为有这个必要，有利于推动国情调查研究。1992年春天，课题组正式向院领导写了报告，1993年得到了院党委和院领导的正式批准。

二　中心的宗旨和任务

成立国情调查中心的宗旨，就是要组织协调各方面多学科的专家学者进行横向摸清国情方面的研究。自党的十三大提出社会主义初级阶段理论以来、中央提出国情调查以来，关于国情调查研究的组织、刊物、书籍已经很不少了，从不同的侧面角度对国情进行了广泛的研究，已经产生了一批有价值的成果。我们课题组是国情调查的一种，有自己的特色，有自己特点的组织形式，有自己的调查方法（蹲点式、解剖麻雀式的方法，普遍调查和问卷调查相结合的方法等等），有自己的成果。我们希望通过这种形式，通过继续努力，在国情研究方面作出一定的贡献。所以，我们要在百县市调查的基础上推进国情调查研究，为摸清摸准国情作出贡献，使这方面的工作做得更好，形成自己的特点。在组织形式上有自己的队伍，在调查研究的理论和方法上，在调查和开展科研的学风上，在形成最后的成果上，都逐步形成自己的特点，使之系统化、定型化，并得到社会的认同。

主要任务：

第一，继续完成百县市的调查研究和写作、定稿、出版的任务。前期确定的 89 个点，这次要确定的 17 个点，共 106 个点。已经出版了 23 本，收到 50 多个稿本，大致要到 1996 年、1997 年出齐。10 年以后还要开展一次追踪调查。调查尚未完成，同志仍需努力。

第二，要在这个基础上继续进行专题研究，分区研究（省情区情），最后写出综合国情的报告来。

第三，开发利用我们这套资料，这是依靠社会主义特色的国情，用很少的人力和财力完成了这样巨大的工程。这批资料可信、可用、可贵，具有研究价值、实用价值和保存价值。这是原料，要加工，要研究，要概括，要提高，贡献给社会进行研究，可以产生一批有价值的成果，可以出一批文章和著作（已经有一批学者在应用了）。我们是当事者，最有开发利用这套资料的条件，有的同志实际上已转入这方面的工作。

第四，宣传这套丛书，推广这套丛书，使已有成果发扬扩大，得到社会的认同。开始时我们采取低调策略，埋头苦干了 3 年，让事实说话。1991年的第一批 5 本成果才开过一次首发式。现在，要进行宣传，有利于这套书，有利于将来的调查（企业、工厂、镇情、村情），有利于加深对国情的认识，有利于社会主义建设。

第五，开展国情的国际合作和交流。这项工作已经在进行，在国外产生了影响，宣传我国的国情，让国外对我国的国情有个正确的认识。在国内也产生了影响，各地的实际部门纷纷要求参与、跟进，要成立自己的调研组织。

第六，总结这套书的调查研究的经验。"八字方针"：真实、准确、全面、深刻。每个课题组都有经验：组织队伍开展调查，组织编写、统稿，写作的方针，编辑出版的经验，数千名调查员的心得，开展业务训练的方法，调查日记、札记，农村、城市的见闻。这套书是多方面、多学科协调组织的大型调查。

三　一些具体的设想

第一，已聘请了一批学者作为首批力量，他们都是在国情调查方面作出了贡献的党校的同志。还要扩大，这是基本力量，还要团结更多的力量来从事国情方面的调查研究。

第二，要开一个工作会议。具体专门讨论中心的学术建设，确定定期的学术会议。

第三，建立一个常设机构。联络、交流信息、服务、汇集资料。

第四，办一个国情研究的刊物。现在已经有了，我们有这方面的媒介，要宣传、开发、延伸、扩大成果。

第五，成立大会后，请会后提出方案来。

最后要感谢——

趁此机会要感谢五年来为这套丛书的调查研究提供支持的基金会的领导、我院的领导、党校的领导、大百科全书出版社的领导！感谢为本中心的成立出了力量的专家学者们、工作人员、各地的党政部门！希望会后继续得到他们的支持，使我们这套丛书能够最后完成，使国情调查研究取得更大成就。

传统农业县的农民行动和社会变化*

　　《传统农业县的社会转型》这本书是以传统农业县域发展滞后为主题形成的实证分析研究专著。区域分化已经成为当代中国农村发展中具有趋势性的特征之一。从全国农村人口分布看，发达地区农民约 2 亿，中部欠发达地区农民为 6 亿，贫困地区有 6000 万 ~ 8000 万农民没有稳定地解决温饱问题。从农业生产看，发达地区农村的商品粮已不能满足本地区高速发展的需求，贫困地区农村粮食还难以自给自足，国民经济建设和发展所需要的粮、棉等农副产品主要由中部欠发达地区农村来提供。因此，中部欠发达地区农村和农业的发展状况在中国农村现代化中居于十分重要的地位，

　　中部欠发达地区是典型的以计划经济为主导的传统农业地区，是农业生产发达地区、农民人均收入的中等地区、乡镇企业发展和综合经济效益水平还较低的地区。农村改革开始的时候，实行家庭联产承包责任制，农民得到了生产经营自主权，生产积极性空前高涨，中部地区农业发展得很快，农民得到了实惠，经济效益也是好的。但是当农村进入第二步改革——农村发展商品经济——的时候，这七八年来，传统农业地区发展相对滞缓。随着改革的深入，发展评价指标从农产品产量转变为经济效益，传统农业地区逐渐偏离发展的中心而居于边缘。发达地区农村因非农产业发展带来的高经济效益和良好的投资环境而备受青睐，贫困地区农村因生存权问题也受到社会的广泛关注。相形之下，已经解决了温饱问题又难以跨进小康社会大门的传统农业地区，既不是生龙活虎，也不是嗷嗷待哺，于是日益为政府和社会各阶层忽视。传统农业地区转变的艰难在于，在千方百计发展

---

　　* 本文源自《传统农业县的社会转型》（陆学艺主编，北京：北京农业大学出版社，1993 年 10 月），第 1 ~ 5 页。原稿写于 1993 年 8 月 27 日，系作者为该书撰写的导言，现标题为本书编者根据序言内容所拟定。——编者注

非农产业、转移农村剩余劳动力的同时，宏观政策压力和久事农桑的传统都使当地农民不能也不忍心对农业生产稍事懈怠。《传统农业县的社会转型》的写作目的是：准确认识传统农业地区农村的生产特征和农民的生存状况，通过分析和比较该地区经济欠发达的形成过程、原因、制约条件和发展趋势，将对传统农业地区农民的感性认识和理性认识结合起来，促进传统农业地区的发展。

选择陵县作为样本来描述和分析传统农业地区的经济和社会特征，主要基于以下考虑：第一，自 1983 年起我们就以山东陵县作为农村经济社会研究的调查基地，积累了系统的统计资料和案例，科研人员对传统农业地区有了切身体验，在和陵县干部群众的多次交流中对一些基本问题形成了共同看法。第二，陵县是全国商品粮生产基地县，同时也是重要的棉花产区，具有传统农业县的典型特征。第三，我们结合国际当代农村发展理论，对当代中国农村社会变迁形成了一些基本的理论观点和框架，以往所依据的分析样本是不同类型农村的村落，这样的样本群还难以细致地刻画社区互动，还需要在具有城乡连续体特征的地缘社会情境中检验其解释的效力、发现其局限，对县域内农村和城镇的系统调查能为进行这样的比较检验提供了理想条件。第四，1992 年中国社会科学院有一部分研究所的一批年轻学者在陵县县城和乡镇挂职锻炼，他们的参与调查、思考以及提出问题的视角，有助于在分析区域社会行动中，确立和检验社会科学各个分支的相互关系和联系层次，在共同探讨中形成的写作提纲也能够体现农村变迁和农民分化的综合性特征。读者如果留意，就会在不同的章节中发现一些很有趣的内在联系。譬如，书中第 10 章、第 13 章、第 20 章对传统农业县地位的不同评价各具合理性，第 19 章指出陵县农民肉、蛋、奶的消费很少，茶叶的消费量却相对较大，而 19 世纪英国人喜爱中国茶叶正是因为茶有助于消化肉食的脂肪和蛋白。如何解释陵县茶叶消费量大呢？这与当地饮用水含矿物质需要以茶中和有关，还有一个重要原因，就是第 23 章描述的农村"口述文化圈"的发达及其承担的重要社会动能。"口述文化圈"的信息传播特征又解释了传统农业地区农民的愚昧和知识陈旧与缺乏并不是农民不努力学习造成的，而是农民努力学习的社会情境高耗、低效以及信息陈旧造成的。农民的口述文化不仅是知识传播过程，也是教化过程、维模过程，具有"功能泛化"特征。第 25 章通过行为比较指出农村中传统的力量并不像学者通常认为的那样强大，真正发挥作用的是在传统背后农村中不同于城市的物质生活条件的限制。这些源于实证的观点已经不同于认识和分析农民的一些传统观点，有必要展开深入讨论。

《传统农业县的社会转型》的主题框架是，以传统农业县域的经济社会发展为中心，依据 1992 年、1993 年的实证资料，从以下五个具有内在联系的方面展开。

（1）乡镇企业发展对农村社会转型的作用和影响。乡镇企业与家庭联产承包责任制是中国农民的两个伟大创造，乡镇企业成为农民分化和组织创新、确定新的积累机制和分配形式、改变旧的农村生活方式、促进农村社区内农业和非农产业协调发展的物质载体。乡镇企业的发展增加了农村积累，促进了市场辐射的城乡一体化，促进了农业生产经营的企业化。

（2）农村市场的生成条件、发育的阶段特征和分化类型、联系及趋势。和乡镇企业的机制创新不同，农村市场发展没有间断点，具有明显的阶段兼容性，发展型式依次为传统集镇、区域市场、专业市场以及生产要素市场。前三个阶段为有形市场，生产要素市场以后的发展为隐形市场。有形市场和隐形市场中级差地租作用的比较。以市场为中介，县和外界、县域内各个社区之间的互动过程和形式。

（3）农民的职业分化和农民的收入分化的关系。农户收入的异质化度量标准以及形成原因，农民收入分化中人文因素的作用。

（4）农村发展中政府和企业的关系研究。在缺乏经典意义上的原始积累和行业产业信誉的农业县，政府和企业的关系具有什么样的特殊性。如何辩证地、历史地、发展地去理解其相互关系。

（5）农村经济社会发展机制和农村精英。在县域社会发展中，精英的出现对农村社区发展和区域性"中心—边缘"互动的形成具有明显作用。农村精英和传统社会中的 Charisma（"感召魅力"）有联系也有区别，和马克思主义理论中群众和领袖的关系论述有联系又不完全对应，因为当前农村精英主要从事的是经济组织和经营活动，同时具有明显的人才凝聚力和社区向心力。农村精英和群众的关系更接近于经典农村社会学中"创新者"和"效仿者"的关系。如何实事求是地描述和解释农村社会发展和农村精英的关系，实际上是如何认识和评价农村社会转型时期时代精神、主流价值标准及其人格化代表的关系，也涉及如何认识和评价中国农村发展中人力资本的结构性失衡，即管理和经营型人才的稀缺、开发和积累。

这些方面既涉及传统农村的经济社会特征，也涉及农村转型中新要素的生长点，在以经济发展为中心的同时，也涉及相关的社会人文因素。

写作方法体现为在理论框架下，逻辑实证、统计实证、案例实证三个方面的描述和解释，通过逻辑实证对案例和统计作出类型归纳和概括。采取这样的写作方法是研究的需要，针对的是现实农村发展研究中的薄弱环节。当前研究中国农村发展的文献不少，但描述性的案例报告偏多，从整体研究来看，一是缺乏分析的理论框架，二是在理论框架和实证资料之间缺乏有效的解释中介，三是缺乏方法论上的评价和讨论，导致在农村研究中对前沿课题和纵深课题缺乏敏感。我认为，作为研究现实农村社会的应用学科，要把握两点：①选题要切合实践发展的需要，要从我国农村社会发展的现实出发，探索我国有着九亿农民的农村如何实现现代化。这是应用学科的立足之本。要跟踪国际上的农村研究，但不要盲目追随人家的学科选题，跟踪是为了借鉴。很可能发达国家 30 年以前的农村发展题目对于我们今天研究国情更为贴切。②研究方法和分析工具一定要借鉴当代国际社会科学发展的最新成果。分析工具不要受选题流行时代的限制，在分析问题时要强调逻辑框架的完善和分析工具的解释力。千万不能用小生产的方式来研究小生产。

从区域角度研究农村社会发展是我们今后一个时期的研究重点。随着农村改革的发展，我们对农村的研究也相应地经历了三个阶段：一是对家庭联产承包责任制的研究；二是对农民社会分层的研究；三是对农民行动和社会变化关系的研究。《传统农业县的社会转型》就属于第三阶段的开题。在现在的农村发展中，农民行动已经冲破了地缘和身份的限制，农村变迁和整个社会的关系更为密切，对比发达地区、欠发达地区和贫困地区农村在城乡连续体中的作用特点，找出共性，发现个性，会更好地促进农村发展。

在现在的社会环境中，从事农村研究，意义重大，要做艰苦细致的工作。我们希望《传统农业县的社会转型》这本书，对当代中国农村研究有所裨益，也希望通过我们的工作，使社会各个阶层了解传统农业地区的发展特点，关心农业，关心农民，为农村发展、为农民富足贡献自己的一份力量。